高等院校应用型本科中文类专业"十二五"规划教材

现代写作学教程

Xiandai Xiezuoxue Jiaocheng

主 编：曾方荣 郭 虹

副主编：黄悠纯 贺玉庆 何良玉
方 乐 周繁花

中南大学出版社
www.csupress.com.cn

前　言

　　大学写作课如何适应社会发展的需要、如何真正成为实用性人才培养最有效的手段、如何成为大学生综合素质培养的重要课程，一直都是写作研究者和高校写作教师长期探索和亟待解决的一个重要课题。改革开放 30 多年以来，高校写作教学也随着社会的发展经历了无数次的变革和发展，有了日新月异的变化。特别是写作学理论已逐渐成熟，成为一门新兴的综合性学科，很多大学也相继招收了写作学方向的研究生。但是，当下大学写作课如何教、教什么、仍然是困扰我们高校写作教师的一道难题。确实，在这样一个人人皆写作，人人皆媒体，写作能力已成为一个现代人基本技能的网络时代里，大学写作课如何根据社会发展的需要、培养对象的不同，真正切实有效地提高学生的写作理论素养、写作能力和综合素质，仍然是一个需要不断探索的新课题。为此，我们 6 所本科院校 7 位长期从事写作教学的教师，根据地方性二本院校学生的特点，根据培养 21 世纪适应社会发展需要的应用型人才的目标，在中南大学出版社的大力支持下，在陈澍编辑的精心组织策划下，共同编写了这部《现代写作学教程》。

　　编写本教程的目的，一是通过教学，使汉语言文学、新闻学、文秘等专业的学生系统地掌握现代写作理论知识，具有现代写作理念。二是通过理论的学习，掌握写作规律和常用文体的写作方法与要求。通过训练，全面提高自己的写作能力和综合素质，以适应将来工作和事业发展的需要，为未来的发展打下坚实的基础。

　　本教程分上下两篇。上篇为写作的基本原理。要求学生在教师的讲解下全面系统地掌握写作学的理论知识，对写作有一个全面深入的认知。在这些理论的讲授中教师应力求精当而深入浅出，不宜作深奥晦涩或大而无当的诠释，以便使学生易于接受和理解。下篇为文体写作，主要讲授常用文体的写作。这些文体我们不求多而全，而是重在讲授学生常用的实用性强的一些文体，以增强训练的有效性，不断提高学生的综合素质和写作能力，为学生将来工作、生活、学习提供有益的帮助。

　　本教程既可作为汉语言文学、文秘和新闻、对外汉语等本专科生专业学生写作课教材，也可作为大学文化素质公共课大学写作教材使用。本课程教学，建议教师根据不同专业学生的特点和需求，有针对性地安排课时和教学方法，注重理论与实践相结合、教师讲授和学生训练相结合，突出写作的实践性、操作性，而且要特别强化学生平时的写作练习，培养和提高学生的写作非智力因素，以便真正有效地提高学生的写作素质。

　　本教程具体分工如下（以章节先后为序）：第一、二章，第三章第二、三节由邵阳学院曾方荣编写；第三章第一节由邵阳学院何良玉编写；第四章由湘南学院黄悠纯编写；第五章由湖南城市学院方乐编写；第六章第一节由湖南科技学院周繁花编写；第六章第二、三、四节和第七章由湖南文理学院郭虹编写；第八章由怀化学院贺玉庆编写。下篇文体部分"范文阅读"的文选和范文简析以及最后统一定稿由曾方荣教授负责。

由于编者水平有限，加之这些教师都承担着繁重的教学、科研和行政事务，时间精力有限，本教材肯定存在许多不足，精雕细刻不够，新的成果不多，书中的一些引用和借鉴也可能没有一一标注。真诚地希望得到有关专家、老师和同学们的批评指正。

编者

2014 年 6 月

目 录

上篇 写作原理

下篇 文体训练

上 篇 ▢▢▢▢▢

写作原理

第一章　绪论

本　章　导　学

　　本章所探讨的写作学主要侧重于作为课程教学的写作学，而不是作为哲学层面的纯理论研究的写作学。写作学是一门适应当代社会和教育发展需要而产生的新兴学科，是对学生进行系统现代写作理论传授和全面提升其写作素质的重要学科。本章要求学生宏观了解现代写作学的发展进程，把握现代写作学的特点和学习方法，明确现代写作学学习的任务和要求。

第一节　写作学的发展和性质

　　写作作为人类社会重要的生产和生活方式，在人类社会发展中发挥着极为重要的作用，是人们传达信息、沟通交流思想情感、进行国家和社会管理、全面训练与提升人们素质的重要工具。同样，写作作为人类社会的一种重要智能活动，作为一种同社会政治、经济、文化密切相关、影响巨大的行为方式，人们对其研究和探讨也是与写作相伴而行的。自从有了写作也就有了人们对其经验的总结，对其行为规律、特点、方法、技巧的研究探讨，从而形成了丰富而又绵绵不断的写作理论。

　　我国是一个历史悠久的文明古国，具有光辉灿烂、积淀深厚的写作文化传统。写作在我国自古就被认为是天下大事，神圣而庄严、崇高而伟大。作为一个文章大国，几千年来对写作的探讨从未停止，也形成了博大精深、丰富多彩的写作理论。从《尚书·尧典》"诗言志"的诗论开山之作到曹丕的《典论·论文》对文章的系统论述，到陆机的《文赋》、刘勰的《文心雕龙》比较系统的写作理论著述，再到李德裕的《文章论》、朱熹的《朱子语类》、刘熙载的《艺概·文概》、王国维的《人间词话》这些个性鲜明的写作理论之作，都对我国丰富的写作实践进行了深入的探索与总结，对写作的规律、方法、技巧形成了精辟独到的见解，是我国古代写作理论的宝库，也是我们构建现代写作理论的重要资源。但因历史的局限和中国人思维特性的影响，在我国古代并没有形成真正学科式的写作理论。

　　五·四运动后，随着西方文学和写作理论的输入，写作理论在教学和研究两方面都有了一个质的飞跃。新兴大学教育的发展，为写作理论的研究与发展提供了更好的平台。许多高校相继开设了写作类课程，涌现出了一批像姚文朴的《文学研究法》、吴曾祺的《涵芬楼文谈》、林纾的《春觉斋论文》、黄侃的《文心雕龙札记》、刘师培的《文章学纲要》等专著式的写作教材，这些著述为写作理论的研究和高校写作学的发展奠定了最初的基础。另一方面，随着倡导白话文写作的新文学运动的推进，现代白话写作成为写作的主流，中国写作进入了一个新的历史发展时期，写作的内容和体式全面革新。现代白话的普及和更宽广的大众写作基础，为现代写作理论研究和发展提供了肥沃的土壤，一大批总结白话写作教学经验、探讨文章写作基本原理的著述先后问世，如叶圣陶的《作文论》、陈望道的《作文法讲义》、夏丏尊的《文章作法》、周侯于的《作文述要》、唐弢的《文章修养》等。这些著述虽多属于讲义或普及性的写作理论读本，却都有了自己独立的理论体系和构架，呈现出独立学科的特性，为写作学科基本理论的构建和写作教学的普及开辟了新的道路。

解放后的 20 世纪 50—60 年代，写作课在高校的开设更加普遍。高等师范院校中文系"文选与习作"、"写作基础知识"已成为必修课程。写作理论研究与教学紧密结合，研究者从文章构成要素入手探讨写作过程，并受当时苏联文学理论影响，有意识借鉴语言学、修辞学、逻辑学的理论，研究写作的基本知识与原理，涌现出了一大批写作教材。如朱德熙编著的《写作指导》、何家槐编著的《作文基础知识讲话》、复旦大学中文系语言教研室编写的《写作基础知识》、北大中文系汉语教研室编写的《写作知识》、刘锡庆编写的《写作基础知识》等。逐步形成了"绪论、题材、主题、结构、表达、语言、修改、文风"的所谓"八大块"写作理论体系。这些写作教材侧重对静态的写作成品——文章的研究，而对动态的写作过程，特别是对写作起主导决定作用的主体很少涉及。但它毕竟形成了自己独立的学科体系，呈现出了显著区别于语言学、文艺学等学科的独立特性，是写作学发展过程中的重要成果，在写作学科建设和写作教学中起着承前启后的重要作用，直到 20 世纪 80 年代初还在高校写作教学中占据着统治地位。

20 世纪 80 年代后，随着高校写作教学的更大普及和社会发展对写作的需要，写作学科建设日益提到突出位置。1980 年中国写作学会的成立和《写作》杂志的创刊，标志着写作学科发展已到了一个新的阶段。一大批具有应用性、研究性、探索性、学术性的写作教材相继出版，如刘锡庆主编的《基础写作学》、林可夫主编的《基础写作概论》、朱伯石主编的《现代写作学》、路德庆主编的《普通写作学》、周姬昌主编的《高级写作学教程》等。这些教材昭示着写作学科向纵深发展和逐步成熟。今天，写作学的研究仍然方兴未艾，作为一门新兴学科；写作学已从写作文本研究走向写作过程研究、由写作过程研究走向写作主体研究、由写作主体研究走向写作文化、写作哲学研究，写作研究已走向全面立体化。写作学已基本形成了严密而丰富的学科体系，研究的视角和方法也丰富多彩。文本论写作学、过程论写作学、动力写作学、主体写作学、文化论写作学、人本论写作学、创作论写作学不一而足。在写作学名下已有了更多的分支学科，写作心理学、写作思维学、写作语言学、写作文化学、写作社会学、写作美学、写作哲学等学科也已有了深入的研究，涌现出了一大批学术性很强的理论专著。与此同时，研究者有意识地将写作理论的哲学层次和基本原理的操作层次，写作理论学科建设与写作教学研究区分开来，学科理论的基本框架大体形成。特别是一些高校独立的写作学方向研究生的招生，更加表明写作学科已得到了社会更广泛的认同，写作学发展也将迎来更美好的明天。

作为适应当代社会和教育发展需要而产生的新兴的学科，写作学是一门研究现代写作理论和写作艺术的科学。它是以人们的写作行为和写作现象为研究对象，以探讨写作的规律、方法、技巧为主要内容，以提高学习者写作素质为目的的一门古老而年轻的学科。写作学作为高等院校所普遍开设的一门综合性、智能型、实践性很强的课程，是对大学生进行全面素质培养和写作理论、写作能力提升的重要课程，是汉语言文学等专业开设的一门重要的主干专业基础课程。

第二节　写作学的特点

作为一门独立的学科，写作学自然有着不同于其他学科的独特属性。而作为理论研究层面的学科建设的写作学与作为写作课程教学的写作学(陈果安先生称之为广义写作学和狭义写作学)这两者之间也有一些不同。这里所探讨的写作学特点主要从作为大学课程教学的层面上进行探讨。大家知道，作为课程的写作学在大学课程构成体系中呈现出显著不同于其他课程的特点。

一、综合性

写作，不仅是人类所进行的一种复杂的脑力劳动和精神生产，也是一种同人们生活、学习、工作和人类社会发展密切相关的复杂的社会现象，其本身就体现出复杂的综合性；而写作过程也是写作主体智力和非智力因素全面综合运用的过程。以人类复杂的写作行为和写作现象为研究对象的写作学科，其必然会有很强的综合性。写作学不仅要对静态的写作文本结构作深入的探讨和研究，而且要对写作行为系统(主体、客体、载体、受体)内部关系与规律作动态的考察，要从社会关系这一大的结构系统中探寻写作行为同人类社会各种行为方式、社会现象的密切联系，要运用现代思维学、行为学、社会学、脑科学等最新科研成果揭示写作规律。特别是在现在这样一个人人皆写作、人人皆媒体的全媒时代，写作学研究领域更为宽广，面临更多新的任务与挑战，其必然具有更为复杂的综合性。

也正因为研究对象的综合性，使得写作学科的构建和理论体系的生成必须以更宽广的视野和更为丰富的理论作为支撑，有更多的其他学科的融合而形成一种开放式的动态结构。我们应向古今中外的一切科学敞开，向无限丰富的写作实践敞开，广泛吸收其他学科的成果，丰富并完善写作学理论体系。当今的写作学是融合了古今写作理论，在继承与创新中发展起来的新兴学科，也是在借鉴中西文艺学互补交融中发展起来的边缘学科。更是在多学科渗透的前提下，在充分汲取文艺学、美学、心理学、文化学、社会学、哲学、语言学、思维科学等多学科的最新研究成果的过程中发展起来的。因此，写作学与其他大学课程相比较，更呈现出学科理论的复杂综合性。

确实，与其他学科相比较，写作的研究对象、探讨内容更为复杂、广阔，综合性更强。但这并不意味着写作学就是无所不包的"百科全书"，而是强调从事这门学科的研究和学习，应该有更开阔的视野、更丰富的学识、更深厚的素养。写作学不是杂烩，而是有着自己系统科学的理论体系。

二、实践性

写作是人们的一种重要的行为方式，是一种精神性的脑力劳动，是一种技能性的实践活动。写作学科不仅仅要向学习者传授写作理论知识，更需提高学习者写作素质与技能，而写作理论学习的最终目标还是要转化为写作者的写作能力。因此，写作学与大学所开设的其他课程相比较，更加要强调这种实践的操作性。我们必须将学习写作理论与写作训练实践结合起来，将学习理论同观察、感受生活结合起来，将课堂学习与课外实践活动结合起来,将教师的范文鉴赏、评析与学生的自主广泛阅读实践结合起来。写作教学只有通过实践才能实现其目的,真正达到学以致用。孙绍振曾明确指出:"照我看,写作学的特点就在于它的操作性,理论是操作的理论,教学是操作的教学。"①

在写作教学中,教师的根本任务不仅仅在于传授写作的基本理论,而且必须将写作理论与实践结合起来,要求学生在学习写作学这门课程中,通过各种形式的写作训练(包括课后的单元小训练、每天的练笔日记、规定的大作文),切实有效地提高学生的写作技能,实现写作的教学目标。余秋雨告诫我们:在写作的教学中,"把感觉性和结论性的看法教授给学生,这是不行的"。他明确指出:"我们写作老师的麻烦是把这门课化解成许许多多的训练元素,教师的本事就是在这个地方做转化工作。"②我们知道,写作理论的诸多概念、判断、推理,是可以通过操作程序让学生在写作操作实践中界定意义、加深理解的。

当然,任何学科都必须将理论与实践结合起来,都有一定的实践性。但同一些以知识理论传授为主的课程相比较,写作学的实践性同它们还是有很大区别。写作学的实践性,即不该只狭隘地停留于技术性、操作性的层面,而作纯粹经验主义或唯科学论的操作;又不能等同于哲学意义上"理论与实践"的实践,而与一般的社会实践活动作简单比照。无论是便于我们感性认识却迷失主体实践行为过程的描述,还是虽然正确却不尽适宜的偏于哲学价值的概括,都妨碍我们对写作学实践性的多层特质的深刻理解和准确把握。明确现代写作学实践性的这一显著特征,有利于通过行之有效的操作训练,切实提高学生的写作创造能力。

三、边缘性

现代写作学又是一门年轻的边缘性的独立学科。现代科学发展的基本趋向是:一方面是日趋系统化、整体化,形成多元的综合;另一方面又日趋单一化、专门化,形成多元的深化。作为一门新兴学科,写作学在其理论体系的构建上同样向两方面拓展与深化。一方面日趋横向综合,写作学研究者将各学科的最新研究成果向写作学渗透。现代心理学、脑科学、思维学在探索写作规律和写作复杂行为上提供了更加有利的工具;文艺学、美学、语言学与写作学本来就相互联系、密不可分;社会学、哲学等学科理论的融合为写作学提供更为广阔的视野。写作学就是在这样的横向综合中,使不同学科、不同层次间的相互渗透有机结合,形成独特的边缘性。

第三节 写作学的任务和学习要求

一、写作学的任务

作为高等院校文科特别是汉语言文学相关专业所开设的一门重要的专业基础课,写作学的任务有自己显著的学科特点。这门课程既要对学生进行系统的写作理论传授,又要全

---

① 李勤.写作学:问题与出路——福建师大写作教师关于写作学科建设的对话[J].福建师范大学学报,1995(3)。
② 余秋雨.写作是构建现代文明的重要素质[J].写作,1994(4)。

面提高学习者的综合素质特别是写作能力。同时，写作学应是一门智能型课程，担负着素质教育的重要任务，对学生各方面的能力和素质提升作用重大。

具体来讲有以下三个方面的任务：

（一）系统学习现代写作理论，丰富学生现代写作理论知识

写作学是一门古老而年轻的学科，特别是经过新时期30多年的发展，有着自己完整的学科体系，有着丰富的写作理论知识。因此，写作学要让学生通过系统的学习，掌握现代写作理论知识——对人类写作行为的本质、特点有深刻认识；对写作的价值和功用有全面了解；对写作的规律要全面深入地探讨；对写作的一般过程和要求要系统分析、把握；对文体写作理论和写作方法要准确掌握和灵活应用。

本教程虽以提升学生写作能力为首要任务，但不同于中学的作文教学，它有自己的理论构造体系。第一章绪论主要了解写作学的发展历程和学科性质、特点，学习的任务和要求，第二章主要是对写作本体和写作规律的认识，第三章着重讲授写作主体智力与非智力因素开发与培养的有关理论知识，第四章探讨一般文章写作的方法与要求，而下篇四章主要讲常用文体的写作，分别对四大类20多种文体的写作特点和写作方法、要求进行阐述，旨在提高学生常用文体的写作能力。

（二）提高写作技能，促进学生写作素质的全面提升

这是我们写作教学的根本任务。在要求学生系统掌握现代写作理论的同时，重点要通过对写作规律、特点的认识，通过对写作技巧和方法的掌握，通过学生大量的写作训练全面提高学生的写作素质。写作是有规律的，也是有方法可寻的。写作学通过对写作规律的探讨，提高学生的写作认知，使学生掌握写作方法和技巧并灵活应用于写作中去，严格要求学生遵循写作规律、方法加强训练，从而促进学生写作能力的全面提升。

在教学中教师应将理论与实践结合，在精讲理论的基础上，要强化学生的实践，拓宽生活领域、丰富社会生活，加强平时训练，做到课堂练习、课外作文不间断。教师要求学生通过各种形式的写作训练，达到促进学生写作综合素质全面提高的目的。特别是作为一门重要的素质训练课程，要强化学生思维能力的提高。思维能力是一切能力的核心，写作的每一个环节都离不开思维，写作的过程就是思维训练的过程。而创造性思维更是写作思维最重要和最主要的思维形式，因此写作教学的根本任务就是要大力提高学生的创造思维能力，促进学生写作素质的全面提升。

（三）提高阅读、鉴赏、评论能力

写作是一项综合素质与能力，写作教学的任务还应促进学生阅读、鉴赏、评论能力的提升。阅读与写作密切相关，是写作能力提高的基础。写作教学必须强化学生广泛而大量的阅读，以读促写。写作教学中必须提高学生的阅读能力，只有阅读能力提升了，写作能力才有提高的基础与可能。在此基础上，我们还要进一步提高学生鉴赏、评论的能力。鉴赏和评论是在阅读基础上的提升，它要求以审美的眼光去审读作品、品味作品，并运用理论分析作品，从更高的层面解读作品。阅读、鉴赏、评论能力都与写作密切相关，教师在范文选读、文体写作方法的传授中，都应把这些能力作为训练的重要方面，从而全面提高运用写作理论分析解读作品的能力。

二、写作学的学习要求

(一)加强理论学习,端正学习态度

实践是需要理论指导的。没有理论指导的实践具有很大的盲目性,会走弯路,往往只能是事倍功半。很多人有一个认识误区,认为许多写作好的人,包括很多的作家并没有学习过写作理论,仍然写出了好的作品。其实不然,所有会写的人,都是自觉或不自觉地通过不同途径学习过写作理论,懂得写作规律,掌握了写作技巧与方法,具有较高的写作理论修养。写作学的教学,就是要求大家在系统学习写作理论的基础上,应用写作理论指导写作实践,这样不但能够使大家系统地掌握写作规律与方法,而且能更好地加强写作的训练,有针对性地采取科学的训练方法尽快提高写作能力和水平,也能使大家对写作素质的提高有一个科学的认识,对写作持有更科学的态度。

学习写作理论,在对写作的本质、特点、规律有了深入认识之后,将有助于我们认识到写作的复杂性、综合性,写作训练的长期性;认识到要提高自己的写作能力,就必须全面提高自己的写作素养;认识到写作能力的提高不可能一蹴而就,必须有作长期努力的思想准备。特别是对写作规律的把握,能够使我们更深刻地认识到写作主体与客体、载体、受体之间复杂的辩证关系;认识到写作与阅读,写作方法的继承与创新等之间的内在联系,有助于我们采取正确而有效的方法去学习。比如说,如果能够准确认识到写作"法而无法"的通变律,了解到写作"文无定法而有大法"的辩证统一,就能够很好地把阅读借鉴同感悟创新结合起来,更好地掌握写作方法技巧,更快地提高自己的写作能力。同样提高对写作重要性和价值的认识,就能在思想上认识到学好写作的必要性、紧迫性,从而提高学生学习写作的自觉性、主动性,真正使其实现由"要我写"转变为"我要写",使学生的写作非智力因素全面提升,从而促进学生写作素质的提高。

在学习写作的过程中,根据写作课的特点和写作的特点、规律,学生们应持的态度是:首先要有学好写作的决心。写作是一项艰巨的脑力劳动,写作能力的提高需付出巨大的努力。对此同学们应该有一个明确的目标,下定决心,有一个坚定而又强烈的写作动机,愿为写作付出,有学好写作的决心。只有这样,学习写作才有动力,才能不畏艰苦、不断磨砺。如果失去这样一个努力学习写作的进取心,要想学好写作是不可能的。无数的作家之所以取得成功,是与他们强烈的写作动机、献身文学的决心分不开的。

其次,同学们对学好写作也要有信心,相信付出总有回报。不管我们的写作基础怎样,写作的天赋怎样,只要我们刻苦扎实地学习,勤勉地训练,不断地写作,全面提高自身各方面的素养,我们的写作能力就一定会提高。经过努力,很多同学的写作能力甚至会有一个质的飞跃。我们学习写作不是为了成为作家,但写作作为一项重要的基本能力,作为事业发展和人生成功的基础,不达到一定的高度和要求,也是不行的。

最后,学好写作当然还特别需要有恒心。写作的综合性决定了写作能力的提高需要一个长期磨砺的过程,没有持之以恒的毅力,没有不断地学习和训练,不具备良好的意志品格,幻想通过短时间的努力就能在写作上有一个大的提高,那是不现实的,也是不可能的。即使那些很有天赋的作家,在其成功的道路上,也都是经过千辛万苦和相当长时间的努力付出,才有了写作上的成功。

（二）加强阅读与写作，重视生活的积累

如何学习写作学，如何达到写作课的教学目的，除了要学好写作理论，最重要的还是要求学生在学习写作理论的过程中，能够通过老师的指导加强阅读与写作，真正把理论与实践结合起来，促使写作理论转化为写作能力。

阅读是写作的基础，传统的"读写结合、以读促写"的方法是写作教学法之根本。读写结合，从范文中借鉴是提高写作能力最为有效的途径。古人所言："读书破万卷，下笔如有神"、"劳于读书，逸于作文"、"熟读唐诗三百首，不会作诗也会吟"，都很深刻地揭示了读书对写作的重要性。

阅读对于写作的意义是多方面的。首先是为写作积累丰富的知识和材料。清代的李沂曾说："读书非为诗也，而学诗不可不读书。诗需识高，而非读书识不高；诗需力厚，而非读书则力不厚；诗需学富，而非读书则学不富……"人生的阅历有限，但阅读可以超越时空，可以从更宽广的生活领域中获取大量的写作材料和更为丰富的知识，而这些又是我们写作所必不可少的积累。其次，阅读还能提高我们的语感能力，借鉴别人的写作技法。人类语言的生成必须有语言环境，没有大量的感悟体察，没有沉浸式的语言学习过程，语感是难以提高的。同时读他人优秀的文章多了，耳濡目染，内化感受，就能很好地借鉴他人的写作技法，提高自己的写作技能。阅读对写作的意义还在于阅读是一种间接的生活体验，可以拓宽我们的写作思路，活跃文思。多读书能扩大我们的眼界，丰富我们的想象，提升我们的修养，增长我们的智慧。所以，在学习写作的过程中，阅读必须加强，同学们必须有意识地在课外大量阅读古今中外的文学名著。这样写作才有丰厚的积累，才能促进写作能力的尽快提高。在网络时代，由于信息量的激增，阅读呈现碎片化、功利化趋势，表面上我们的阅读量大大增加，但对写作有价值的阅读却在大量减少，这些都应该引起我们的高度重视。

写作方法和技巧的最终掌握，写作能力的切实提高，最重要、最有效的途径还得靠自己的实践，即多写多练。写作是一种实践活动，是一种实践能力，而任何能力的获得虽然需一定的理论指导，但最终获得，必须通过实践才行。写作同游泳一样，不下水练习，不经过一定时间的训练是学不会的。而写作又比游泳复杂得多、难得多，因此练习自然也要多得多。清人唐彪曾说："谚云，读十篇不如做一篇。盖常做则机关熟，题虽甚难，为之亦易；不常做，则理路生，题虽甚易，为之则难。沈虹野云'文章硬涩由于不熟，不熟由于不做'"。（《读书作文谱》）这些话是极为中肯的。

当然，除了加强阅读与写作练习这些实践活动，对学习写作者来说，同样还需要"读万卷书，行万里路"。丰富的生活历练，对写作者的写作尤为重要。无论是写作材料的获得，深刻生活感受的生成，还是细腻情感的产生，都离不开生活实践。（这些理论我们在后面写作能力提升章节中会有更具体的论述）这就要求我们，即使在大学校园生活中，同学们也应该积极参与校园各种形式的活动，积极投入到社会实践中去。在写作教学中，教师也应有意识地组织各种形式的实践活动，丰富学生的生活。

（三）全面提高修养，提升综合素质

写作是一个人全面综合素质的体现，写作同主体的各方面能力、素质、修养密切相关。写作能力不仅仅体现在文章的语言表达能力上，而且体现在主体全面的综合素养上。加强写作主体素养和能力的培养，是提高主体写作能力之根本。根深才能叶茂，没有主体丰厚的修养，写作能力难以提高到一个较高的高度。"文如其人"，主体的一切同文章的质量都密切相关。清代沈德潜曰："有第一等襟抱，第一等学识，斯有第一等真诗。"(《说诗晬语》)因此，我们在学习写作的过程中，要注重自我素养的全面提高。

首先，要提升自己的思想道德素质。写作是以语言文字为媒介的信息传递、思想情感交流的活动。思想道德素质很大程度上决定主体文章的质量。鲁迅先生曾说过："我以为根本问题作者可是一个'革命人'，倘若是，则无论写的是什么事件，用的什么材料，即都是'革命文学'。从喷泉里出来的都是水，从血管里出来的都是血。"①古今中外，伟大杰出的作家，无不具有高尚的思想道德素质。作为肩负中华民族复兴重任的莘莘学子，更要以科学的世界观、人生观、价值观来指导我们写作，在学习和成长的过程中，锻炼思想、陶冶情操，培养自己高尚的思想境界，这样，写作能力的提高才有了源头之水。

第二，要有丰富的生活积累和渊博的学识。写作是生活的反映，生活是写作的基础。丰富的生活不但是主体取之不尽的材料库，更是主体独特思想感受形成的根本保证。没有生活的阅历，就很难有对人生社会的真知灼见，就很难有那种真切动人的情感体验。无数优秀作家、艺术家的成功都表明，是生活成就了他们。特别是坎坷苦难的生活，更是一个作家、艺术家成功的催化剂。杜甫认为"文章憎命达"，陆游则说"天恐文章不尽材，教尔零落在蒿莱"。困苦磨难是人生的巨大财富，它增长了主体的见识、拓宽了主体的视野，更丰富了主体的心灵世界、培养了细腻独特的情感。而这一切对写作来讲，极为重要。我们所熟知的一些文学家，其杰出卓越同他们困苦的人生经历密不可分。渊博的学识，同样是写作不可缺少的积累。写作在很多情况下就是学识的组合与应用的过程。文字语言修辞知识是写作语言表达的前提和基础，而很多写作特别是专业的写作离不开相关的知识，一个知识贫乏的人，一个没有较高理论修养的人，绝不可能顺利完成写作。相反，在写作中有成就的人，一般都是海纳百川、博览群书的具有渊博学识的人。《红楼梦》称之为中国封建社会的百科全书，可见作者曹雪芹的学识之广之深。

第三，要提高审美能力和创新能力。写作是精神文化生产，是美的创造，更多体现出"按照美的规律"创造的特点与成分。一个写作者如果没有较高的艺术审美素养，同样不可能写出高质量的文章来。大多数写作特别是文学创作，都是主体对客体对象的审美观照。写作的题材内容大多都需要主体审美心灵的转化，如果没有审美的作用，写作内容就会枯燥乏味，失去生机与诗意，也就会失去写作的价值与意义。生活往往是普通与平凡的，如果没有一双善于发现美的眼睛，就很难找到生活的感动与超越，就很难完成写作的创造。而从形式的角度看，任何写作都是形式与内容的统一，都是美的生成。而形式美的生成同样需要写作者具有较高的艺术修养，无论是语言还是结构，都需要各种艺术表现手法与艺术表现技巧，即使是应用写作，其形式具有相对的规范性，也需要遵循美的原则和规范。总之，文章写作离不开主体的审美能力，审美素养是写作主体所必须有的重要的修养。

"创新是一个民族进步的灵魂，是一个国家兴旺发达的不竭动力，也是一个政党永葆生机的源泉。"写作的本质是创造，创新能力是写作主体综合素质的核心。学习写作、提高写作能力，学习者必须要有创新思维，要勇于开拓、善于突破。写作的价值全在创新，不管是形式上的还是内容上的，没有在借鉴的基础上的创新，写作就失去其存在的意义。因

---

① 鲁迅.鲁迅全集·第三卷.人民文学出版社，1981 版，第 544 页。

此对于写作者来说，就是要突破常规思维、打破常规戒律，运用已知的信息，不断突破常规，发现某种新颖、独特的有价值的新事物，产生新思想、新感受，使写作内容具有独创性、新颖性。我们在学习写作的过程中，就是要敢于标新立异、敢于质疑，善于运用逆向思维、发散思维，不断提高自己的思维品质，促进综合素质的提升。

思考与练习

1. 试简要回顾我国写作理论的发展进程。

2. 写作学是一门怎样的课程？我们如何学好它？

3. 写作学的特点体现在哪几方面？对我们学习写作有何启发？

4. 谈谈你对写作学综合性的理解。

5. 写作学与我们同时所开设的其他课程有何区别？我们应如何加强写作的实践性？

6. 你打算怎样学习写作学？你认为自己写作能力的提高应从哪几个方面去努力？

7. 阅读与写作密切相关，对提高写作能力极为重要。请制定一个一学年的课外阅读计划。

8. 你认为学习写作学的主要任务有哪些？

9. 以《往事漫忆》或《中学生活回忆》为题，写一篇 1000 字以上的回忆性散文。

10. 开通微博和博客，并在上面不定期发表自己的作品，同班同学和朋友之间相互点击阅读、评点。坚持每天写日记或 QQ 日志。教师要将学生日志或日记、博客作为平时成绩计入考试成绩。

第二章 写作理念

本 章 导 学

　　本章是写作学学习的重点和难点，是对写作本体的全面探讨。学习者应从自己的写作实践体会和写作的社会性来深入认识写作本质，全面把握人类这种特殊行为方式的基本属性和特殊性。同时从不同层面认识写作的价值和意义，深入探索写作的基本规律。通过这些理论的学习，提高对写作这一复杂的社会系统工程的深入认识，并自觉应用写作理论培养和提高自己的写作能力。

第一节　写作的认识

一、写作的本质

　　现代汉语词典对"写作"一词的解释是："写作就是写文章（有时专指文学创作）。"这一释义未免太简单了，仅把写作视为人们写文章的这一行为过程，多少有些写作就是写作的简单判断。写作作为人类社会一种复杂的精神生产劳动，其内涵是丰富而复杂的。从《说文解字》之"写"释义来看，最初的"写"就包含了这样两层意思：一是主体有强烈的传递信息的愿望，把胸中块垒（信息）转移到另外一个地方，此所谓"去此注彼也"；二是对客观世界的主体化加工，此所谓"传之器中乃食之也"。"作"，《说文解字》释为"起也"，有"生"之义，而"生"则是"进"也，像草木生出土上。显然"作"有创造、生成的含义。按照汉语词语发展的基本规律，"写"和"作"并不是同时产生的，它们分别产生，各有各的意思，而后合并在一起表达一个更完整的意思。从《说文解字》的词源意我们知道："写"的意义偏重于使用工具转移（记录、描画、再现）主体的精神世界；"作"的意义则偏重于为"写"制定标准——创造、生成。将二者的意思合并在一起就是：使用书写工具转移（记录、描画、再现）主体的精神世界，并创造性地完成转移的工作。从词源意义的发展可知，写作应是人类借助语言文字等工具进行主体精神世界创造性表现的一种行为方式。

　　随着人类社会的发展，写作的重要性日益凸显，成为人类社会一种更为重要的普遍性的精神生产劳动，同人类社会政治、经济、文化、生产、生活等一切活动息息相关，成为人类社会重要的生产与生活方式。因此，从哲学的层面、从人类社会劳动生产活动来看，写作的本质是人们借助语言文字而进行的一种复杂的、富有创造性的精神生产劳动，是人们交流思想情感、传达信息的重要工具。它是一个整体系统，由写作主体、写作客体、写作载体、写作受体四大系统构成。

我们知道，人类社会的生产活动不外乎物质生产与精神生产两种形式。写作同宗教、艺术等精神生产一样，都是人类社会所进行的重要的精神生产劳动，是人类社会生存与发展之必需。它的成果或产品的精神性、意识性以及它作用于人的心灵世界与思想意识，显著区别于物质生产。与其他精神生产不同的是，写作必须借助语言文字这一特定的表达工具，而且同人们生产、生活更为密切，作用更加重要。借助的工具不同，应是写作这种精神生产与其他人类精神生产的根本区别。

二、写作是一个整体系统

作为人类社会一种复杂的精神生产劳动的写作行为，从信息论、系统论的观点来看，是一个进行信息传递的整体系统，是由相互联系、相互影响、相互制约、相互渗透的写作主体、写作客体、写作载体、写作受体四个要素构成的。

（一）写作主体

写作主体即写作者，就是文章的制作者，他是运用写作思维能动地反映和表现客体世界的社会人。在写作过程中，主体在系统中始终起着主导作用。写什么？客体世界如何表现？以何种方式表现内容？这一切都取决于主体。写作主体的能力、素养、素质对写作客体的认知与写作成品生成、读者的信息接收有重要影响。

具体而言，写作者的写作动因与目的往往决定了写作成品的思想倾向与深刻程度。写作者的思想观点、情感个性，写作者的世界观、人生观、政治观、伦理观、审美观、艺术观、写作观等都直接影响、制约写作内容的表达；写作者的感情与个性要或明或暗、或强或弱地渗透到写作过程和写作成品中去，即使在会议通知、产品说明等实用写作之中也能找到感情、个性的因子。它们对写作成品的倾向与风格常常起着决定作用。写作者的生活经历、知识水平与所处环境也对写作内容的选择和表现出的审美观念起着重要影响。写作者的观察、感受、分析、综合、创造、想象等思维能力和语言运用能力，对于写作活动的顺利进行与成效，对于写作成品的质量、效果与销路都会产生直接的决定作用。

（二）写作客体

写作客体在哲学意义上是指与写作主体相对应的，是进入主体活动领域和主体发生联系的客观事物，是主体实践、认识活动所指向的对象。它包括写作主体生活所处的时代与社会环境，写作所直接、间接反映的客观自然与主体通过阅读所间接感知的对象等因素。写作客体不能简单等同于客观世界的一切，是同主体相对而生的。凡是写作主体没有观察、感受、体验与孕育过的生活以及没有情感心灵渗透的客体对象都不能成为写作客体。只有那些被主体所感知、发现、进入主体心理世界或诉诸写作者的笔端、成为主体表达与表现对象的，才能称之为写作客体。

写作客体同主体有深刻的辩证关系：一方面，写作主体在主客体关系中起主导决定作用；另一方面，写作客体对主体又有制约作用。首先，社会、时代的总体发展需求和客观现实存在，是制约写作最大和最基本的因素。它既制约具体文章的具体写作过程，也制约整个写作的发展流向，还制约其他影响写作的因素。文学史上所谓的现实主义、浪漫主义、象征主义、未来主义、魔幻现实主义、荒诞派等等，所谓的伤痕文学、反思文学、改革文学、寻根文学、朦胧诗派、网络文学等等文学现象与文艺流派，无一不是在社会、时代的客体因素影响和制约之下形成的。其次，写作的直接对象的自身特有属性，因其性质与特点的不同，会影响、制约写作主体对写作受体与写作载体的选择与确定，而且通常都是起决定作用的。

（三）写作受体

写作受体即我们通常所说的读者，是写作文本的阅读者、欣赏者、评论者。从信息传递的角度看，受体是信息传递的重要组成部分。写作受体是写作信息传递的接受者，是写作系统不可或缺的组成部分，他的存在关系到写作是否能够最终实现。写作受体同写作系统其他因素特别是同写作主体有密切关系。受体的需求、接受能力、接受心理与对写作成品的信息反馈，对主体写作有重大制约作用。写作主体一定要有自觉的读者意识，及时了解不同层次读者的需求、能力和心理，随时搜集读者对自己和他人写作成品的反映。社会的整体需求要通过读者来体现，写作者若无读者意识，实质上是无视社会的整体需求。一切好文章，至少要为某一相当数量的读者群所需求和乐于接受。当然，树立读者意识不是为了迎合、讨好读者，更不是为了愚弄、欺骗读者，而是为了更好地尊重、影响、征服读者，为读者真实而正当的利益服务。这是读者意识的根本出发点和核心内容。

（四）写作载体

写作载体就是包含与承载写作内容的文章形体与传播媒介，或者说写作载体就是写作主体将其构思内容转化为可以交流传播的文本所使用的物质媒介系统。文章是写作载体的重要构成，载体是内质与形式的统一体。对于写作载体的认识，不能仅理解为文章或文本，还包括文章内容传达所借助的工具。如古代的甲骨、铭鼎、竹简都属于写作载体形式，现代社会写作载体更加多元，除传统的纸质媒介外，网络、声光电等多媒体都是。写作载体同样对写作系统各因素有制约作用与影响力，不同的内容表达主体都会自觉选择与之相适应的不同的写作载体，而不同的载体形式特别是载体的重要显现形式之一文体必须适应一定客体内容的表达。载体的改变或不同，同样会对写作主体的写作产生巨大的影响。特别是媒介性载体的改变，往往会使社会的写作形式与内容发生根本性改变。网络时代的到来，写作也产生了革命性改变，传统的写作形式、主体、受体的地位与特性都已发生了巨变。

总之，现代写作学认为写作是一个整体系统，构成写作系统的各因素之间都存在着深刻的辩证关系。写作各因素相互影响、制约、作用与融合是写作规律的重要体现。

三、写作是主体生命的存在形式

笛卡尔说："我思故我在。"德国文化哲学的创始人卡西尔认为：每一件艺术品都是一种生命的形式，都有一个直观的结构，意味着一种理性的品格，因而艺术品应该具有"审美的普遍性"。卡西尔强调艺术是生命形式的符号化表达，读者通过阅读，参与艺术家的创造过程，通过对艺术品所表达的生命形式进行把握，使人的整个生命都发生运动和颤栗，从而更新自己的生命。

写作，从人类社会整体来看，是一种社会化的精神生产劳动，而就个体而言，又是主体生命存在的重要形式。写作是主体思想意识产生与传达的过程，思想意识的产生源自主体的生命实践活动。思想的形成诚如春蚕吐丝结茧，由生命化解而来，伴随生命实践而实现。对宇宙本原、生命奥义的探寻，即天道、物道、人道的觉知都需要主体生命的感悟。然而人世间的种种"道"又不是赤裸裸地显现出来的，往往借助一定的人、事、物来反映。

人们要于世界宇宙物象中体悟道之精义，必须化身为物，委身于事，与物事同构，伴随着宇宙的运动，生命的流转，在物彰事显之中，觉奥妙、知幽微。这一过程是主体生命与客体世界合为一体、主客体化生的结果，都熔铸着主体生命的体征。因此，写作从个体生命本质上说是人的生命实践形式，不能简单地理解成写的行为过程，而应追溯到一个人在世上生存，进行相关生命活动的人生历程。

特别是作为生命表征的情感，更是文章写作的动力与表现的重要内容。写作是情感作用的结果，写作主体的情感是写作欲望产生的原动力。钟嵘在《诗品·序》中说："气之动物，物之感人，故摇荡性情，形诸舞咏。"这里所描述的情境就是我们所说的写作发生过程。在钟嵘看来，使人"形诸舞咏"的前提条件是"气之动物，物之感人"，而且还要"感荡心灵"、"摇荡性情"。感物起情、因情而作，写诗为文古今皆然。

人生在世都有七情六欲、爱恨情愁。一方面，人们把这种原始的生存情感，演化成种种复杂的情绪投射到现世之中，让世界成为有情的世界，使之成为一个有意义的地方，这样世界才能向人们展示它的审美面目，才具有了世界性，才成为可评价的对象；另一方面，人生活在这个世上无时无刻不在对现世的事物进行反观内省，依据自己的是非标准和好恶对其予以评判和臧否，产生相应的感情倾向，引发相关的思想活动。人与世界的这种情感互动作用是写作赖以发生的基础。当现世的事物能够给人带来愉悦、欣慰等感情倾向时，主体身上就会爆发一种激烈的情绪，对心仪的事物，歌以咏之，文以道之；当现世的事物激起人们恐惧、愤懑的感情倾向时，人们也会产生一种激烈的情绪，物不平则鸣，口以诛之，笔以伐之。因此，从写作内容看，写作就是一种主体生命情感的存在形式，是通过文字这一外在媒介使生命内质得以彰显。它不但再现、记录或描写主体的生存状态，而且将主体的精神生命借助语言符号由内在转化为外显，写作也就无处不涌动着主体生命的律动，无处不灌注着主体情感的波涛。正如在曹雪芹的《红楼梦》开篇中，就以一首诗明示自己的心路历程："满纸荒唐言，一把辛酸泪。都云作者痴，谁解其中味。"主体写作就这样把自己的喜怒哀乐，丰富而复杂的情感世界向读者敞开，体现出主体丰富的内在精神世界。

语言是写作的媒介，主体生命的生存状态、内在精神特征都是通过语言表现出来的。可以说语言不但是主体生命表现的工具，而且主体的个性化语言也是主体生命特征的重要体现。任何写作者在语言运用中都会显现主体的个性、气质、人格、修养，都会打上自己生存生活的熔印。写作语言正如绘画的色彩，无处不是主体生命的标志。一个成熟的写作者，他的写作语言，是主体生命的节奏与状态的体现，它已不是一般性的信息交流符号，而是主体生命的表现形式。曹操"对酒当歌，人生几何"、"老骥伏枥，志在千里"的慷慨激昂；李白"天生我才必有用"、"乘风破浪会有时，直挂云帆济沧海"的乐观豪迈。这些诗句无一不是诗人人生态度的真实写照，是主体人格最真切的表现。所以，一个形成自己独立风格的作家，语言的主体化或个性化是其重要的标志。阅读者通过文本语言的感知，往往能直接感受到一个作者的灵魂、人格、气质等生命体征。写作这种语言表现艺术，也就成为主体生命的重要表现形式。

对于写作本体的认知，我们还可以从不同层面与角度加以阐述。写作这种复杂的精神生产劳动，从其社会功用上讲，是人们交流思想情感和进行信息传达、社会管理的重要工具；从其行为过程来看是思维运行的过程，是思维活动的结果；从其表达的内容看，又是人类文化与文明的载体，具有鲜明的人文特性。随着社会的发展，特别是随着信息与互联网时代的到来，写作成为一种重要的生活方式，与我们每个人的生活、学习、工作更加密切相关。QQ 日志、博客、微博、微信、论坛早已渗透进我们的生活，甚至成为我们每天必须完成的功课，成为生活的必需，构成了现代社会人们特有的生活方式。

第二节　写作的特点

对写作有了初步的认识后，我们还需进一步对写作的特点进行了解，这样才能更深入认识写作。所谓事物的特点，是这一事物与其他事物的区别点，是该事物本身所固有的基本属性。写作这一人类社会重要的精神生产劳动，它既有与人类社会精神生产劳动的共性，也有自己独立的个性。

一、社会性

写作从其行为特征来看，似乎是主体独立的个体性精神生产劳动，写作的任一环节，都是主体独立完成，即使是集体性创作，最后还得依靠个人构思与表达。但从写作的本质上看，写作具有鲜明的社会性，是个体性与社会性的有机统一。

写作的社会性首先表现在任何主体写作所表现的内容都源于他所生活的当下社会。写作主体都是特定社会一定环境中的人，其生活的当下社会环境不仅影响写作者的思想意识、审美观念，还直接影响到写作主体内容的表达。生活是创作的源泉，也是一切写作的源泉。任何写作者的表达对象、取材途径，都离不开他所生活的社会和他所处的环境，即使是他所反映的内容和题材同他的生活有距离，完全属于他想象或虚构的结果，但仍然受制于他当下的社会生活。"一切历史都是当代史"的道理也在于此。

写作的社会性其次表现在写作主体的写作目的源于社会。唐诗人白居易所言的"文章合为时而著，歌诗合为事而作"，很好地体现了写作者对社会现实生活的关切以及强烈的社会使命感和责任心。写作者的写作动机和目的，可以说各有不同，但应该说来都是一定社会生活影响的结果。不管其写作目的是以写作进行革命斗争，或以写作为日常工作、日常生活服务，或为总结科研成果，或以追求不朽，或为抒发胸中喜怒哀乐爱憎敬鄙之情，或为寻求寄托、慰藉，或为求存谋生，或为升官发财……凡此种种都是社会现实和作者所处时代使然。司马迁作《史记》、曹雪芹写《红楼梦》、鲁迅的弃医从文，或许从某种意义上讲是源于自己内心的需要，而其根本原因都是特定社会生活对作者影响的结果。

写作的社会性还表现在写作价值的实现必须服务于社会。毛泽东说的"写文章是专为影响他人的"，邓颖超为《写作》杂志题词："振兴写作学科，为四化建设服务"，都明确告诉我们写文章是要为社会服务的。是的，我们写文章不管目的何在，其最终目的还是要有益于社会，为社会服务。只有那些对社会有深刻影响的、对社会发展起积极作用的写作才会有生命力，才会有价值和意义。历史上那些流传千古的佳作和标榜史册的巨著，无一不是对当时社会现实和人们心灵思想产生深刻影响，具有深刻人文和科学价值，对社会发展进步、人类文明作出了巨大贡献的作品。即使是个人化写作，作用于写作者本人，而每一个个体又是社会的一分子，因此同样最终还是作用于社会。

二、个体性

写作是一种具有鲜明个体性的精神生产劳动。任何一种写作劳动，包括所谓的"集体写作"，不仅其实践的形式上只能是具体的个人的单独操作，而且从文章写作过程中其思维的运作都必须由个人承担，其行为都具有个体性。具体而言，我们可以从三个方面认识：

一是写作内容是主体对客体个体创造性的认识和感受。写作内容源于主体对客体世界的认识和感受，客体世界虽具有客观属性，但转化为文章内容的客体对象都是主体心灵化的结果，无不打上主体的烙印。对于一个事物的认识，主体都会是仁者见仁、智者见智。对于客体对象的感受和审美，都会体现出主体的个性、气质、修养和知识理论的积累，具有鲜明的个体差异性，呈现出个体性。王蒙曾在谈文学创作时说："生活并不能直接化为创作，只有经过作家心灵的汲取、选择、消化、感应、酝酿、裂变、升华、飞跃，变成作家心灵的负载、力量、火焰以后，作家才有可能进入创作过程。"[①]这说明，写作客体不能直接转化为写作的内容，写作内容是主客体深刻融合后，客体主体化的结果。

二是写作文本形式是主体对写作文体的匠心独运。文体简单理解就是文章的体裁和样式，是构成文章要素的规格和模式。任何一个写作者要进行写作都必须遵循文体对文章写作的规范和要求，按照文体的规范写出符合要求的文章来。但写作者最终的文本形式的完成，不是按文体简单的规范要求照葫芦画瓢，而是根据内容表达的需要和自己的借鉴创新，使文章的内容和形式灵活而有机结合，创造性地进行文体的运用。因此，一个写作者的文体意识，或对每一文体的理解和运用，其实都有个体性差异，其最终完成的文章形式都是创造的结果，具有个体性。正因为如此，每一个成熟的写作者，特别是形成自己风格的作家，他在每一种文体的写作或创作上都呈现出独特的风格，形成自己的写作特点或艺术风格。

三是写作的个体性还体现在写作主体语言的表达上呈现出个体生命体征。毫无疑问，语言在本质上是社会化全民性的，然而每一个人在语言运用上又具个性色彩，呈现出主体生命体征。写作语言同主体个性、气质、人格修养紧密相关，主体在语言运用上，总是通过精心选择、匠心独运形成自己的特色。文如其人，一个真正的写作者，一个具有较高写作水平的写作者，往往都会形成自己的语言特色，在语言的运用上体现出自我生命特征。每一个作家风格的不同，语言是其重要标志。即使出生于同一家庭、接受相同教育的两个作家，他们语言运用的个体性差异仍然是很大的。这些都说明，在写作语言运用上，主体是有着鲜明的个性特点的，呈现出主体灵活驾驭和运用语言的创造性。

写作的个体性与社会性并不存在矛盾，是一种辩证的统一。因为写作这种独立的个体行为，在社会大的系统中，从其本质上看，又是一种社会化的生产劳动。

三、综合性

写作的综合性是指写作不仅是主体语言表达能力的体现，而且是主体能力、非智力因素、素养的综合体现，是主体写作各要素动态综合运作的结果。写作主体要顺利完成写作

---

① 王蒙. 王蒙谈创作. 中国文艺联合出版社，1983 年版，第 140 页。

或写出高质量的文章，必须是主体写作能力、非智力因素、素养的全面发展和完善。写作是主体综合素质整合的过程，如果写作者某一因素缺失或不完善，必然使写作难以完成或完成得很差。

首先，写作同主体各方面能力密切相关，是主体各方面能力的综合体现。语言表达能力是写作的基础能力，主体要表达的一切内容必须通过语言才能实现。记忆、阅读、感受等能力是写作主体材料获得的保证，离开了这些能力主体写作就可能是无源之水，客体也就不可能真正转化为写作材料。而思维、想象能力，则是主体构思与创造的根本，写作任何环节都不可能离开它们。因此，写作主体如果不能全面提高写作能力，促进各方面能力全面发展就可能使写作难以进行下去。

其次，写作是主体非智力因素的综合。非智力因素是与主体智力因素相互联系、相互制约、相互影响、相互促进的心理因素。一般认为它包括主体兴趣、动机、情感、意志、性格、气质等。它同主体智力因素有深刻的辩证关系，一方面非智力因素是在主体智力活动中形成和发展起来的，但另一方面非智力因素一旦形成和发展，又构成主体行动的动力因素，对主体智力因素发展起巨大的推动作用。非智力因素在写作中具有重要作用，写作这种智力活动离不开非智力因素。没有较完善发展的非智力因素，主体写作能力难以有很好的提高，写作甚至难以顺利完成。写作主体要切实提高写作能力，必须要有浓厚的写作兴趣、强烈的写作动机，这样才能促进写作主体不断自觉训练与提高写作能力。情感不但是促使写作进行的动力，而且是文章重要的表现内容，对文章质量有重要影响。写作这种复杂而富有创造性的脑力劳动，不但艰苦而且还需要韧性，更离不开意志力的支持。主体的性格、气质，对写作成品的质量和风格起重要影响。所以说，写作是多种非智力因素综合作用的动态整合过程。

另外，写作又是主体多种素养的综合。写作主体的生活素养、知识素养、理论素养、思想道德素养和审美素养等后天积累和养成与写作活动密切相关，是写作主体写作顺利进行的重要保证。生活的经历和阅历，是主体写作材料获得的重要途径，是主体思想认识和感受产生的前提基础。没有丰富的生活积累，主体的写作内容就会狭窄，想象就不可能丰富，感受和认识就不可能深刻。知识不但是文章写作的重要内容而且还是主体写作顺利进行的保证，各种不同类型的写作都需要相关的知识积累作保障。而理论素养、思想道德素养、审美素养同文章的写作质量密切相关，没有深刻的理论水平、良好的思想道德素质、较高的审美修养，文章的质量就不可能有一个高度，就不可能产生既有深刻思想性又有艺术性的写作成品。这些在写作主体论中有更具体的论述，这里不再一一详细说明。

总之，文章的写作是主体多要素有机整合的产物，是主体素质系统结构中多种要素共同作用发挥其结构功能的结果，写作行为过程具有很强的综合性。正因为写作具有很强的综合性，无论是我国古代的八股取士，还是今天的各国公务员等多种形式的招考，都把写作作为人才选拔的重要科目。我们要深刻认识到，要真正提高自己的写作能力，使自己的写作水平到达一定的高度，需要长期艰苦的磨砺，需要不断地积累，必须全方位地培养自己的综合素质。

四、实践性

写作是人类所进行的一种重要的精神生产劳动，作为写作主体的一种主体精神创造活动，必然会具有实践的特点。实践作为人的思想认识的基础，既是思想认识产生的源泉又是思想认识发展的动力；既是思想认识正确与否的检验标准，又是思想认识的目的所在。认识和实践不可分割，也决定了人既是认识的主体也必然是实践的主体。而写作这种特殊的劳动，是主体思想认识与实践的有机结合体，是人的思想认识与具体劳动实践的有机统一。写作的实践性可以从以下三方面来认识：

一是社会实践是主客体关系确立的根本途径。写作是一种思维活动，除了要求主体有正常的生理与心理机制以外，还必须有思维的材料。而思维主要以表象材料为主，表象材料的获得必须有主体的社会实践活动，必须建立主客体之间的有机联系。我们知道，对写作主体而言，并不是一切外在的客观事物都是写作客体，都可以成为写作主体的写作思维材料。客体对象多大程度与范围可以转化为写作客体，成为主体表达对象，这完全取决于主体实践活动的深度与广度。只有主体在丰富的社会实践活动中，同客体世界建立相互观照的辩证关系，客体世界才能转化为主体表现物，实现客体主体化，写作主体才有表达的内容和材料，才有写作的动机与欲望的引发。

二是写作行为过程的具体操作性是实践性的突出表现。人类的写作活动同其他实践活动一样，都必须通过具体的行动体现，都必须动手动脑。"写"这一行为方式，是具体的实际的，具有技能可操作性。写作同其他生产劳动一样，具有一定的操作方法、操作程序、操作规范。比如，写作必然经历写作的准备、写作的酝酿构思、写作的表达几个阶段。任何文体的写作，写作者必须要有文体意识、文体规范。只有"写"才有文章的生成，只有"写"才能使内部语言转化为外部语言，才能使思维成果词语化、物态化，促使写作者写作语言能力的提高，也才有主体写作经验的积累，主体才能更好地掌握写作规律和写作的方法技巧。我们常把学写作与学游泳等同比较，都强调的是这种具体的行为实践性、可操作性。

三是阅读与写作训练实践是提高写作能力的根本途径。阅读既是写作的完成阶段，也是学习写作、提高写作能力的一种重要的实践方式。我国古代写作理论十分强调阅读对写作的重要性。"读书破万卷，下笔如有神。"阅读不但可为写作者积累学识、积累材料，而且也是积累、感悟写作经验、写作技巧、写作方法的重要过程。任何写作者学习写作都必须经历广泛而大量阅读这一长期的必然过程，离开了阅读这种实践，写作能力是不可能提高的。而写作训练实践，是将写作理论转化为写作能力的唯一途径。写作理论具有指导意义，但理论对实践的指导必须通过主体实践才能实现。特别是主体对写作理论的接受和运用具有个体差异性。写作主体要灵活运用写作理论，发挥理论对实践的积极有效的指导意义，真正地掌握写作的技巧与方法，提高写作能力就必须通过大量的写作训练，必须有不断写作的磨砺。

五、创造性

写作这种创造性的精神生产劳动，既不是主体对客体世界固有属性的简单认识，也不是主体对已有学识的简单重复，而是对二者的一种超越。写作的这种创造性表现在写作活动的各个环节，以及写作成果的各种构成因素之中。任何一个写作者，只要他是以主体个性的方式来获得和表达他对客体的认识与情感态度，就必然会是一种个性化的富有创造性思维的过程。这是因为，"每一个人都是独一无二的个人。……因为你是独一无二的，你所具有的思想感情是别人从来没有的，如果你尊重你的独特性，你就会真诚而独创地写出只有你能写的东西"。①

写作的创造性首先突出表现在主体对客体世界能动的认识与反映，体现主体鲜明的个性化特征。生活是创作的源泉，一切写作内容都源于生活，源于主体的社会生活实践。而写作首先必须经过主体这种实践感受活动，在主体对客体世界认识和感受时，往往具有主体性。因为心理定势的作用，主体在感受外界事物时，都只关心符合他自己心理需要的东西，具有很强烈的主观选择性。特别是在主体观察感受的过程中，情感的渗透无时无刻不在，而每个人的内心世界都是独一无二的，因而对客体的认识和感受也是独一无二的。正因为如此，对于同一事物，往往不同的主体对它产生不同的感受。文学史上那些同题作品，往往不同的作者所表达的思想情感截然不同，原因也在于此。同游秦淮河，又以同题作文，在朱自清和俞平伯的散文里，却内容主题各不相同；同是咏梅，在高适、王安石、陆游、毛泽东的诗中，其境界、意蕴各有千秋。

写作的创造性还表现在主体完成的写作成品——文章的独一无二性上。写作是思维的结果，每一个人的思维机器——大脑，这个文章的加工厂，都是一个完全不同的个体，其生产出来的成品必然是千差万别、各不相同的。哪怕是最差的一篇文章，它也是独一无二的，具有不可重复性。我们看到，即使那些具有相同主题思想的文章，作者所运用的材料、文章的结构技巧、语言风格都会不一样。所以，从人类生产劳动的角度看，写作是人类最具有创造性的生产劳动。正因为如此，人们特别强调写作的创新。陆机在《文赋》中说："收百世之阙文，采千载之遗韵，谢朝华于已披，启夕秀于未振。"要求文章写作既要继承前人的优秀成果，又要不蹈袭前人，发前人所未发。唐宋八大家之一的韩愈则强调的更加突出，要求写作"惟陈言之务去"。杜甫要求文章"语不惊人死不休"。

写作的本质和个体性，决定了写作必然具有创造性。每一个体生命的不同，其写作也就异彩纷呈。同其他任何文学艺术生产一样，写作具有不可替代性。每一个体的思维心理、审美情感体验、知识阅历的不同，都是个体写作创造的基础。所以，写作的创造性既是一种客观的必然，又是写作者的必然追求。

第三节 写作的价值

价值是指事物对人的用途与意义。所谓的写作价值就是写作对于人的功用和意义。写作作为人类社会一种重要的精神生产劳动，作为人类社会生存与发展必不可少的实践活动，具有重要的社会和个人价值。特别是作为信息传达的重要工具，在现代信息化社会里，写作与人们的工作、生产、生活更加密切相关，写作的重要意义与价值更加彰显。写作无论是对整个人类社会，还是一个国家、民族和个人的发展都至关重要。对于写作重要性的认识，我们可以有不同的切入角度，也可以有不同的理解。下面我们从这样几个层面来作一些认识。

---

① （美）威廉·W·韦斯特.提高写作技能.福建教育出版社，1984年版。

一、写作是人类文明的载体，是推动人类社会发展与进步的重要动力

写作是人们表达思想情感、沟通交流信息的重要工具。发明了文字，有了写作，也表明人类社会进入了文明社会。写作是人类社会进入文明社会的重要标志。中华五千年文明史，实际上也可以说是中华五千年写作史。写作是主体的思维活动，是信息传播的最为重要的载体。写作活动，无论是对自然本体结构和本体功能的反映，还是对人类自身认识结构和认识功能的反映，都是作者对自己认为有传播或贮存价值的信息的选择，都是对主客体知识信息量的积累与开发。人类正是在这种选择和开发中实现知识总量的积累和增值，逐步向真理王国逼近，使人类社会文明得以继承与发扬，逐级向高层社会文明发展。

人类的文明与进步离不开科技、离不开知识、离不开先进的思想，这些是人类文明进步和发展的根本保证。正是有了写作，才可以将科技、知识、先进思想进行广泛传播，才可以永久地传承与发扬光大，也才可能使人类社会不断发展与进步。因为通过写作这样一个载体，人们就可以突破时空的局限，人类的智慧和先进的思想就能得以广泛传播和继承，后人就可以站在前人的肩膀上，看得更远，走得更远，创造出更加灿烂的文明。

写作又是人们沟通交流的重要工具，是人们更好地进行社会组织与管理的重要手段。国家的有效管理、社会的有机组织、人们的和谐相处，这些同样是社会进步与发展的前提，而写作作为国家和社会管理的重要工具，在社会发展进步中同样起着非常重要的作用。国家的法律、法规、制度的建设与执行，社会的教化与道德的宣传践行，都离不开写作的中介作用。离开了写作，国家社会就难以有效地组织与管理，人类社会发展的进程就会大大减缓。虽然，我们也看到，写作的价值也可能偏离，产生负价值或价值的扭曲与变态，但人类社会总体的力量是一种正能量，人类社会一定会向真善美发展。写作的价值，也一定是积极与正面的，在人类社会发展进步中起着巨大的作用。

二、写作是个人素质全面培养的最有效的方法之一

人类社会的发展需要人才，培养全面发展的高素质人才，是一个国家、民族发展的重任。而人才的培养主要靠教育，教育是人才培养最主要的途径。人才培养，教育的手段多种多样，培养的内容也丰富多彩。写作从人才培养的角度来看，它是培养全面发展人才的最为有效的方法之一。

写作本体的综合性、创造性，决定了写作需要写作主体全面发展的综合素质。写作主体的写作实践过程，实际上也是主体全面素质和能力的综合运作的过程，是写作主体全面的素养、能力共同作用的结果。经常写作，可使一个人的智能和非智能结构综合运用、全面培养。具体来讲，写作可促进写作主体思想素质、心理素质、文化素质、智力结构的完善与发展。一个写作能力强的人，在从事其他工作时，也往往表现出明显的智慧优势。例如他感知事物更加灵敏、分析问题更加缜密、解决问题的能力更加深刻、统摄全局的整合能力更加突出、表达自己的意见更加有效。

通过写作的训练，可以提高主体全面的综合素质，也使得写作成为人才全面素质培养最有效的方法。正因为如此，我国古代教育特别强调对学生进行写作训练，把写作作为人才培养最重要的手段，也把写作作为人才选拔最为重要的依据，八股取士便是最突出的表现。当下，各国人才培养和选拔同样将写作作为重要手段。例如，美国等欧美国家文职人

员选聘和我国公务员招考，都将写作作为重要的考试科目。这也从侧面说明了，写作是个人全面综合素质的体现；写作训练全面培养和提高了主体的综合素质。

我们应该充分认识到：写作是一种严密的思维活动，是一种创造性的精神生产劳动。通过写作训练可提高主体思维的品质，提高思维的敏捷性、发散性、严谨性、丰富性、创新性。而思维能力是人的能力核心，主体的一切能力都离不开思维能力。从某种意义上说，写作对思维的训练与提高具有其他活动不可比拟的优越性，尤其是写作思维的创造性，对提高主体的创新能力的作用是其他活动难以替代的。创造能力是一个人综合素质的最有力的体现，是一个人全面素质的整合。因此，写作的训练，是提高主体素质与能力的最有效方法之一。

三、写作是个人自我价值实现的最重要手段

人是社会关系的总和。生命的形态多种多样，每一个人都有自我价值实现的需要。心理学研究表明，人的心理需要是多层次的，除了最基本的生理、安全等需要外，还有情感、尊重、自我价值实现的需要。自我价值实现的需要，作为个体生命最高的需要，它显现了生命的价值和个体生存的意义。作为现代社会的每一个个体，实现自我价值的途径和方法多种多样，但在今天这样一个信息化的社会里，写作能力作为现代人最基本的能力之一，在实现自我价值方面具有不可或缺的重要作用。

首先，写作是一个现代人应有的基本素质，写作能力是一个人成功所必须具有的重要能力之一。余秋雨曾说："写作是构建现代文明的重要素质。"在知识经济、信息化社会里，知识的传播、信息的获得，无不需要写作这一载体。美国社会预测学家约翰·奈斯比特教授在《大趋势》一书中说：当代社会应该记住最重要的大事有五件，其中之一是"在这个文字密集的社会里，我们比以往更需要具备基本的读写技巧"。科学研究表明：一个人的成才，除了需要思维能力、创新科研能力、自学能力、组织协调等能力外，还需要写作表达这一交际沟通能力。离开了基本的沟通交际写作能力，我们难以准确地表达自己的思想，难以准确地与他人进行有效的沟通交流，难以将自己的研究成果顺利转化和推广。因此，写作是人生成功的基本保证和必要条件。

其次，写作可作为我们的事业追求、立身之本。春秋时期的《左传》有"三不朽"之说："大上有立德，其次有立功，其次有立言。虽久不废，此之谓不朽。"将写作的"立言"同"立德"、"立功"相提并论，视为人生不朽、流芳百世的重要途径。曹丕在《典论·论文》中更加突出了写作的重要性，明确提出："盖文章乃经国之大业，不朽之盛事。年寿有时而尽，荣乐止乎其身，二者必至之常其，未若文章之无穷。是以古之作者，寄身于翰墨，见意于篇籍，不假良史之辞，不托飞驰之势，而声名自传于后。"可见，我国古人都非常重视写作，把写作视为人生成功之要，千古流芳之途。

的确，写作是人类社会重要的精神生产，同社会物质生产、文化生活、个体生命发展密不可分。写作是社会发展的一项重要工程，社会发展需要大批的写作人才。一则，写作可给人们提供丰富的精神食粮。不管什么时代，社会如何发展，人们的精神生活必不可少，精神消费需求随着社会的发达越来越多。从事写作的人特别是文学的创作者，因为可以满足人们的精神需要，而成为社会不可缺少的一员。写作者也因此可通过创作获取劳动报酬、取得较高的社会地位。古今中外那些文学家们，很多人不但因为自己卓越的写作才

能在当时或声名显赫或位高权重，而且因为自己的写作留给后人丰富的精神产品、深刻的智慧而被我们永远铭记。可以说，在每个同学的脑海里，最先涌现出的名人应该是那些文学家们。二则，社会的发展需要大量的应用写作人才，特别是在现今这样一个信息高度发达的社会，从事写作的人越来越多，写作人才需求量越来越大。这些人才或许不直接创造出人们所需的精神产品，但在这个社会系统的运行中，他们是必不可少的一员。他们也因此而立足于社会，将写作作为自己的职业，作为立身之本。比如各行业的文秘人员，媒体从业人员，甚至职业写作者等。现在在我国，从事相关文字工作的文秘类人员不下千万，与写作相关的秘书职业也成为我国二十大职业之一。因此，只要有较高的写作素质，我们完全可以藉此立足社会，取得成功。写作也可以成为我们实现人生价值的重要手段。

上面，我们从人类社会发展、人才培养和自我价值实现等三个方面对写作的价值进行了认识。当然，写作的重要意义与价值应该是多方面的，可以从不同角度和层面进行深入认识。但不管我们对写作有怎样的认识，都必须充分认识到：在当今社会中，写作素质是一个现代人应有的基本素质，写作能力是一个现代人应具有的基本生存手段。特别是作为大学生，写作素质的提高，是大学学习中一项最为重要的任务。

第四节 写作的规律

规律是指事物发展进程中本质的必然联系。写作规律，是指构成写作活动的那些基本要素之间存在着本质的必然联系，它决定了写作活动发展变化的必然趋势。规律是客观存在的，是不以人的意志为转移的。我们只有认识规律、把握规律、尊重规律，才能更好地运用规律，指导人们的实践活动。认识写作规律，有利于我们更有效地学习写作，更好地从事写作实践活动。

我们知道，任何事物的发展都有其内在发展的规律，其内在各因素之间都有本质的联系。写作作为人们最重要的生产与生活方式，作为主体重要的行为，写作活动也是有规律的。但写作作为一种复杂的精神生产劳动，写作的规律也是复杂的，对其的认识也是一个不断深化的过程。当下，对写作规律的认识，仍存在许多的分歧。对写作规律的见仁见智现象，不能说明写作无规律可循，只能表明，一方面写作活动关系的复杂性，人们认识的角度不同，对其规律的概括也就不一样。另一方面，人们认识也有一个循序渐进的过程，理解认识不同，也在情理之中。比如，写作从宏观的角度认识，它是一个系统工程，由四个相互联系、相互制约、相互影响、相互渗透的主体、客体、载体、受体构成，他们之间有着本质的必然联系，有其一般规律性。另外，从微观的角度看，不同的要素内部各因素又有联系，存在微观或称为特殊规律。因而，写作规律既是复杂的，又是丰富的。

本节探讨的写作规律，是对写作活动整体宏观把握中所认识的写作基本规律，即把写作视为人类社会一种重要的精神生产劳动，从写作行为的外部关系中对其进行总结，即写作的一般规律。写作的基本规律有：物我交融转化律、博而能一综合律、法而无法通变律。

一、物我交融转化律

物我交融转化律是指构成写作活动中的主体、客体之间存在着一种相互影响、相互制约、相互转化、相互融合而最终生成新成品即写作文本或称之为文章的本质的必然联系。

也就是指在我们写作过程中，主、客体之间是相互作用、有机交融的，而通过两者的交融、转化而产生一个既非主体、又非客体的第三者即写作成品——文章这一本质的必然联系。

我们知道，文章作为一种精神产品，它是写作主体情感、思想的表现，是属于主体的思想意识形态。而思想意识的产生，都是主体对客体世界认识、感受的结果。存在决定意识，写作的内容绝非作者头脑里本身所固有的、超然物外、从天而降的。没有客观事物的存在，就没有人们的认识与感受，也就没有反映人们思想认识和感受情感的文章。情以物感，文以情生。写作客体不但是主体写作动机和欲望产生的诱因，而且是主体表现的重要内容和思想情感的依托。任何写作都离不开客体世界。但写作主体在表现客体对象的时候，又不可能是纯照相式的复制，而是对客体世界能动的反映。无论是应用写作还是文学创作，其内容的最终生成，都是客体对象主体化的结果。即使最强调真实性的新闻，其表达的新闻内容，也可能因每一个新闻写作者的倾向性不同，而在主题的反映、报道形式的选择、新闻要素的侧重等方面不同。科学论文这种最具客观性的写作，在其揭示客观真理的深度，运用的研究方法、手段和对真理的诠释，都鲜明地体现写作主体的智慧和气质。

确实，在文章写作过程中，主客体之间始终是相互作用、相互交融的，两者始终存在一种双向互动、既矛盾又统一的辩证关系。一方面，客体世界的客观事物，在成为文章内容时都经过主体的加工、改造、变形，不再是纯粹的自然物。任何写作过程，首先必须实现"客体主体化"，即实现由"眼中之竹"到"胸中之竹"的转化。任何客体对象的表现，实际上都是"我"眼中之物，都是主体自我认识、思想情感的外化结果。另一方面，是"主体的对象化"，写作主体又必须将自己的思想、认识、感情、感受、向往等融入到客体对象中去，使客体对象成为自我的象征，成为"我"的"形式"。李煜的《相见欢》："无言独上西楼，月如钩。寂寞梧桐深院锁清秋。剪不断，理还乱，是离愁。别是一般滋味在心头。"融情入景，诗中之月、之梧桐、之清秋，皆非自然之本物，实际上是"我"情感的载体，甚至于"我"的化身。同样陆游、毛泽东诗中的"梅"亦非纯自然之梅，而是"我"的情感、精神的写照。

王国维在《人间词话》中说："昔人论诗词，有景语、情语之别。不知一切景语皆情语也。""一切景语皆情语，一切情语皆景语"，很形象地说明了主客体之间的融合、化合的辩证关系。当然，主客体化合、融合生成具有新质的写作内容，并不意味主客体的消失，两者仍然表现在其中。所谓"对象主体化"，不是由主体取代客体；所谓"主体对象化"，也不是由客体取代主体。它们在相互交融中，生成的新质既显现自身的特质又映照对方的特性。主客体的交融也是一种相互影响、相互制约的矛盾关系，如何生成新质的写作内容，取决于两者的融合度。如果两者没有交集，特别是居于主导地位的写作主体对客体没有观照和兴趣，不管客体对象如何有写作价值和意义，仍然不能实现对象的主体化。同样，主体心灵不管多么丰富细腻，没有客体与主体的融合，同样不能实现主体对象化。因此我们在学习写作过程中，既要培养自己丰富的心灵世界，要有对生活敏锐的感受，具有良好的审美素养；又要有丰富多彩的生活，要有更丰富的人生阅历，具有较好的生活素养。

二、博而能一综合律

博而能一综合律是指写作主体在写作过程中，必须充分调动自身多方面能力、修养和素质，发挥它们的结构功能，从而促使写作顺利完成的必然过程。也就是说，写作主体在任何写作的过程中，必须充分调动自己的各方面能力、修养和素质，并使它们达到有机整合，共同发挥作用，这样写作才可以顺利完成，写出较高质量的文章来。如果其中一些因素缺乏或不完善，写作就难以进行或写不出满意的文章来。

写作具有很强的综合性，是一种复杂的精神生产劳动。任何一个写作者，要具备较高的写作能力，必须经过长期的积累和磨砺，必须全面提高自身的多方面的能力、修养并具备较好的写作天赋。具体而言，写作者应具备记忆、阅读、观察、感受、思维、想象、表达等多方面能力，具有理论、知识、审美、生活、道德等修养，具有良好的兴趣、情感、意志、性格、气质等素质。只有他们完美而有机的结合，才能使写作顺利进行，写出高质量的文章。刘勰在《文心雕龙·神思》中说："积学以储宝，酌理以富才，研阅以穷照，驯致以绎辞"。意思是说：积累知识以储备自身的资产；明辨事理以丰富自己的才识；体验生活以提高观察的能力；顺应情感以演绎美妙的文辞。刘勰对写作所需的各方面能力、素质、修养概括虽不完善，但他早已认识到了从事写作必须发挥多方面能力、素质和修养。

写作实践表明，一切写作活动都需要写作者全面发展的能力、素质与修养。尽管不同的写作主体各方面的积累不同，在具体的写作中对三方面的要求也有差别，但都离不开三方面的综合。内容丰富的长篇大作，其"博"的要求更高。马克思写作《资本论》历时四十载，研读了大量的理论著作，分析积累了无数的资料，其中做过摘要和引用的书籍就达1500多种。曹雪芹创作《红楼梦》，除了有自身那一段痛彻肺腑、刻骨铭心的人生经历，更有作者"批阅十载，增删五次"顽强意志力，有渊博的学识和很高的文学艺术修养。如果没有像曹雪芹这样一个百科全书式的作者，《红楼梦》是绝对不可能问世的。当代学者编的《红楼梦辞典》收集有关医药、食谱、宗教、建筑、政治、典章、服饰、灯谜、酒令等知识的词条近10000个，近100万字。可见，书中涵盖了多少知识，需要作者多少积累。可能有人认为：长篇大作如此，短小的文章写作就不需要写作者太多的积累了。其实不然，一首诗歌、一篇散文、一篇消息、一篇公文的写作，同样是作者全面能力和素质的综合。当代女作家茹志娟曾深有体会地说："我在写一篇东西的时候，哪怕是一篇很短的散文，我都在调动我的一切储备，好像这一篇写完了以后，别的东西不准备写了似的。是的，我在写一篇东西的时候，我都在翻箱倒柜，把所有的储备，只要能用的都使用上来，哪怕并不是用在文字上。"①

反之，一个写作者如果在某些方面存在一些不足或缺陷，不管他其他方面多么优秀，写作同样是很难完成的，即使完成了写作，写出的文章、作品也很难保证有高质量。鲁迅先生曾被中国工农红军二万五千里长征所深深感动与震撼，对长征精神深表敬佩，拟创作一部以红军长征为题材的小说来歌颂中国工农红军。在前期他做了大量资料收集的准备工作，也访谈了一些参加过长征的人员。但先生最终没有完成创作，就因为作者没有亲历长征，没有真正的生活体验与感受，从而使自己难以完成创作的构想。还有在创作《阿Q正传》时，为了写阿Q的狱中生活，在狱中这样特殊的环境中表现阿Q精神胜利法的强大，鲁迅先生很想体验一下狱中生活，甚至曾想通过殴打警察入狱去体验监狱生活与环境。后因种种原因没有完成这一设想，阿Q的狱中生活，鲁迅先生也只能一笔带过，写得语焉不详。可见，像鲁迅先生这样的大作家，因没有亲身的生活经历，生活的素养不够，同样不

---

① 茹志娟.漫谈我的创作经历.湖南人民出版社，1983年版。

能完成自己的创作。而对于我们一般的写作者，更是如此。我们都曾为写作发愁，为写作痛苦，原因也就在于写作需要的积累太多，综合性太强。

写作的综合律告诉我们，要真正提高写作水平，必须全面提高自身多方面的素质、修养和能力。写作能力的提高，不可一蹴而就，必须不断加强积累，必须长期坚持刻苦磨砺。只有多方面因素的共同提高，到达有机化合，才可能使写作顺利完成，写出高质量的文章。唐代的韩愈曾说："古之立言者，则无望其速成，无诱于势力，养其根而竢其实，加其膏而希其光，根之茂者其实遂，膏之沃者其光晔。"它同样揭示出了这样一个道理，写作无论如何都要从根本上着手，不能望其速成，也不能受外在"势力"诱惑，正如自然生物一样，根深才能叶茂，才能结出丰硕的果实，有了肥沃的土壤，才能使植物五彩缤纷、光彩熠熠。写作要到达一定的高度，就需要我们从自身下功夫，全面提高各方面的修养。

三、法而无法通变律

法而无法通变律指的是我们在学习写作的过程中，写作主体必须经历一个自觉或不自觉地学习、借鉴具有相对稳定的写作技法，并将其革新、创造，灵活运用于自己写作实践活动中去的必然过程。任何学习写作的人，他的写作水平和能力的提高，除了要有一定的天赋和全面发展的素质，还要善于学习。同人的任何能力提高一样，写作能力要通过学习和训练才能提高。只有当一个写作者，能够自觉或不自觉地学习写作的基本方法和技巧，并根据实际灵活地借鉴和应用到自己的写作活动中去，写作主体的写作能力才能逐步提高。写作者如果不懂得写作的一些基本方法与技巧，写作就无法进行。没有一个写作主体在学习写作过程中不需要模仿与借鉴，不需要创新与突破。这是我们学习写作的必然，是写作活动的客观规律。

古人云："天下之事，莫不有法。"写作作为人们的一种重要的实践活动，自然有"法"。"法"即在写作实践活动过程中所体现出来的规律、规则、技巧与方法，它渗透在写作实践活动中的各个阶段、各个方面，内容丰富、表现形式多样。而这些"法"，是我们必须学习、运用和借鉴的。

具体而言，写作之"法"有以下几个大的方面。一是文章有体制。文章因反映的内容不同，其结构体式有别。各种不同的文体，在内容表达、语言运用、结构安排方面都有自己的不同要求，写作者在写作时必然要遵循这些规范要求，不得违背，否则难以写出有表达力的文章。比如，古典诗词结构上的严谨规范，议论文体结构的提出问题、分析问题、解决问题三段论法，新闻结构的倒金字塔结构。

二是写作中的写作基本准则。写作准则是写作实践中总结出来的具有普遍性的指导写作的一些标准与尺度。它内容广泛，在文章不同构成要素和写作不同阶段中有不同体现。文章的写作，虽然文体不同，但一些基本的准则是任何文章写作都要遵循的。清人刘熙载在《艺概·经义概》中就提出："主意要纯一而贯摄，格局要整齐而变化，字句要刻画而自然。"李渔主张文章写作应"立主脑"、"密针线"、"审虚实"、"贵浅显"、"重机趣"。这些都是从整体上对文章写作提出的一些准则。张寿康先生在主编的《文章学概论》中根据文章的构成要素，提出文章写作应："1.主旨明白正确，内容充实具体。2.质料围绕中心，详略得当；观点与质料统一。3.层次分明，结构完整。4.文气贯通，语调得体。5.用词确当，语句畅达。"①显然这也是为写作提出了一个大体准则。写作学中对文章主题的提炼、材料的选择、结构的安排、语言的运用提出的基本要求，也是写作的准则，是文章写作之法。文章之"法"，另一个重要内涵则是写作的技法。它是文章叙述明理、描写状物等表达方式的技巧，是文章谋篇布局的技法。比如，叙述有倒叙、插叙、平叙等，描写有工笔、白描等，结构上有首尾照应、先抑后扬、曲径通幽等。这些都属于写作的基本技法。

是的，文章写作有法，但不管是文章有体制的限定、写作有法度遵循，还是有基本技法的借鉴，我们都不可能把他们绝对化、教条化，墨守成规、生搬硬套。我们应既循法又变化，做到继承与革新相结合。古人所云"法而无法"、"定体则无、大体须有"也就是这个道理。

世界任何事物都不是一成不变的，而是总处于发展变化中。写作随社会发展而不断发展，写作会因时而变。从长时间文体发展来看，没有不变化的文体。刘勰在《文心雕龙》中就曾认识到："文变染乎世情，兴废系乎时序"。每个时代，因社会发展的需要，总有新的文体产生、旧的文体消亡。当下我们社会涌现出的微信、微博、博客、日志等都是互联网时代所产生的新的文体。另一方面，我们的写作准则、写作方法，因文体不同、内容不同、写作主体不同，在主体把握和运用过程中，也是变动而非凝固不变的。在学习写作过程中，我们也就不能照搬照抄成法，而需灵活地加以革新与创造。

写作的通变律告诉我们，在学习写作的道路上，首先应该广泛吸取、不断学习与借鉴，特别是要善于学习那些大家的作品，多读经典范文。茅盾指出："模仿是创造的第一步"。这话虽简单但中肯，很好地说明了写作需要继承与借鉴。其次，在写作中，还必须根据不同内容和自我特点，灵活运用写作方法，特别是在实践过程中要有创新与发展，这样才能形成自己的风格，才能在写作上真正有所为。

思考与练习

1. 什么是写作？你对作为人类社会一种重要行为方式的写作的本质如何认识？

2. 写作是一项系统工程，写作系统四要素存在怎样的辩证关系？试举例论述。

3. 写作主体在写作系统构成中有何作用与地位？它与写作客体有何关系？

4. 写作的主要特点有哪些？了解写作特点对我们学习写作有何启发？

5. 写作的实践性对我们学习写作有何指导意义？你准备怎样加强写作的实践？

6. 请谈谈你对写作的价值的认识。联系自己的实际，具体谈谈写作对自己学习、生活、人生的意义，并将体会写成一篇800字左右的课外作文。

7. 什么是写作的规律？写作的基本规律有哪些？

8. 什么是写作的物我交融转化律？它对我们学习写作有何启发？

9. 什么是写作的博而能一综合律？它对我们学习写作有何指导意义？

10. 什么是写作的法而无法通变律？你对写作"既有法而又无法"怎么理解？为什么说学习写作要从模仿开始？

---

① 转引周姬昌主编.写作学高级教程.武汉大学出版社，1989年版，第37页。

11. 王蒙曾在《一个值得探讨的问题》一文中说过这样一段话："大作家都是非常有学问的人，……高尔基如果只会洗碗碟和做面包，毕竟也称不得高尔基，他在他的大学里读了比一般大学生更多的书。如果清代有学士、硕士、博士这些名堂，曹雪芹能在好几个领域如韵学、中医药学、园林建筑学、烹调学……通过论文答辩而获得学位吧？现代文学史上的几位大作家：鲁迅、郭沫若、茅盾、叶圣陶、巴金、曹禺、谢冰心……有哪一位不是文贯古今、学贯中西呢？"

这段话体现出写作的什么规律？你认为如何提高主体修养？

12. 先阅读下面一段文字，然后回答问题。

江馆清秋，晨起看竹，烟光、日影、露气，皆浮动于梳枝密叶之间。胸中勃勃，遂有画意。其实，胸中之竹，并不是眼中之竹也。因而磨墨、展纸、落笔、倏而变相，手中之竹，又不是胸中之竹也。

郑板桥这段话讲的虽然是作画的道理，但绘画艺术同写作应是相通的。这段话形象地揭示了写作的什么规律？文学创作与应用写作是否都适应这一规律？

13. 除了我们教材上所讲的三条规律外，你是否还能概括总结出其他的写作规律？

14. 有人认为写作能力更是一种天赋，通过学习与训练是难以提高的。你认为是否正确？为什么？

15. 英国女作家多丽丝·莱辛说："我写作，因为我是一个写作的动物。"这句话你怎么理解？

16. 宋代理学家朱熹有一首绝句："半亩方塘一鉴开，天光云影共徘徊。问渠哪得清如许？为有源头活水来。"如果说"清渠"指的是好文章，那么"源头"指的是什么？请谈谈你的认识。

第三章　写作素质的提升

本 章 导 学

　　写作是一项复杂的精神生产劳动，是一项复杂的系统工程，这对写作主体提出了很高的要求。要顺利地完成写作并写出高质量的文章，写作主体必须具有全面发展的写作素质。本章对写作主体的智力和非智力因素、写作主体的素养对写作的关系和影响作了全面的论述，并对主体写作素质的培养与提高提供了方法指导。学习本章要充分认识到写作主体素质各因素对写作的重要意义，并通过理论的学习和大量的训练以及对写作主体素质提高方法的掌握，不断提升自己的写作素质。

第一节　写作主体能力的提高

　　写作主体的能力在写作活动中起主导和决定的作用，它直接关系到作品质量的高低。如果写作主体的水平不高、能力不强，在写作中就难以对社会生活作出敏锐、准确而深刻的反映，也难以把观察、感受到的社会生活内容准确、形象、生动地表达出来，当然也不可能写出优秀的作品。因此，加强对写作主体的培养，不断提高写作主体的能力，是写作学课程必须着力解决的重要课题，也是提高学生写作能力的前提和基础。

　　写作主体能力主要由观察与感受能力、阅读与文献检察能力、思维与想象能力、表达能力等要素构成。需要指出的是，以上诸能力要素并非彼此孤立、互不相干的，它们实际上在很多时候又是彼此关联、互相渗透、互为因果的。

　　写作主体能力的提高决非一朝一夕之功，它是一个复杂的系统工程，需要作出长期的努力。一方面，要大力提高写作主体的写作素养，包括知识素养，生活素养和审美素养等。另一方面，要通过系统的写作历练，不断强化写作主体的写作技能，让写作主体在写作实践中提高写作能力。

一、观察与感受能力的培养

（一）观察能力的培养

1. 写作观察的含义与特点

（1）观察的含义

　　观察是写作主体借助以视觉为主的感觉器官，全面、细致、深入地认识客观对象的感觉和知觉过程。观察不但要了解事物的外部形态和基本特征，还要进一步剖析事物的本质和规律。因此，观察绝非简单的视觉活动，它是以视觉等感觉活动为基础，由感觉、知觉到理性思维的过程。

观察一般可分为有意观察和无意观察。有意观察是指写作主体带着明确目的和意图而从事的观察活动，它是写作主体感受和体验生活，获得写作素材的重要途径。无意观察是写作主体在日常生活中无意识、无目的的观察行为，它虽然不直接为写作主体的写作服务，但通过无意观察所获得的感受和体验所积累的材料，同样可以成为写作的素材。因此，有意观察和无意观察并非是截然不同的，它们在许多情况下往往是互相渗透、互为补充的。

（2）观察的特点

观察作为写作主体有目的，有意识的知觉活动，具有以下几方面的特点：

一是目的性。写作主体在从事观察活动时，总是带有一定的目的性和功利性，或为感受、体验生活，或为丰富生活积累，或为搜集、积累写作素材。所以观察是一种有目的的感知活动，而非自发的、盲目的行为。

二是差异性。观察的差异性主要指观察视角的差异和观察时心理的差异。观察视角差异是指因观察角度不同而导致的观察结果的不同，"横看成岭侧成峰，远近高低各不同"就是观察视角不同的具体体现。心理差异是指观察者因观察心理和情感的差异而导致的观察结果的差异。杜甫《春望》中的诗句"感时花溅泪，恨别鸟惊心"，正是诗人在动荡不安，流离失所的心态下观察春景的结果。

三是情感性。写作主体的观察有别于科学观察，它是一种带有强烈主观情感色彩的活动。观察者在观察事物时常常会"登山则情满于山，观海则意溢于海"。因此，写作观察始终离不开观察者的情感活动，由于情感的渗入，观察的结果也未必客观，它有可能是变形、夸张甚至是扭曲的。

2. 观察对于写作的意义

观察是人们获得外界信息、认识生活的前提和基础，更是写作主体感受社会生活，获得写作素材的主要途径。写作主体只有细致入微的观察才能全面深入地认识社会生活，积累写作素材，激发写作热情。具体来说，观察对于写作具有以下几方面的意义。

（1）观察是获得写作材料的重要途径

大千世界，千姿百态；社会生活，丰富多彩。无比生动的自然景观和丰富多彩的社会生活为作者的写作提供了取之不尽、用之不竭的原料和素材，但是这些原料不会自动成为写作素材，它需要作者深入社会生活，通过细致入微的观察才能获得。因此，只有通过观察，丰富多彩的自然和社会生活才能成为作者写作的源头活水。

（2）观察是提高表达效果的必然手段

观察是写作的基础，更是语言表达的基础。尤其在写景和叙事类文体的写作中，只有通过细致入微的观察，才能把描写对象的形态、情状、风度、特点等栩栩如生、惟妙惟肖地描绘出来。朱自清写《荷塘月色》，如果没有对月夜荷叶的姿态、颜色及荷波等细致入微的观察，就不可能把月下荷塘之景描绘得如此生动传神。因此，在写作训练中，企图单纯通过语言训练来提高表达效果是不现实的，必须将观察训练纳入提高作品表达能力的训练范畴，将观察训练和语言训练相结合，才能切实提高文章的表达效果。

（3）观察是作者认识生活，思考生活的前提和基础

写作是客观现实世界在作者头脑中反映的产物，这种反映即作者对自然和生活的认识

和思考。这种反映从何而来？它不会从天上掉下来，也不会在作者的大脑中自动生成，必须经过细致入微的观察才能获得。"山川之秀美，风俗之朴陋，贤人君子之遗迹，与凡耳目之所接者，杂然有触于中，而发于咏叹。"由此可见，如果没有对生活的观察，作者对生活的认识和思考就只能是无源之水，无本之木。

（4）观察是激发作者写作动机的重要因素

人们在观察自然和生活的过程中，或观赏到鬼斧神工的自然景观，或遭遇感人至深的动人场面，或欣赏特色鲜明的风土人情，往往会激情难抑，并因此产生将所见所闻、所思所感记录下来的强烈欲望和冲动。所谓"岁有其物，物有其容，情以物迁，辞以情发"正是对观察引发写作动机的具体阐释。唐代大诗人李白，一生浪迹江湖，云游祖国的名川大山，观赏祖国的壮美风光，常常产生一吐为快的强烈愿望，并因此留下众多的名篇佳作。纵观古今，许多优秀作品的产生，皆源于作者观察时所产生的强烈写作冲动。

3. 写作观察的方式与方法

观察并非单纯的视觉活动，而是一种以感觉器官为主要媒介，同时又包含情感和思维活动的知觉过程。观察不但要了解事物的外部形态和基本特征，还要透视其本质和规律。因此，了解观察的方法，掌握观察的技巧，有助于观察效果的提高。

（1）整体观察和局部观察

整体观察是从总体上把握观察对象的观察方式。它要求全面把握观察对象的外部形态和基本特征。采用整体观察的方法，要着眼全局，舍弃观察对象的细枝末节，突出观察对象的主要特征。如杜甫《望岳》中的诗句"岱宗夫如何，齐鲁青未了"，正是诗人整体观察泰山所获得的印象。毛泽东的《沁园春·雪》所描绘的"千里冰封，万里雪飘"的壮观景色，无疑是毛泽东整体观察北国风光的结果。

局部观察是对观察对象的部分或细枝末节的观察。根据观察目的和要求的不同，有选择地观察事物的某一局部特征，这种观察要细致入微、突出特点。如果没有朱自清对月下荷叶的精细观察，他就不可能把月下荷叶的姿态描写得如此生动传神。

（2）个别观察与比较观察

个别观察是对单个观察对象的观察。由于观察目标明确，观察对象具体，因而更便于观察者集中精力进行观察。但由于这种观察缺少特定的参照对象，因此往往难以准确把握观察对象的特征。

比较观察是一种有明确参照对象的观察方法。比较观察又有两种不同的类型。一是相似比较观察。即对两个或两个以上相似的观察对象进行观察，以发现观察对象之间的细微差别。如我们对一对外貌酷似的双胞胎进行观察，初看起来似乎彼此并无多少差别，但只要仔细观察，就不难发现他们彼此总是会有一些差别的。世界上没有两片相同的树叶，也不会有两个完全相同的人。二是相异观察。即对两个或两个以上差别明显的观察对象的观察，以突出彼此之间的不同特征。如观察人物时，可将胖子与瘦子放在一起进行对比观察，通过外形的比较，发现他们动作、行为等方面的不同特征。

（3）静态观察和动态观察

静态观察是对静止状态下的观察对象的观察。由于观察对象处于相对静止的状态，因而便于观察者对其进行反复多次、细致入微的观察。这种观察的优点是观察准确、全面，缺点是难以充分显示观察对象的运动和发展变化状况。作者如果将通过静态观察得来的印象写入文章中，虽然可能描述得准确、全面，但往往是缺乏生动形象感的。因此，在以写作为目的的观察中，静态观察只能作为观察的方法之一，观察时要与其他观察方法相结合。

动态观察是指对处于运动状态的观察对象的观察。无论是大千世界还是社会生活，总是处于不断地发展和变化之中，作者要如实地反映社会生活，就必须学会观察处于不断变化中的自然和生活。王之涣登上鹳雀楼，极目远望，看到的是"白日依山尽，黄河入海流"的壮观景象。毛泽东站立橘子洲头，看到的是"百舸争流，鹰击长空，鱼翔浅底，万类霜天竞自由"的生机勃勃的南国秋景。因此，通过动态观察所描写的景物往往更生动、更形象，也更能激发作者的情感。

4. 写作观察能力的培养方法与要求

观察是作者获得写作素材的重要途径。但人们的观察能力却存在着很大的差别。即使观察相同的对象，有人细致入微、印象深刻，并据此积累丰富的写作素材；有人却走马观花，一无所获。因此，强化观察能力的培养是十分必要的。

(1)丰富生活阅历

丰富的生活阅历是提高观察能力的前提和基础。生活阅历丰富的人，往往是见多识广的人，也是善于观察的人。纵观古今，许多优秀的诗人和作家都是生活阅历丰富的人。无论是屈原还是李白，无论是苏轼还是曹雪芹，他们都有着丰富的人生阅历。他们或浪迹江湖，观察山川美景；或身居官场，感受世态人情，在曲折而丰富的人生经历中观察自然美景，感受人情冷暖，从而积累了丰富的写作素材。古人云"世事洞明皆学问，人情练达即文章"讲的就是这个道理。

那么，怎样才能丰富自己的生活阅历呢？对身居校园的学生而言，主要有以下几种途径。一是要作生活的有心人，关注社会、关注生活。二是要积极参加各种形式的社会实践活动，在实践中观察社会和生活。三是要尽可能创造条件外出旅游观光，借此观察山川景物，体会民风民俗。

(2)端正观察态度

正确的观察态度是每个观察者必须具备的基本品质，因此，端正观察态度是取得良好观察效果的基本保证。端正观察态度，必须从以下几方面去努力。一是明确观察目的，观察时要根据写作目的和要求，有目的、有选择、有重点地观察事物。二是观察时要专心致志，在观察过程中，精力要高度集中，真正做到全神贯注、心无旁骛，才能准确把握观察对象的特点。三是观察时要持之以恒。观察其实是一种细工慢活，走马观花、浮光掠影式的观察是不可能取得好的观察效果的，因此观察要特别有耐心。现代著名作家老舍在谈到观察经验时曾说"观察人物不是一天两天的事，要随时随地，经常的留心"。① 四是要养成记观察笔记的良好习惯，观察决非简单的视觉活动，观察后应及时将观察结果及感受记录下来，使之成为日后写作的素材。

(3)综合运用多种观察方法

要全面准确地把握观察对象的特点，凭某种单一的观察方法往往很难达到预期的观察目的。当我们在观察某个人时，如果只有单一的静态观察，虽然可以观察得细致、准确，

---

① 老舍. 老舍话剧艺术. 文化艺术出版社，1982 年版，第 298 页。

但很难深入人物的内心世界。而运用动态观察的方法，则可以通过对人物动作行为、表情、语言等方面的观察，揭示人物的性格特点。因此，在观察事物时，要综合运用多种观察方法。将整体观察与局部观察、个别观察与比较观察、静态观察与动态观察、客观观察和主观观察等观察方法有机结合在一起，才能达到全面、准确把握观察对象外在形象和内在特征的目的。

（4）观察与思考相结合

观察不是单纯的感官活动，同时也是能动的思维活动。人们在进行观察活动时，常常要对观察的对象进行判断和选择、储存和分析，以此得出观察对象的整体印象，并通过自己的思考，使观察由表象深入到本质，由感性上升到理性的高度，这也是人的观察与动物的观察的根本区别。近代著名学者王国维指出："诗人对宇宙人生，须入乎其内，又须出乎其外。入乎其内，故能写之。出乎其外，故能观之。入乎其内，故有生气。出乎其外，故有高致。"

因此，在观察活动中，断然离不开思维活动，既要获得观察的直观印象，又不能拘泥于观察对象的表象，要真正做到"出乎其外"而又"入乎其内"，对事物作深入的思考和分析，以揭示观察对象的本质和规律。

（二）写作感受能力的培养

1. 写作感受的含义及特点

（1）感受的含义

感受是由客观外界事物的影响而产生的一种心理活动和情感体验。人们在从事各种活动时，总是要获得来自外界的大量信息，但人们并非消极、被动地接受外界的信息。来自外界的各种信息，往往会触发人的心理，拨动人的情弦，并因此获得对外界信息的感受和体验。在日常生活中，面对汹涌澎湃、浩瀚天边的大海顿生豪迈之情；置身秋风萧瑟、落叶缤纷的环境中则难免会有孤独寂寞之感。此皆为感受的具体体现。由此看来，外在世界的变化总是会触发人的心理和情感。

感受以观察为基础，它是观察的进一步深化，是客观外界信息内化为主观情感的结果。因此，没有外界信息的刺激，感受就无从产生。感受又不同于人的思维，思维是建立在感受基础上的逻辑判断和理性分析，而感受则仅仅是外物在内心激起的情感波澜。

（2）感受的特点

感受作为一种人人皆具的情感活动，主要具有以下几方面的特点。

一是丰富性。人们在观察某些客观对象时，由于生平经历、文化素养、情感态度等方面的影响，往往由此及彼、联类无穷，获得极为丰富的感受。这种感受表现出极为丰富的特征：或感叹个人身世与遭遇，或慨叹社会之复杂，或关注国家之兴衰；或宏观，或微观；或激情澎湃，或黯然神伤。正因为感受的丰富性，许多诗人、作家才能在观察某个客观对象后思绪万千，写出洋洋洒洒、感人至深的名篇佳作。

二是情感性。人们在感受过程中，始终伴随着强烈的情感活动。如果没有情感的参与，感受就无法触发。因此，情感往往是引起感受的媒介，情感越丰富、越细腻，感受也越强烈。古今中外的许多诗人作家，大多是情感丰富的人。

三是差异性。虽然每个人都有感受，但人们对外界信息的感受却存在着巨大的差异。即使面对相同的观察对象，有人感受敏锐，有人感受迟钝；有人感受深刻，有人感受肤浅。

如同样是面对鸟语花香的大好春光，许多人陶醉在美好的春光中，心旷神怡，但杜甫的感受却并不美好，他似乎觉得花在流泪，鸟的叫声也触目惊心。

2. 感受对于写作的意义

感受与写作有着十分密切的关系。没有对自然和社会生活的深切感受，就不可能写出优秀的作品。具体来说，感受对写作的意义主要体现在以下几个方面。

首先，感受是升华主题、丰富文章内涵的重要途径。写作是社会生活在作者头脑中反映的产物。这种反映并非机械的镜子式的反映，而是积极的能动的反映，这种能动的反映在很大程度上可以说就是作者对所描写的自然和社会生活的感受和体验。没有对自然和社会生活的感受和体验，写出的文章充其量不过是对社会生活的如实记录，也就不可能有鲜明而深刻的主题。以写景类文章为例，即使作者的写景状物很生动，甚至描摹得惟妙惟肖，但如果没有对描写对象的感受和体验，这种文章的内容势必是单薄和苍白的，而只有作者对描写对象有丰富的感受，将自己的情感和体会渗透到描写的对象中，才能写出主题深刻、内涵丰富的文章。

其次，感受是积累写作素材的重要手段。众所周知，写作需要材料，需要丰富的社会生活和阅历作基础。但我们也常常发现，许多人的生活阅历并不单纯，见闻也许还比较丰富，但写作时却常常感到无话可说、无事可记。原因何在？在于原始的生活材料并非现成的写作素材，生活其实只是一种现实的存在，作者只有对现实生活产生了切身的感受和体验，才能对生活有深刻的认识，写作时才能有话可说、有情可抒、有理可言。因此，感受也是写作的重要素材。

再次，感受是外物内化为写作情感的媒介。现实世界本身是客观的，大至日月星辰，小至花草树木，它们本身并不附带情感因素，但人们在观察、接触外物的过程中，往往会获得强烈的情感体验和独特的感受，这种感受与作者的生平经历、文化素养、生活态度等因素结合在一起，往往会内化为一种相对稳定的情感态度，并因此奠定作品的情感基调。

最后，感受是引发写作欲望的动因。写作欲望是作者在某种因素的影响下所产生的从事写作活动的强烈情感冲动，它促使作者实施写作行为。而感受，往往成为引发写作欲望的动因。事实上，许多作品的诞生往往因感受而起。如白杨树是北方一种极为普通的树木，但茅盾在对它的观察中却发现了它"伟岸"、"质朴"的特点，并感受它"象征了北方的农民，尤其象征了今天我们民族解放斗争中所不可缺少的质朴、坚强、力求上进的精神"，在此感受的基础上创作了《白杨礼赞》。其实，中国古典文学中许多借物抒怀、托物言志的作品大都是因感受而起。这正如北宋诗人魏庆之所说的："作诗者陶冶物情，体会光景，必贵乎自得。"

3. 写作感受能力的培养方法与要求

感受能力的高低虽然有先天性因素的影响，但后天的培养对提高人的感受能力也有十分重要的作用，因此，必须重视感受能力的培养。

(1) 丰富生活积累

丰富多彩的社会生活是感受的前提和基础，没有生活，感受就无从产生。因此，要想具备丰富的情感，就要深入生活、热爱生活，并满腔热情地去感受生活。巴金在谈到创作时曾说："我最主要的一位老师是生活，中国的社会生活。我在生活中的感受使我成为作家。"①只有广泛地接触生活，不断丰富自己的生活积累，才能有丰富的感受，才会激发出强烈而深厚的情感，也只有多情善感，感受才能丰富而深刻。

（2）全神贯注地感受事物

在感受客观外物的过程中，只有注意力高度集中，全神贯注地认真感受事物，才会对事物产生想象和情感。也只有这样，才能抓住事物的细微特征，把人的感受与物的特征结合起来。如果对人或事、景或物，漫不经心、走马观花，那么就很难有深刻的心理感受。

（3）重视对各个感官的综合训练

人们在感知事物的过程中，仅仅依靠某种单一的感觉器官是不够的，而应该开放五官，调动视觉、听觉、嗅觉、味觉和触觉等各种感觉器官，使各种感觉相互补充，这些感知的事物信息与心灵相互作用、融合，就会激起情感的波澜，形成对事物的总体感受。因此，在培养提高感觉能力的过程中，必须重视各种感觉器官的综合利用，经常有意识、有目的地进行各种器官的综合训练，才能获得全面而深刻的感受。

二、阅读与文献检索能力的培养

（一）阅读能力的培养

1. 阅读的理解认知

阅读是读者借助视觉感官从书面语言和其他书面符号中获得情感体验和思想内容的行为方式。是读者通过文本和作者进行交流的过程，是一个积极的、复杂的、活跃的、充满创造的心智活动过程。阅读是人们搜集、处理信息，认识世界，发展思维，获得审美体验的重要途径，是人类精神生活的根本需要。

阅读不仅是人们能动地认识客观事物的一种精神活动，同时又是人们能动地改造主观世界的一种物质活动。在阅读过程中，读者把读物从文字符号转化为具有意义的东西，不仅获得了知识，而且还改造了阅读者本身。但阅读并非读者消极、被动地接受文本材料本身所蕴含的意义。由于读者生平经历、文化素养、情感态度、审美趣味等方面的差异，即使阅读相同的阅读材料，也可能作出不同的解读，甚至仁者见仁、智者见智。

2. 阅读对于写作的意义

阅读是写作的基础。古人云："熟读唐诗三百首，不会作诗也会吟。"大诗人杜甫亦云："读书破万卷，下笔如有神。"纵观古今，许多大诗人、大作家都是勤于阅读、乐于阅读、善于阅读的大阅读家，没有他们的寒窗苦读，就不可能写出优秀的文学作品。因此，阅读对写作具有特别重要的意义。

（1）提高文化素养

良好的文化素养是每个作者必备的基本品质，也是作者从事写作的前提和基础。长期坚持阅读、博览群书，不但可以丰富知识积累、增长见识；而且可以陶冶情操、提升人的品质。阅读对人的文化素养的影响不是一朝一夕、立等可就的，它往往是随着阅读面的不断拓展，阅读量的不断增加，在潜移默化之中产生的。因此，只有坚持不懈地阅读各种作品，才能不断提升自己的文化素养，也才能为写作打下坚实的基础。

---

① 巴金.巴金论创作.上海文艺出版社，1983 年版，第 10 页。

（2）储备写作材料

作者获取写作材料的途径不外乎两种。一是以自己的亲身经历为基础，深入生活，获得直接的写作材料。二是通过阅读等方式获得间接的写作材料。前者固然可贵，但每个人的时间和精力毕竟是有限的，不可能事必躬亲。因此，通过阅读获得写作材料成为许多人积累写作材料的主要方式。阅读历史著作可以熟悉历史人物，了解历史事件；阅读文学作品，可以洞察人生百态，感受生活的丰富多彩；阅读科学著作，可以丰富科学知识，提升科学素养。如此等等，都可以为写作积累丰富的材料。古今中外的许多大作家都十分重视从他人的作品中吸取营养，获得写作材料。

（3）借鉴写作技巧

古今中外的优秀作品大多具有高超的写作技巧。它们或立意深刻，内涵丰富；或构思巧妙，匠心独具；或慧眼识珠，精于造材；或穷形尽相，表达生动。优秀的作品，蕴含着无穷的写作技巧，在立意构思、选材表达等方面都有许多可供学习和借鉴的东西。因此，在阅读过程中要认真体会，反复揣摩和研究作者的写作技巧。长期坚持不懈地阅读，作者的写作技能就能不断得到提高。古人常说的"勤于读书，逸于作文"讲的就是这个道理。

3. 阅读的方式

阅读的方式多种多样，从阅读与写作的关系出发，根据阅读目的和要求的不同，我们可以将阅读分为以下两种不同方式。

（1）精读

精读是一种为了达到对读物的充分理解而进行的阅读活动。在精读过程中，要细读多思，反复推敲，反复思考和分析，务求明白透彻、了然于心，从而达到全面把握，准确理解读物的思想内容、情感态度等方面的目的。可以说，精读是一种最重要的阅读方式。

精读一般以古今中外的名篇佳作和典范的经典语言作品为材料。大量的精读，对于丰富写作语言、积累写作素材、掌握写作技巧等方面都会提供极大的帮助。郭沫若在谈创作经验时曾指出："我读名人的著作，而且对于某几种作品还须熟读、烂读，便能于无法之中求有法，有法之后求其化。古人所谓'《文选》烂，秀才半'，就是说的这个秘诀。"[①]

因此，要想写好文章，就必须花时间、花精力，进行大量的精读，只有博览群书，精研细思，才能为将来从事写作打下坚实的基础。

（2）略读

略读是一种对读物求其大意的阅读方法。略读与精读有明显的区别。首先，略读的目的性强。略读或为搜集写作材料，或为借鉴写作技巧，功利性比精读更明显。其次，略读的内容具有选择性。在略读过程中，读者往往根据阅读的目的要求，搜寻有用的资料和信息，舍弃与阅读目的无关的材料。再次，略读的方法有别于精读，略读不必像精读那样精细，对阅读内容可以略"次"抓"要"，略"小"抓"大"。精读与略读各有侧重，各有特点。精读读得细，读得精，读得深；略读则读得广，读得博，读得杂。两种阅读方法应互为补充，才能相得益彰。

4. 阅读能力的培养方法与要求

阅读是写作的前提和基础，因此只有加强阅读能力的训练，才能不断提高阅读效率。

---

① 郭沫若. 郭沫若论创作. 上海文艺出版社，1983 年版，第 77 页。

提高阅读能力，主要有以下途径。

（1）激发阅读兴趣

兴趣是最好的老师，许多人进行阅读往往基于对阅读的浓厚兴趣。但我们也不可否认，网络时代，在文化消费多元化的大背景下，许多人的阅读兴趣尤其是对文本材料的阅读兴趣正在逐渐消退。因此，我们必须通过多种方式来激发阅读兴趣。一是要认识阅读的独特价值。当今社会，虽然人们获得外界信息的渠道多种多样，但阅读无疑是获得知识、积累材料的主要手段。二是强化阅读需求。要使阅读成为人们文化生活的重要组成部分，用阅读来充实生活，通过阅读来提高自己的文化品位。三是要选择自己感兴趣、有价值的读物，从中获得满足，产生愉快的情感体验，通过阅读来激发自己的阅读欲望。四是注重阅读在写作中的运用，在写作过程中，能将通过阅读获得的材料、感受有效地运用到写作中去，以此激发写作的情感。

（2）养成良好的阅读习惯

阅读习惯是读者在长期阅读过程中形成的较为稳定的阅读行为和方式。阅读习惯一旦形成，将对读者的后续阅读产生持续的、长期的影响，良好的阅读习惯有助于阅读效率的提高，反之亦然。养成良好的阅读习惯应从以下几方面入手。一是阅读要有计划。要根据阅读的目的和写作的需要，有计划、有步骤地阅读有关作品。二是阅读要有选择。开卷未必都有益，每个人的时间和精力都是有限的，因此，要选择内涵丰富、经典规范的作品作为阅读对象，避免阅读的盲目性和随意性。三是养成记读书笔记的良好习惯。阅读不是简单的识文断字，要将阅读与思考相结合，及时记录自己的阅读心得和体会。

（3）掌握多种阅读方法

单一固定的阅读方法常常导致思维的僵化和阅读效率的低下，因此，在阅读过程中，应根据阅读目的和阅读内容的不同选择不同的阅读方法。以培养情感、陶冶情操为主要目的的阅读宜采用朗读的方式；以深入理解、提高素养为主要目的的阅读宜采取精读的方式；以了解概貌、搜集信息为主要目的的阅读宜采取略读的方式。

（二）文献检索能力的培养

文献检索是指从具有历史保存价值和现实使用价值的书刊文献中搜集有关资料的行为方式。写作常常需要涉及古今中外的各种资料，而这些资料往往无法通过自己的亲身经历得到，因而文献检索是写作必备的技能。

1. 文献检索对于写作的意义

检索、积累各种文献资料，对于作者写作具有十分重要的意义。

（1）通过文献检索获得写作材料

写作需要各种材料。深入生活，亲历亲为只是作者获得写作材料的方式之一，而通过文献检索，则可以获得大量的间接写作材料。如许多怀古咏史的文章就是通过文献检索获得写作材料的。

（2）通过文献检索鉴别写作材料

古今中外的各种文献资料汗牛充栋，浩如烟海。但不可否认的是，并非所有的文献资料都是真实无疑，权威可信的，其中不乏虚假的材料。而通过文献检索，则可以对有关文献资料辨别鉴定以便筛选提炼，去伪存真，从而获得真实确凿、权威可信的写作材料。尤其在科技论文的写作中，在评价一项科研成果时往往要同前人已发表的有关文献进行对比，对文献中提出的观点、方法、数据等进行比较鉴别，以证明该项成果的先进性或新颖性。

（3）通过文献检索借鉴和利用前人写作成果

文献资料是作家感受生活、认识生活、思考生活的研究成果的集中体现，也是科技工作者科研成果的结晶。对一般作者而言，通过文献检索可以充分了解前人对某个问题的认识和看法，从而在前人的基础上更加深入地认识生活，思考生活。对科技工作者而言，在写作学术论文的过程中，通过文献检索可以全面了解相关课题的研究现状，并以此为基础，进行深入的研究，从而取得新的研究成果。

2. 文献检索的途径与方法

要从浩如烟海的文献中获得需要的文献资料，就必须掌握文献检索的途径与常用方法。

（1）文献检索的途径

文献检索主要有三种途径。

一是利用传统检索工具进行检索。主要以"目录"、"索引"、"文摘"等为工具。具体介绍如下。

目录：又称书目，是一种记录文献、传递文献信息的工具。它的功用是简介图书内容，提供文献线索，报道研究成果，指导读书治学。

索引：索引是将书刊中的篇目、词语、主题、人名、地名以及其他事物的名称分别摘录出来，按一定的方式编排，并注明出处的一种检索工具。索引的作用是指明某种资料的出处，提供查找的线索。

文摘：文摘是文献内容的摘要，它将大量分散的文献资料加以搜集、整理、分类、摘录，以反映文献的主要内容或外表特征。

二是利用现代检索工具进行检索。信息时代，除了传统手工检索外，还可以利用计算机互联网，通过搜索引擎进行资料检索。如"百度"、"搜狗"等。还可以通过各种电子出版物如光盘、期刊网络版，相关网站与电子图书馆等进行文献检索。特别是要学会利用"中国知网"——当下中国最大的知识文库，寻找自己所需要的知识与文献资料。

三是利用常用工具书进行检索。常用工具书主要包括字典、词典、百科全书、类书、年鉴、手册、年表、历表、图录等。查找常用工具书是获得相关文献资料的最便捷的途径之一。

（2）文献检索的方法

文献检索的方法主要有三种。

一是常用法。这是一种利用工具书查找文献资料的检索方法。如果能够找到必要的检索工具，就可以采用常用法，以便迅速、准确地找到比较齐全的文献资料。

二是追溯法。这是以已掌握的文献资料后面所附的文献目录为线索，追溯查找其他文献的检索方法。在缺少检索工具或检索工具不够齐全的情况下，可以充分利用这种检索方法。但每种文献所附的参考文献是有限的，因此仅使用这种方法查找资料，漏检的可能性较大。

三是循环法。循环法也叫混合法，这是一种把追溯法和常用法结合起来使用，循环查找文献资料的检索方法。使用这种方法的一般顺序是，先利用检索工具，也就是通过常用法找到一些文献资料，再利用这些文献资料所附的参考文献目录追溯查找资料。如果手中已有基本的检索工具，又掌握了一定数量的文献，就可采用循环法查找文献资料。

3.文献材料的整理与应用

通过文献检索获得的文献资料常常内容庞杂、数量繁多。因此,必须对搜集到的众多文献资料辨析真伪、归纳整理,然后才能应用到写作中去,文献资料的整理方法包括以下几个环节。

(1)文献资料的阅读和消化

阅读消化的一般步骤为:先粗读或通读,后精读。粗读用以初步确定资料的取舍。粗读时,短文可全读,长文可只读摘要、引言和结论,以求其梗概。通读用以掌握文献的概貌,因此可以选择综述和述评文章,对重要论点、核心数据随时做笔记,精读用以消化重点文献。

(2)文献资料的鉴别和剔除

对检索到的文献资料要从以下三方面进行鉴别。

一是文献来源鉴别。即对文献资料的来源出处,来源的国别、时间、机构等进行考证和鉴别。对那些来源不明,可信度低的文献资料一律予以剔除。

二是文献著者鉴别。对检索到的文献资料的著者要作必要的辨别和考证。主要考证著者的真伪以及著者在本学科领域的学术地位及社会影响等情况。

三是事实和数据性文献的鉴别。主要指论文中提出的假设、论据和结论的鉴别。应重点考证假设的依据、论据的可信度、结论是否为推理的必然结果,实验数据、调查数据是否真实可靠等。对于那些立论荒谬、依据虚构、逻辑混乱、错误频出的资料应予以剔除。

(3)文献信息的笔录与卡片

在收集文献资料过程中,必须及时用卡片记录,以备写作之需。一般卡片记录形式有下面几种。

一是题录式卡片。指在卡片上著录文献篇名、著者、文献出处日期、卷期号码。用于一般文献的笔录。

二是文摘式卡片。凡通过检索工具查得的文摘,可照抄到卡片上。如果是为原文做文摘,则应通读原文,分析出文章内容的要点,在文摘卡片上著录下文献篇名、作者、作者单位、书刊名称、卷期页码、出版时间以及文章内容提要。

三是提纲式卡片。提纲式卡片在卡片上记录文献的篇名和章节标题,用以了解著者的逻辑思维和文章的基本内容。有时可在此基础上增加记录各章节的中心内容。

四是摘录原文语句式卡片。适用于原文中精华的、意义重大的语句或段落。

(4)文献信息的分类与排序

当所有的文献信息卡片编写完毕,则可按类或主题为标识排序,以方便利用。对于从事多项课题的研究人员,应按课题建档、排序,对理出类别的卡片再进行筛选,剔除重复的,淘汰价值不大的,然后根据需要复印或借阅原文。

三、思维与想象能力的培养

(一)思维能力的培养

1.思维的含义和特点

(1)思维的含义

思维是人类特有的一种精神活动。它是人在表象、感受、概念的基础上进行分析、综合、判断、推理等认识活动的过程。它能揭示事物的本质特征和内部联系，是认识的高级形式。在现实生活中，人们不但能凭借感觉器官获得来自外界的大量信息，而且能通过思维对来自外界的各种信息进行加工和改造，达到对客观外部世界的间接反映，将感性认识上升到理性认识的高度。人类的各种活动尤其是精神文化的创造活动，总是和人脑的思维有着千丝万缕的联系。

（2）思维的特点

思维作为人类特有的高级精神活动，具有以下几方面的特点：

一是能动性。思维是一种探索和发现新事物的心理过程，它常常指向事物的新特征和新关系，这就需要人们对大脑已有的知识经验进行能动的改造和加工，从而认识事物的本质特征和内在规律。因此，思维不是已有知识经验的简单再现，而是对已有知识经验的能动改造过程。

二是概括性。思维的概括性是指在大量感性材料的基础上，把一类事物共同的特征和规律抽取加以概括。概括水平在一定程度上表现了思维的水平。另外，概括是人们形成概念的前提，也是思维活动能迅速进行迁移的基础。概括是随人们认识水平的深入而不断发展的。人们的认识水平越高，对事物的概括水平也就越高。

三是间接性。思维的间接性是指人们借助于一定的媒介和知识经验对客观事物进行间接的认识。由于思维的间接性，人们才可能超越知觉提供的信息，认识那些没有直接作用于人的感官的事物和属性，从而揭示事物的本质和规律。从这个意义上讲，思维认识的领域要比知觉认识的领域更广阔、更深刻。

2. 思维对于写作的意义

写作是社会生活在作者头脑中反映的产物，在写作过程中，始终伴随着人的思维活动，因此，思维对写作具有特别重要的意义。

（1）思维贯穿于写作活动的各个环节

写作是一种复杂的精神劳动。从选材到立意，从构思到表达，无论哪个环节都离不开人的思维活动。在选材过程中，需要对从外界获得的各种信息加以选择和提炼、取舍和加工，这种去粗取精、去伪存真的过程就是作者思维的过程。立意和构思过程更是离不开思维的活动，无论是文章主题的确立还是结构的安排，没有思维的渗入是不可能完成的。即便是文章的表达也是思维的结果。表达看起来只是语言的运用，但表达过程中词语的推敲和选择，句式的组织和安排无不渗透着人的思维活动。因此，在写作过程中思维能力始终处于核心的地位。

（2）思维是丰富写作内涵，深化主题的重要途径

写作是作者对社会生活的反映，而且是能动的反映。但我们常常发现，同样是面对丰富多彩的社会生活，有的作者反映得片面而肤浅，而有的作者则反映得全面而深刻。原因在于作者思维的差异。思维贫乏、肤浅者，反映社会生活往往就事论事，浅尝辄止，不善于拓展和延伸，写出的文章往往思想单薄，缺少独到的见解和观点。思维丰富、深刻者，面对丰富多彩的社会生活，常常能由此及彼，由现象到本质，对事物作深入的思考和探究，从而发掘出深刻的主题。如鲁迅先生之所以能创作出大量内涵丰富、思想深刻的作品，与他思维的广度和深度是密不可分的。

（3）思维为写作提供材料，写作承载思维成果

　　社会的进步，科技的不断发展，始终伴随着人类的思维活动。可以说，没有前人对社会和自然的深入思考和探索，就没有现代文明的产生，但前人的思维和研究成果是怎样代代相传、延续至今的呢？可以毫不夸张地说，那就是写作。如果没有写作，人类思维成果既无法记录，也无法传承。许多诗人、作家就是用书面语言把自己对生活的认识和思考用文学作品的形式记录下来，才汇成了我国今天的灿烂文明。科技工作者则用科研论文的方式记录自己对研究对象的思考和研究，从而推动科学技术的不断进步和发展。所以说，人类的思维活动为写作提供了取之不尽、用之不竭的写作材料。同时，写作又以其独特的方式成为人类思维成果的载体。

　　3.思维的类型

　　人的思维从不同的角度有不同的区分标准。根据写作的特点和要求，我们一般将思维划分为形象思维、抽象思维和灵感思维。

　　(1)形象思维

　　形象思维是作者从观察生活、吸取写作素材到塑造艺术形象的艺术思维活动。形象思维有其自身的特点。一是形象思维始终不脱离具体可感的形象。二是联想、想象和幻想是形象思维的主要进行方式，尤其在文学类作品的写作中，作者必须依靠联想、想象、幻想，把经历过和尚未经历过的事物连缀在一起。然后把自己的感受和情感渗入到想象的形象中，从而塑造具有审美价值的艺术形象。三是形象思维过程总是伴随着强烈的情感活动。思维的成果即艺术形象中总是带着浓郁的情感色彩。在诗歌、散文、小说等文学类作品的写作中，作者常常要运用形象思维的方法。

　　(2)抽象思维

　　抽象思维又叫逻辑思维。它是以概念为思维材料反映事物共同属性和本质规律的一种思维形式。它运用概念、判断、推理等方式，对感性材料进行分析综合、抽象概括、推导判断，做出结论。抽象思维冷静客观、周密严谨，它要通过现象反映本质、个体反映一般。理论性、实用性、说明性文体大多采用抽象思维的方式。当然，抽象思维与形象思维也并非截然分开的，在许多文章写作中常常要结合使用。

　　(3)灵感思维

　　灵感思维是人们在思维过程中偶然获得的文思特别畅达、感情特别激越、思维异常敏捷的精神状态，是一种非常奇妙的思维现象。它具有突发性、独创性和偶然性等特点。灵感思维看似神秘，但并非可遇不可求。它同样是长期积累和持久思考的结果，它虽然表现为瞬间的顿悟，实则是汗水的结晶。在文学创作和一般文体的写作中常常有灵感思维的显现。

　　4.思维能力的培养

　　思维能力是人的智慧的集中体现，对写作主体的写作能力发挥着十分重要的作用。因此，提高写作能力的首要途径应当是提高写作主体的思维能力。思维的培养一般应从以下几方面入手。

　　(1)丰富生活积累，深入思考生活

　　社会生活是丰富多彩的，作者在深入社会生活的过程中，必然面对生活中的各种问题和各种各样的社会现象，因而要对这些问题作出判断和选择，并进行深入的思考和分析。而随着生活阅历的不断丰富，见识的不断广博，对社会和生活的认识和思考愈加丰富而深刻。因此，广泛接触社会，不断丰富生活积累也是提高作者思维能力的重要途径，人们常说的"见多才能识广"讲的就是这个道理。

（2）拓展阅读的广度和深度

阅读是一个特殊的认知过程，是在兴趣、情感、意志等非智力因素参与下，在感知语言的基础上，对阅读材料进行分析和综合、比较和联想、抽象和概括、判断和推理的思维过程。在阅读过程中，始终伴随着思维的活动。因此，阅读的材料越丰富，阅读的范围越广阔，在阅读中思考得越深刻，就越有利于思维能力的提高。

（3）学会运用多种思维方法

思维方法是人们通过思维活动，为了实现特定思维目的所凭借的手段或方式。根据思维的不同目的和要求，选择不同的思维方法，对于创新思维模式，拓展思维空间具有十分重要的意义。下面简要介绍几种常用的思维方法。

发散思维法。它是根据已有的某一点信息，然后运用已知的经验，通过推测、想象，沿着不同的方向去思考、重组记忆中的信息和眼前的信息，产生新的信息的思维方法。

聚合思维法。又称求同思维，是从不同来源、不同材料、不同方向探求一个正确答案的思维过程的思维方法。这种思维方法以遵从既有的规范，寻求与既有规范的同一、近似为特点，有利于社会思想体系的和谐和稳定，是大多数人习惯使用、普遍认同的思维方式。

逆向思维法。又称反向思维，是一种打破传统思维模式，从事物反面进行思考的思维方法。逆向思维是创造思维的精神内核，是突破旧有思维模式的动因。运用逆向思维思考问题，常常会产生一些新的认识，新的见解和观点，给人以标新立异、耳目一新之感。如采用逆向思维法对人们公认的"有志者，事竟成"、"人多力量大"等名言进行反思，就会发现这些观点未必正确，甚至还是错误的，据此观点写出的文章无疑会给人以耳目一新之感。

（二）想象能力的培养

1. 想象的含义和特点

（1）想象的含义

想象是人脑对已有的表象进行加工、改造而创造新形象的过程。这里所说的表象，就是客观事物在人的头脑中留下的印象。当人们直接或间接感知客观外界事物时，这种事物的形象就会留存在人的大脑中。当人们进行想象时，便以大脑中已有的表象材料为基础，经过变形加工，重新组合，创造出新的形象。写文章，尤其是文学作品的写作，常常离不开作者的想象。

（2）想象的特点

想象作为人类特有的思维活动，有它自身的特点，主要体现在以下几方面。

一是现实性。想象的现实性是指无论多么神奇瑰丽的想象都要以现实生活为基础。想象的过程是对大脑中已有表象进行加工改造的过程，而大脑中的记忆表象来源于人对现实生活的感觉和知觉。所以，任何形式的想象都依赖于现实生活，完全脱离现实生活的想象是不存在的。

二是创造性。想象虽然要以人脑中固有的表象材料作基础，但绝非对已有表象材料的复制与再现，而是要通过对已有表象材料的分解组合，变形加工，创造新的形象。这种通过想象而获得的新形象往往是人们未曾感知或者根本就不存在的事物形象。如《西游记》中猪八戒等神魔人物就是作者通过想象创造出来的新形象。

三是情感性。激情触发想象而又渗透在想象的过程中是想象的突出特征,许多神奇瑰丽的想象都是在热血沸腾、激情澎湃的时候产生的。可以说,情感是想象的导火线,更是想象的催化剂。大诗人李白,就是一位情感丰富的人,正因为他情感的丰富性,在写作中才能产生极为丰富的想象,从而创作出许多壮丽的诗篇。

2.想象对于写作的意义

想象作为人类极为重要的心理活动,对于推动人类社会的进步和发展,科技的发明和创新,都有着十分重要的作用。没有想象,人类社会的发展就会停滞不前。同样,想象对写作也具有特别重要的意义。

(1)想象是文章创新的基础

写作是社会生活在作者头脑中反映的产物,这种反映并非机械的、镜子式的反映,而是积极的、能动的反映。这种能动的反映从何而来,则只能依靠想象。任何一种创造性的产品都离不开想象。没有想象,即使作者大脑中贮存的表象材料很丰富,也无法创造出生动新颖的形象。

(2)想象拓宽了文章的思路

写作思路是作者为表达其思想认识而遵循的思维轨迹。任何作者的思路都是以已有的现实材料为基础和思维的起始点的。但如果作者仅仅满足于对已有现实生活的叙述和描写,则写作思路难以进一步展开。因此,在写作过程中,只有通过想象,才能将作者的写作思路由实到虚,由现实到未来地进行延伸和拓展。如柳永的《雨霖铃》,如果作者的思路仅仅局限于对眼前"寒蝉凄切,对长亭晚"的离别之景描写,没有对别后情景的想象,就不可能描绘出"杨柳岸,晓风残月"的凄婉画面。在写作中,想象大多是通过以小见大,由实到虚,由所见到所思所想的途径来拓展写作思路的。

(3)想像有助于情感的表现

写作是一种思维活动,同样也是一种情感活动。在写作过程中,情感与想象始终相伴相生。一方面,情感唤起想象。一个内心痛苦的人,想象的往往是悲惨的画面。如杜甫作为一位忧国忧民的诗人,身处乱世,即使面对美好的春光,脑海中浮现的仍是"花溅泪"、"鸟惊心"的凄惨景象。另一方面,想象激发情感。想象创造新的形象,新的形象中又渗透着作者丰富的情感,正是在想象的过程中,作者的情感常常不可抑制地喷发出来。

3.想象的方式与方法

(1)再造想象

再造想象是作者根据语言或图样的示意,在头脑中形成相应的新形象的过程。所谓再造,是指这些形象不是自己创造出来的,而是根据别人的语言描述或图样示意创造出来的。一方面,进行再造想象时必须准确把握、深入理解材料的内涵和特点。另一方面,即使面对相同的材料,由于生平经历、文化素养等方面的差异,再造想象的结果也存在着很大的差异。如两个人同样读了王维的《山居秋暝》,读后请他们想象王维诗歌中所描绘的画面,他们想象的画面也肯定是不完全相同的。

(2)创造想象

创造想象是不依据现成的描绘而在头脑中独立地创造新形象的心理过程。创造想象虽然也要以已有表象为基础,但它又不受已有表象的制约,而是在已有表象的基础上,对其进行分解组合、变形加工,创造新的形象。文学作品中的形象塑造一般都采用创造想象的方法。如鲁迅先生笔下的阿Q形象，就是作者采用移花接木、张冠李戴的方法组合、想象而创造出来的。

（3）幻想

幻想是人们根据自己的主观愿望创造出来的一个不可能存在的外在世界，是人类共有的一种心理活动。幻想的出发点是满足想象者的主观愿望，因而离现实生活较远，也不可能马上付诸实施。在写作中，诸如神话故事、童话、科幻小说等大多要采用幻想的方法进行想象。

4.想象能力的培养

想象是写作的基本素养，因此，应加强想象能力的培养。

（1）丰富生活积累，让表象充实想象

丰富的生活阅历是想象的前提和基础，一个人只有深入生活，广泛接触社会，才能在大脑中贮存丰富的表象材料，也才能为想象提供取之不尽的资源。一个闭目塞听、与世隔绝、孤陋寡闻的人是不可能有丰富的想象力的。大诗人李白之所以能写出神奇瑰丽、想象极为丰富的作品，和他浪迹江湖、云游四海、深入生活、广泛接触社会有着十分密切的关系。

（2）重视情感培养，让激情引发想象

丰富的情感常常成为引发想象的导火线。大脑中的原始表象也只有在激情的作用下才能引发出丰富的想象。一个刻薄冷漠、对社会漠不关心、对生活缺乏热情的人是很难有丰富的想象力的。现代社会，由于人们面临的生活和工作压力日渐增大，人际交往日趋虚拟化，导致许多人的情感日趋冷漠。因此，必须通过多种方式和途径加强情感培养。培养丰富的情感，一是要激发人们对生活的热情，以积极的态度来面对生活，面对人生。二是要做生活的有心人，关注社会、关注他人、关注身边的点点滴滴。三是要多接触自然，在大自然的怀抱中陶冶情操，激发对生活的热爱之情。四是要加强情绪引导，为情感的释放寻找恰当的出口。

（3）加强思维引导，让理性指导想象

从根本上讲，想象是人的思维活动，而人的思维活动总是有一定的规律可循的。因此，思维活动的一般规律对想象活动的开展也是具有指导和借鉴作用的。如我们运用对比、类比、判断、推理等思维方式对想象活动进行指导，既可避免想象的盲目性，也可提高想象的针对性和目的性。

四、表达能力的培养

（一）表达的内涵

表达是写作主体借助语言文字把自己的思想情感、思维成果物化定型的行为方式。人们在观察事物、深入生活的过程中，常常会获得独特的感受和体验，甚至会形成对社会和人生的系统思考和观点，但这种对社会生活的认识和观点仅仅存在于人们的内心世界，并不为他人所知。因此，要把人们对生活的认识和思考传达给他人，就必须借助语言文字才能表达出来。所以，表达是内在思想和情感转化为具体文章的媒介。

（二）表达对于写作的意义

表达是写作的关键环节，它对写作具有特别重要的意义。

1. 表达是写作的直接现实

写作是一个复杂的系统工程。写作前，要观察生活，积累、选择材料，确定主题，安排结构，并在此基础上形成对文章内容和结构的总体构想，或者甚至已经有了一个比较完整的腹稿。但即使如此，也并不意味着写作目的的实现，只有把内心已经酝酿的情感、思想确切地表达出来，呈现给读者生动可感的语言文字才算真正实现了写作的目的。因此可以说，表达是作者内在思想情感转化为外在文章的关键环节，离开了这个环节，写作的目的就无法实现。

2. 表达能丰富文章的内涵

表达既是一个准确转达作者已有情感和构思的过程，同时又是一个再创造的过程。任何一位作者，不管他动笔写作前的构思多么细致具体，也难免有疏漏之处。而表达本身就是充满活力的动态变化过程。在运用语言文字表达的过程中，由于作者知识、阅历、情感等因素的影响，常常能在瞬间捕捉到比原先的构思更为生动形象的语言，描绘出更为精彩的画面和更具感染力的情节，从而使文章的内涵更丰富。

3. 表达是提高写作水平的途径

广博的知识、丰富的生活阅历等无疑是写好文章的重要条件。但只要我们仔细观察就不难发现，现实生活中许多人虽学识丰富、见闻广博，对社会和人生也有较深入的思考，却写不好文章。原因何在？源于表达能力的欠缺。没有好的表达能力，内心的情感和体验、对社会生活的认识和思考就难以准确地反映出来，对社会生活中的许多现象和问题虽可"意会"，却难以"言传"。因此，有意识地进行表达训练，掌握表达的基本方法和技巧，对于提高写作水平是十分有益的。

（三）表达能力的构成

表达能力由多种要素构成，对此必须有比较全面的了解和认识。

1. 运用语言的能力

运用语言的能力就是运用语言文字表情达意的能力，即将内在思想情感有效地转化为外在语言文字的能力。具体体现在以下几个方面。一是表达的准确性。即在表达过程中，能准确地选择和锤炼词语，选择表现力强、能揭示事物本质的最佳词语。在此基础上，要从大脑中储存的各种句式中熟练自如地选用最能表情达意的句式，构建能准确表情达意的句子。二是表达的流畅性。在表达过程中，能将句子与句子紧密地衔接起来，系统完整地表达作者的思想和情感，做到连贯自如、畅达有序，避免表达上的颠三倒四。三是表达的审美性。准确而通畅地表达只是表达的基本要求，而审美的表达则是表达的更高层次要求。善于表达的作者，在表达的过程中，常常能选择生动形象、风趣幽默的语言来表情达意，这种表达常常能给人强烈的艺术感染力。许多优秀的文学作品之所以能给读者美的享受，就在于作者采用了审美的表达方式，具有高超的表达技巧。

2. 组织结构能力

组织结构能力是指表达过程中语言的编码能力。编码的过程就是对内部语言进行排列组合的过程。通过编码，可以将内部语言转化为外在的词语和句子，并以一定的顺序表述出来。进行语言编码必须具备两个条件。一是要有丰富的语言储备作基础。储备的词汇、句式越多，编码时选择的空间就越大，表达得就越准确、流畅、生动。二是要掌握正确组合词语次序的语法规则。严格按语法规则来编码，才能表达得言之有序、言之得体。

3.定体选技能力

定体选技是指要根据不同的表达内容和要求选择不同的表达方式。文章有不同的体裁,不同体裁的文章,其写作目的、思想内涵、结构形式等都存在着明显的差异,因而必须区别对待。如写景叙事类文章,大多采用以叙述和描写为主的表达方式;议论抒情类文章则以议论和抒情为主要表达方式;说明类问题则以说明为主要表达方式。当然,不同表达方式的选择和使用并非是绝对的,在很多时候要综合运用多种表达方式。需要指出的是,文学类文章比实用类文章往往更讲究表达的方式和技巧。

(四)表达能力的培养方法

表达能力的提高不是一蹴而就的,必须经过长时间的培养和历练。

1.勤于阅读,丰富知识积累

古人云:"读书破万卷,下笔如有神",形象地说明了阅读与表达的关系。具体来说,阅读对表达的作用主要体现在以下几方面。一是阅读能为表达积累丰富的语言和词汇。语言和词汇越丰富,表达得越准确、越生动,越具有感染力。二是阅读能为表达积累素材。表达不是空口说白话,必须表达实实在在的内容。阅读是作者间接获得表达素材的重要途径,读得越多,储备的表达素材就越丰富,表达起来就越胸有成竹、左右逢源。三是阅读能积累丰富的写作知识和技巧。阅读不同体裁、不同风格的文章,能在潜移默化之中丰富写作知识,领悟作者不同的表达技巧,从而提高表达能力。

2.多写多练,在实践中提高书面表达能力

良好的书面表达能力不会自动生成,必须通过长期的写作实践才能获得。因此,长期坚持不懈地进行写作训练才能提高书面表达能力。日常写作训练的方式多种多样,如观察日记、片断描写、随感、札记、影视评论等,兴之所至,形式不拘一格。要使日常写作训练成为生活的一种常态。需要指出的是,日常写作训练应以叙事描写、状物写景为主,写自己的所见所闻、所思所感,切忌假大空的套话。

3.学会运用多种表达方式

运用语言文字来反映社会生活,必须借助一定的表达方式。写作中常用的表达方式有叙述、描写、议论、抒情、说明。在写作过程中,应根据写作内容和目的的不同,选择恰当的表达方式。文学类作品大多采用叙述、描写和抒情的表达方式。而实用类文体则更多地采用议论和说明的表达方式。在选择和运用表达方式时,一是要学会综合运用多种表达方式,避免表达方式的单一化倾向;二是在文学作品中要善于运用描写和抒情的表达方式,以增加作品的生动形象性和感染力。

第二节 写作主体非智力因素的培养

一、写作主体非智力因素的内涵

非智力因素是现代心理学中的一个重要的理论术语。对于非智力因素的内涵,心理学家有不同的理解。有人认为非智力因素是指影响学生学习动机和个性品质的心理因素;有人认为非智力因素是除智力以外的一切对主体学习有影响的心理因素;也有人认为非智力因素是指那些与主体智力因素密切相关的"非认识因素";还有人认为非智力因素就是主体

的"人格因素"。大多数心理学家认为非智力因素是指人的智力因素之外的那些参与主体学习活动并产生影响的个性心理因素，包括兴趣、动机、情感、意志和性格气质等因素。写作主体的非智力因素就是同写作主体智力因素相互作用、相互影响，对主体写作智力的提高和在主体写作智力活动发挥重要作用的心理因素。即主体的写作兴趣、写作动机和情感、意志及性格气质等。

人的智力因素与非智力因素有着深刻的辩证关系。一方面非智力因素的形成，是人们在实践中智力运用的结果；另一方面，非智力因素的形成和发展，又构成了主体行动的动力系统，强有力地作用于智力因素，对智力因素的提高和发展起巨大的推动作用。一个人感知、记忆、思维、想象等智力因素的充分发挥，必须要以动机、兴趣、情感、意志、性格等非智力因素的积极支持为前提，只有当人们对观察的对象有了浓厚的兴趣，对记忆的材料有了深刻的体验，对思考的问题有了强烈的情感，对想象的客体有了强烈的求知欲望，在智力活动中遇到了困难能以坚强的意志克服时，智力因素才可能发挥其真正的作用。

二、写作主体非智力因素对写作的意义

从主体智力和非智力的辩证关系中，我们知道写作主体的智力与非智力因素同样存在着深刻的辩证关系，非智力因素在写作主体智力的发展和写作能力的提高方面，起着非常重要的作用。著名文艺理论家孙绍振先生说："一个作家不但需要良好的智能要素，而且需要良好的非智能要素。非智能要素可以协同智能要素发挥结构功能，可以决定智能要素的效率"。①

首先，写作主体的非智力因素对写作主体的写作和写作能力的提高起着促动、导向、维持与强化的作用，构成了主体写作行为的动力系统。一个写作者如果没有写作的兴趣，没有对写作的热爱，又如何能进行写作？又怎能提高写作能力？同样，写作主体如果没有强烈的写作意愿与写作动机，怎能长期坚持不懈、孜孜以求地从事写作这一艰苦的脑力劳动？因此，主体的写作必须要有写作兴趣和动机的激励及强化，需要这些非智力因素提供不竭的动力。主体写作能力的提高，必须要有非智力因素提供强有力的支持，必须要有非智力因素的全程参与和品质的不断提高。

就以写作主体的感受力来说，感受能力的强弱，直接体现在主体对生活美的独特发现和敏锐的感悟上，它不但与写作者感知认识有关，而且与主体情感、动机、兴趣、意志有非常密切的关系。写作的动机、兴趣直接决定了感受的指向和内容，情感决定了感受的深刻和丰富程度，直接制约感受力的发挥。贯穿于整个写作心理过程的在作文中起关键性作用的思维能力，也是主体多种心理因素的综合，离不开各种非智力因素的作用。而尤为重要的是，写作是一项复杂的脑力劳动，是一种借助语言文字进行的精神生产，具有综合性、实践性、创造性的特点。写作智力活动的这些特性，决定了写作主体不但需要全面高度发展的智力因素，而且也需要良好而完善的非智力因素。写作的综合性、实践性，决定着写作能力的提高决不是一蹴而就的事，需要写作者一段较长时间的兼收并蓄，不断感受体验、磨砺积累，需要写作者全面提高自己各方面的修养。也进而要求写作者必须要有浓厚的写作兴趣、强烈的写作动机、丰富的感情世界、坚定的信心和顽强的意志力。特别是写

---

① 孙绍振. 美的结构. 人民文学出版社，1987 年版，第 110 页。

作作为一种创造性活动，它比一般的认识实践活动更需要非智力因素的动力、定向、激励和强化作用。没有强烈的写作动机，就不能形成创造活动的巨大推动力，写作行为就难以发动；没有顽强的毅力、创造活动和艰巨性，就可能使写作半途而废；没有独辟蹊径的创新精神，就不可能有写作成品的独特新颖性。没有高尚的情趣，创造的成品可能是一堆毫无价值的精神垃圾。

其次，写作主体非智力因素不但是主体写作的动力因素，也是文章写作所表现的重要内容，对文本的质量有重要影响。对于一般的智力活动而言，主体的非智力因素，主要影响主体的行为方式、方法及强度和力度，不构成智力活动的内容。而我们知道，写作作为一种精神生产的智力活动，它所表现和反映的内容主要是人的内在精神、情感世界，写作智力活动后的成品——文章，是作者综合素质的体现，不仅体现出作者的文字功夫和写作技巧，更涵盖了作者的理想信念、道德修养、思想情感、兴趣爱好、意志品格、审美素养等。因此写作主体的非智力因素，就有了不同寻常的意义，它不但是写作活动的巨大推动力，而且是写作成品最直接和最主要的表现内容，直接关系到写作成品的质量。我们常说"文如其人"，清人沈德潜也说过"有第一等襟袍，第一等学识，方有一等真诗"，都深刻地表明了这个道理。试想一个写作者，如果没有良好的兴趣爱好、没有高尚的审美情趣、没有顽强的意志品格，其在文章中又如何能有积极向上、健康的主题思想？又如何能给人以深刻的教益和启发？而且又如何能被社会所接受和认同？那么，写作这一智力活动的成果价值又如何体现？

明确了非智力因素在写作主体智力发展和培养的重要作用，学习者就要自觉主动地在写作能力的提高中，积极培养、完善自己的非智力因素，以促进自身写作智力的全面提高。同时，写作自身的特点，更要求我们对非智力因素培养给予特别关注。而作为写作教师更要有意识强化学生写作非智力因素的培养。我们知道，写作教学旨在通过教师系统的理论讲授和学生有针对性的写作训练，全面提高学生的写作能力和欣赏水平。写作教师都有这样一个共识，短时间的写作教学和写作训练，不可能使学生作文水平有很大提高，也绝无快速提高学生作文水平的捷径。所以，从某种意义上来讲，写作教师最主要的任务在于对学生的写作兴趣、动机、理想、信心、意志、情感等非智力因素的发展和培养，在于对写作学习方法进行正确的指导。如果说写作教学能激发出学生对写作的极大热情，提高学生对写作能力提高的信心，提高学生长期刻苦写作的韧性和高尚健康的情趣，那么，写作教学的任务也就可以说完成了。这正如美国一位著名的写作理论家所言："写作毕竟不是一种理论，写作不能传授，只能培养，培养一种气质，一种心境，一种语感，便是培养了作家。"[①]

三、写作主体的写作动机与兴趣的激发

动机和兴趣是写作主体非智力因素中极为重要的两个因素。我们知道，人们无论从事什么工作，要有所作为和成就，首先必须要有远大的目标，有不断追求上进的决心，对所从事工作有强烈的兴趣，只有这样，才会产生一种强大的内驱力，才有战胜一切困难的勇气。不仅如此，动机、兴趣也在很大程度上决定着写作成品的价值。古人云："诗者因仁人

---

① 转引自姚永标.雷蒙·卡弗的写作课.写作，1994年第6期。

志士忠臣孝子之所为作也，岂直章句之巧而风月之尚哉？古人所谓惊风雨，泣鬼神，非以其奇崎突兀，以其志也。"

（一）兴趣和动机的心理特征

兴趣，是指人对某一事物积极探索或进行某种活动的强烈倾向。具体讲是人们在认知或行为过程中，对某些事物具有相对稳定的指向、趋向，能够维持较长时间而乐此不疲的心理状态。兴趣作为人意识中的一种人格化的指向活动，一方面反映着主体对于某种事物或工作的特殊喜爱和偏好，另一方面表现为主体轻松愉快地完成某项工作而自愿付出自己的精力。兴趣是推动人们积极从事创造性活动的心理因素，具有持久的稳定性。有了对某一事物的兴趣，主体就能更加全神贯注、热情饱满且富有创造性地完成这一工作。哪怕有些工作对一般人而言是枯燥无味，甚至艰苦危险的，他也会快乐满足、坚忍不拔地去完成。

写作兴趣就是写作主体对写作有特别的喜爱，在主体写作活动中找到快乐和成就感，为写作能力提高和写作创造孜孜以求、甘愿付出的心理特征。有了强烈的写作兴趣，就有了强大的动力和心无旁骛的坚定追求，就有可能在写作上发挥出自己最大的潜能和创造出较大的成就。世界大文豪巴尔扎克由于在大学文科旁听时对文学产生了极大的兴趣，而毅然同父亲决裂，放弃可能做律师的优厚待遇和家里的富裕生活，不顾父母反对孤身来到巴黎，租住在贫民区的一间阁楼里，开始了自己艰苦的写作生涯。他将一尊拿破仑塑像放在书桌旁，写上"彼以剑未竟之事业，吾将以笔征服之"的座右铭。莫里哀也因对文艺事业的极大兴趣，放弃世袭"国王侍从"的头衔和法律硕士学位而甘愿做一名"卑下的戏子"，最终克服一切困难投身到他喜爱的戏剧创作中去，成了一代戏剧宗师。

写作动机是促使写作主体写作行为发生、持续、完成和不断努力提高写作能力、构建高远写作目标的内驱力，常以愿望、兴趣、理想的形式表现出来，是主体发动与维持其行动的一种重要的心理状态。人在自觉地实施每一具体行动之前，必须明确地意识到进行这一行动的原因、预期达到的目的。因此，动机在人的行动中会经常发挥作用，往往起着促动与激励的作用。写作主体的动机，同样会激发、鼓励主体不断从事写作活动，并为写作持续提供不竭的动力源泉。正如叶圣陶先生所说："我只觉得有一个材料而不曾把它写下来的当儿，心里好像负了债似的，时时刻刻会想到它，做别的工作也没有心路，于是只好提起笔来写。"[①]这里，我们明确地看到了写作动机对人们从事写作活动的促进与推动作用。

当然，人们在从事不同的写作中，写作的动机也有不同。文学创作，更多的是一种情感的冲动，是主体对文学的热爱和执着的追求，是渴望建立起自己的文学花园，在文学创作中实现自己的人生价值或把自己的情感加以释放，寻求心灵的慰藉。而应用写作更多出于生活、工作的实际需要，或遵命作文，或不得已为之，具有明确的现实功利性。但不管哪种写作，主体都有写作的动机，离开了动机主体写作行为不可能发生。不但具体的文章写作中需要明确的动机，而且人们在提高自身写作素质和能力上也需有强烈的写作动机，需要主体在写作上有高远的目标与追求。离开了动机，写作主体就会失去前行的动力。因此，动机在写作主体的非智力因素中具有十分重要的地位。

---

① 叶圣陶论创作.上海文艺出版社，1982 年版，第 120 页。

（二）写作兴趣和动机的激发

在写作教学中，如何使学生形成强烈的写作动机，产生浓厚的写作兴趣呢？我们认为除了对学生进行正确的人生观、世界观、价值观的教育外，还要在以下几方面做好学生思想发动工作。

首先要使学生充分认识到写作的重要性和开设写作课的重要意义。教学中教师要通过多种方式方法，使学生深刻认识到在这样一个人人皆写作、人人皆媒体的网络时代里，每一个青年大学生，想要真正有所作为，写作能力是一种最基本的能力，是一个人成才的重要因素。只有这样才能激发他们对写作的热情，产生强烈的写作动机，使他们不甘于平庸，不随波逐流，彻底摆脱那种无所用心、得过且过的思想，蓄高远之志以克俗，养浩然之气以克庸。当然，要学生对提高自身写作能力的追求，强化写作兴趣，也并非要求每一位学生成为作家，并不是要他们在写作上有一番大作为，而是要他们立足自身发展，立志成才，对社会有所贡献，以正确的思想动机去不断提高自身的写作能力。

其次要激发出学生对提高写作能力的内在需要。激发主体写作的内在需要是一种更直接、更现实的驱动力，可以大大提高学生对写作的兴趣。因为从心理学角度讲，满足需要是人们行动的目的，人类一切创造都源于人类自身的需要，同时它也是人们乐于行动的兴趣之源。我们要引导学生认识到，提高自身的写作能力，不但是时代、社会、专业的需要，也是自我价值实现的需要。特别是对文秘、中文和新闻等专业的学生来说，写作能力是一个人的看家本领，不具备较高的写作能力就会丢饭碗，就会毫无前途。另外，也要使学生认识到，写作是人类生命的一种存在方式，人类智慧的一种生成机制，是自我价值实现和获取心理健康的重要途径。写作这种创造性的劳动，它不但可以调节写作主体的心理平稳，记载成长的轨迹，捕捉住生活的闪光点，而且也可陶冶性情，发现真善美，超越自我，满足成功的欲望。这种对学生内在需要的激发，可以大大激发学生的作文兴趣，纠正学生那种为完成学业和考试而作文的错误思想，把"要我写"变为"我要写"。

再次，教师在教学的每一个环节里，都要采取不同的方式方法，尽最大可能激发出学生强烈的表现欲望和浓厚的写作兴趣。学生写作动机的形成、写作兴趣的提高，不单是学生的思想认识问题，同时它与教师教学方法的运用也有着非常密切的关系。恰当而有效的教学方法的运用，特别是那些切合学生心理特征、能激发学生思想情感的作文训练方法，在很大程度上可以使学生克服惰性，产生强烈的写作欲望和对写作的热情。如在作文训练时，命题一定要考虑到时势和学生的实际情况，使学生不但有话可说，而且愿意表达、乐于表达，甚至非表达出来不可。这样，通过不断的训练，便可大大激发学生的写作欲望和写作兴趣，从而促进写作能力的提高。同时，要采用激励方法，满足学生的写作成就感。很多作家在创作经验谈中都讲到，他们之所以最后成为作家是因为自己小时候写作文的时候，老师曾把他的作文在班上宣读，所以他对作文产生了兴趣，作文也越写越好。从心理学上看，每一个人都有一种自我实现的追求、愿望。上面这个现象就表明，学生在作文课里获得了一种成就感，获得了一种自我实现的人生体验，从而，深深地爱上了作文，最终成就了写作事业。从传播学的角度讲，这其实是一种传播行为，一种广义发表行为。根据这一现象，我们可以尽量多地为学生提供发表和展示的平台，特别是在这样一个网络时代里，学生作品可以通过各种途径得以发表，通过广义发表来激发学生对作文的兴趣，培养学生长期稳定的写作兴趣。

四、写作主体情感的培养

（一）写作主体情感的心理特征

心理学认为：情感是人们依据反映对象能否满足自己需要而产生的一种态度，这种态度的心理形式就是情感体验。由于情感与人的要求、愿望、理想密切联系且具有强烈的主观倾向性，所以情感体验也因人而异。另外，情感活动又同人的生理机制直接相关，所以情感体验总会伴随人体生理因素的某些变化，并表现为外部情态和形体动作。情感是写作主体非智力因素中一个十分特殊而重要的因素，它不但是写作主体重要的表现对象、文本所要反映的重要内容，而且也是写作心理活动中最为活跃的因子。在感受、体验生活时，在想象、联想的思维中，情感就像一剂催化剂，它时时伴随着写作的智力活动，推动思维积极运动。

情感具有丰富性和复杂性，也有多种表现形式。对写作具有重要意义的情感类型，有心境、热情、激情等情感状态和美感、道德感等高级情感。无论是主体情感状态还是高级情感，都在主体写作中有极为重要的作用。它们是客体主体化的心理基础，也是文本质量好坏的决定性因素。比如，心境中的情绪在写作过程中又有可能直接成为写作激情，作用于整个写作过程，影响和决定文章的基调、倾向。而高级情感的道德感和美感会对主体认识和表现自然、社会、生活打上特定的色彩，直接影响写作成品的品位和价值。所以，在写作这种特殊的创造活动中，情感作用尤为显著。著名的文艺理论家孙绍振曾说过："情感对于作家来说，和生活同等重要，有时甚至比生活更重要。"[①]确实，在写作的每一个环节里，都离不开情感的渗透和参与。它一方面激活其他非智力因素，共同构成一股巨大的推动力，促使写作高效进行；另一方面，独特丰富、有蕴含的审美情感，又可大大增强文章的表现力，丰富文章内容。可以说，无情则难以写作，无情自难有感人的作品。当然，写作主体的情感，也是一个十分复杂的心理因素，它在写作中的作用应该辩证认识。

（二）主体情感的培养要求

一是要培养和强化主体对生活的热情，对人生、社会的热爱。这对于一个写作者来说极为重要，没有对生活的热情，就不会为生活所感动，也不可能成为生活的有心人，不会去留意身边的人和事，发现生活的动情点。不难想象，一个终日无所事事、漫不经心的人，不会引发写作的冲动和欲望。只有当写作者对生活有一股激情，充满着正义感、同情心，他才会关注生活、干预生活，从而在内心产生强烈的写作动机。同时，生活视野拓宽后，主体的审美能力会逐步提高，会扩大和加深对客观世界的感受和体验，提高对感知对象观察的兴趣和主体对客体的转化能力，为写作主体材料的积累、写作动机的萌发，准备必备的条件。

二是要丰富主体的生活，提高主体的审美能力。大学生，从年龄特征看，他们正处在情绪易波动的阶段；从生活经历看，他们大多是从学校到学校，缺乏必要的社会实践和锻炼。因此在写作中，他们流露出来的感情往往与时代、社会、大众有一定距离。一些莫名的沮丧、孤独、惆怅也常常会溢于字里行间。不仅如此，有些人甚至还抱着欣赏的态度孜孜以求那种"失落"与"彷徨"，不断地为文造情、无病呻吟。要改变这种现状，根本的方法

---

① 孙绍振. 美的结构. 人民文学出版社，1988 年版，第 110 页。

是让学生多接触社会，培养健康的感情。在教学中，我们必须强调，大学生只有了解自己的民族与国情、了解社会与历史，只有认识到自身的弱点，走上与社会相结合的道路，才能将个人的情感融入大众情感之中，才能使个人的喜怒哀乐具有时代、社会的特征，写出的文章才会有意义、有价值。

三是要学生立高尚之情，有积极健康的精神追求。古人云："情有高低，气有清浊，气清则才清，气浊则才浊，气清则才善，气浊则才恶。"主体情操的高低，直接影响写作成品的质量，影响到写作主体能力的培养。所以，立高尚之情，也是提高学生写作能力不可忽视的重要方面。人类社会是在不断追求真善美中前进的，也正因为如此，人类社会才越来越美好。古今中外那些在写作上流芳百世者，都是道德高尚之人，都有崇高的精神追求。我国是一个诗的国度，中国文学史任何一个伟大的诗人所拥有的最重要的品格就是真诚，对祖国、对人民、对生活的真诚热爱。这种诗性精神是心灵之歌，是从心底发出来的最真实的声音，是自然开放的最美丽的花朵。它是屈原"路漫漫其修远兮，吾将上下而求索"的坚定豪迈；是林则徐"苟利国家生死以，岂因祸福避趋之"的高尚情怀；是青年郭沫若为祖国这年轻女郎而甘愿燃烧的自我牺牲精神。

五、写作主体意志力的培养

（一）写作主体意志的心理特征

意志是写作主体非智力因素中又一重要因素。意志是人脑所独有的功能，是人类意识能动作用的深刻表现，它是人们积极要求改造客观事物而最终表现为实际行为的过程。意志是人们进行活动的心理保障，形成能力的基本因素，它本身也是一种能力。恩格斯指出，意志自由只是借助于对事物的认识来作出决定的那种力。许多西方的科学家也认为：意志是一种很强的精神力量。现代人才学有一个很重要的理念，就是一个人要取得事业成功，不但要有很高的情商，同时还必须有很高的意商。有心理学者认为："创造性活动是高度复杂的意志活动。在这种活动中，意志有种种表现：目的性、顽强性、果断性和自制性等等。它们实际上也就是意志的特征。自觉地认识意志的这些特征，我们就能够从它们着手来培养和锻炼自己的意志，发展优良的意志品质。"①

人们在各种实践活动中，需要确立一个奋斗目标，集中自己的注意力，充分发挥自己的能力，克服一切困难以实现自己的愿望，这就是意志能力的体现。可见，意志这种心理特征具有明确的目的性、能动性和顽强的韧性。一个拥有顽强意志力的人，往往具有克服一切困难的勇气、愈挫弥坚的斗志和锲而不舍的毅力。可以说，人类一切创造性活动要获得成功，都必须要有意志力的支持。写作这种创造性精神劳动，由于其艰巨性、复杂性和成果取得的缓慢性，决定了写作主体要提高自己的写作能力，必须依靠主体意志的能动作用，需要写作主体的韧性和恒心。在长时间艰苦枯燥的写作训练中，没有持之以恒、百折不挠的精神，没有勤奋刻苦的工作态度，即使一个具有较高天赋的人，也将一事无成。那种见异思迁、浅尝辄止、半途而废者，在写作能力上要想有较大提高，那是不现实也是万

---

① 周昌忠编译.创造心理学.中国青年出版社，1983年版，第127页。

万不可能的。许多中外文学名著、科学经典，都是在作家坚强的意志和毅力作用下才得以完成的，如《史记》、《红楼梦》、《浮士德》、《神曲》、《尤利西斯》、《资本论》等。所以，要想提高写作主体的智力，提高写作能力，写作教学必须加强学生写作意志力的培养。

（二）写作主体写作意志培养的基本要求

提高学生的写作意志力，一是要提高学生对写作能力提高的信心。坚定的信心，是坚强意志力的支撑，没有信心，也就不会有意志力的形成。写作能力的提高，虽然是一项长期艰苦的劳动，需要写作者付出艰辛的汗水，但应该使学生坚信的是：只要他们不断刻苦磨砺，在教师系统科学的指导下，写作能力一定会有所提高，而且经过一定时间后，可能会有一个质的飞跃。为此，我们一定要让学生克服畏难心理，消除那种写作能力难以提高、花了时间也白搭的错误认识。要坚决纠正那种把写作看得很神秘，把提高写作能力当成不可能而听之任之的错误想法。

二是要培养学生的耐心。意志力的强弱与耐心的大小成正比，长久对某项工作的耐心，也就是一种顽强意志力的体现。一般来说，在激发了学生的写作兴趣，明确了写作的重要意义后，绝大多数学生都会对写作产生极大热情，也会在行动上作出相应努力。但一旦在写作上遇到挫折或训练效果不佳，同自己期望相去甚远时，便会兴趣降低、情绪低落、信心不足，甚至自暴自弃、半途而废。所以，一定要告诫学生不能急于求成，要有信心，要有宁静致远的心境。要让学习者明确，写作具有很强的综合性，需要写作者长期艰苦磨砺，全面提高自己各方面的修养，写作能力才可能有所提高，那种幻想一蹴而就，想通过一学期或一二年的努力，写作就有很大突破的想法都是不现实的。因此，需要学习者循序渐进、不断努力，养成良好的写作习惯和写作自觉性，要有打持久战的思想准备。

三是要不断给学生以鼓励。倘若一个学生在写作上确实已付出了相当大的努力，在学习训练方法上也没有什么不当，却在经过一段较长时间训练后，仍然看不到自己在写作上的明显进步，必然会对写作失去信心。因此，一方面我们要求学生必须要有信心与热情，为提高自己写作能力不断努力，另一方面也必须让学生看到付出后的回报，看到努力后的成果，享受成功的喜悦，以此激发他们在写作上的更大兴趣。事实上，学生在写作上所作的努力，必然会有不同程度的进步。我们必须坚持鼓励性原则，对他们的进步及时给予肯定，对他们中成绩突出者及时给予表彰，并鼓励写作优秀者积极投稿。他们一旦取得成功，便要大力表扬，增强他们写作成功的满足感，激发他们更大的写作兴趣与动机。特别是写作成绩突出者，一经教师的鼓励表扬，就会成为活生生的典型，不仅会使其周围的同学看到成功的希望，更加坚定信心，而且还可以形成学生之间的相互促动，形成良性竞争，产生群体效应，从而全面提高写作的教学效果。

第三节　写作主体素养的提高

写作作为一种复杂且富有创造性的精神生产劳动，不但需要写作主体良好的写作智力与非智力因素，而且也需要写作主体全面而丰厚的素养。这种素养的形成，是主体在先天的生理基础上通过后天长期不断地积累、培养形成的，是一种不断习得的结果。这些素养与写作主体的写作活动和写作文本的质量有非常密切的关系，对写作有着深刻的影响和制约作用。这些素养主要包括生活素养、人格修养、学识修养与审美素养。

一、写作主体的生活素养

（一）生活素养对写作的意义

俗话说："巧妇难为无米之炊。"写作材料是写作重要的基础和前提，没有材料就无从写作。无论是观察、感受、体验和调查采访，写作主体都必须深入生活。离开了社会生活，一切写作都会变成无源之水、无本之木。写作主体的生活，不但是获得写作材料，为文章写作准备真实、鲜活、独特的人、事、景、物等的必由之路，而且更为重要的是，它还是写作主体思想、感情、思维、认识升华的保证。曹雪芹在《红楼梦》里说："世事洞明皆学问，人情练达即文章"，说的就是这个道理。因此，无论从事何种写作，主体都必须重视和努力扩大自己的生活领域，丰富自己的生活，下决心深入生活和积累生活。文学创作者更是要"观察、体验、研究、分析一切人，一切阶级，一切群众，一切生动的生活形式和斗争形式，一切文学和艺术的原始材料，然后才有可能进入创作过程"。[①]

鲁迅、茅盾、巴金等大文豪都曾多次强调指出生活对于写作的重要意义。当代作家也有很多人讲到生活与写作的密切关系。王蒙在《谈短篇小说的创作技巧》一文里指出，要使自己的写作畅通无阻、左右逢源，就必须具备"丰厚的生活积累、思想积累、感情积累"。确实，离开了生活就会使文思枯竭，创作也就成了无根之木、无源之水。而且特别重要的是，只有作者亲历的生活，他作品表现的内容和思想，才会更有表现力、生命力。文学史上那些伟大的作品无不同作者真实的生活密切相关，是他们独特的生活成就了文学的伟大。杜甫如果没有经历安史之乱的颠沛流离，绝没有《三吏》、《三别》这样的传世之作，曹雪芹如果没有那段痛彻肺腑的家庭变故，可能也写不出《红楼梦》这样的中国古典文学巅峰之作。所以司马迁在《报任安书》中高度概括了人生的困难是作者最好的老师，是写作成功的根本。"盖西伯拘而演《周易》；仲尼厄而作《春秋》；屈原放逐，乃赋《离骚》；左丘失明，厥有《国语》；孙子膑脚，《兵法》修列；不韦迁蜀，世传《吕览》；韩非囚秦，《说难》、《孤愤》；《诗》三百篇，大底圣贤发愤之所为作也。"而我们知道司马迁的《史记》，更同他青年时期广泛的游历和后来因"李陵之祸"遭受宫刑有直接联系。反之，一个写作者如果缺乏生活的积累，即使他有高超的写作能力也无法写作。

（二）写作主体生活素养的提高

写作主体如何加强自己的生活素养呢？

一是要热爱生活，做生活的主人。艾青在《诗论》中写道："我生活着，故我歌唱。""生活实践是诗人在经验世界里的扩展，诗人必须在生活实践里汲取创作的源泉。"一个作者如果对生活没有热情，对国家的安危、人民的苦乐及各种社会活动漠然视之、冷眼旁观，他必然引发不了写作的欲望，更写不出感动人心的文章和作品。对生活的热爱，包括对自己所从事职业的热爱和对写作的热爱。正如何其芳在《写诗的经过》里所说的："这种热爱和入迷却是我们做好任何工作的一个必要条件！"所以我们必须培养自己对生活的热爱，对写作的热爱。

二是要熟悉生活，洞察生活本质。写作者丰富生活阅历的过程，是从对生活的陌生到

---

① 毛泽东. 毛泽东选集第三卷. 人民出版社，1953 年版，第 882 页。

熟悉再到洞察的行为过程。不熟悉生活，对生活缺乏洞察力，作者就会"身在宝山不识宝"。这里的关键在于作者要做生活的有心人。所谓"有心"，就是鲁迅在《答北斗杂志社》里指出的："留心各样的事情，多看看"。而"多看看"，是包括观察、感受、研究和理解诸方面在内的。"美是到处都有的。对于我们的眼睛，不是缺少美，而是缺少发现。"罗丹的这句话，强调的就是我们要在"多看看"中发现美。

三是要记录生活，丰富生活积累。俗话说："好记性不如烂笔头。"初学写作者应该像茅盾所说的那样：在开始写作的时候或以前，就应当时时刻刻身边有一支铅笔和一本草簿。无论到哪里，你要竖起耳朵，睁开眼睛，像哨兵似的警觉，把你所见所闻随时记下来，你要和你的生活圈子以外的人做朋友，和他们多谈，记录他们的谈话，写下你随时随地对他们观察的所得。这可以说是无数作家的经验之谈，我们从《契诃夫手记》中，也可以获得许多关于记录生活素材的启示。一个写作者只有在生活中不断积累写作素材，生活对写作才有意义，而且不断记录生活，更是一种提高写作能力的重要途径。

二、写作主体的人格修养

（一）人格修养对写作的意义

人格在我国心理学界一般定义为：个人相对稳定的比较重要的心理特征的总和。它的内涵是十分丰富的，主要包含一个人的品格、品质、格调、境界、道德水平以及尊严等等。心理学家一般把人格看成是一种内在的组织与结构，是一个人显著的性格、特征、态度或习惯的有机结合。它是由生理遗传与后天经验共同形成、包容个人的各种心理要素并能根据客观条件变化的、相对稳定的内部行为和外部行为的统一。我们认为，人格修养最主要的内容是主体的思想道德修养。

人格修养与写作的关系十分密切。我们常说"文如其人"。古人云："诗品出于人品"，"心正则笔直"。王国维说的更明确："无高尚伟大之人格，而有高尚伟大之文章，殆未之有也。"这些话都说明，人具有什么样的品格，写出来的文章或文学作品也就具有什么样的品格；做人达到什么样的境界，写出来的作品也就能够达到什么样的境界。一个人如果没有独立的人格，那么他写出来的作品也就不可能具有独立的品格；一个人如果缺乏对人生的思考，那么，他写出来的作品也就不可能具有独立的思想。相反，如果做一个人能够达到"世事洞明"、"人情练达"的人生境界而又潜心为文的话，那么他写出来的作品也会自成高格、自有境界。以文学创作来说，"文学是人学"，文学是做人的学问。一个人如果人格有缺陷，思想道德水平低下，那么他就很难写出高质量的文学作品，即便写出来一些作品也一定没有什么价值，缺少生命力，不能真正满足社会需求。伟大的作品总是与伟大的人格相对应的。所以，清代诗人叶燮说"诗之基，是人之胸襟是也。有胸襟，然后能载性情、智慧、聪明，才辨以出，随境发生，随生即盛。"（《原诗·内篇（下）》）鲁迅作品的不朽人文价值正是他伟大人格的真实显现。

（二）写作主体人格修养的提高

一个人的人格总是在一定的社会环境中通过学习、实践和潜移默化的熏陶逐渐形成的。要提高写作主体的人格修养，第一要提高主体的思想品格。写作主体提高自己的思想品格需树立起正确的人生观、价值观，要有良好的道德观念，较高的思想觉悟和高尚的操守。思想品格属于社会人文范畴，必须通过后天的修为才能得以提高。所以，我们每一个写作者必须主动自觉地加强自我思想道德的修养、净化自己的灵魂，追求真善美，鞭笞假恶丑。正如《易·乾·文言》所言："君子进德修业。忠信所以进德也。修辞立其诚，所以居业也。"只有一个人自觉提高自己的道德修养，他说出来的话才能真诚自然、充满正义、饱含情感，所作所为才能扎扎实实。

第二，需强化主体自己的责任意识。写作具有很强的社会性，是一项社会化的系统工程，具有重要的社会意义和社会功能，写作者的思想道德素质都会在写作活动中体现出来，写出来的文章也会对他人产生影响。强化社会责任意识，就能树立起为大多数人谋利益的思想，培养以天下为己任的思想情怀，就能有积极健康的文化心理素质，也才会对国家、民族、社会和家庭作出贡献，成为一个在各方面都有担当的人。那么，他写出来的作品，就会有积极的社会意义，对社会产生积极健康的影响。因此，高度的社会责任感、崇高的写作目标是主体人格的重要内容，也是主体人格修养的重要内容。

第三，写作主体需树立起高远的人生目标。志存高远，人才会有追求、有目标，也才会有前行的动力，也才会有正确的人生观和价值观。一个人高尚的人格，总与他高远的人生追求分不开。一个人树立起为国家、为民族、为社会、为人民而奋斗和奉献的目标，那他必然会有高尚的情操和人格。历史上，那些伟大的文学家们，那些为国家民族作出过杰出贡献的人物，无不具有高尚的人生追求、远大的人生目标。屈原、李白、文天祥、毛泽东无不如此。正因为他们有高远之志，有高尚的人格，才有伟大的作品，才在写作上有伟大的成就。

三、写作主体的学识修养

（一）写作主体的学识修养对写作的意义

写作是一个人智慧的体现，是一项复杂的系统工程，是主体全面素养的综合运作的过程。写作主体丰厚的学识修养即良好的文化和专业理论知识的积累和储备，是一个人写作必备的前提和基础。从某种意义上讲，写作本身就是一项知识传达的过程。比如，科技文章、科普小品本身就是科学知识，学术论文、学术专著反映的就是某一专业系统的理论与知识，而我们的文学创作实质上也是社会和自然知识的一种综合间接的表现。所以，写作主体要进行写作必须要有较好的学识修养。清学者李沂在论作诗与学识关系时曾说："识见日益高，力量日益厚，学问日益富，诗之神理乃日益出"（《秋星阁诗话》），很好地说明了学识与写作的关系。

写作确实需要丰富的理论和知识。首先需要扎实的语言文字知识。语法、逻辑、修辞等语言文字知识是写作所需的最基本的知识范围，是写作进行的必要条件。而文史哲、天文地理等自然科学也是一个写作者所必须有的知识。从事专门的写作还需要相关专业的理论知识。所以，一个具有较强写作能力的人，一定是一个学识渊博的人，他必须具有丰厚的学识修养。写作主体的学识，不但为写作者提供材料、观点、思想，而且还影响到主体的品格与气质，影响到文章的质量和风格。所以，对那些杰出的文学家诸如巴尔扎克、曹雪芹等，我们常以百科全书来称谓他们，就是这个道理。

（二）写作主体学识的提高

写作主体学识的提高，同样是一个不断习得与积累的过程，需要写作主体持之以恒地刻苦学习与心无旁骛地专心采集。

　　具体而言，一是要广集博采、开卷有益。写作需要多层次、多形态的知识。写作的知识一定要广，主体的学识一定是一个立体的结构。一个写作者如果只有某些方面的知识和理论，那么他的写作一定会受局限，很多情况下可能无法顺利地进行写作。这就要求写作主体在学识积累和提高的过程中，要特别注重和善于阅读，做到在阅读中广泛涉猎、多多益善，切忌只凭爱好与兴趣阅读。同时，在信息化的多媒体时代，要在纷繁复杂的信息中获取有效信息，一定要讲究阅读方法和具有较强的阅读能力。在生活中，要有好奇心，要有求知欲，要有探索精神，对社会、自然中的一切未知的东西都要有兴趣去了解和认识。

　　其次要善于梳理和消化知识。在这个知识大爆炸的现代社会，不但要善于吸取知识而且要善于整理、梳理和消化知识，不能成为书呆子。知识的积累是为我所用，而不是为我所累，我们不能在这样一个无穷的知识大海中迷失自我，丧失自己的方向。一定要根据自己的写作需要，有针对性地搜集和整理相关的知识理论，所以我们在学习的过程中，应善于吸收、分析、融化各种知识，切忌囫囵吞枣、生吞活剥。

四、写作主体的审美素养

　　审美心理是人类所特有的一种心理功能，对美的追求渗透到人类的一切文化和生产活动中。写作是人类的一种重要的精神文化创造行为，同样是"按照美的规律"进行的创造与生产，需要写作者具有较高的审美素养。审美素养是现代文化人应具备的基本素质和修养，特别是一个写作者，审美素养是其重要且必需的素养。

　　从写作所表达的内容看，许多写作都直接或间接地表现了主体对美的追求。文学作品无论是散文、诗歌，还是小说、戏曲、影视作品，都是表现人们对真、善、美的追求，体现出作品的情感美、意境美、形象美等。其他的文体写作中也许不直接以美为表现内容，但同样要体现出主体正确的思想、观点，体现符合客观规律发展的解决问题的对策和方法，也都有美的内涵。从写作的形式看，任何一个写作者，都应把握文体的特点，按照形式美的要求来构造形式。尤其写作是一种语言艺术，不管哪种文体形式，都应"行之有文"，要追求语言的美。而各种文体的结构形式，同样要做到内容和形式的统一，具有不同内涵的艺术性。因此，作为一个写作者，必须具有较高的审美素养，这是从事写作和创作应具有的基本素质。如果一个写作者没有一定的审美素养，就不能很好地观察和把握对象，就难以发现和表现自然、社会和人的心灵美，难以以美的方式构造美。

　　写作主体审美素养的提高，也是一个需要不断学习、积累的过程，要有意识地进行培养。首先应不断学习美学理论知识和提高自己的美学理论水平。美学理论是审美现象和审美规律的高度总结，对人们的审美活动具有指导意义。学习审美方面的理论知识，有助于我们掌握审美的规律和特点，认识美的本质和美的表现，从而增强审美的敏锐性和主动性，更好地从生活中去发现美、捕捉美，培养自己发现美的眼光。当然，美学理论博大精深，从写作的角度看，我们并不要求作专业性研究或学习，而是要根据实际需要，有针对性地学习相关美学理论，使美学理论真正发挥积极的指导作用。对写作来讲，我们对文艺美学、生活美学等理论应有较全面深入的学习和掌握，通过这些理论的学习，提高自己的文艺鉴赏水平，具有更强的发现和把握美的能力，能够更敏锐地感知自然和社会的美。

　　其次，提高主体的审美素养，要我们在平时生活、学习、工作中有积极健康愉悦的心态，要有丰富的审美情趣。美无处不在，一个人只有积极向上、乐观进取、心态愉悦，他才会感受到生活和社会的美好，才会有发现美的眼睛，才会不断养成良好的审美情趣。诗人白居易就是从荒芜的原野和烧尽的野草的凄凉中，发现了生命力的强大，对野草那种"野火烧不尽，春风吹又生"的顽强进行了赞美。如果一个人消极悲观、怨天尤人，那么在他的眼里一切都会是灰暗的，毫无任何美可言，甚至世界充满的都是丑恶和黑暗。在生活中我们也会发现，那些没有良好心态的人，往往难以与人相处，往往对他人和社会怀疑、敌对、仇视，我们也就难以在他的世界里感受到阳光和美。所以，审美素养的提高，与积极向上的健康心态、丰富的审美情趣密切相关，拥有它才能使我们的审美能力不断提高。

思考与练习

1. 从下列事物中任选一个对象作为观察目标，运用已经掌握的观察方法对其进行全面观察，然后写一篇500字左右的观察笔记。

(1)农贸市场；(2)学生食堂；(3)街头十字路口；(4)公园一角。

2. 从下列陈述中选取自己亲身经历过的某一事例，谈谈当时的感受。

(1)收到录取通知书的那一刻。

(2)在街头偶遇多年未见的老同学。

(3)意外收到梦寐以求的礼物。

(4)无故被老师或同学误解甚至冤枉。

(5)读大学后第一次回到久别的故乡。

(6)第一次见到大海。

3. 结合具体阅读材料，谈谈精读与略读的异同。

4. 文献检索的常用方法有哪些？根据写作需要，运用有关方法查找文献。

5. 运用逆向思维的方法，从下列题目中任选一题，写一篇简短的议论文。

(1)《有志者，事竟成》；(2)《班门弄斧》；(3)《杞人忧天》；(4)《人多力量大》；(5)《读〈愚公移山〉有感》；(6)《物竞天择，适者生存》。

6. 从以下题目中任选一题，展开合理想象，写一篇短文。

(1)《愚公移山以后》；(2)《二十年以后的故乡》；(3)《杜甫偶遇李白》；(4)《假如……》

7. 指出下列句子分别使用了哪些不同的表达方式。

(1)夜更深沉，山上山下一片漆黑，只有点点星光在空中闪耀。

(2)他们终于登上了珠穆朗玛峰的顶峰，完成了人类历史上从北路攀上世界最高峰的创举。

(3)今天，我们聚集在一起，沉痛地哀悼我们失去的七位勇敢的公民。

(4)它们有的像羽毛，轻轻地飘在空中。

(5)多么可爱的小生灵啊！

(6)白求恩毫不利己、专门利人的精神，值得每个共产党员学习。

(7)1969年9月16日，三位宇航员到美国国会大厦，在国会联席会议上发表了演说，畅谈登月感受。

（8）坡上青翠的小苗讨得阳光喜欢了，阳光便慷慨地抚爱它们。

8. 综合运用多种表达方式，写一篇以写景为主的散文。

9. 写作主体的非智力因素有哪些？同主体智力因素有什么关系？

10. 根据自己写作体会谈谈如何提高写作兴趣。

11. 写作主体的意志力十分重要，你认为意志力对写作主体能力提高有什么意义？如何提高写作主体的意志力？

12. 写作主体的写作素养包含哪些？对写作有哪些影响？

13. 写作主体的生活素养与写作有什么关系？试以一个作家的创作经验为例说明如何提高自己的生活素养？

14. 陆游诗云："挥毫当得江山助，不到潇湘岂有诗"，袁枚在《随园诗话》中有诗说："夕阳芳草无情物，解用都为绝妙诗"，从写作主体素养与写作关系的角度，你如何解读？

15. 叶燮说："诗之基，是人之胸襟是也。有胸襟，然后能载性情、智慧、聪明。才辨以出，随境发生，随生即盛。"说明主体人格对创作诗歌有重要影响。请你联系具体作家的创作经验，以"主体人格与创作"为话题，写出一篇800字左右的作文。

16. 阅读下面培根的《论学问》一文，回答下面问题。

论学问（培根）

读书为学的用途是娱乐、装饰和增长才识。在娱乐上学问的主要的用处是幽居养静；在装饰上学问的用处是辞令；在长才上学问的用处是对于事务的判断和处理。因为富于经验的人善于实行，也许能够对个别的事情一件一件地加以判断；但是最好的有关大体的议论和对事务的计划与布置，乃是从有学问的人来的。在学问上费时过多是偷懒；把学问过于用做装饰是虚假；完全依学问上的规则而断事是书生的怪癖。学问锻炼天性，而其本身又受经验的锻炼；盖人的天赋有如野生的花草，他们需要学问的修剪；而学问的本身，若不受经验的限制，则其所指示的未免过于笼统。多诈的人渺视学问，愚鲁的人美慕学问，聪明的人运用学问；因为学问的本身并不教人如何用它们；这种运用之道乃是学问以外，学问以上的一种智能，是由观察体会才能得到的。不要为了辩驳而读书，也不要为了信仰与盲从；也不要为了言谈与议论；要以能权衡轻重审察事理为目的。

有些书可供一尝，有些书可以吞下，有不多的几部书则应当咀嚼消化；这就是说，有些书只要读读他们的一部分就够了，有些书可以全读，但是不必过于细心地读；还有不多的几部书则应当全读，勤读，而且用心地读。有些书也可以请代表去读，并且由别人替我作出摘要来；但是这种办法只适于次要的议论和次要的书籍；否则录要的书就和蒸馏的水一样，都是无味的东西。阅读使人充实，会谈使人敏捷，写作与笔记使人精确。因此，如果一个人写得很少，那么他就必须有很好的记性；如果他很少与人会谈，那么他就必须有很敏捷的机智；并且假如他读书读得很少的话，那么他就必须要有很大的狡黠之才，才可以强不知以为知。史鉴使人明智；诗歌使人巧慧；数学使人精细；博物使人深沉；伦理之学使人庄重；逻辑与修辞使人善辩。"学问变化气质"。不特如此，精神上的缺陷没有一种是不能由相当的学问来补救的：就如同肉体上各种的病患都有适当的运动来治疗似的。踢球有益于结石和肾脏；射箭有益于胸肺；缓步有益于胃；骑马有益于头脑；诸如此类。因此，如果一个人心志不专，他顶好研究数学；因为在数学的证理之中，如果他的精神稍有不专,他就非从头再做不可。如果他的精神不善于辨别异同,那么他最好研究经院学派的著作,因为这一派的学者是条分缕析的人;如果他不善于推此知彼,旁征博引,他顶好研究律师们的案卷。如此看来,精神上各种的缺陷都可以有一种专门的补救之方了。

(1)作者在文中对读书阅读的重要性有很精辟的论述,试将其中有关句子摘录下来,并加以梳理概括,谈谈读书对人生的意义。

(2)作者在文中概括了哪些读书方法?根据你的体会,联系写作实际你认为该如何阅读?

(3)文中在论述时,运用了多种修辞手法,试找出这些修辞手法,并谈谈它们对论证有何作用?

(4)你对"精神上的缺陷没有一种是不能由相当的学问来补救的"如何理解?

17.根据题后要求,完成下面短文阅读练习。

(1)先秦儒家的"人情—秩序"理论一方面确实存在压抑人性、压抑情感的消极因素;另一方面,我们也不能否认其正面价值,它是站在治世的高度探寻人生修养之艺术,将个体性情自由与群体政治需要融为一体,把情感发动与秩序建构统一起来,为治世之道开出了一剂良方。先秦儒家的这种治世理论对于当下的和谐社会建设不无有益的启示。如今,我们在强调个性自由的同时,也应当为这种自由设定一个边界:社会和谐。唯有如此,个体真性情的发动才能具有合理性与正当性,个体与社会才能达成统一,而这正是和谐社会建立的根基。

这段文字主要是说明先秦儒家"人情—秩序"理论的(　　)

A.时代特征　　　　B.现实意义　　　　C.独特价值　　　　D.深远影响

(2)生命是如此的复杂,以至于几乎每一位生物学家都只能在一个很小的领域进行探索。尽管在每一个领域都产生了大量的描述性数据,但是科学家能够从这些海量的数据中得出一个整体的概念吗?例如,生物是如何运作的?系统生物学这门正在形成的学科为回答这些问题提供了一些希望。它试图把生物学的各个分支联系起来,利用数学、工程和计算机科学的方法让生物学研究更加量化。不过,现在还无法得知这些方法是否能够最终让科学家理解生物运作的整体图景。这段文字意在说明(　　)

A.获取描述性数据是生物研究的必要条件

B.系统生物学为解开生命之谜提供了可能

C.如何从生物学数据中得到生命全景还是未知

D.对生物运作的整体图景进行科学解释即将成为现实

(3)页岩气燃料因价格便宜和洁净,现已成为许多国家政府、石油公司以及地质勘探和开采公司的重点研究目标。预计中国未动用的页岩气储量比普通天然气多10倍,比美国的储量还高。美国对页岩气的使用已走在了前面,一些专家表示,页岩气可能帮助美国摆脱对进口能源的依赖。21世纪初,页岩气使用只占美国天然气总量的1%。而今天已占到25%,以后还可能再增加。然而,这并不意味着中国可以复制美国的过程。亚洲的地质情况与美洲有很大差别,而且每个国家开发页岩气所需要解决的问题都是不同的,必须考虑诸如页岩中气的含量、施工成本、后勤保障,以及地质和地球化学等参数。根据这段文字,下列说法正确的是(　　)

A.中国页岩气燃料的储量居世界第一位

B. 页岩气燃料开采时对生态环境破坏不大

C. 地质条件决定了各国页岩气开发的独特性

D. 目前世界各国都在加大对页岩气的开采投入

(4)《中华人民共和国老年人权益保障法(修订草案)》明确规定,赡养人应履行对老年人经济上供养、生活上照料和精神上慰藉的义务,照顾老年人的特殊需求。应当关心老年人的精神需求,不得忽视、冷落老年人,与老年人分开居住的赡养人,应当经常看望或者问候老年人。而专家表示,应当大力倡导赡养人经常看望慰问老人,但如何入法,语言上要仔细推敲。

下列作为选文标题最恰当的一项是(　　)

A. 请关注老年人的精神赡养　　　　　　B. "常回家看看"如何入法

C. 精神赡养是道德更是法律　　　　　　D. "常回家看看"或入法律

(5)我磕磕绊绊地走在村庄里,似乎仅仅听到了自己的脚步声和喘息。两堵泥墙的夹缝偶尔闪出一条窄窄的小巷,光滑的石板路笔直地伸入纵深之后一折绕走了。巷子尽头的泥墙有一扇小小的石窗,窗内乌黑一片。沿途遇见了若干倒塌的院落,阳光之下芳草萋萋,几堵孤立的残墙缄默不语,两扇开始朽烂的门板黯然歪倒在地。随行的朋友从路上捡起一根竹条,说下一个路口的几条狗十分凶悍。话音未落,一群大大小小的黄狗雄赳赳地冲出来,拥挤在路口伸长脖子狂吠,仿佛他们才是这些房子的真正主人。这段文字最合适的标题是(　　)

A. 孤独的村庄　　　　　　　　　　　　B. 原始的村庄

C. 宁静的村庄　　　　　　　　　　　　D. 落寞的村庄

(6)①据此,洪堡提出了青藏高原"热岛效应"理论　②这不符合常理　③早在18世纪末,德国科学家洪堡就发现,赤道附近的高山雪线,比中纬度的青藏高原许多高山的雪线低200米左右　④故其热量较同纬度、同海拔高度的其他地区高得多,甚至比赤道附近的同海拔地区也要高得多　⑤对流层大气的主要直接热源是地面,青藏高原由于下垫面大面积提升,相当于把"火炉"升高了　⑥由于赤道地区热量较高,高山雪线通常应该从赤道向两极递降,到极地附近降至海平面

将以上6个句子重新排列,语序正确的是(　　)

A. ③②⑥①⑤④　　　　　　　　　　　B. ③①⑤④②⑥

C. ⑥②③①⑤④　　　　　　　　　　　D. ⑥②③⑤④①

第四章 写作策略

本 章 导 学

任何文章的写作都会有一些共同的、基本的写作要求。本章从文章的构成要素与写作的基本过程入手，对文章的构成要素进行了全面的认识，并对各要素的写作要求和方法进行探讨，提出了写作的基本策略。学习本章，一方面要掌握文章主题、材料、结构、语言各要素的含义和在文章中的地位作用等理论知识，另一方面更要联系自己的写作实践，掌握一般文体的写作方法与技巧，切实有效地提高自己的写作能力。

第一节 言之有理 立意新深

一、文章主题的含义

"主题"一词，源于德语词"thema"，即"主旋律"的意思，它表现为一个完整的"音乐思想"，是乐曲的核心，后来这个术语广泛运用于文艺作品创作之中。写作中说的主题，就是作者通过文章的全部内容所表达出来的基本思想或基本观点。

不同的文体，主题有不同的习惯名称。在论说文中，通常被称为"中心论点"或"基本观点"；在一般记叙文、散文中，叫"中心思想"；在文艺作品中，习惯称为"主题"或"主题思想"，一些抒情类文章还可以是感情基调；应用文是核心思想或主要意图。总之，主题是文章所要传达给读者的最基本的思想和感情。

二、文章主题的地位与作用

（一）主题是文章的灵魂

人除了要有"血肉"之躯，还要有灵魂，才不是一具行尸走肉。它支配着人的意识，也支配着人的行动和言论。如果说材料是文章的"血肉"，那么主题就是文章的"灵魂"。文章有了灵魂，才会有意义、有价值。

主题在文章中起着核心作用。鉴别一篇文章的优劣、好坏，主要看两个方面：一是看主题思想，二是看表达形式。主题是第一位的。没有好的主题，再好的表达也会失去意义。主题的正确、深刻与否，是文章有没有价值、价值高低的关键所在。我国古代文人说的"意者一身之主"、"以意为主"、"立意为宗"、"意在笔先"，都是在强调主题在文章中的主导作用。

（二）主题是文章的统帅

主题是文章的统帅。在军队中，统帅往往是进行决策、调遣部队、分配资源的核心人物。一支军队没有统帅，将是一群乌合之众。所以王夫之在《姜斋诗话》说："无论诗歌与长行文字，俱以意为主，意犹帅也。无帅之兵，谓之乌合。"文章没有主题，就如军队没有统帅一样，就会失去主导力量。

主题在文章中的统帅作用，表现在：一篇文章材料如何取舍、结构如何安排、语言如何选用、表达方式如何选择都要服从主题的统领，根据主题的需要来安排。对表现主题无用的，再好的材料、语言、结构和表达方式都不能显示其应有的作用和价值。

三、文章主题的提炼方法

提炼主题就是将从材料中得来的思想认识加以集中和深化，进而形成一篇文章所要表达的中心思想。提炼主题的过程，就是作者从感性认识上升到理性认识的过程。古代文论把这个过程叫做"炼意"。炼意过程很复杂，不同作者、不同文章的炼意方法也不尽相同。常见的方法有下面几种：

（一）归纳概括法

所谓归纳概括，就是作者围绕一个问题、一个事件收集到一大堆材料后，从个别的、特殊的事物出发，经过分析、比较和综合，得出有关事物的一般性结论。

归纳概括需要作者具有异中见同的高远眼光，他能从众多不同的现象中看见共同的东西，能从不同的材料中发现它们之间的内在联系。例如，魏巍《谁是最可爱的人》从所选择的三个故事中，找到志愿军战士对敌人、对朝鲜人民、对困难的不同情感，最后归纳出"志愿军就是最可爱的人"的主题。

（二）追根溯源法

所谓追根溯源法，就是作者对事物的认识，从现象开始穷追不舍、步步紧逼，直至本质根源。

文章《餐桌上的变化》先从"现在餐桌上吃大鱼大肉的少了，吃清淡环保食品的多了"现象出发，思考得出"人们关注营养、关注健康"了，再思考原来现今已经不是只求温饱的时代了，最终得出生活水平提高，是因为国富民强了。"经济发展之花，开出了注重健康科学之果"。

追根溯源，是使文章主题深刻直达本质的重要方法，关键是多问多思。元代陈绎曾在《文说》中引了戴师初这样一段话："凡作文发意，第一番来者，陈言也，扫去不用；第二番来者，正语也，停止不可用；第三番来者，精语也，方可用之。"说出了认识逐步深化、主题渐次深刻的炼意过程。

（三）纵横联系法

纵横联系法就是把写作材料放在历史与现实的客观背景之中，通过古往今来、上下左右的联系、对比来探索其特殊意义和价值的方法。

纵横联系就是要找出事物的时空关系。"纵"指时间，就是事物的现状与其历史的联系。"横"指空间，就是一个事物与它相邻或相关的事物的联系。通过纵横联系比照，事物的个性特征和深层意义就会清晰地突现出来。比如 1984 年 23 届奥运会期间一篇评论《"0"的突破》，其主题就是在纵横联系中来确立的。中国代表团获得 16 枚金牌，与欧美体育强国相比，中国金牌总数不多。但联系到 23 届奥运会以前，中国在奥运会上的金牌为 0，再联系到辛亥革命前，中国人被称为"东亚病夫"，这样一比，16 枚金牌就有了不同寻常的意义。在此基础上文章立意深刻。

（四）逆向思维法

逆向思维法是与习惯思维相反的，面对同一题材，与大家的想法相反，反其道而行之，反其意用之的方法。

文章立意要新，就是不能人云亦云，而要做到"意必己出"，言为心声，使立意独辟蹊径，标新立异，要克服惰性思维，而用创造性思维。逆向思维就是一种很好的方法。有些文章从标题就可看出立意的新颖性。比如《眼见未必为实》、《开卷未必有益》、《近墨者未必黑》、《响鼓也用重锤》、《好酒也怕巷子深》、《知足未必常乐》等，就给人耳目一新的感觉。从反面立意的典型例子有毛泽东的《卜算子·咏梅》。在这首词的序里，诗人明确地写道，他是"读陆游咏梅词，反其意而用之"。正是由于"反其意"，故能一扫陆游词孤芳自赏、低沉、孤寂的思想情绪，而抒写出共产主义者为理想奋斗而"不争春"的宽广胸怀。

当然，逆向思维不是搜奇猎怪，不是刻意立异标新，而是深思熟虑之后的真知灼见。

四、文章主题确立的要求

（一）主题要明确

文章的主题不能含糊，要表述得明确清晰，赞成什么，反对什么，要观点鲜明，决不含糊其辞，模棱两可。表达出来的主题应该符合客观世界的真实情况，符合科学规律，引导人们积极向上。在内容上着力宣传科学的世界观，歌颂新时代，传授科学文化知识，揭示事物的客观规律，提升人们的文化水平和思想情操；在表达上要有较高的文字功夫，有能力把话说清楚，不出现歧义。比如朱自清的《春》主题非常鲜明：通过准确、生动地描绘江南春天特有的景象，抒发了对春天的赞美之情，表达了作者热爱生活、积极进取、奋发向上的思想感情。

有时文学作品的主题具有某种模糊性、含蓄性。它们与主题明确性要求并不矛盾，因为它给读者留下巨大的解读空间，其明确的主题意义，可以由读者的创造性接受来完成，作品的文学价值是由作者和读者共同创造的。

（二）主题要集中

集中主要指主题的简明和单一。一般来说，一篇文章只能有一个主题，尤其是一篇短文，主题要高度集中、单一明了，这样才能使要说明的问题明朗化、尖锐化，便于说深说透，增强主题的表达效果。魏巍《谁是最可爱的人》的主题很集中，通过写中国人民志愿军在抗美援朝中三个不同的英雄事迹，表现了志愿军战士的革命英雄主义精神和强烈的国际主义精神、爱国主义精神，从而告诉我们：志愿军战士是最可爱的人。

然而，在篇幅较长内容较多的文章或文学作品中，由于反映的社会生活面十分宽广，线索众多，其主题有时不止一个，除了基本主题之外，往往还存在着若干个副主题。如曹雪芹的《红楼梦》、托尔斯泰的《战争与和平》等。这类文章的副主题一般同基本主题有着密切的内在联系，并且大都从属于基本主题，主题集中、单一的要求，对这些文章的基本主题来说仍然是适用的。文学作品是通过文字塑造形象来反映社会生活的，其形象所包容的内涵深广，想从单一视角来穷尽形象的主题内涵，是违背文学欣赏规律的。一部优秀文学作品的主题内涵，永远挖掘不完。不同时代、不同背景、不同生活经历、不同知识结构、不同阅读目的、不同审美情趣等可以有不同的主题理解。文学作品的多主题理解是对不同读者或不同视角而言的，对于特定读者或视角，主题理解的集中性、单一性仍然是必要的。

（三）主题要贴切

主题要贴切，主要指主题要与文章所使用的材料完美统一。主题应从材料中生发、抽象、提炼出来，而不是从外面硬贴上去。主题所表现的材料内涵和本质，应该贴切自然，真正反映出客观事物的内在规律和丰富底蕴。

路遥的《人生》通过主人公高加林曲折、起伏的事业、爱情人生经历，贴切表现出小说的主题：人生有时是未知的，人生的选择有时无数，人生的爱情也是美好的，人生的理想与现实总有差距，人们要怀一颗积极向上的心，揣一颗事事平常心，走好奇妙人生的每一步。

（四）主题要深刻

所谓深刻，就是指确立的主题要能反映生活的本质和规律，要能揭示事物所隐含的最有价值的思想意义。同时，深刻的主题不可能是抽象的推论或拔高的产物，而必须寄寓在个性鲜明的具体材料之中。深刻的主题和生动具体的形象两者巧妙结合，文章才能既生动又深刻。

贾平凹的《丑石》这篇借物说理的散文，借助了一个公认为平凡的对象——一块顽石的前后戏剧般经历，说明了一个道理：人们的无知，并不能掩盖和抹杀那"默默忍受"多年，而"不屈于误解、寂寞的生存的伟大"。

第二节　言之有物　取材精当

一、写作材料的含义

（一）材料

作者为了写作的需要而从生活中摄取以及写进文章中的一系列生活现象和理论依据。它不仅指用于具体文章中的材料，也指作者写前搜集和积累的材料。

（二）素材和题材

素材，指作者写作前以观察、体验和感受等方式，从生活中直接摄取的、尚未经过取舍、提炼、加工的原始材料。素材可以直接从生活中获得，也可以间接从他人或书本中获得。

题材，指文学作品中描写的对象，也泛指经作者筛选、加工、组合，写到作品中用于表现主题的材料。题材是对素材整理、弃取和加工的结果。

（三）资料和文献

资料，多指学术性文章所搜集或使用的文字材料，有时其他文章的写作也需要查阅有关资料。可以分为原始资料和经过整理的第二手资料。

文献，是指具有经典意义和长久保存价值的图书、文物资料，或某一学科的重要图书资料。通常说的"历史文献"、"科技文献"、"医药文献"就是这类。

二、写作材料对写作的意义

（一）形成主题的基础

文章的主题不会凭空产生，它是作者在分析、研究、消化有关材料的过程中被提炼出来的。对于文章来说，材料永远是第一性的东西，是文章的根基，而主题是第二性的东西，是在这个根基上产生的观点、意念或感受。搜集材料的过程就是逐步熟悉现实生活并不断积累感性材料的过程。在发现、搜集、积累材料的过程中，文章的观点、主旨，才由朦胧而逐步趋于成熟和完善。

（二）能够确保言之有物

俗话说：巧妇难为无米之炊。写文章先得有材料，否则就会无事可言、无理可明。虽然真知灼见是作者深思熟虑的结果，但依然要有思索的材料。写作得先占有材料，就好像建房必须先有木石砖瓦，煮饭必须先有柴米一样，只有积累到丰富翔实的材料，才能写出内容充实、言之有物的文章。

（三）能够触发写作冲动

作者在搜集材料的过程中，可能受到客观事物的刺激而感情激荡，也可能得到书面材料的启发而浮想联翩。"情动于中而行于言"，思想感情达到一定的饱和程度，就会有把它表现出来的欲望，也就有了写作的冲动。从产生写作冲动到执笔为文一般有两种情况。一种是作者受到的外物刺激很强烈，启迪很深刻，促使作者调动已有的生活素材和知识积累，迅速进入构思和写作状态。另一种情况是循着产生冲动的"兴奋点"继续采集与之相关的材料，使作者对客观事物的认识趋向明朗和深刻，使写作欲望不断增强，渐渐逼近写作的"临界状态"。

（四）能够疏通写作障碍

写作是一种综合性很强的复杂的精神劳动。在写作过程中，常常会遇到各种困扰，阻碍写作活动的正常运行，如思路不通，文思不畅，事实材料不足，理论色彩不浓，语言表达不顺等等，这往往跟材料准备不足有密切联系。在冥思苦想没有明显进展的情况下，最好不要硬写，而要转入材料的积累活动中。在材料积累中受到启发，然后豁然开朗、思路畅通，收到好的效果。

三、写作材料的选择要求

（一）选择的材料必须是真实的

文章的生命在于真实。真实也自然成为选择材料的首要条件。文章的材料一旦失真，主题的正确和深刻就无从谈起，文章的生命也就没有了。所谓材料的真实，就是指材料反映的内容是现实生活中确实发生过的客观事实。文学作品虽然可以高于生活，但必须源于生活，在真实材料的基础上作适度的艺术加工。记叙性文章，反映的生活必须是发生了的或可能发生的；议论文论据必须真实可靠，引文数据必须准确无误；新闻类文体讲究言必有据，不弄虚作假。

（二）选择的材料必须是典型的

典型材料，是指最有代表性、最能深刻揭示事物本质的材料。它是具体的、个别的，同时又是普遍的、共性的。典型材料的获取，除了要广收博取素材之外，还要提高理论修养、认知水平和陶冶明辨是非、敢于直面人生的品质，从而获得发现、鉴别材料的眼光，见人所未见，发人所未发。吴敬梓笔下的严监生，弥留之际还对燃烧的两根蜡烛耿耿于怀，表现出他的贪婪和吝啬；巴尔扎克笔下的葛朗台，临近死亡还念念不忘两根燃着的灯芯。这种材料就非常典型可靠。

（三）选择的材料必须是新颖的

李渔在《闲情偶寄》中说："人惟求旧，物惟求新。新也者，天下事物之美称也。而文章一道，较之他物，尤加倍焉。"材料新，文章的主题思想才能新，内容才能生动活泼，引人入胜。新颖的材料，主要指别人没有用过的材料或不常用的材料，也包括一些可以生发出新意的旧材料。文学是时代的感应器，新闻是时代的传声筒，理论文章、应用文章也要材料新颖、内容新鲜，能够反映时代风采。

第三节 言之有序 条理清晰

一、文章结构的含义

结构，指文章的组织方式和内部构造。

当作者在现实生活中撷取了写作材料，确定了文章的主题后，接着要考虑的是如何组织和安排这些材料。这好比建造房子，有了建筑材料，还要设计图纸，考虑立柱安梁、开门安窗，才能建成房屋的整体，使房屋符合设想的要求。文章的结构，也就是作者按照写作意图，运用各种艺术表现手法，对材料进行周密的组织和妥善的安排，使文章成为一个骨架合理、线索清楚、衔接自然、首尾圆合的有机整体，达到艺术上的和谐完整。

二、文章结构与思路

一篇文章的结构总是与写作者认识、理解事物的思路紧密联系在一起的。思路的顺序和文章结构安排的顺序基本一致。

思路就是人们思考某一问题时思维活动进展的线路或轨迹。表现在文章中就是作者为表达思想感情进行构思、谋篇布局的思维过程。反映在议论文中，就是发现问题、解决问题的过程。反映在记叙文中，就是一系列事件联系在一起，使之成为有意义的序列。在写作的构思过程中，确定思路是关键的一步，可以说思路是结构的前提。它既是作者对客观事物观察和分析的线路，又是作者安排文章内容和形式的依据。文章的结构是作者思路在文章外部形态方面的体现。所以，在文章构思过程中，开拓明晰的思路是升华思想认识、设计文章框架、提高谋篇布局能力的一个重要方面。

三、文章结构安排的要求

（一）结构要反映客观事物内部的规律

文章是客观事物的反映。因此，文章的结构形式必须反映客观事物内部的联系和规律。只有这样，文章内容材料的安排才具有逻辑性。虽然文章的结构有千变万化、多种多样，但都应当有利于深刻反映客观事物内部的本质联系和规律。

比如，记叙性文体，一般以写人、记事和状物为主要内容，写人要写出人物语言、行动,从而表现人物的思想和性格发展轨迹。人物的语言和行动都会在先后时间、空间中变化,组织材料就必须以时间、空间及思想感情的发展变化作为线索,这样才能表现人物的成长历程。叙述一件事件也应按发生、发展、高潮、结局的发展过程来安排结构,这样才有利于揭示事物的内部联系和规律,为读者所理解和接受。有时虽然采用了"插叙""倒叙"、"补叙"等手法,使情节顺序发生局部变化,但这是一种艺术处理,读者还是理得出原有顺序,它依然符合客观事物的内部联系。

（二）结构要有利于表现主题的需要

主题是文章的灵魂和统帅。文章的写作,不仅选择、使用材料应根据主题的需要而定,而且组织安排结构,诸如层次段落的划分、开头结尾的写法、过渡照应的安排、主次详略的确定,都要考虑主题的需要。如姚雪垠的《李自成》,开头没有按部就班地写李自成从小到大的成长经历,而是从李自成几乎全军覆没的潼关南源大战写起,就是要写出李自成领导的农民起义战争中最值得重视的经验教训,同时写出封建社会中农民战争的基本规律,所以集中力量写他的最后几年。

（三）结构要适合不同文体的特点

不同体裁的文章,在反映生活的角度、容量及其表现方式上也不尽相同,结构当然也各具特色。如诗歌是分行分节的,富有音乐感和节奏感;戏剧是分幕分场的,具有强烈的戏剧冲突;小说经常分章分节,有丰富的故事情节;应用文体则有各自的约定俗成的结构体式。结构和文体有着非常密切的关系,不懂得文体特点,是难以组织好文章结构的。

第四节　言之有文　表达准确

一、语言对于写作的意义

语言是人类最重要的交际手段,人们利用它来传递信息,交流思想,达到相互了解的目的。在有文字的社会,人们的交际语言可分为口头语言和书面语言。能否运用文字去恰如其分地表达思想内容,不仅是一个人是否具有写作能力的重要标志,也是一篇文章成功与否的关键。语言是文学的第一要素。丰富生动的思想内容需要丰富生动的语言去表达。语言运用得好,才能增强文章的准确性、鲜明性和生动性,更好地达到交流思想、表达感情、传递信息的目的,从而更好地发挥文章的社会作用。能否用准确、流畅的语言把深刻、丰富的思想内容表达出来,主要在于作者的语言修养和文字表达能力。语言表达能力强,就能把思想整理得有条有理,语言表达能力弱,就很难把思想井然有序地传达给读者。因此,提高语言素养,对于写作来说是非常重要的。

二、语言表达的基本要求

（一）准确

准确,就是恰如其分地表情达意,表现事物特点。准确性是语言运用的基本要求,也是写作者应该努力追求的目标。法国作家福楼拜对他的学生莫泊桑说:"不论一个作家所要描写的东西是什么,只有一个词可供他使用,用一个动词要使对象生动,一个形容词使对象的性质鲜明。"说的就是用词准确的问题。

要做到这一点，要求作者在下笔之前，必须对所反映的事物进行深入细致的观察，把握事物的特征；下笔之时，要精选最准确的一个词去表现它，反映出事物的真实面貌。由此看来，对事物没有细致的观察和正确的把握，没有丰富的词汇来选择，就谈不上用词的准确，当然也谈不上写出好文章。

（二）简明

简明，就是用语简洁、明快，用最少的文字表达最丰富的内容，做到言简意赅，文约事丰。用语简明，首先取决于内部语言的明确，只有认识深刻精辟、思维敏捷，才能抓住事物的本质，一语中的。其次，还是一个文风问题，文风不正、故作高深、卖弄词藻、堆砌词语，只会空话连篇，言之无物。所以要端正文风，选词造句力求字字恰到好处，句句包含深意。

（三）生动

生动，是指用语新鲜、活泼，富于形象性。用语生动，能把事物的形神和作者的情感曲尽其妙地表现出来。写人，呼之欲出；写物，形态逼真；写事，活灵活现；写景，历历在目；写情，淋漓尽致。这样，达到如见其人、如睹其物、如闻其声、如临其境的艺术效果。要做到这一点，首先要做到见解独到，运用材料新鲜，这是因为生动的语言总是与新颖的思想内容一致。其次，应该在语言的选择加工方面，多用新鲜、形象、生动、具体的语言，适当运用修辞方法，活用词汇。

（四）得体

得体，是指语言适合文章体裁和适合表现对象及题材特点。首先，适合文体特点。为了做到语言适应文体，写作者应该自觉树立问题意识，培养敏锐的文体感。文体感是在长期从事各种体裁文章的阅读和写作中训练和培养出来的。在阅读和写作中去体悟记叙性文体、抒情性文体、议论性文体、说明性文体、应用性文体各自不同的语言表达特点。在研究、辨析中，将感性认识提升为理性认识，更自觉、更深刻地感觉到不同文体在语言上的差异。其次，适合对象特点。文章语言与题材或表现对象有一种不可摆脱的依附关系，就是说语言必须适应表现对象。我们不能以市井俗语去描写知识分子圈内的生活，也不能用文绉绉的语言去描写农村题材的生活。就如《红楼梦》里写林黛玉进贾府时的语言就不能用在刘姥姥进贾府的场面描写里。注意了用语环境、用语对象的区别，才叫真正的得体。

思考与练习

1. 什么是主题？主题在文章中的地位和作用如何？
2. 提炼主题有些什么方法？
3. 主题提炼有什么要求？
4. 什么是材料？什么是素材和题材？
5. 材料对写作有何重要意义？
6. 材料的选择有何要求？
7. 什么是文章的结构？结构与思路有何关系？
8. 文章结构的安排有何要求？

9.语言对写作有何重要意义？

10.语言表达有何要求？

11.仔细阅读下文，写出文章的主题，并分析文章是如何表现主题的？文章的材料有何特点？文章结构有何特色？语言表达是如何与文体结合的？

永远的蝴蝶
（台湾）陈启佑

那时候刚好下着雨，柏油路面湿冷冷的，还闪烁着青、黄、红颜色的灯火。我们就在骑楼下躲雨，看绿色的邮筒孤独地站在街的对面。我白色风衣的大口袋里有一封要寄给在南部的母亲的信。

樱子说她可以撑伞过去帮我寄信。我默默点头，把信交给她。

"谁叫我们只带来一把小伞哪。"她微笑着说，一面撑起伞，准备过马路去帮我寄信。从她伞骨滑下来的小雨点溅在我眼镜玻璃上。

随着一阵拔尖的刹车声，樱子的一生轻轻地飞了起来，缓缓地，飘落在湿冷的街面，好像一只夜晚的蝴蝶。

虽然是春天，好像已是深秋了。

她只是过马路去帮我寄信。这简单的动作，却要叫我终生难忘了。我缓缓睁开眼，茫然站在骑楼下，眼里裹着滚烫的泪水。世上所有的车子都停了下来，人潮涌向马路中央。没有人知道那躺在街面的，就是我的蝴蝶。这时她只离我五公尺，竟是那么遥远。更大的雨点溅在我的眼镜上，溅到我的生命里来。

为什么呢？只带一把雨伞？

然而我又看到樱子穿着白色的风衣，撑着伞，静静地过马路了。她是要帮我寄信的，那是一封写给在南部的母亲的信，我茫然站在骑楼下，我又看到永远的樱子走到街心。其实雨下得并不大，却是一生一世中最大的一场雨。而那封信是这样写的，年轻的樱子知不知道呢？

妈：我打算在下个月和樱子结婚。

（选自《微型小说集》，中国文联出版社，1986年版。）

12.以"我的朋友"为题写一篇记叙散文。要求主题明确，结构严谨，感情真挚，语言得体。

13.下面是国考言语表达与理解题，请你根据语言表达的要求，正确地选词填空。

（1）莫里哀曾说："喜剧的责任，就是通过娱乐来纠正人的缺点。"近年来的法国轻喜剧，尤其擅长_____，用淡淡的笑声拆解社会难题的九连环，具有较高的思想价值和现实意义。

填入划横线部分最恰当的一项是(　　　)

A.举重若轻　　　　B.借古讽今　　　　C.微言大义　　　　D.振聋发聩

（2）在人类历史上，科级发明和人工工程曾导致不少"出人意料"、"始料不及"甚至"_____"的结果。如果想少出一些这样的事，我们就应该对大自然始终保持一份_____，在推广新技术、上马新工程之前多一些研究评估，少一些独断专行。

依次填入划横线部分最恰当的一项是(　　)

A. 事与愿违　敬畏　　　　　　　B. 事倍功半　谨慎

C. 针锋相对　尊重　　　　　　　D. 南辕北辙　克制

(3) 舞台上,一个是中国京剧大师,一个是交响乐指挥家;一会儿传来韵味十足的京腔,一会儿又是沁人心脾的管弦乐。面对京剧传承的尴尬和交响乐普及的艰难,这种"抱团取暖"的方式,把两个不搭界的艺术形式进行"嫁接",究竟是_____还是异想天开?

填入划横线部分最恰当的一项是(　　)

A. 相得益彰　　　B. 取长补短　　　C. 推陈出新　　　D. 移花接木

(4) 近年的欧洲连续经历严寒的冬天,这似乎与全球气候变暖的说法相左。但在不少专家看来,异常寒冷事件并未说明气候变暖趋势_____,相反,这是气候变暖大背景下全球极端天气愈加频发的_____。

依次填入划横线部分最恰当的一项是(　　)

A. 偏转　表现　　　B. 逆转　缩影　　　C. 倒转　象征　　　D. 反转　预兆

(5) 20 年市场经济改革,把中国经济送上了持续增长的快车道,把在现代化道路上艰苦跋涉的中国人推上了一个高峰。然而,_____。我们一刻不曾忘记发展中那些"不平衡、不协调、不可持续"的风险隐患;_____,"发展起来以后的问题不比不发展时少"。

依次填入划横线部分最恰当的一项是(　　)

A. 夕惕若厉　如履薄冰　　　　　B. 防患未然　戒骄戒躁

C. 常备不懈　未雨绸缪　　　　　D. 居安思危　喜中有忧

(6) 在一定程度上,全球化是对民族性的_____和挑战。它要求我们既要从民族的角度进行思考,也要学会从全球的角度进行分析;既要进行纵向思维,在发展中传承历史经验,也要注重横向思维,在_____中汲取他人之长。

依次填入划横线部分最恰当的一项是(　　)

A. 同化　交流　　　B. 排斥　沟通　　　C. 超越　比较　　　D. 吸纳　协商

(7) 影响消费者口碑的,有时不是产品的主体,而是一些不太引人注目的"零部件"。如西服的纽扣、家电的按钮等等,这些_____的失误,却足以引起消费者的反感。赢得口碑必须对各项基础工作做得非常细致、到位并_____,只有产品和服务水平超过顾客的期望,才能让消费者在快乐享受的同时,广泛地进行传播。

依次填入划横线部分最恰当的一项是(　　)

A. 随处可见　面面俱到　　　　　B. 漫不经心　有的放矢

C. 司空见惯　无微不至　　　　　D. 微不足道　持之以恒

(8) 覆盖全国的高速公路网已经形成,高速铁路网正在迅速形成。中国已经是世界上最大的人力流动和物资流动国家,过去那种"_____"的产业分工格局已被打破,地区间产业分工趋向合理;全国范围内的产业链_____迅速推进,高效统一的全国大市场正在形成之中。

依次填入划横线部分最恰当的一项是(　　)

A. 自成一体　整合　B. 壁垒分明　升级　C. 各自为政　运转　D. 条块分割　扩充

(9) 无论是古代的邮驿系统还是现代的邮政系统,书信从寄信人到收信人手中,都需要经过一个时间、空间的旅行,它的特点是慢。而这种慢又_____了人们的情感体验方式和书信体验方式。正是因为书信的_____，古人的时空感知才变得遥远而漫长，而等待、盼望、忐忑、焦虑等等，便成为这种时空感的产物。

依次填入划横线部分最恰当的一项是(　　　)

A.成就　真实　　B.培养　细腻　　C.塑造　迟缓　　D.丰富　浪漫

(10)经过墨子及其弟子们的毕生努力，《墨经》终于脱稿成书。在那古奥的外表下，数学、力学、光学等科学知识_____其中，一些概念定义和科学发现与西方近代科学十分_____，闪耀着惊人的智慧之光。

依次填入划横线部分最恰当的一项是(　　　)

A.散布　接近　　B.汇聚　吻合　　C.罗列　相似　　D.融合　对应

下 篇 □□□□□

文 体 训 练

第五章　新闻文体

本 章 导 学

　　新闻报道方式和新闻写作技巧应该在遵循其本身规律的基础上与时俱进、不断创新。但从整个新闻活动上来说，它们又是一个基础性环节。新闻写作与其他任何一种文体的写作相比较，它又有着特殊的要求。因此，只有了解与研究新闻写作的基本规律，遵循其基本原则和基本方法，在写作中符合其基本要求，才能写作出合格乃至优秀的新闻作品。在本章的学习中，要求学生在全面了解新闻写作规律的基础上，通过消息和通讯的写作实践，准确地把握新闻文体写作的基本方法和基本要求。

第一节　新闻写作概论

　　新闻写作是新闻记者和新闻通讯员在进行深入全面的新闻采访基础上，对所搜集到的新闻材料和新闻信息经过文字处理加工而制作成符合新闻文体规范与要求的新闻作品的过程。

　　广义上的新闻写作包括新闻报道和新闻评论两大类。新闻报道是立足于社会现实，针对现实生活中所发生的各种各样的新闻事件与新闻信息，进行提炼整合的过程。而新闻评论则是从一定的社会或政治立场出发，对现实生活中所出现的典型新闻事件或新闻信息进行评述与议论的过程。新闻报道和新闻评论两者之间是相互联系、紧密结合的关系，随着现代媒体技术的不断完善和不断发展，新闻报道与新闻写作已经由以往受到技术条件的制约，转而呈现出报道灵活、视野开阔的特点。从过程的先后来说，一般是先有新闻报道，后有新闻评论。借助现有的技术条件，在很多情况下，新闻报道和新闻评论往往在一篇新闻作品中紧密结合在一起，从而使得新闻媒体的社会职能得以最大限度地发挥。从写作方法来说，叙述与评论的有机结合，丰富了新闻作品的内容，使新闻更加贴近新闻受众的需求，从而更进一步赋予新闻文体以充分而持久的生命力。这种趋势在电视新闻和网络新闻中尤为普遍和明显。例如中央电视台新闻评论栏目《焦点访谈》、人民网中的品牌栏目"人民网评"，在写作的过程中夹叙夹议、叙议结合，既全方位地传播了相关新闻事件与信息，又加以积极的新闻舆论引导，收到了更好的新闻写作效果。

　　狭义的新闻写作一般只是指新闻报道方面的各种相关体裁的写作，例如消息、通讯等典型的新闻文体写作，也就是通常意义上的新闻报道。如果允许我们作某一种类比，那么，这种狭义的新闻写作因为其立足于"记事"的特点，就犹如我国古代典籍中的"记注"类文章。长期以来，我国的新闻写作教科书基本上都是按照这种狭义的新闻写作体例来界定的。在本章中将基本沿袭这种方式和传统，在深入介绍新闻写作的特点和规律的基础上，侧重于对消息和通讯这两种重要的新闻文体的写作规范与写作要求进行深入的解析和指导。

一、新闻的含义与作用

(一)新闻的含义

在讨论新闻写作之前，我们首先就会面临这样一个问题：什么是新闻？

关于新闻的涵义，早在1942年，陆定一同志在《我们对于新闻学的基本观点》一文中就明确指出："唯物论者认为，新闻的本源乃是物质的东西，乃是事实，就是人类在与自然斗争中和在社会斗争中所发生的事实。因此，新闻的定义，就是新近发生的事实的报道。"陆定一的这段话抓住了新闻的基本属性，概括出了新闻的一般性特点，因此，几十年以来一直为国内新闻界所认同和接受。改革开放以来，随着新闻学本身的长足发展以及对新闻认识与研究的不断加深和进步，我们在陆定一同志对新闻所下定义的基础上，对"什么是新闻"这一问题如何表述得更为完善进行了有益的探讨。

有的人认为，"新闻是新近变动的事实的传播"；有的人提出，"新闻是报道或评述最新的重要事实以影响舆论的特殊手段"；有的人则说，"新闻是新近发生的、为广大群众所关心的事实的报道"；还有人这样认为，"新闻是新近发生的(或者是发现的)、人民关心的、重要的事实的报道"等等。类似的提法还有不少，出发点和落脚点也各不相同。就这些观点来看，尽管提法各不一样，但都强调了新闻的以下几个方面的特征：

第一，新闻的本源都是客观事实。新闻是对客观事实的真实的报道，是客观存在的事物的正确反映。事实的客观是第一性的，新闻本身是第二性的；先有事实，然后才有新闻；事实本身并不构成新闻，只有经过新闻记者报道和新闻媒体传播以后才构成真正意义上的新闻。

新闻是对社会生活中的客观事实所作的真实的叙述。它要报道事实，反映客观事物的变化，因此必须是客观的；与此同时，新闻又是主观反映客观的结果，是客观事物经过人的思维活动分析综合加工制作而成的，而不是被动的、消极的反映。

第二，新闻反映的必须是新近发生的事实，而不是陈年老账、历史旧貌。李大钊同志曾经说过："新闻是现在新的、活的社会状况的写真。"可见，新鲜、新颖是新闻的本质特征之一。

第三，新闻也不是每事必录，它所反映的必须是有社会意义的事实、重要的事实、人民群众所关心的事实。换言之，新闻事实必须是具有新闻价值的事实，是重要而有意义的事实，是为广大新闻受众所关注、欲知、应知而未知的事实。

(二)新闻是新闻媒体的主角

新闻发展的历史，从它所依赖的媒体形式而言，大致经历了报纸、广播、电视、网络等几个重要的阶段。当然，这种发展历史的特点是：各种媒体之间不断相互影响，互相促进和完善，而不是简单地以一种媒体形式取代另一种媒体形式。因此，新闻报道发展到今天，已经形成了各种不同的新闻媒体相互完善、互为补充的格局，在人们的生活中各自发挥着重要的作用。

在各个不同的发展时期和各种不同的媒体形式中，以消息、通讯等为主体的新闻文体始终占据着重要地位，发挥着重要的作用，它们是当之无愧的媒体报道主角。新闻媒体的个性是新闻性，这正是它不同于杂志或书籍的固有特征。在新闻媒体进行新闻报道的过程中，消息、通讯等新闻文体是最基本的新闻体裁。一方面，消息、通讯必须依靠媒体来进行传播；另一方面，媒体的功能和作用的发挥，也依赖于以消息、通讯等为主要体裁的新闻写作。甚至于新闻评论文章，其评论的功能也是以新闻报道的反映功能为前提和基础。这些情况表明，新闻文体是新闻媒体的基础，是新闻报道的基本体裁。因此，提升媒体的社会地位，加强媒体的社会作用，就必须充分依赖新闻文体的写作。只有提高了新闻文体的写作水平和写作质量，新闻媒体的社会作用和社会价值才有可能得到充分的显现和发挥。

担负着迅速传播各种新闻信息这一重要使命的新闻，由于反映社会实际迅速及时，而且直截了当地叙述真实可靠的事实情况，因此也就能够让读者及时地、准确地、多方面地了解现实生活中最新的变化，使读者透过新闻媒体能看到日新月异的时代风貌，了解到丰富多彩的现实生活的变化，接触到现实社会中各种各样的人物和事件。

（三）新闻写作是新闻传播的重要环节

新闻写作是一种语言文字工作，它与其他的写作如文学作品创作、科学理论著述、公务文书撰写的区别在于写作的目的、对象以及最终成果的性质有着很大的差异。新闻写作的最终成果——新闻报道是一种信息传播的产品，它必须通过媒体向新闻受众进行传播才能实现自己的价值。这就意味着新闻写作承担着制作和传播新闻信息的任务。因此，它在写作理念、文本结构、基本技法和语言风格等各方面，也就是说，它在解决"为什么写"、"写作什么"、"怎样去写"等问题时，都应该符合新闻传播的规律和要求。因此，写新闻与写文件、写报告、写论文、写诗歌、写小说、写散文等，从本质上划清了界限，形成了属于新闻自身的写作学。

1.新闻写作决定着新闻信息能否传播开去

从基本的过程与规律来说，每一条新闻都必须经过以下流程：发现—采集—写作—传播。无论是作为纸质媒体的报纸，还是作为电子媒体的广播、电视、网络等，在其复杂的"生产"流程中，新闻写作都处于"制作"这一核心环节。把采访采集得来的新闻素材写成一篇篇新闻文章，就像在汽车生产厂里把各种零部件加工组装成一部汽车一样。如果没有加工和组装，就没有汽车，只有一堆堆分散的零部件。如果没有新闻写作，就只有采集来的零散信息，无法形成新闻传播的基本条件。从这个意义上来说，我们也可以把新闻写作的成果理解为新闻信息的载体。没有了这种载体，新闻信息就没有了"传播工具"，新闻信息的传播就根本无法实现。

2.新闻写作直接影响着新闻信息的传播效果

为了让新闻信息能够传播出去而且传播得更为广泛，使更多的新闻受众能更有效地接受到这些新闻信息，还要强调这个"传播工具"的功能。功能越强，信息传播的效果就越好。换言之，就是要讲究新闻写作的规律和技巧，包括题材、形式、结构、语言等。孔子曰："言之无文，行而不远"，讲的就是这个道理。一篇文章如果没有文采，它是不能流传久远的。同样，新闻写作如果没有新闻文体所要求的"文采"，也会影响到它的传播效果。具体而言，首先，新闻写作的文字表述必须与事实相符。也就是说，语言文字再现新闻事实的准确性、时效性、清晰度和可信度等等，直接关系到新闻信息的传播效果；其次，经过新闻写作所传递的已不是原始的、自然的信息，而是新闻信息，这就势必暗含着新闻记者和新闻媒体的主观能动性，如对新闻材料的选择、立场和观点、分析问题的能力、写作表达的技巧等。这些因素所产生的最终传播效果也会直接影响新闻受众对新闻信息的认知。

二、新闻的特点与写作的基本要求

(一)注重真实

真实性是新闻文体的本质属性，是新闻写作的基本要求，也是新闻报道的基本原则。

对新闻真实性的最基本的理解是：新闻写作和新闻报道应该坚持反映新闻信息的客观原貌。强调新闻事实的真实性，既是新闻写作者职业道德和职业操守的基本要求，也是新闻媒体取信于民、取信于时代、取信于历史、取信于社会的根本保证，是各种各样的新闻媒体的生命和价值的真正体现。

1. 真实性是新闻存在的必备条件

在新闻事实和新闻写作两者的关系中，我们认定先有新闻事实，然后才有新闻写作和新闻报道。因此，新闻事实是新闻写作的本源，是决定新闻存在的基础，新闻写作是在新闻事实产生的基础上的进一步工作。新闻的价值和新闻的生命，是建立在对新闻真实性的认知和实践的基础之上的。真实性是从事实到新闻的必然要求，是新闻写作中主客观相结合的特定标志。它体现着新闻的基本特征、基本性质和基本要求。没有了新闻事实的真实性，新闻就失去了存在的依据和自身的生命。自从有了新闻写作和新闻报道，尽管新闻传播的技术条件有了极大的更新，新闻写作无论是写作的理念还是写作的技巧都有了极大的进步，新闻信息无论从内容到形式都有了极大的变化，但它对真实性的要求是始终没有变化的。因此，无论是新闻理论的研究、新闻采访的原则，还是新闻写作的方法、新闻报道的理念，都要始终紧扣这一铁的定律。

2. 基本要素的真实和信息本质的真实

首先，构成新闻信息的各个基本要素都必须是真实可靠、准确可信的。新闻的基本要素是指时间、地点、人物、事件、原因等五个方面，即西方新闻学所强调的五个 W(what、who、where、when、why)。这些都是新闻事实构成的基本因素，在任何一个因素上出现虚假或虚构，都会招致新闻受众对新闻事实的怀疑，从而影响到新闻媒体的存在，甚至于影响到新闻的社会公信力。因此，在新闻素材的采集和新闻文体的写作以及新闻报道的过程中，都应该坚守新闻信息真实可靠的基本原则。

一般来说，在以上所涉及的五个 W 中，时间、地点、人物、事件等四个方面只要我们坚持真实的原则，在具体的写作过程中本着严肃认真的态度，要达到真实性的目标还是不难的，关键在于对"原因"的报道这一点上。这是因为，对很多社会现象而言，尤其是比较复杂的社会现象，造成的原因很难归结为一个方面。单向思维、直线思维所造成的新闻事实的片面性与绝对化，是以往有些新闻报道中出现报道失实的症结所在。

因此，在新闻写作中，要做到基本要素的真实可靠，必须立足于以下几个方面：

新闻写作中所引用的各种资料必须经过认真核对和深入采访，这样才能达到准确无误的要求。这里所说的各种资料，包括具体的数据、基本的事实、事件的过程和前因始末、人物关系等，还包括与新闻事实相关的背景性材料。

新闻所反映事实的产生环境、细节甚至于人物的语言和行为动作都不能是经验式的陈述或者想当然的表达，更不能出于某一种目的去虚构或捏造相关内容，这样都会给新闻的真实可靠性带来很严重的后果。

新闻事实中所涉及的人物的思想认识和心理活动等，都必须是当事人的自述，而不能是新闻作者的主观臆造和随意添加。新闻写作不能虚构情节、合理想象，这也是新闻写作与文学创作的一个很大的区别。

其次，新闻写作应在保证基本要素真实的基础上，着力挖掘新闻事实表象下所蕴含的本质真实。

新闻写作和新闻报道势所必然地面临着表象真实与本质真实的问题。所谓表象真实，就是我们在前文中所讲过的基本材料和基本信息的真实，是我们凭借自己的感官可以直接感受到的基本材料；而本质真实则是掩盖在信息表象下，不能为感官所直接感受，而必须经过我们的深入分析以后才能得出的真实结论。表象的真实不等于本质的真实，这是一个很浅显的道理。只有表象的真实和本质的真实相互结合，才能真正符合客观实际，才能准确概括具体事实的全貌。

例如，1984 年我国粮食大丰收，一些地方出现了"卖粮难"的情况。在新闻报道的过程中，从表象来看，"农民排队卖粮"、"国家粮站不收"被有些新闻媒体简单概括为"粮食过剩"，从而出现了"粮食多了怎么办"的问题。其实从本质上说，当年的"卖粮难"是因为旧的粮食价格体系和卖粮渠道与新的经济体制发生了矛盾。农民"卖粮难"的根本原因是粮价不合理、粮食收购渠道不通畅。因此，"粮食过剩"的报道方向显然违背了它的本质真实，形成了错误的舆论导向。

（二）讲究时效

有人说："当天的新闻是金子，隔天的新闻是银子，第三天的新闻是石子。"由此可见，新闻是一种讲究写作速度和报道时效的文体。在这一点上，没有其他任何一种文体具备与之相匹配的要求。

1. 新闻时效性的含义

所谓新闻写作和新闻报道的时效性，就是新闻记者和新闻媒体在新闻事件发生后的第一时间里，运用各种技术手段进行准确、及时、快捷的报道，使新闻受众在最短的时间里，能够及时完整地了解新闻事实的真相。因此，新闻时效性的竞争，实际上既是新闻从业人员写作能力和报道能力的竞争，也是新闻媒体的新闻报道意识的竞争，更是新闻媒体相互之间综合实力的竞争。换言之，是新闻采访速度、新闻写作速度、新闻报道速度的竞争。从实际效果来说，谁先抢到新闻，谁就能够争取新闻受众。

在市场经济环境里，新闻时效性所带来的作用更加凸显。拥有时效性的新闻不仅能产生社会效应，而且能产生相应的经济效应。读者买你的报纸，听你的广播，收看你的电视，点击浏览你的网页，实际上等于是新闻读者通过媒体在"购买"你的新闻稿件。正因为如此，在任何一份有新闻价值的新闻稿件背后，都伴随着各新闻媒体之间在时效性上的激烈竞争。能否捷足先登，抢先占领新闻时效性上的"制高点"，往往成为新闻媒体竞争胜负的关键。

在当今社会里，随着各个新闻媒体在强调新闻时效性上的意识不断加强，随着新闻从业人员职业道德和职业操守的不断提升，也随着现代传媒技术的不断进步，新闻时效性更容易得到体现。在全球的任何一个角落，通过传真技术，通过广播电视的同步现场播报，通过网络光纤技术对数字信息的快速传送，我们完全有条件、有可能对每一时刻所出现的新闻信息和新闻人物、新闻事件进行最短时间内的反映。

2. 体现新闻时效性的方法

（1）新鲜

所谓新鲜，就是在新闻写作和新闻报道的过程中，加强当日新闻的采访和写作。新闻信息产生的时间与新闻报道传播的时间差越小，新闻的时效性所体现的价值就越大，新闻受欢迎的程度就越高。国外的新闻媒体非常忌讳使用"昨天"这个词，他们力争发出的是当日的新闻。而在我们的新闻报道中，却经常可见到"最近"、"日前"、"不久以前"、"今日"等时效性很差的表述，严格来说，这是不符合新闻写作和新闻报道要求的。

除了在新闻报道中尽量缩短时间差以外，新闻时效性还要求新闻从业人员在新闻报道的过程中把最新鲜、最精彩、最为受众所关注的信息找出来，摆在受众的面前。新闻报道的价值来自于新鲜感，因此，要学会从众多的新闻事实中提炼出最新鲜的那一点，也就是人们经常说到的"新闻眼"。同时还要学会从这个"新闻眼"切入，提纲挈领地把握整个新闻事实。从写作方法来说，例如我们可以高度重视新闻开头的写作，无论消息还是通讯的写作，实际上都是这样一个道理。

（2）快捷

《人民日报》前总编辑范敬宜在他的《总编辑手记》一书中写道："快，是新闻的生命。快速反应，是新闻工作者必备的素质。拖拖拉拉、慢慢吞吞、五日一山、十日一水，是新闻工作的大忌。"

为了体现快速写作和快捷报道的要求，新闻记者应加强训练：

学会集中精力，不受外界干扰，在各种不同的条件下都能迅速投入写作；学会和养成打腹稿的习惯。也就是说，在采访和记录的过程中，心中即开始酝酿、起草稿件；熟练掌握各种新闻文体的写作要领，尤其是消息的写作技巧和写作方法，必须要得心应手、运用自如；注意培养自己口述新闻的能力，特别是在当今新闻传媒技术和条件下，现场直播、同步播报已经成为新闻记者必须具备的能力。

第二节 消息的写作

一、消息的分类与特点

消息是狭义上的新闻，也称新闻消息。它是报纸、广播、电视、网络等新闻媒体中最常见的一种文章体裁。具体来说，消息是运用简明扼要的语言，以叙述为主要表达手法，迅速准确地反映社会现实生活中新近发生的、为人民群众所普遍关注的、具有新闻价值和一定的社会意义事件的新闻体裁。

新闻有广义和狭义之分。广义的新闻包括消息、通讯、新闻评论、新闻公报、报告文学等，是报纸、广播、电视、网络等新闻媒体在进行新闻报道时所涉及的报道类文章的总称。狭义的新闻就是我们所讲到的消息。

消息的种类，可以从不同的角度去进行划分。从写作体裁来说，可以分为动态消息、综合消息、典型消息、评述性消息等；从报道内容上，可以分为政治新闻、经济新闻、军事新闻、文化新闻、社会新闻、环保新闻等；从反映的对象来说，可以分为人物消息、事件消息等；从篇幅来看，可以分为长篇新闻、短新闻、标题新闻、"一句话"新闻等。

西方新闻界对新闻还有这样一些分类法：硬新闻（即重要的公众事件的报道），软新闻（即重要性不足，趣味性浓厚的报道），纯新闻（即直截了当的事实报道，不加解释分析，不以文采和材料的有趣取胜的报道）。硬新闻通常指那些严肃的、事件性的、有时间性的题材重大的新闻故事。这些新闻故事可能报道重大犯罪、火灾、意外事故、演讲、劳工纠纷或政治战役。硬新闻也称现场新闻或称直接新闻。同样，由于它报道即时发生的事件，它也被称为"易碎新闻"。这里强调了硬新闻的易碎性，即时间性。软新闻通常指特写或人类共同兴趣的新闻报道。它们的主题可能有些不应时或不其重大，但绝不枯燥。软新闻主要为愉悦受众，通告消息并非绝顶重要。它从感情上吸引受众，不以理智上吸引读者为主。这些新闻故事使读者欢笑或悲泣，喜爱或憎恨，嫉妒或遗憾。这些故事用更多姿多彩的风格写就，更多地使用奇闻逸事、引语和描写。

写作学对消息最为通用的方法也就是从消息的内容和写作特点进行分类，一般把它分为以下几种。

（一）动态消息

动态消息——也称"纯新闻"，是最常见的消息类型。它迅速及时地报道国内外或某地正在发生或新近发生的大大小小的新闻事实，反映新事物、新情况、新气象等，也包括会议活动在内，是主要的消息体裁。

动态消息是与经验性消息（典型报道）等相对而言的，类似西方新闻界的纯新闻。它一般以一地一事、一人一事为对象，篇幅短小，文字简洁。有的短到几十字，两三句话，称简讯或简明新闻。

动态消息的主要特点是：以事物的最新变动为主要着眼点；以时效性与重要性为主要的新闻价值取向；以新近发生和正在发生的事件（包括突发性事件）为主要报道内容；以客观叙事为基本特征；以开门见山、一事一报为主要写作原则；以动感和现场感吸引读者。它是新闻媒体上使用最多的一类，要求有很强的时效性。

如：《我三十万大军胜利南渡长江》

新华社长江前线 22 日 2 时电　英勇的人民解放军 21 日已有大约 30 万人渡过长江。渡江战斗于 20 日午夜开始，地点在芜湖、安庆之间。国民党反动派经营了三个半月的长江防线，遇着人民解放军好似摧枯拉朽，毫无斗志，纷纷溃退。长江风平浪静，我军万船齐发，直取对岸，不到 24 小时，30 万人民解放军即已突破敌阵，占领南岸广大地区，现正向繁昌、铜陵、青阳、荻港、鲁港诸城进击中。人民解放军正以自己的英雄式的战斗，坚决地执行毛主席朱总司令的命令。

这则消息是毛泽东写的，播发于 1949 年 4 月 22 日 2 时，比《人民解放军百万大军横渡长江》早播发 20 个小时。这则消息的导语包括了四个要素：人——人民解放军；时间——21 日；人数——大约 20 万人；事件——渡过长江。全文 314 个字，含电头、标题。其简要精炼，干净利落，达到了相当的高度，以至于历来的新闻课程中都将它作为消息的范文来讲。不要说它陈旧，因为它的确经典。

（二）综合消息

所谓综合消息，它既不是对一个固定人物的描述，也不是对一个独立事件的阐述，而是由许多不拘泥于时间、地点的事实，经过综合、归纳、概括、提炼而成，具有鲜明的主题和很强的指导性。往往是围绕一个主题，综合三个较大范围（一个地区、一条战线、一个单位），在一个时期内发生的事情。它既有面的情况概括，又有典型材料作说明，做到点面结合，反映全局。这种形式适于宣传各条战线的形势，某项工作的成就，或者反映群众运动的声势、规模、特点、趋向。它纵览全局，有事实、有分析，给人们一个完整的印象。

归纳说来，综合消息具有以下几个方面的特点：

（1）占有材料，明确主旨

综合消息通常把不同地区或不同单位所发生的许多相关的事实，围绕一个中心加以综合。

（2）合理剪裁，发掘本质

综合消息不是简单的材料堆砌，必须紧紧围绕一个新颖独到的主题，恰到好处地组织材料，并通过引用大量的事实概括说明其中所蕴含的本质规律。

（3）点面结合，事实说话

也就是要做到典型材料与一般性材料相结合，给读者以实实在在、生动具体的印象。

（4）客观叙事，注重分析

综合消息必须在各种材料的分析基础上进行。先要理清头绪，看看各种材料之间有何内在联系；然后通过分析形成报道思想与报道主题，进而把精选出来的材料有机地归纳综合成一篇动人的报道。

综合消息由于报道的面较宽，声势较大，概括性强，因此，在进行写作时，要占有全面、典型、充分的材料；要有较强的组织材料、发现本质的能力；善于围绕一个中心，将概貌的叙述与具体的事例很好地结合起来。

（三）典型消息

典型消息也叫做经验消息，具体是指反映一些具体部门、单位贯彻执行党的路线、方针、政策，在其中某一方面取得明显效果和成功经验的消息。这类消息写作和报道的目的在于指导一般、带动全局，进一步推动党的路线、方针、政策的贯彻与落实。

一个地区或部门如果在某一个方面取得了成功，它的经验可能很值得介绍出去，以便相似或相同的地区和部门学习并汲取他们的经验。运用工作总结或调查报告的形式当然也可以实现这一目的，但是时效性差，传播面小，远不如新闻迅速及时，影响面大。所以，典型消息是别的文体所不能替代的。

典型消息的特点体现于以下几个方面：

（1）把经验当做新闻

在典型消息中，最有意义的就是成功的经验或做法。在进行写作和报道的过程中，注重的是典型事实而不是抽象的经验。只需要把事实讲清楚，值得借鉴的经验自然就蕴含在其中了。

（2）较强的政策性

成功的典型消息总是和某些方针政策密切相关。不管是直接落实某一方针政策的经验，还是日常工作中的经验——日常工作总是运转在某一特定时期的方针政策之下的。经验的发现和表达，也总是要以特定时期的方针政策为依托。

典型消息在写作时要求交代情况、叙述做法、反映变化、总结经验，由事实引出结论，从个别中指明规律，因而具有普遍的指导意义。这类消息有的同介绍经验的工作通讯相似，有的和某些介绍经验的综合消息相仿，也有的和小型的调查报告相接近。

（四）述评消息

述评消息是一种边叙边评、夹叙夹议的消息类型，它介于新闻和评论之间，既报道新闻事实，又在报道的同时对新闻事实的性质、特点、发展前景等作出分析、解释、评价。所以它可以起到新闻和评论两种文体的作用。不过，从文体本质上看，它还是报道新闻的文体，而不能归入议论文之中。

述评消息是为适应读者的需求而诞生的。新闻固然强调用事实说话，所以一般不用或少用议论。但这不是绝对的，有时，一些新闻事实的内涵过于深刻隐蔽，无人解释评价读者就难以理解。有时，一些读者平时很少关心因而缺乏了解的领域突然出现了引人注意的新闻事件，不作分析评论读者也是很难正确认识的。在这种时候，读者就希望作者能出面作些指点，帮助自己寻幽觅胜，深入理解。这就是述评消息存在的合理性。

述评消息的特点体现在以下几个方面：

（1）不仅用事实说话，也用观念说话

很显然，述评消息不像动态消息那样主要用事实说话。一方面，"述"的部分是讲述事实；另一方面，"评"的部分是表达作者的观念，包括思想、见解、意见、态度。述评消息中的议论，也不像其他类型的消息那样，偶尔出现也是画龙点睛式的，它不仅是频频出现的，而且在作品中占着不小的比重；不仅用事实说话，也用观念说话。这是述评消息区别于其他消息的主要特征。

（2）讲究精炼，但不像动态消息那样简洁

在报道事实的基础上进行议论，而议论又要包括概念、判断、推理的逻辑程序，还要利用对比、类比、举例、引证、归纳、演绎等手法来把道理讲得深入浅出，这样，写出来的文章就不可能像纯粹叙述事实的文章那样简练。因此，述评消息虽也讲究精炼，但不可能像动态消息那样简洁。

述评消息通常包括"形势述评"、"工作述评"、"思想述评"、"事件述评"等几种类型。

在述评消息的写作过程中，通常我们要求做到：

夹叙夹议，以叙为主。在述评消息中，"述"和"评"到底谁占主导地位？对此作者首先要有清醒的认识。述评消息虽然可以较多地使用议论的手法，但仍然是记叙而不是议论。再从读者的需要方面看，读者阅读述评消息，其主要目的还是想了解当前现实中发生了什么，其次才是这一事实的性质和意义。因此，在述评消息中，叙述是第一位的，议论是第二位的，新闻事实在文章中的核心地位是不容置疑的。如果反过来，读者阅读时只注意了作者的观点，对核心事实却没有多大的印象，作者的写作立场就有问题了——他没有把握好事实和观念的关系。

有一定的理论色彩。述评消息中的议论，并不是日常生活中信口开河的那种议论，而是有理论依据的，至少它应该能让百姓感受到深刻，让有关专家点头肯定，使有关部门受到启发。

要有的放矢。这是个讲究针对性的问题。必定是现实中存在某一需要解决的问题，对这一问题发表的见解才是有意义、有价值的。脱离现实、无的放矢地议论，只是毫无意义的空谈。

二、消息的结构与写作方法

消息的结构形式有多种，如以时间先后为序安排结构的"编年体结构"和自由随意的"散文式结构"，但消息因内容传达的特殊性，在长期的新闻写作实践中，最为常见的是"倒金字塔"式结构，可以说绝大多数消息特别是动态消息都是"倒金字塔"式结构。

所谓的"倒金字塔"式结构，就是把最重要、最新鲜、最精彩的新闻事实放在最前面，然后依照新闻事实重要性递减顺序安排材料，形成"虎头蛇尾"结构。这是一种最常见的传统的新闻结构方式。常应用于动态新闻。

（一）消息的标题

1. 消息标题的作用

标题在版面编排上具有独特的优势；标题是对新闻内容最好的标示；标题具有引导和吸引读者阅读的作用；展示新闻立场、观点；组织、美化版面。

2. 标题的组成和形式

一条完整的消息标题，一般包括正题和辅题。

（1）正题

正题又称主题和大标题，其字号最大，位置最显要，内容也最重要，用来概括新闻中最主要的内容和思想。一则新闻的主题可以是实题也可以是虚题。如果只有一行标题，一般不能制成纯粹的虚题。主题一定要精炼，不能太长或太啰嗦。在复合型标题中，一般字号大，居主位，点明消息中最主要的事实或观点。

（2）辅题

用来配合主题完成标题任务。辅题不能独立存在，也不是每题必有辅题，而是根据内容需要来决定是否加配辅题。辅题分引题（又称肩题、眉题、上辅题）和副题（子题、下辅题）两类。

引题又称肩题、眉题、上副题，它与正题搭配，烘托、引导、说明和渲染正题。引题文字少于副题，字号小于正题。

副题又称辅题、子题、下副题，它与正题搭配，是置于正题后的次要标题，用于补充、注释、深化、完善正题。

3. 标题的要求及写作方法

看报看题，看书看皮，说明了一个道理：人美在眼睛，文美在标题，就是说标题犹如人的眼睛。好的标题相当于文章的广告能招揽读者，好的标题能一下吸引读者的目光，是文章的门面，使读者看了标题后产生要读内文的欲望。

（1）标题要准确生动

准确和生动是不可分的，生动而不准确会失之于浮夸，准确而不生动又会失之于枯燥。一是事实要准确，标题要忠于新闻，不能文不对题，事实不能歪曲，不能任意拔高，更不能虚构。二是观点要准确。三是用词要生动，遣词造句要善于用最恰当最贴切的表现或评价。文章的内容做到不浮夸、不粉饰。

常用的方法有：标题句式工整，注意对仗，不仅生动活泼而且朗朗上口。如：《有钱买小车，无钱办教育》。还有恰到好处的运用成语，常常会收到意想不到的效果。还可以用修辞学的比喻、比拟、借代等手法，可以增强标题的形象性。如：《一道公文背着 39 颗印章旅行》。此外，用于标题的词句必须经得起推敲。

（2）标题要点出文章精华

这是能否引起读者阅读兴趣的关键。要把消息中最有价值的新闻事实写在标题之中，这样才能引人入文。如 2007 年 7 月 4 日人民日报头版头条：《山定权 树定根 人定心——江西武宁县长水村林改纪实》

（3）标题要简短易读

标题不要一写就是几十字，要使标题具有较高的艺术性。

巧用比喻。例如：《美国华纳 时代在线——终于拜了天地》。

巧用比拟。例如：《遭到空袭 48 小时后——巴格达：平静之中气难平》。

巧用排比。例如：《做文明市民 创文明单位 建文明城市》。

巧用反复。例如：《喜喜喜 娘家频添回门女——新田改行教师纷纷归队》。

巧用对比。例如：《狗咬人——没事 人咬狗——罚款》。

巧用谐音。例如：《羊倌的儿子留了"洋"》；《有"礼"走遍天下》。

巧用感叹。例如：《跑！跑！跑！——东北敌军官兵纷纷跑到解放区来》；《不许乱收费！——国家计委出台八项价格、收费检查项目》。

巧用回环。例如：《猪多肥多 肥多粮多 粮多猪多》；《人才开创事业 事业造就人才》。

巧用双关。例如：《有欺诈怎"安然" 无诚信"安达信"——"两安"悬念越滚越大》。

巧用衬托。例如：《国民遇难海里挣扎 首相挥汗球场尽兴》。

巧用设问。例如：《潜艇没长眼？美称将全面调查核潜艇撞船原因》。

巧用引用。例如：引用诗词名句：《会翁之意不在会，在乎山水之间也》；引用俗语：《心急吃不得热豆腐》；引用成语：《允许"生财有道" 不可"为富不仁"》。

巧用顶针。例如：《权力金钱美色关 关前落马一批官》。

（二）消息的导语

导语是指一篇消息的第一自然段或第一句话。它是用简明生动的文字，写出消息中最主要、最新鲜的事实，鲜明地提示消息的主题思想。

导语在消息中有着异乎寻常的作用。在一般文章和文学作品中，事件的高潮常常放在后部或结尾，而消息则正好相反，它必须把最重要的事实放在最前面。越重要的，就越放在前头。这样安排，方便消息的传播，便于根据版面适当删削。更重要的是，开头几句话就概括说明了消息的主要事实，能唤起读者的注意，吸引读者进一步读下去。

导语写作要抓住事情的核心，要能吸引读者看下去。要做到第一条，必须具备训练有素的分析能力；要做到第二条，则要有写作技巧。

1. 导语的类型

（1）叙述式导语

直接用叙述的方法，把新闻中最重要、最吸引人的事和思想经过提炼、概括简明扼要地写出来。例如：

8 月 2 日，对肇庆市洪河乡农民王林胜来说是个值得高兴的日子，患有动脉高压症达三年之久的王林胜，在乡卫生院做了手术，解除了病痛，全部费用只花了一万元，比到市里大医院少花了两万多元。他高兴地说："有了医疗联合体，我们农民看病，再也不犯难了。"

（2）评论式导语

在消息的开头就对事物发表评论，使消息事实的意义更加明确，或者把事物的结论写在开头，揭示事物的意义和目的。例如：

新华网西宁10月12日电（记者叶超）记者从青海省气象科研所了解到，三江源湿地保护修复技术研究课题最近通过现场验收。这一课题研究掌握了不同湿地保护与修复技术的实施效果，为进一步制订三江源区湿地保护对策提供了科学依据。

（3）提问式导语

在消息的开头，提出读者所关心的问题，然后加以解答。可以把报道的问题推向更突出和更尖锐的地位，目的是引起关注，增强报道的论争性。例如：

央行宣布从10月9日起，下调一年期人民币存贷款基准利率各0.27个百分点，同时宣布下调人民币存款准备金率。这是一个月之内连续两次降息，对冷清的房地产市场将有何影响？

（4）描写式导语

描写式导语也称见闻式、目击式或细节式导语。在消息中对主要事实或某一有意义的侧面、细节，做简洁朴素而又有特点的描写，以造成气氛，增添声色，引人入胜。例如：

本报讯：多么威武神气的猫头鹰！一对大眼睛正在扫射着什么，翅膀微微耸起，看来它准备振翼飞扑过去，抓住那狡猾的大田鼠。这只用棕榈树桩因材施艺而雕琢成的猫头鹰，最近飞越太平洋，在美国旧金山的"中国上海民间艺术展览会"上栖息。

（5）引语式导语

即引用一两句新闻人物重要的讲话或精当的俗语、诗歌，借以概括地表达出新闻事实或揭示主题。例如：

本报呼和浩特10月11日电（记者岳富荣）"过去浇一块地得等一天，现在闸门一提，水下来骑自行车都追不上。"站在田边新修的水渠旁，内蒙古磴口县农民张二高兴地说。最近10多年来，内蒙古对河套灌区中低产田实施改造，不仅给包括磴口县在内的河套地区农民带来了灌溉便利，也大大提高了黄河水的利用率和粮食产量。今年，河套灌区又开始了对500万亩中低产田的大规模改造。

（6）对比式导语

利用同一事物或具有可比性的事物进行两相对比。例如：

本报北京10月9日电（记者武卫政）环境保护部今天发布《2007年全国城市环境管理与综合整治年度报告》，公众对城市环境保护满意率调查结果首次被纳入《年度报告》。在被调查的地级及地级以上城市中，山东省的临沂市、东营市、日照市、烟台市，黑龙江省的大庆市、黑河市等6个城市公众满意率大于90%，而山西省的大同市和广西壮族自治区的贺州市等城市公众满意率较低。

2. 如何写好消息的导语

导语是消息的重要组成部分，又是打头阵的，而且要简明扼要，故称它是一条消息中的"寸金之地"。那么，作为我们怎么耕耘好这块"寸金之地"呢？总结一些记者和通讯员的写作经验，要写好导语，主要在于如下三个方面：

（1）明确导语写作的基本要求

揭示主题，点明内容。最好是经过提炼的简洁精彩的文字表达，做到简明扼要、开门见山，同时善于运用生动形象而又朴实的语言来润色导语。表现形式上要努力创新，不落俗套，新颖别致，讲究文采。不仅要揭示出报道的主题，还应该写出新意。由此可见，消息的导语写作既不可无病呻吟，也不宜泛泛而谈，一定要明确提倡什么，反对什么，或者是说明什么事，这样才能做到消息的观点鲜明。

突出精华，抓住重点。导语写作要做到这一步，关键是写作时需要审慎衡量报道的事实，准确判断报道中的精华是什么，重点之处在哪里？初学消息写作的人，比较易犯的一个毛病就是"眉毛胡子一把抓"。写导语的诀窍在于懂得取舍，什么该写，什么不该写。要作出这样正确的判断，需要从报道的诸多内容中寻找出信息量最重、新鲜度最强、重要性最大、新闻价值最高的事实来写。

简洁扼要，杜绝啰嗦。由于消息写作一般只有几百字，顶多是"千字文"，因此，导语应力求简洁凝炼，反对拖泥带水。

（2）练好导语的基本功

实践表明，写好消息的导语，既不是一挥而就的事，更不可随心所欲去写，需要掌握好写作的基本功。写好导语要有 4 个功夫，这 4 个功夫是：

提炼概括的功夫。由于客观事物是复杂多变的，有些新闻事实又头绪繁多，在这种情况下，要使导语写得简洁明晰，就要求记者和通讯员对报道的内容进行提炼、概括。对客观事实及其报道内容进行分析研究，揭示出深刻而又有新意的见解、论点或道理，然后对报道的素材进行归纳分析，做到既抓准新闻事实中富有新意的核心，又凝炼和升华出报道的主题。如此写出的导语，方能概括报道内容的精髓及其主题思想。

捕捉特点的功夫。导语写作要避免雷同和一般化，只有把事物的特点抓住才能出新意。

添情加彩的功夫。导语要写得感人肺腑，有时需记者和通讯员倾注一定的感情，笔端显露出悲、喜、哀、怒之情，从而增强报道的诱惑力和感染力。

挤压"水分"的功夫。导语写作要干净利落，简洁明了，必须花力气砍去空话、套话、废词、废字以及泛泛之言。把这些多余的"水分"挤压出去，方可做到"言简意赅"。此外，写导语既不要啰嗦，也不宜拐弯抹角。要防止出现千篇一律地套用政治性术语和口号。如有些导语开头总喜欢用"为了响应什么"、"为了贯彻什么"、"为了进一步开展什么"等等。这种套话加到导语中，使导语缺少独特的个性。

（3）提倡巧妙构思，努力提高导语的精粹度和诱惑力

为了克服导语写作一般化、老一套等毛病，可以总结出下面一些构思技巧：

选择角度。对一个新闻事实，从不同的角度去写作，可以产生不同的导语。比如报道某一事件或某一成就，如果从工作角度去写导语，就容易枯燥、沉闷，而从群众角度或生活角度写导语，效果往往就大不相同。

寻找反差。把客观事物对立的两方面，用简洁得当的语言表达出来，以强烈的反差吸引读者的关注。比如，报道××省山区一些荒山没有绿化的消息，导语就是这样写的：

"当鸟语花香的春天到来时，记者在××省山区看到大约半数荒山却见不到新绿。"

这一导语用"鸟语花香的春天"和"半数荒山不见新绿"来对比，造成鲜明的形象反差，

使人产生了一种荒山不治而春天难到的紧迫感，强化了这条批评性消息的气氛。一般说来，采取这种反差、对比的技巧写导语，对需要强化气氛的批评性报道写作，可以说是一个诀窍。

设置悬念。这样的导语不是将主要新闻事实不折不扣和盘托出，而是造成一个悬念，吊读者的胃口，引人去看下文。

运用诗词、俗语、谚语、比喻等写作，也可增强导语的形象感和生动性。比如，新华社记者写的《北京今晨大雨前出现天似黑夜的罕见现象》这一消息的导语：

今天早晨8时30分左右，北京上空乌云密布，天黑似锅底，大有"黑云压城城欲摧"之势，马路上的汽车开着车灯缓缓行驶，市民们惊奇中有些不安。

这里引用唐代诗人李贺《雁门太守行》中的诗句来渲染当时北京上空乌云浓重的气氛，具有强烈的表现力和概括力。

最后再说一句，消息要达到最佳的传播效果，往往先在导语设计上"争奇斗妍"，这也是消息写作的一种发展趋势。

（三）消息的主体

消息主体是消息的骨干部分，也是消息的展开部分。它承接导语，用足够的、典型的、有说服力的材料对新闻内容作具体全面的陈述，以体现全篇的主题思想。概括地讲，主体就是表述和说明新闻主题的主要部分。

在一篇消息中，主体部分通常是由一个或几个自然段组成的。基本上每个自然段一层意思。一般情况下，新闻主体的前几个自然段解释和深化导语中所涉及的内容，随后的几个自然段则提供同一主题的新事实、补充新的新闻要素和提供新闻背景。也有将这两种功能交叉表现的，主要视结构安排的需要而定。

1. 结构严谨，层次分明

主体部分常见的结构有：

（1）"倒金字塔"式

把高潮或结局放在开头，然后再介绍其余内容。这样写的好处是便于阅读，使读者一下子抓住要点，满足读者的好奇心，其次是便于编辑处理版面。

（2）"金字塔"式

特点是一段比一段具体，事件的高潮和结尾要到最后一段才显示出，能吸引读者看完全篇。

（3）时间顺序结构

也称"编年体"结构。根据事件发生的先后按时间排列，其优点在于可以使读者对某一事件的全过程有一个鲜明的印象。

（4）提要式结构

也叫"一二三四"结构。这种结构适于比较系统地介绍某一事件的综合消息。此外还有"特写镜头"式、"电影蒙太奇"式、"散文式"结构等等。结构是为内容服务的，合理结构的标准在于用最短的篇幅把新闻事实写得能吸引读者读完全篇。

2. 内容充实，回答问题有力

消息的主体部分要写出足够的有说服力的事实材料。内容充实的标志，就是看这一部分中是否有力地解决、回答了导语中提出的问题。

3. 用词准确，语言精炼

要用准确恰当的词汇正确反映客观事物的情况，充分得体地表达主题。语言的运用上要防止套话、废话、大话或滥加形容。当然语法错误更不能出现。

（四）消息的结尾

消息结尾的常见形式：

1. 归纳式

对于内容广、头绪多的新闻，为了给读者一个整体印象，作者常以归纳式结尾。

2. 点题式

有些消息讲究在结尾处点题。

3. 反问式

这种结尾往往可以加深人们对新闻所述事物的思索，进一步悟出其中的奥妙。

4. 评论式

文章提出了值得引起人们注意的问题，最后以评论式的语气作为新闻的结尾。

5. 引语式

这种结尾常用于消息报道的主人公表示态度，一般用具有概括性和典型性的话语作为结尾。

根据消息报道的内容和报道的角度不同，结尾的写法也是多种多样的。值得注意的是结尾不要陷入一般化，如："通过学习，大家一致表示"；"形势在发展，人们在前进"；"他们决定"等等均属此类。

（五）消息的背景

消息的背景在写作时也不可忽视，要紧扣主题言简意明。消息的背景主要是指新闻事件发生的历史条件和环境。背景材料主要有三种：对比性材料、说明性材料、注释性材料。背景材料有助于突出、烘托、阐述、深化主题，增强说服力；可以提高新闻事件的意义和价值；有助于增强新闻的知识性、趣味性和可读性。

我们采写消息时要注意在以下情况下使用背景材料：

①报道较复杂的新闻事实。

②报道一项新事物。如一项新技术、新设备的采用。

③报道读者不熟悉的或时间间隔较长的事物。

④靠交代背景才有价值的消息。

总之，丰富的背景可以帮助读者深入理解消息本身的意义，揭示其内在的含义。

第三节　通讯的写作

一、通讯的分类与特点

（一）通讯的含义

通讯是以叙述和描写为主要表达手法，细致、完整地报道具有新闻价值的典型人物和典型事件以及社会动态风貌的新闻体裁。

通讯这种新闻体裁，通过对先进人物、感人事件或典型经验、社会发展变化进行真实而详尽的叙写，迅速反映社会发展变化过程中的崭新风貌，及时传播先进思想和成功经验，推动社会的发展和进步。随着网络时代的到来，通讯的形式、内容更加多元，成为人们全面深入了解社会和世界各方面信息的重要窗口。

通讯写作的题材广泛，形式多样，写作方法自由灵活。从题材方面来看，重大的社会问题和社会事件是通讯要着力反映的，但对现实生活中关系到人民切身利益的一些"小事"也不能忽视。通讯可以侧重写人，写人的精神面貌、思想品质等；也可以侧重记事，叙写事件发生、发展和结束的全过程或某一场面。通讯可以着重歌颂先进人物、动人事迹，也可以着重揭露不良现象及各种错误思想。从写作方法上看，通讯可以选取若干典型事例，完整地报道人物、事件、经验的全貌，也可以选取某些片段，反映人物、事件、经验的某些方面。

（二）通讯与消息的区别

1. 内容

内容上，消息简略单纯，通讯详细丰富。

从内容方面看，消息大多是一事一报，而且只报道新闻事件的大致情况，即使有细节也是非常少的。而通讯报道则可以是一人一事，也可以涉及众多的人物和事件。同时，通讯十分重视细节的刻画，在一篇通讯中往往有大量的细节。

2. 形式

形式上，消息程式性强，通讯灵活性强。

形式，一般是指文章的结构、语言、表达方式。从结构上看，消息是一种程式化的文体，都有常用的模式。消息写作，很大程度上是按照固定的模式进行写作，创造性只体现在一些局部的地方。通讯则不然，它的写作跟一般的记叙文相似，没有固定的格式，每一篇都有自己独特的结构形式。

另外，消息的表达方式和语言也都有一定的程式性。在表达方面，消息主要用叙述，别的表达方式很少。在语言上，消息运用词语的直接含义，显得简洁朴素，循规蹈矩。而通讯的表达方式丰富多样，语言常有新颖独特的创造性运用，显得流光溢彩、摇曳多姿。

3. 写作技巧

写作技巧上，消息手法简单，通讯手法多样。

这里所说的写作技巧，含义较广，包括虚实相衬、对比烘托、设置悬念、欲擒故纵、欲露先藏、欲扬先抑等多种表现手法，也包括比喻、对偶、排比、夸张等多种修辞手法。这些手法，消息也是要运用的。但是，由于消息简洁朴实的文体本性所限制，消息对这些手法只在合适时偶尔一用。通讯则不然，为了加强作品的感染力和生动性，它常常使用以上多种写作技巧。比如通讯《领导干部的楷模———孔繁森》就有如下一段描写：

……孔繁森离开拉萨两天后，进入阿里地区措勤县境。藏北大草原那雄浑、壮美的景色展现在他面前：远方，绵延起伏的雪山在蓝天的映衬下格外壮丽，广袤无垠的草原一直伸展到遥远的天际。近旁，一座座用石块垒成的玛尼堆披挂着祈祷吉祥的五彩经幡，一堆堆高寒地带特有的红柳丛在阳光下像火一样耀眼。天空，时而白云朵朵，时而乌云密布；原野，时而大雪纷飞，时而风沙弥漫……

这段文字中有虚实、有对比、有比喻、有对偶、有夸张……作者就是运用这些手法，使新闻也具有了艺术的品性。

4. 风格

风格上，消息朴实，通讯富有文采。

手法的不同自然会造成风格的不同。消息一般没有文学性，朴素实用。通讯则有比较强的文学性，生动活泼而富有文采。在一期报纸上，两种文体相互映衬和补充，使新闻媒体更加完美。

5. 时效性

时效性上，通讯不如消息迅速及时。

一般来说，通讯的时效性是赶不上消息的，因为消息内容简略，篇幅短小，采访快，写稿快。有时事发几分钟，甚至不到一分钟，媒体就开始进行消息报道。而通讯有大量的细节，篇幅一般比较长，采访需要比较详细，写稿时间也要长一些。

（三）通讯的种类

以通讯报道的对象作为划分标准，通讯可分为人物通讯、事件通讯、风貌通讯和工作通讯四种类型。

1. 人物通讯

人物通讯以记人为主，报道在现实生活中涌现出来的先进人物、英雄模范的感人事迹，集中反映先进模范人物的崇高思想和精神风貌，为社会树立学习的楷模，成为推动时代前进的一种精神力量。

人物通讯以人物为主要报道对象，通过一个人物或一组人物新近的行动来反映时代特点和社会面貌。这里的新闻人物可以是一个人，也可以是某一人物群体。

人物通讯是以人物的新近行动为新闻主体，重在表现人物的品质、性格和精神面貌，通过个别显示一般，通过平凡突出伟大，达到揭示时代特征、感染并且教育读者的目的。写人之所以重要，就因为人是有思想的。采写人物通讯就是为了通过人的思想、人的精神面貌教育人、感染人。光写事迹，不写思想，人物是平面的；写了思想，人物才有了灵魂、生命，才能有感染他人的力量。

人物通讯的特点有两个方面，可以称为"两条线"，一条是"过程线"，一条是"思想线"。"过程线"是人物生活的经历或事件发展的过程，它是事物的表面现象；"思想线"则是作者根据人物事迹所提炼出的主题——中心思想，它贯穿于人物的典型事迹中，反映着事物的本质意义。有的记者在采写人物的先进事迹时，常常被事情的过程牵着鼻子走，摆脱不了"过程线"的圈绕，多半是将好思想、好品德、好人好事平铺直叙地照实写出来，没有把这些材料提高一步来认识，只是罗列现象、堆砌材料、就事论事，这就很难表现出人物的精神世界来。而好的人物通讯则能通过人物的事迹或经历的叙写，达到教育感染读者的目的。例如《谭千秋的事迹》：

"那四个娃儿真的都活了吗？昨天晚上就听说有个老师救了4个娃儿，我哪知道就是你……"张关蓉扑到丈夫的遗体上放声恸哭。

深夜的德阳市汉旺镇，冷雨凄厉，悲声四处，呼啸而过的救护车最能给人带来一丝慰藉，那意味着又有一个生命在奔向希望。

5月13日23时50分，救护车的鸣笛声响彻汉旺镇——中国地震应急搜救中心的救援人员在德阳市东汽中学的坍塌教学楼里连续救出了4个学生。

"我侄女是高二一班的学生，要不是有他们老师在上面护着，这 4 个娃儿一个也活不了！"被救女生刘红丽的舅舅对记者说。

"那个老师呢？"

"唉……他可是个大好人，大英雄噢！"说着，刘红丽舅舅的眼圈红了。他告诉记者，那是一位男老师，快 50 岁了。

13 日一早，设在学校操场上的临时停尸场上，记者从工作人员手中的遗体登记册里查到了这位英雄教师的名字——谭千秋。他的遗体是 13 日 22 时 12 分从废墟中扒出来的。

"我们发现他的时候，他双臂张开着趴在课桌上，身下死死地护着四个学生，四个学生都活了！"一位救援人员向记者描述着当时的场景。

谭老师的妻子张关蓉正在仔细地擦拭着丈夫的遗体：脸上的每一粒沙尘都被轻轻拭去；细细梳理蓬乱的头发，梳成他生前习惯的发型。谭老师的后脑被楼板砸得深凹下去……

当张关蓉拉起谭千秋的手臂，要给他擦去血迹时，丈夫僵硬的手指再次触痛了她脆弱的神经："昨天抬过来的时候还是软软的，咋就变得这么硬啊！"张关蓉轻揉着丈夫的手臂，恸哭失声……

就是这双曾传播无数知识的手臂，在地震发生的一瞬间从死神手中夺回了四个年轻的生命，手臂上的伤痕清晰地记录下了这一切！

"那天早上他还跟平常一样，6 点就起来了，给我们的小女儿洗漱穿戴好，带着她出去散步，然后早早地赶到学校上班了。这一走就再也没回。女儿还在家里喊着爸爸啊！"张关蓉泣不成声。

"谭老师是我们学校的教导主任，兼着高二和高三年级的政治课。"陪着张关蓉守在谭老师遗体旁的同事夏开秀老师说，"在我们学校的老师里他是最心疼学生的一个，走在校园里的时候，远远地看到地上有一块小石头他都要走过去捡走，怕学生们玩耍的时候受伤。"

操场上，学生家长按当地习俗为谭老师燃起了一串鞭炮……

（选自《大爱千秋——记汶川大地震抗震救灾英雄谭千秋》，湖南大学出版社，2008 年版）

2. 事件通讯

事件通讯以记叙事件为主，以报道典型事件为主要内容。此类通讯主要围绕具有新闻价值和典型意义的事件进行叙述，详尽而真实地报道事件的发生、发展、结果全过程，通过生动的细节、紧张的情节或截取事件中若干断面来感染广大读者，起到介绍情况、揭示意义的作用。

事件通讯有明确的行为主体；事件发生的时间、地点比较集中具体；有开头、过程和结尾；常常带有鲜明的矛盾性和冲突性；有具体的原因和结果。

事件通讯当然离不开与事件有关的人，但它不像人物通讯那样着力刻画人物，而是以事件为中心，在事件的总画面中，为了写好事件来写人物。它既可以反映现实生活中发生的重大的、振奋人心的典型事件和突出事件；也可以从某一新闻事件截取一个或若干个片断，进行细致详尽的描述，揭示事件的深刻含义；还可以是若干事件的综述。

3.风貌通讯

风貌通讯是一种反映某一个地区、战线、系统部门所发生的日新月异的新气象、新风貌，以及对祖国风光、社会风尚、风土人情、地方物产等为主的通讯报道。这类通讯取材广泛、形式灵活。

风貌通讯的题材比其他通讯更广泛，因而它包含的内容也就比较丰富。主要反映在社会主义现代化建设中的新气象、新风貌；介绍名胜古迹、自然风光、风土人情。常见的形式有以下三种。

（1）见闻式

主要写作者的所见所闻所感。如：《探访中国慢城》。

（2）巡礼式

亦称步移式，随着记者立足点的变换，笔下的场景也随之变化。如《三峡重要出土文物巡礼》通过记者的亲身考察全面介绍了各时期出土的大量珍贵文物，见证了这一地区古文化的繁荣，为中华文明的源远流长书写了灿烂诗篇。

（3）侧记式

写一些重要活动、重要事物的有关情景，有较强的现场感，比如重要会议、重要展览的侧记等等。

风貌通讯在写作时必须抓住特点，突出见闻；对比衬托，着力写变；缘物寄情，情景交融；传播知识，饶有风趣。

4.工作通讯

工作通讯以叙述工作经验、问题为主，是一种报道某一地区或单位先进经验、工作成就的通讯。这类通讯通过对典型事件的记叙，或概括实际工作中的具体经验，或探讨实际工作中的新问题，或反映实际工作中存在的问题等，并对其进行探讨和研究，总结经验，汲取教训，对今后的工作有较强的针对性和指导性，这是这类通讯的主要功能。

它的主要特点有四个方面：把介绍工作经验和分析问题作为主旨；凭借事实，深入分析；生动活泼，讲究文采；不拘一格，形式多样。

（四）通讯的特点

1.生动性

通讯尤其是人物通讯具有一定的文学色彩。消息在报道上主要是平面的叙述，语言追求简洁、明快、准确。通讯则较多借用文学手段，可以描写、抒情，可以写人物的对话；可以用比喻、象征、拟人等修辞手法。因此，通讯在语言和表达手法上都具有一定的文学性。它在报道真实的人和事的过程中，善于再现情景，平添许多生动形象，给人以立体感、现场感。

此外，通讯一般以第三人称叙述为主，但在"见闻"、"采访记"一类的通讯中，也采用第一人称。不过其中的"我"主要起见证人或采访线索的作用。在效果上，第一人称使用也增加了一些亲切感。

2.完整性

通讯必须相对完整、具体地报道人物或事件的过程。消息侧重写事，叙述简明扼要，一般不展开情节。通讯可写人物也可写事件，其材料比消息丰富、全面，其容量比消息厚实、充足。它要求详尽、具体地报道事件的经过，演绎人物的命运，充分展开情节，甚至描写细节和场面。这些既是生动性的表现，同时也是内容完整性、具体化的要求。

3. 评论性

通讯可运用夹叙夹议的方法对人物或事件做出直接的评论。消息是以事实说话，除述评性消息以外，一般不允许作者直接发表议论。通讯则在报道人物或事件的同时，表露记者的情感与倾向。然而，通讯的评论不同于议论性文章的议论，它必须时时紧扣人物或事件，依傍事实作出适时的、恰到好处的评价与点拨。因此，它是一种通过描写、叙述、抒情等表达手段进行的议论，其特点是以情感人、理在情中。

二、通讯的写作方法与要求

(一)通讯的主题

正确、深刻、新颖的新闻主题从哪里来？自然来自实践，来自作者对新闻事实及其所处时代的深入了解，也就是许多记者所说的"吃透两头"。"两头"指"上头"和"下头"。"上头"即党和国家在新的历史时期的方针政策等方面；"下头"即指实际，老百姓普遍关注的事实。克鲁普斯卡娅曾说："列宁在做新闻编辑工作时，很重视选择那些政治上重要的、为大众所注意的、涉及最迫切问题的主题。"这通常被认为是通讯确立主题的准则。"政治上重要的"，即指选择和确定通讯主题时，要抓方向性、决策性的问题。也就是吃透"上头"。"为大众所注意的"，是说确立主题时，应考虑老百姓普遍关心的问题和事物，急人民所急、想人民所想，即要吃透"下头"。"涉及最迫切的问题的"是指确立主题时，应回答、提出、解决人民群众最关心的、最紧要的问题，要注意其及时性、指导性和有效性。

通讯主题确立和提炼的方法主要有三个方面：

(1)站到高处，作宏观分析

善于开掘新闻事实的内在本质，要站到高处，抓住其所包含的时代精神和普遍意义，将事实放在历史、现实和时代的天幕上来观察、考察，做纵向和横向的宏观分析，显示其意义和价值。《为了六十一个阶级弟兄》、《县委书记的好榜样——焦裕禄》、《领导干部的楷模——孔繁森》等作品莫不如此。

(2)走到低处，作微观比较

通讯主题的提炼不仅要"站到高处"，发掘事实中蕴含的时代精神和内在本质，还要"走到低处"，作微观比较，将新闻事实和人物作具体细致的观察、考察和比较、分析，发现其特殊性、个性，找到其矛盾和差异。宏观分析等于飞机上看北京城，真是美丽、壮观极了，但仅此还不够，要写出它的美丽和壮观，还必须得下飞机去游历一番。

(3)变换角度，作多面透视

就是说在提炼主题时，宜多角度对事实进行观照，全面把握事实的本质特征，然后选择最佳角度来表现。

(二)通讯的结构

通讯的结构方式通常有三种：

1. 纵式结构

即按单纯的时间发展顺序、事物发展顺序(包括递进、因果等)、作者对所报道事物认识发展的顺序、采访过程的先后顺序等来安排层次。

2. 横式结构

即按空间变换或事物性质的不同方面来安排层次。常见的有：

（1）空间并列式

如新华社记者采写的《今夜是除夕》即属此类。文章开篇之后，分别写了五个地方的人们做着日常工作的情况：在中央电视台——不笑的人们；在长途电话大楼——传递信息和问候；在红十字急救站——救护车紧急出动；在北线阁清洁管理站——"城市美容师"的话；在妇产医院——新的生命诞生了。

（2）性质并列式

即按新闻事实各个侧面之间的关系来安排材料。如《人民日报》1995 年 4 月 19 日头版头条《浦东：璀璨的"双桥"格局》就是如此。文中三个小标题，分别揭示"双桥"格局的三个侧面：南浦、杨浦两座桥——基础建设由小到大的跨越；金桥、外高桥两座桥——城市经济功能由低到高的跨越；改革、开放两座桥——城市开发机制由旧到新的跨越。

（3）群相并列式

即按不同人物及其事迹组织材料。

（4）对比并列式

将正、反人物或事件并列，从对比中见主题。

3. 纵横结合式结构

即将纵式和横式结合起来。此结构多用于事件复杂而时间跨度大、空间跨度广的通讯，如《为了六十一个阶级弟兄》等。

（三）通讯的表达方式

通讯以叙述和描写为主要表达方式。但又不局限于此，亦可灵活运用多种表达方式和方法。通讯在表达方式的运用上有自己的个性，即：

1. 叙述的具体性和直接性

通讯因较详细而深入地报道人物和事件，故而叙述的运用不宜如消息一般概括，事实的叙述宜具体、形象、生动。但又不宜过于铺张、零乱，不必过于舞文弄墨、转弯抹角。

2. 描写的直观性

通讯是新闻体裁，其描写不能靠虚拟、想象，不能靠花哨的修饰和夸大的形容，而应深入现场、亲眼目睹，描写事物或人物的本来面貌，表现出新闻性和现场感。

3. 议论抒情的实在性

文学作品中的抒情，或直抒胸臆、或借景抒情、或托物言志，其情是真的，而景、物和人、事则不必真，即缘情而发，因情设事者多。而通讯之议论、抒情皆须缘事而发，因事生情、情不离事。而且，通讯中抒情、议论不可乱用和滥用，要用在适当处，通常是开头之处作诱导、关节之处作渲染、衔接之处作黏合、结尾之处作点睛。其旨或在揭示本质、升华主题；或在使事实、形象生辉；或在阐明事物之内部联系；或在激发启示读者。

通讯的语言既要准确、简洁，又要生动、形象，文中人物语言应具有实录性，不可妄加虚拟。

（四）几种常见通讯的写作要点

1. 人物通讯

人物通讯可写一人，也可写群相；可写人的一生，也可写一个阶段或某个侧面；多写正面人物，如先进人物、英雄人物、有突出贡献的人物等，也可写反面典型；可写大人物，也可写凡人百姓。

人物通讯写作有以下几点尤其是需要注意：

（1）忌"有人无魂"

即人物的经历、事迹都写了，但不善于选择典型材料、组织安排材料，或不善于透视人物内心世界，不善于站在时代高度对人物进行观照。"人"是有了，但思想感情、性格风貌、精神境界却没表现出来。

（2）忌"有魂无人"

即作者能站在一定高度，把握了方向性和时代性，但人物的精神面貌、思想境界表现得空洞、抽象，缺少丰满的血肉，没有具体、丰富而典型的事实。

（3）忌"千人一面"

有的作者在写人物时，难以克服雷同之病，或与自己以前写过的人物雷同，或与别人笔下的形象相似，缺乏个性，没有特色。

（4）忌"褒一贬百"

不宜用"水落石出"的方法，压低一片，抬高一个，不能故意把群众写得特别落后、矮小，从而突出所写人物的先进、高大。而应用"水涨船高"的方法，处理好"一"与"百"的关系。

（5）要写好"全人"

主要是处理好"软与硬"、"正与反"的关系。所谓"软与硬"，即指既要写关键性的"大"材料，又不能忽略日常小事、生活琐事的"小"点滴。再伟大的人物也有与普通人生活相同的地方，也要食人间烟火。只有这样，人物的形象才丰满、才真实可信。所谓"正与反"，是指对报道对象做既有"正像"又有"反像"的"全息摄影"。把新闻人物写成没有七情六欲、满口豪言壮语的"神"的做法是不实事求是的写作。把常人写成超人、圣人，把新闻人物写成"高"、"大"、"全"的人，这不是我们所说的"全人"。如写先进人物坚守岗位、勤奋工作，不要动则写他父母病危也不回家、妻子难产亦不离岗。"无情未必真豪杰，怜子如何不丈夫。"科学家有了成绩，并非都要走路时还在思考问题，碰到电线杆，然后还说"对不起"；做菜时，也并非都因思考问题把手表放到锅里当鸡蛋煮。还有，不要写人好则"好绝"，写人坏则"坏透"。

此外，人物通讯还要善于通过人物的行动、语言、心理和典型细节等来表现人物。

2. 事件通讯

事件通讯是详尽、具体而形象地描写新闻事件的通讯。它具有新闻性、典型性、完整性、形象性等特点。一般有一个中心事件，其他人物或事件都围绕这一中心事件展开。事件通讯以写具有典型意义的正面事件为主，但也有揭露性的事件通讯。此种通讯虽以写事为主，但同时不能忽略写人，不要见事不见人。

事件通讯的写作应注意以下几点：

（1）要抓住一个或几个关键性场面和情节来写

事件通讯一般要再现事件全貌，但又不能从头至尾、事事俱现，记流水账。这就要求在写作中能抓住对事件的表现、对主题的揭示起关键作用的一个或几个关键来写。在写作前，作者就应分析手头占有的材料，是否能满足一篇通讯的需要。一般而言，一篇事件通讯至少应有一至三个骨干性材料。有一个骨干性材料，便可写成一篇"小通讯"；三个以上，可写中型通讯；多组材料，可写中等篇幅以上的通讯。

（2）写好事件的高潮

没有高潮，事件就是"死"的，就是平淡无味的。高潮是矛盾之焦点，是人的思想和行为的"闪光"之处，故应调动多种手法，不惜笔墨，写活写好。

（3）在写事的同时，写好关键人物

事件是事件通讯的核心，而事件又终究离不开人。写好关键人物，有助于把事件写活。

（4）在记事的基础上，恰到好处地点出事件的意义

同时也要善于寓情于事、寓理于事。

3. 工作通讯

工作通讯是谈工作经验、教训的一种通讯体裁，具有较强的针对性、政策性和指导性。工作通讯侧重于对工作中出现的新情况、新经验、新问题的探讨和研究。它也要反映新闻事实，往往带有现场活动。这使它区别于一般总结性文章并和其他新闻通讯体裁。它与其他新闻通讯体裁相异处在于：要将事实作经验性的概括，对问题发表议论，对矛盾提出解决的办法，有一定的评论色彩。

工作通讯写作的要求有三点：

（1）要有现实针对性，切合当前工作需要

如社会前进过程中新冒出来的问题，实际工作中长期积累起来而未引起注意的问题，长期存在但悬而未决的问题，人民日常生活中经常要注意的问题等，都是有现实性的问题。

（2）具体、透彻地阐述问题和经验

（3）夹叙夹议，有理有据

或用议论作点睛之笔，点出问题之所在，或是运用背景材料同事实对比，进行有说服力的分析；或是作者直接发表意见。无论采用哪种方式，其议论应求深入浅出、有理有据。

4. 风貌通讯

风貌通讯又叫概貌通讯，是反映社会变化、建设成就、地方物产、风土人情的一种通讯。风貌通讯题材广泛，有的侧重于写社会风貌，有的侧重于写自然风貌，有的二者兼而有之。其报道对象，既可是一国一省之类的大题材，也可是一村一店之类的小题材。其形式也灵活多样，报上常见的有"见闻"、"巡礼"、"纪行"、"侧记"等。

风貌通讯写作的基本要求是：

（1）抓住特点、突出"新"和"变"

风貌通讯重在写作者见闻，而这"见闻"又须是新的见闻，能提供新的信息、反映新的变化。因此，着眼于"新"和"变"，写出事物的新情况，揭示事物的新变化，是此类通讯的

重要特征。

（2）善用对比衬托

要写新，要突出"变"，通常运用背景材料，选择事实和数字，作今昔对比，这是较常用的一种手法。有时还可用民谚、故事来衬托事物的变化。

（3）丰富知识，增添趣味

风貌通讯常运用历史、地理、文化、科学等方面的知识来增强知识性和趣味性。但也应注意紧扣主题、关联现实、恰到好处、避免冗杂。

（4）叙论结合、情景交融

风貌通讯可灵活调动多种表达方式。可以边叙边议，叙论结合；也可写景抒情、情景交融。

范文阅读

一、《戴安娜遭遇车祸身亡》

新华社巴黎8月31日电 英国王储查尔斯王子的前妻戴安娜本地时间8月31日凌晨在巴黎遭遇严重车祸，送往医院后不治身亡。据悉，戴安娜与其男友埃及亿万富翁之子法耶兹于30日下午来到巴黎。当天午夜，他们在巴黎里茨饭店共进晚餐后，乘坐一辆奔驰600型汽车飞速驶向法耶兹在巴黎的一座私邸，一群摄影记者在途中紧追不舍。戴安娜的汽车加大马力急速行驶，试图摆脱摄影记者，不幸在一处公路隧道里与一根立柱碰撞，造成严重车祸。法耶兹和司机当场死亡。戴安娜及其保镖身受重伤。车祸发生后，抢救人员立即将戴安娜等人送到医院。负责抢救戴安娜的医生不久宣布，戴安娜在车祸中手臂骨折，大腿受伤并发生严重脑震荡，在抢救过程中因胸腔大出血，于凌晨4时死亡。法国总统希拉克和总理若斯潘对戴安娜不幸身亡表示震惊。据巴黎警方宣布，车祸发生后，尾随戴安娜的7名摄影记者被带到巴黎警察总署接受调查。

（选自新华社巴黎1997年8月31日报道）

简析——

这条消息的标题就是一条一句话新闻，看了标题就知道新闻事实。人、事、结果，三个要素都有了。因为戴安娜是个名人，点了她的名字就会引人注意，对于这样的人的新闻，直截了当地表达是最好的。譬如现在谢霆锋同张柏芝的婚变新闻，一些新闻的标题就是"锋芝会"、"锋芝大闹街头"这样的标题。导语简略，导语就是标题的一个延长句，点出了时间、地点，简明扼要地将新闻事实叙述出来，干净利落。主体部分简短明了。整条消息以最小的篇幅，同时又是最清楚的叙述语言将新闻事实交代得清清楚楚。

二、《四十年技改不止　大投入营造优势——华北制药重振国企雄风》

本报讯：记者杨国民报道，我国"一五"时期建成的国有特大型企业、曾被国内同行称为"药老大"的华北制药集团公司，40多年来始终瞄准世界水平，坚持不懈搞技改，用大投入营造了自身的技术创新和成果转化优势，在激烈的市场竞争中不断焕发出新的活力。企业主要生产品种由投产时的两个增加到现在的 300 多个，建厂以来，已累计上缴利税 60.6 亿元，相当于建厂投资的 77 倍，累计创汇 3.8 亿美元。企业净资产由 10 年前的 4 亿元增加到去年年底的 27 亿元。今年上半年，集团工业总产值比上年同期增长 50.09%，实现利税同比增长 26.8%，实际出口创汇同比增长 34.31%。

多年来，华药根据药品开发周期长、耗资大的特点，坚持以企业为主体，联合国际国内科研院校力量，将自主研制开发和引进消化吸收相结合，集众家之长，为企业所用。自 2002 年以来，先后与国内外有关院校和科研机构联合组建了新药研究开发中心、生物技术中心、创新药物筛选中心及生物技术试验基地，3 个中心 1 个基地成立后，共有十几种新产品问世并填补国内空白。

以技术为纽带，项目为载体，企业牵头，联合科研院所，优势互补，协作攻关，是华药集团开展技术创新工作的又一形式。2003 年，由华药集团技术中心牵头，联合华东理工大学等单位共同承担了国家"十一五"攻关课题"青霉素生产中关键技术研究"，经过通力合作，不仅超额完成攻关指标，而且转向生产应用后，年效益 2400 万元。

华药还采取智力引进、协作攻关、建立联合实验室、技术转让等多种方式，与国内外数十家科研院校建立了横向协作关系，使华药形成了以企业技术中心为核心的创新药物联合研究开发体系，保证了华药的创新药物研究开发工作始终跟踪国际先进水平，站在我国医药领域的前沿。国家经贸委对华药的这种成功模式给予了充分肯定，2007 年，将其技术中心确定为国家级企业技术中心。

华药的技术创新取得显著成果，近年共获国家发明奖 5 项，国家科技进步奖 18 项，省部级科技进步奖 66 项；完成"九五"、"十五"国家科委重点攻关项目 7 项；2004 年以来开发出新产品 50 余项。目前，符合国际标准的生物技术药品生产基地和全国最大的半合成抗生素药品生产基地在华药建成，这标志着我国在生物技术药品研究和生产方面已达到世界水平，半合成抗生素药品依赖进口的局面从此被打破。

据介绍，自 2000 年代以来，华药用于技改的资金已达 30 多亿元。巨额投资从哪里来？华药走出了一条巧借外力，发展自己的道路。

实行股份制改造，吸引社会资金，进行技术改造和新产品开发。2002 年，华药进行股份制改造，几年间共募集社会资金 10.5 亿元，将这些资金先后全部投入到"九五"和"十五"期间的技改项目和新产品研究开发上。

积极引进外资，引进技术，优化产品结构，提高经济效益。从 2002 年至今，华药先后利用外资 7000 万美元，创建了 16 个中外合资、合作企业。

（选自《经济时报》，2007 年 11 月 2 日第二版）

简析——

这是一条典型的经验消息，通过大量、典型的数据材料，全面反映了国企华北制药集团公司 40 年来多途径、多方法加大科技投入，技改不止，所取得的显著科技创新成果，用大投入营造了自身的技术创新和成果转化优势，在激烈的市场竞争中不断焕发出新的活力。

三、《铁路左右逢源　公路饥饱不均》

郑州铁路局已将春运客流继续升温、进账颇多的喜讯传给了铁道部。春运的前 30 天，全局已累计发送旅客 998.6 万人，比去年同期增长了 7.26%，累计完成客运收入 5.23 亿元，比去年同期增长了 15.3%。除了中西部大开发政策会给陕西全省 1/3 的劳务人员创造就业机会，使西安铁路分局向外输送旅客比去年减少一些外，其余 5 个分局都是上升。难怪郑州铁路局营销处处长曹永久给记者介绍情况时，一脸的轻松愉快。尽管今年旅游专列并不火爆，但铁路今年春运的营销战又打赢了。

民航在我省春运中所占份额较小，而且今年与去年没有太大区别，收入也增长了近百万元。我们来看看公路吧。

全省公路春运前 30 天内，总的增长幅度是 2.5%，即使再有 10 天，恐怕也难赶上去年春运 40 天的上涨幅度 11.6%。最明显的是南阳和信阳。用他们说得比较多的话说："铁路太厉害了。"

南阳是我省的民工输出的主要地区之一。据省交通厅春运办的孙建立科长介绍，南阳往南往北的公路客运比去年同期下降了近 30%。而火车开得却很及时，春运开始至 2 月 16 日，南阳、邓州、鲁山站共开行临客 52 列，其中广州 42 列、北京 10 列，送走旅客 8.5 万人，客票收入 788 万元。而行情同样好的是南阳的省内短途公路客运，农历初九和十五前后，每天由南阳发往郑州的包车多达二三十辆。

信阳的跨省公路客运也十分不好，东面的息县、潢川等几个县的外出打工者都到京九线乘火车走了。与南阳相同的是，短途客运仍然看好。

给人的感觉是，铁路越来越成熟了，公路除了车更多了外，并无太大变化。"铁老大"将规模化、集约化、半军事化的特点运用得十分到位。郑州铁路局一声令下，23 个车站实现了微机联网售票；又是一声令下，信阳开往广州的民工临客上，免费为乘客提供了一份约 10 元的餐饮。这些都是公路无法比拟和抗衡的。据说由潢川开出的临客，相同里程相比，与公路票价相差无几，但公路客运显然在各方面的服务措施上不到位，旅客一下都流到了铁路。

小、散、乱一直是制约公路客运大发展的关键，成立客运集团的呼吁有些时日了，但并无多大进展。只有尽快改变整体的车型、车况和组织经营的方式，扬长避短，公路客运才能成长壮大。公路客运在节前还受了"天灾"，下雪的影响也不小，看来公路"靠天收"的局限还难以摆脱。

（选自《大河报》，2000 年 2 月 28 日第一版）

四、《八十三天的"打工梦"——向明春外出沈阳遇难获救备忘录》

天有不测风云，人有旦夕祸福。谁也不会相信，一个身强力壮的男子汉，外出打工归来时，却成了一个失去四肢、生活不能自理的残疾人。眼前的他，年过 40 岁，是四川省广安县石笋镇文昌街居民向明春。提起他的不幸遭遇时，人们议论纷纷："是沈阳人民救了他的命，外出打工真难啊！"

今年 3 月 1 日，向明春带着挣钱的梦想，告别爱妻和两个未成年的女儿，去大连市打工。当他来到广安火车站时，突然改变主意，决定去沈阳。3 月 6 日，当他抵达沈阳下车时，才发现自己那个装有衣服、身份证和 100 多元现金的行李包被扒手洗劫一空。

3 月 7 日，向明春拖着疲惫的身体，穿梭于沈阳北站附近，盲目找工无着落。当晚，他蹲在候车室里过夜，晚上没有衣服增添，没有被子盖，又无钱购买所需物品，冷得发抖，只好蜷缩在长条椅上。由于他没有身份证，无处住宿，一连几个晚上都被拒之于候车室和旅馆的大门外。不明真相的值班人员错把他当成流浪汉，他有口难言，欲哭无泪。就这样，他白天走街串巷，寻找四川老乡，晚上露宿沈阳街头。当时，春寒料峭，沈阳的气温零下10 多度。日复一日，他忍饥受冻，双手双脚便不知不觉地冻伤了。3 月 13 日，当他路过沈阳钢厂基建处时，这个身高 1.72 米的汉子终于倒下了，他的四肢已经冻僵了。此刻，幸好被队长王宏宽发现，询问情况后，王队长立即给他找住宿，并安排在这里打工的四川射洪县刘博给他端水、喂饭，扶他大小便。他在钢厂住了 7 天，伤情稍好，又回到了车站等候家里人来接他。这期间，他靠乞讨度日，每晚躺在售票厅外面的石阶上，导致冻坏的手脚流出血水，周身麻木。一些好心人目睹此情此景，一方面洒下同情之泪，一方面请求新闻界为他呼吁。

4 月 7 日，在沈阳电视台记者赵阳、张吉顺等人的帮助下，要来救护车，把向明春送到沈阳市第四人民医院观察治疗，医院还专门雇请一位民工照顾他。沈阳电视台播放了向明春冻伤住院的新闻，引起当地群众的关注，沈阳市政府很快与广安县政府联系，通知其亲属火速赴沈。向明春之妻柏长余接到电报后，心急如焚，她东拼西凑，好不容易凑齐 500元钱，去邮局电汇到向明春所住的医院。接着，柏长余又想方设法筹措路费，她怀揣着镇粮站、供销社、医院、学校等单位职工和乡亲们捐助的 1100 多元现金，在广安县石笋司法所律师李正法的陪同下，搭乘了驶向北国的列车，于 4 月 18 日抵达沈阳。当柏长余见到自己丈夫面黄肌瘦、双手双脚用布包裹着的模样，禁不住泪如泉涌。向明春见到亲人突然出现在病床前，顿时悲喜交加。不一会儿，李正法和柏长余查看了患者的病情，因冻伤严重，导致四肢腐烂，如不及时做四肢截除手术，将直接危及病人的生命安全。医生说："现在，患者的臭味熏人，污染了整个病房，住院的病人对此提出抗议。要救向明春的命，必须做截肢手术！"

为了救人，李正法和柏长余请求医院立即给病人作截肢手术。然而，当柏长余得知手术、输血等费用大约要用 1 万多元时，急得六神无主。天啦，她哪里交得出这么多钱呢？为难之际，李正法陪他去找市长张荣茂求援，张市长当即表示："先做手术。救人要紧！"沈阳电视台率先捐赠 1000 元，交给医院为向明春做手术，并拍摄电视新闻播出，再次呼吁各界人士为四川患者奉献爱心。4 月 21 日，沈阳市政府、卫生局、医政处、民政局、红十字会的领导和同志们聚集医院现场办公，分别听取了患者病情、家庭经济状况的汇报，拍板解决了医疗费用。李正法和柏长余才如释重负。4 月 23 日，医生们给向明春冻坏的四肢作了截除手术，当地广播、电视及报社作了报道。手术后，许多人从四面八方涌向医院，有的送来现金，有的送来糖果、馒头和面包……用爱点燃了他的希望之火！

冻伤无情党有情，惨遭不幸遇恩人。经过 43 天的精心治疗和特殊护理，向明春终于痊愈了，1.5 万多元医疗费，只交了 1500 元，其余费用全部由医院承担。5 月 20 日，向明春在亲人的护理下出院启程回四川。临走时，辽宁森工地板实业公司余经理给他捐款 1500元，沈阳市民政收容遣送站赠给他 500 元……

沈阳电视台记者摄下了人们为他送行时那一幕幕感人肺腑的场面。从沈阳到北京直到广安，他沿途受到特殊照顾，一律免费乘车、吃饭。北京到重庆的 9 次特快列车全体乘务员给向明春捐款 445 元，并给他写了一封热情洋溢的慰问信。一路上，不少乘客都给他送钱送物送水果……这一切的一切，向明春看在眼里，记在心上，他不知有多少感激的话儿要说啊！

5 月 23 日，向明春终于从遥远的北国回到了生养他的家乡。从出走到归来，整整 83 天，他历尽艰辛，饱受了人间的冷暖。连日来，乡亲们纷纷前去看望他，为他奉献一片爱心；县、镇、村的干部们也去安慰他，为他排忧解难。

夜幕降临，向明春躺在他那睡了多年的床上，万感交集。

正欲外出打工的人们，你能从向明春的遭遇中吸取什么教训呢？

（选自《人民网评》，2011 年 7 月 28 日）

五、《探访中国慢城》

名词解释："慢城"是指一种放慢生活节奏的城市形态，要求必须是人口在 5 万以下的城镇、村庄或社区，反污染，反噪音，支持都市绿化，支持绿色能源，支持传统手工方法作业，热情接待外来客人，鼓励积极参与公共活动，没有快餐区和大型超市等 54 项标准和公约。首座慢城 1999 年 10 月诞生于意大利奥尔维耶托市，至今已经有 24 个国家的 140 个城市获此称号。

曾被认为没有时间感的中国人，如今似乎变成了最不耐烦的地球人，什么东西都希望快：吃饭要快餐、寄信要快递、火车要特快直达、飞机要京沪快线……而中国首个"国际慢城"桠溪的横空出世，犹如高速公路上的一个掉头标识。这个令人好奇的洋名字，让这个名不见经传的乡村小镇，一下子成了人们关注的焦点。

"慢城是洋人起的绰号"

慢城并非一座城市。慢城位于江苏省高淳县桠溪镇西北部，记者从南京乘车约两小时，穿过一段弯弯曲曲扬尘土路，看到横竖两块牌子，横着一块是"打造长江之滨最美丽乡村"，竖着一块是"国际慢城桠溪欢迎您"，上面有个蜗牛标识。

继续前行约 6 公里后到达桠溪镇中心，到镇上一打听，才知道走过了，到慢城得返回到那个两块牌子的地方。

慢城其实是条长约 48 公里、占地约 49 平方公里、连接 6 个行政村的生态观光带，居住着约两万人。在被授予"国际慢城"称号前，这里被称作"生态之旅"。

想起第一次听说慢城这个洋名字，大山村村民芮建峰笑了。

43 岁的芮建峰，之前在南京做建筑工，妻子农闲时在镇上一家箱包厂做临时工，去年 8 月，芮建峰被村支书"召回"搞农家乐。箱包厂老板不肯放妻子走，"村支书就打电话给老板，说搞农家乐是政治任务，必须回来。"

回来头天晚上睡觉时，妻子推了推他的胳膊："慢城是什么意思？我们村怎么还说是全国第一个慢城哟？"

芮建峰也没搞懂，他说："可能是这里发展得慢吧，外国人也不懂，把慢村写成慢城了。"

妻子知道他是在糊弄她，马上给出了自己的答案："慢城，应该是漫游的地方吧？外地的人漫游到我们这里玩农家乐。"

刚开始说什么的都有，三轮车师傅告诉记者，村里人还有说慢城是洋人给起的个绰号，这里太落后了，发展太慢了。

农家乐开业当天，芮建峰专门问村支书慢城是啥意思，书记说："慢城"就是我们这里原生态保护得好。别人来旅游，可以慢慢吃，慢慢玩，很悠闲，跟城市压力生活不一样。"这下知道慢城是好事了，具体多好，也说不清，只知道会多赚些钱。

慢城生活究竟有多慢

蓝溪村村支副书记张波说，还真没觉得，反正一直这么过，比城里肯定慢。这几年农活上了机械化，一年农忙时间不到 3 个月，年轻人都到城里去打工，收入增加了，不愁吃不愁穿，更没事做了，比以前更闲了。

桠溪镇分管慢城"生态之旅"开发建设的负责人张廷生说，这里有鱼塘、果园，一年四季自给自足，有最自然的生态，还有文化遗址和非物质文化遗产，在这里生活，可以达到与大自然最融合的状态，没有城市的节奏和紧张，高度放松，回归自然。村民们生活富足，养成了慢性子。

正值春茶上市高峰，春茶价格天天掉落，但茶园边休息的王大娘并不着急："能采多少算多少，一天多个十几二十块钱现在也买不到个啥。"

慢城穿插在连绵起伏的两座丘陵之中，从入口起，柏油路两边都是花草，远处漫山遍野的油菜花和绿油油的麦子，水中倒映的白墙黑瓦农舍，犹如一张画。

48 公里的生态路上，每隔两公里左右就有一处农家乐体验园，正是采茶的季节，游客们在茶园嬉戏，采摘碧螺春。竹林里冒出了成片的竹笋，三岁的小孩就能拔起鲜嫩的竹笋。继续前行，还有桃树、梨树、葡萄、红薯、甘蔗、莲藕各种体验园……

边玩边走走完全程，一天的时间打不住，再来上两个采摘，必须得住上一两个晚上，让人不慢下来都不行。

（选自《健康时报》，2011 年 5 月 26 日第三版）

六、《"卧龙"何以腾飞——化工部第二胶片厂成功之路探秘》

（记者夏桂廉，通讯员恭小梅）"伏牛"出山，"卧龙"腾飞。70 年代建在河南省伏牛山深处的化工部第二胶片厂，今天神奇般屹立在南阳市的卧龙岗下，成为我国印刷感光器材生产的基地、河南省利税百强企业。在社会主义市场经济的大潮中，他们越战越强的秘诀是什么？

企业要有一种精神。记者在这个厂采访时，干部职工介绍了他们如何适应市场需求调整产品结构：如何狠抓产品质量促销售；如何狠抓科技进步……但更令人振奋的是，职工们高昂的精神面貌和他们经常提到的企业精神：艰苦奋斗，团结进取。

70 年代初期，二胶厂的建设者们开进了伏牛山。他们住的是简易房，吃的是红薯面窝头，在人迹罕至的深山，万名建设者忍着冬天的奇冷，冒着夏天的酷热，硬是在四年中建起了一座座现代化厂房。二胶厂的许多职工经历了那段日月，创业的艰难磨炼了他们，艰苦奋斗、努力进取的企业精神也像刀刻石雕般印在了这一代建设者的心中。

进入80 年代，电影胶片市场趋于饱和。二胶厂的领导们审时度势，决定转产工业用印刷胶片。新的生产线怎样建起来，是完全靠国家贷款引进国外设备，还是主要靠自己的力量进行技术改造？二胶厂选择了后一条路。几年来，他们对关键设备拉幅机先后进行了4次大的改造，使其能生产0.175毫米厚的涤纶薄膜，填补了国内空白。对涂面机进行了多项改造，实现了微机控制、双机计量等，使生产的车速由18米/分提高到28米/分，控制精度由百分之一提高到千分之零点五。

对国外的先进设备二胶厂并不排斥，适于厂情的或技术改造中的关键设备也要买。他们分别从美英日引进了三条生产线和关键设备，这样技术改造的结果，产品质量上去了，生产成本降低了，同时还锻炼出一批技术过硬能打硬仗的队伍。

1991年，该厂被列为《三线企事业单位"八五"调整规划方案》之中，开始了由山沟到南阳的搬迁工作，除山区暂设分厂外，主要生产机构全部搬出。在搬迁中，该厂只用了6000万元，还比原计划的40天提前了5天。拉幅机搬迁后一次试车成功，工人们精细地拆装，忘我地工作，为国家节省了大量资金，被国务院三线办评为搬迁的典型。转入市场经济后，许多工厂的供销人员成了先富起来的人。然而二胶厂的供销公司仍然有一支不计名利、朴实能干的队伍。公司经理是个血气方刚的中年汉子，在二胶厂已工作20多年。他很为他的同事自豪。他说："我们这80多人长年奔波在祖国各地，只要一说有任务，买张车票就走，出门在外吃住全不讲究，小旅店、小饭馆即可。当然，看到有的单位供销人员拿高奖金，花钱大手大脚，我们也有想法，但我们这支队伍艰苦奋斗的企业精神一直没有丢。"

在二胶厂，一线工人勤恳耐劳，他们很为自己的工厂自豪。迁入南阳后电源不足，对生产有影响，今年春节，工厂决定避开用电高峰照常上班，大家没有怨言，高高兴兴完成了任务。二胶厂的成功，与职工们的精神面貌有重要关系，他们的企业精神从何而来？二胶厂的多数职工都有一段在艰苦环境下创业的历史，他们对工厂有很深的感情，这是很重要的一条。但从干部职工的谈话中，他们十分信赖自己的企业领导，对他们充满信心，也是一条重要原因。

以"全国优秀化工企业领导人"李相权为带头人的领导班子，在工厂中深孚众望。李相权专业知识功底扎实，从企业基层干起，有丰富的实践经验，与二胶厂一起成长，又决定了他有较强的社会责任感和艰苦奋斗干大事业的气魄。

在二胶厂参观，厂房是新的，高水平的设备让行家们眼热，但厂领导的办公室则很普通，他们只是借用了厂科研楼的两层。为工人和科研人员创造最好的工作和生活条件，自己则决不讲排场。春节，工人们加班，李相权和其他领导大年初一的早晨也来到车间，和大家一起工作。

在从计划经济向市场经济的转化中，企业领导人正确的决策是十分重要的。李相权对行业状况、发展趋势、竞争对手的情况都了解甚深，因而有很强的市场驾驭能力。二胶厂的产品转向、技术改造、狠抓质量、开拓市场都渗透着他和领导班子的心血。一个能带领职工沿着正确的航向在市场经济的大潮中拼搏的厂长，自然会得到群众的信赖。当职工看到企业美好前景，个人生活不断得到改善时谁还会不努力工作呢？

（选自《光明日报》，2003年7月26日）

思考与练习

1. 怎样理解新闻写作与新闻传播的相互关系？

2. 什么是新闻的真实性？怎样理解新闻的表象真实与本质真实？在新闻写作和新闻报道中怎样体现表象真实与本质真实的相互结合的特征？

3. 怎样理解新闻的时效性的要求？在现时代条件下，我们在新闻写作和新闻报道中怎样体现新闻的时效性的原则？

4. 动态消息有什么特点？动态消息在写作中应注意哪些方面的问题？

5. 消息的导语在消息中有什么作用？如何写作消息的导语？

6. 怎样认识和理解消息的"倒金字塔"式结构？消息的"倒金字塔"式结构反映出消息在写作中有哪些方面的要求？

7. 写一则篇幅在 500 字左右的校园短消息，要求标题、导语、主体部分完整，写清五个 W。

8. 针对我校范围内今天发生的一起事件，写一则评述性消息。

9. 通讯和消息担负着不同的新闻报道的任务，在报纸上常有这样的情形：先发一则消息，在次日或几天以后再发报道同一事实的通讯。试从最近报纸上找出这样的通讯和消息，进行分析比较，说明这两种体裁在写作上的异同点。

10. 练习写通讯，首先要善于从平常的生活中取材立意。找一篇写人的通讯，分析其写人的特点和手法，然后在采访你所熟悉的人的基础上写一篇人物通讯，要求刻画出个性鲜明的人物形象。

11. 写一篇叙事的通讯，认真体会在写作过程中记人与叙事的有机结合。

12. 阅读下面一则消息，并找出新闻各要素，分析其写作特点。

第六届韩媒体高层对话在韩国举行

本报首尔 6 月 16 日电 （记者万宇、刘华新）由国务院新闻办公室和韩国文化体育观光部共同主办、韩国 21 世纪韩中交流协会协办的第六届"中韩媒体高层对话"16 日在韩国首尔举行。中宣部副部长、国务院新闻办公室主任蔡名照，韩国文化体育观光部次官金钟出席开幕式并发表主旨演讲。

蔡名照说，一年来，中韩双方积极落实两国元首去年 6 月在北京会晤时达成的共识，推动两国友好合作取得了一系列新成果。他指出，中韩关系的成就与两国媒体的共同努力密不可分。中韩媒体加强交流合作，顺应两国民众期望，符合两国人民利益。希望中韩媒体牢牢把握两国关系发展的主流和方向，不断提升合作的质量和水平。

中韩双方 30 多家主流媒体的 40 余名代表就"媒体在促进中韩关系及东亚和平与发展中的作用"等议题进行了理性深入的讨论。

中韩媒体高层对话创办于 2009 年，宗旨是鼓励两国主流媒体负责人就双方共同关心的问题进行深入探讨，加强两国媒体的相互信任和务实合作，为进一步夯实中韩友好关系的基础、推进中韩战略合作伙伴关系深入发展营造和谐的舆论氛围。（《人民日报》，2014 年 6 月 17 日。）

第六章　文学文体

本 章 导 学

　　文学文体是所有文体中最重要的构成部分，历史悠久，影响深远，也是同学们最为熟知的文体。在中小学课文里选录的和我们平时写作的大多数文章，都属于文学文体。本章重点讲授常见的诗歌、散文、小说三种文体的写作，要求大家在学习时，除了对相关文体知识有一个全面准确地把握之外，重点把握各文体的特点和写作方法，能够在全新的理论指导下写出合格的文学作品。

第一节　诗歌的写作

一、诗歌的含义

　　诗是文化的先河。最早的诗歌，与音乐、舞蹈是合为一体的。但当时的诗和歌都有各自特定的含义，其中不合乐者称为"诗"，能合乐者称为"歌"。（诗歌的产生甚至早于文字。散文多半是实用性的，而诗歌往往是人类情感的自然抒发。）

　　《毛诗序》中有云："诗者，志之所之也，在心为志，发言为诗。情动于中而形于言；言之不足故嗟叹之；嗟叹之不足故永歌之；永歌之不足，不知手之舞之，足之蹈之也。"可见，诗与歌，在古时候是同出一源的两种艺术形式。

　　后来，随着社会生活的日益繁复和历史的发展，诗和歌逐渐合流，称为"诗歌"或者"诗"，含义也随之演变。

　　古代的诗歌包括律诗、词曲等诸种文学样式。当代的诗歌专指词曲以外的狭义的诗歌，是一种与小说、散文、戏剧并列的文学体裁。

　　对于诗歌的内涵，历来有许多说法，各不相同。这里仅举几个有代表性的：

　　《写作知识辞典》：诗歌是文学体裁的一种，通过有节奏、韵律的语言反映生活，抒发感情。

　　《中国诗歌大辞典》：诗歌是一种抒情性最强的文学样式。它饱含着强烈的感情和丰富的想象，高度概括地反映社会生活，语言凝练、形象，富于节奏感和音乐美。

　　何其芳《关于写诗和读诗》：诗是一种最集中的反映社会生活的文学样式，它常常以直接抒情的方式来表现，并且在精练与和谐的程度上，特别是节奏的鲜明上，它的语言有别于散文的语言。

　　综上所述，我们不难归纳出人们对于诗歌认识的共同之处：内容上，反映社会生活，饱含着情感和想象；形式上，集中精练，讲究语言的节奏和韵律。

由此，我们可以这样定义：诗歌是一种饱含着情感和想象，以富于节奏和韵律的语言集中精练地反映社会生活的文学体裁。

二、诗歌的分类

(一)按内容和表达方式分

1. 抒情诗

抒情诗是以抒发感情为主要表达方式，侧重表现作者对社会生活的内在感受和体验的诗歌。它一般不具体叙述生活或人物的全过程，没有完整的故事情节，也不塑造完整的人物形象，只是通过对一些生活的片断或事物形象的描绘，表达作者内心的情感。

抒情诗有直接抒情与间接抒情之分。前者直抒胸臆，是作者心声的直接表露。后者往往依附于一定的人、事、物、理，借景抒情，寓情于理，或托物言志。如冰心的《一句话》：

　　那天湖上是漠漠的轻阴
　　湿烟盖住了泼剌的游鳞
　　东风沉静地抚着我的肩头
　　"且慢，你先别说那一句话！"

　　那夜天上是密密的乱星
　　树头栖隐着双宿的娇禽
　　南风戏弄地挨着我的腮旁
　　"完了，你竟说出那一句话！"

　　那夜湖上是凄恻的明月
　　水面横飞着闪烁的秋莹
　　西风温存地按着我的嘴唇
　　"何必，你还思索那一句话！"

　　今天天上是呼呼的风沙
　　风里哀唤着失伴的惊鸦
　　北风严肃地擦着我的眼睛
　　"晚了，你要收回那一句话！"

这是一首为悼念亡友而写的诗，但作者并不直接提及自己的目的，而是放手写景。在对春夏秋冬的景物勾画中赋予感情色彩，形象地表现了犹疑、后悔、紊乱、凄楚的心境。

冰心十分注重通过意象来袒露心怀。她的一位女友跟一个出身贫寒的男同学相爱，遭到了家庭的极力反对，后来一个有名望的家庭前来求婚，女同学就给远在美国的冰心写信说："就等你一句话"。冰心回答说："可以嘛！"十几年后女友病逝，冰心想起了自己的违心话，就写了《一句话》。通过氛围的铺陈，冰心用凄美的意象准确表达了自己当时复杂的心情。

2. 叙事诗

叙事诗是一种通过叙述故事情节、塑造人物形象来反映社会生活，抒写作者对社会、人生的认识和情感的诗歌，它介于诗与小说之间。如白居易的《长恨歌》，现代白话体诗歌有李季的《王贵与李香香》以及阮章竞的《漳河水》。

如果说抒情诗是以情感的层次和变化来贯穿的话，那么叙事诗则是以情节和人物来串连的，但是，它又不像小说一样要对情节人物作细致的描述，而是以诗的形式作精炼的概括，注重表现诗人于人、事中的情感。

可以说，叙事诗是通过叙事来加深抒情，运用抒情来推进叙事，它把两者有机地结合起来，往往能起到抒情诗和小说都难以起到的作用。叙事诗按取材的特点和篇幅的长短，可以分成史诗、长篇叙事诗和小叙事诗。

（二）按诗歌的表现形式分

1. 旧体诗

主要指按一定格律写成的诗。这种诗体式整齐，格律严谨，每句的字数、平仄、对仗、韵脚，都有严格的规定。可谓是：诗有定行，行有定字，字有定韵。如律诗、绝句、词曲等。

律诗每首八句，绝句每首四句，有七律、五律等的分别。在体式与格律上，要求非常严格。

2. 新诗

新与旧是相对面言的。新诗出现在"五四"新文化运动以后，其"新"主要表现在用白话入诗，摆脱了格律的束缚，写法自由，长短灵活，所以又称为白话诗。如胡适的《乌鸦》就是最早出现的白话诗之一。比起旧体诗来，显示了不拘格律的灵动与活力。

我大清早起，

站在人家屋角上哑哑的啼。

人家讨嫌我，说我不吉利：——

我不能呢呢喃喃讨人家欢喜！

天寒风紧，无枝可栖。

我整日里飞去飞回，整日里又寒又饥。——

我不能带着鞘儿，翁翁央央的替人家飞；

也不能叫人家系在竹竿头，赚一把黄小米！

全诗以一只不肯讨好、不甘束缚的乌鸦自比，抒发了作者要求个性解放，追求人格独立的思想情绪，没有刻意求押韵，语言平白浅显，但读来也不乏和谐动听之处。

3. 歌谣

歌谣是民歌、民谣、儿歌、童谣的总称。我国古代，以合乐为歌，徒歌为谣，现代则统称歌谣。歌谣在人民群众的劳动中产生，大部分为群众口头创作，有浓厚的生活和劳动气息，情感真挚，格调清新刚健，语言朴实，其响亮的音韵和强烈的节奏正合于劳动的步调。如：

山外青山楼外楼，英雄好汉争上游。争得上游莫骄傲，还有好汉在前头。

可以说歌谣由于贴近社会，而有了历久常新的生命力。这也使它成为文人学习的榜样。不少诗人就从民歌民谣中汲取养分，创作歌谣体诗歌，反映劳动人民的精神和生活。

如刘大白的《卖布谣》：

嫂嫂织布，哥哥卖布。

卖布买米，有饭落肚。

嫂嫂织布，哥哥卖布。

弟弟裤破，没布补裤。

嫂嫂织布，哥哥卖布。

有谁买布，

前村财主。

土布粗，洋布细。

洋布便宜，财主欢喜。

土布没人要，饿倒哥哥嫂嫂！

以一个农家少年的口吻，叙述了农村家庭织布、卖布的艰难，从一个侧面反映了旧中国农村经济在侵略者的攻陷下，趋于破产的社会现实。诗歌整齐上口，明白如话，这正是歌谣体诗歌的典范之作。

除了按内容和表现形式划分的诗歌类别外，由于艺术风格的独特，一些诗歌往往会被人们单独提及，比较常见的如讽刺诗、朦胧诗、朗诵诗、街头诗等。

三、诗歌的特点

（一）丰富的情感

诗人臧克家指出："诗歌在文艺领域上独树一帜，旗帜高举两个大字：抒情。叙事诗也不能忽视这个特点。"

的确，所有好诗都是从强烈的感情中自然而然地溢出的。对此，我国唐代大诗人白居易曾作过一个精妙的比喻："诗者，根情，苗言，华声，实义。"

对一首诗来说，情、言、声、义，缺一不可，但其生命的根基却是情。所以，诗贵有情，情感的激流，推动着诗人的创作，他们不但用抒情的方式反映生活，表达意愿，而且以抒情的方式打动、教育读者。不含情的诗歌是呆板僵硬、无以动人的。

试比较下面这两首诗：

其一	其二
一把把刺刀似一条红河，	祖国授我枪一杆，
一杆钢枪如一座哨所，	端在手中细细掂；
一名战士像一把大锁，	谁说这是七斤半？
一颗红心上立着祖国。	千山万水交给咱。

两首诗都想表现战士热爱祖国，忠于职守的主题。但第一首中，不见丝毫的激情与热忱，只有几个干巴巴的比喻，完全没有达到创作的目的，自然也就无法打动读者了。这样的诗，徒具诗的外形，却没有诗的生命，就像人没有灵魂。而第二首，作者加了强烈的主观意识，其间责任感充溢，有了情感的参与，效果大不一样。

可见，诗的首要任务是抒情，叙事诗也不例外。当然叙事诗是"因表情而写事，因叙事以抒情"。因为它跟单纯的抒情诗不一样，它要叙事，但首先是诗，而诗就要抒情。丰富的情感，是诗的血液和灵魂。艾青说，抒情在诗里的存在，有如情感之于人类的存在，是永久的。

情感于诗如此重要，当然，诗对情感的要求也很高。

1. 要真

诗人必须敞开心扉，说真话，抒真情。"为文造情"或"为赋新词强说愁"的故作姿态，只能是坏了读者胃口。说真话，也就是要真实地反映现实。

艾青说："并不是每首诗都在写自己，但是，每首诗都由自己去写——就是通过自己的心灵去写。没有兴奋要装出兴奋，必然会撒谎。自己没有感动的事，不可能去感动别人。"

"脱离生活的创作是玄虚的。回避心灵的诗歌是苍白的。"诗，就是诗人自己。诗人所反映的生活现实和情感体验，应该而且必须是自己深切感受到的、体会到的，有真情实感，有自我个性的诗，才能感动自己，进而感动他人。

2. 要健康、高尚

诗歌的情要真，但也并非说只要真实，七情六欲都可入诗，这样的诗情又不免有泛滥之嫌。因此，诗中的情感还应当是经过提炼、升华的情感，而不应把个人的霎时悲欢或一触即发的官能反应带进诗中。

因为，艺术作品的价值取决于它所表现的情绪的高度。诗歌所抒的真情，应该纯真美好，这样才能净化人的灵魂，具有真正的艺术审美价值。

3. 要有时代感

伟大的心灵，总是负载着民众的苦乐，汹涌着时代的激流。所以，优秀的诗篇，出色的诗人，总是使自我与时代息息相通。

屈原的"长太息以掩泣兮，哀民生之多艰"，杜甫"安得广厦千万间，大庇天下寒士俱欢颜"之所以千古传唱，也就是因为他们把自己置身于人民中间，诗中的"小我"与"大我"达到了统一。

因此，诗人应当站在历史前进的方向上，表现时代的情绪和力量，诗歌就会具有强大恒久的生命力与感召力。优秀的诗篇，本身就是时代本质的真实映像。

顾城《一代人》只有两句，却被大家广为传颂："黑夜给了我黑色的眼睛，我却用它来寻找光明"。这是作者写于1979年的一首诗，黑夜，便是对时代之暗的隐喻。眼睛是黑暗之中的黑暗，然而眼睛却最终要脱离它的母体，叛逃黑暗，而投向光明。这一个短句巧妙地完成了对那个拨乱反正年代里民众心声最精粹的概括，表达了经历过"文革"的广大群众的心声。所以一时也使得顾城名声大振。

(二)神奇的想象

诗歌被称作"想象的语言"，可以说，想象是诗歌开展形象思维、创造艺术形象和意境的主要手段。可以说，没有想象就没有诗。毛泽东曾说过："太现实了，就不能写诗了。"这是朴实而又非常有哲理的。优秀诗人的想象力是极丰富的。如顾城的《一朵小花的信念》：

在山石组成的路上
浮起一片小花
它们用金黄的微笑
来回报石块的冷遇
它们相信

最后，石块也会发芽

也会粗糙的微笑

在阳光和树影间

露出善良的牙齿。

在顾城的笔下，世界可以如此温暖。在这首诗里我们读到一个美丽和谐的主题。小花的信念，表现了一个人坚持追求，坚持希望。在这里，我们看到石头有牙齿，这是多么美妙而神奇的想象，怪不得人们称顾城是一个童话诗人。而童话，离开了想象又怎么成？

马雅可夫斯基为了对一个在火车上同路的女人表示他对她完全没有邪念，诗人就说道："我不是男人，而是一朵穿着裤子的云"。同样，想象多么奇特而生动，两年后，他还用《穿裤子的云》为题，写了一首长诗。

如果让同学们将自己平时的某种心境——比如说寂寞，化为一种可感的意象，你们会想到什么？找得到它们之间的相似处吗？云？一条孤寂的山间小路向远方延伸？半弦月？草原上的一棵树？有没有人想到蛇？

试看下面冯至的《蛇》：

我的寂寞是一条蛇，

静静地没有言语。

你万一梦到它时，

千万啊，不要悚惧！

它是我忠实的侣伴，

心里害着热烈的乡思，

它想那茂密的草原——

你头上的、浓郁的乌丝。

它月影一般轻轻地

从你那儿轻轻走过；

它把你的梦境衔了来，

像一只绯红的花朵。

正如大家所知道的那样，这是一首写给心仪姑娘的情诗。可是作者为什么会在情诗里提到蛇呢？他不怕将心上人给吓着吗？其实这首情诗之所以脍炙人口，就是原于这一新奇想象。

将寂寞比作蛇，给人一种出乎意料的感觉。大概很少有人能认为这二者之间会有什么联系，可以建立起一种比喻。而一旦诗人建立了这种关系以后，读者就不免细细去体味这之间的相似，便会觉得，这两者间真的有一种说不清的微妙的相似。

（三）优美的语言

诗歌是一种最精美的语言艺术，艾青说："诗是艺术的语言——最高的语言，最纯粹的语言。"由于诗歌与音乐先天的血缘关系，它对字、词、句的要求特别高，不但要精炼内蕴，而且要富于节奏和韵律，使诗既回味无穷又朗朗上口。

总的来说，诗歌语言的特征体现在：

1. 精练内蕴

诗歌总是力求以较少的篇幅容纳较多的内容。所谓"字唯期少，意唯期多"，言简意深，耐人寻味是诗追求的一种艺术境界。正因为如此，诗人们都十分讲究炼字，以求"着一字而境界全出"的效果。诗人们常常会感到"富于万篇，而贫于一字"，会因为"两句三年得，而一吟双泪流"（贾岛）。由此，足见这"一字"的功效与难得，它往往需要诗人们倾尽心血去搜寻，台湾诗人余光中的诗的炼字一直为人所称道。看看下面的这首《当我死时》：

当我死时，葬我，在长江与黄河
之间，枕我的头颅，白发盖着黑土
在中国，最美最母亲的国度
我便坦然睡去，睡整张大陆
听两侧，安魂曲起自长江，黄河
两管永生的音乐，滔滔，朝东

这是最纵容最宽阔的床
让一颗心满足地睡去，满足地想
从前，一个中国的青年曾经
在冰冻的密西根向西瞭望
想望透黑夜看中国的黎明
用十七年未餍中国的眼睛
饕餮地图，从西湖到太湖
到多鹧鸪的重庆，代替回乡

诗歌"葬我"于整张大陆的奇伟想像，表现了要以整个身心拥抱祖国大地的渴望，传达出对故国强烈深沉的爱恋。上片遥想未来。一个"枕"字，名词用作动词，既强调了动感又写出在母亲怀抱里的安然情状；"白发"衬着"黑土"，着字不多，但色彩对比鲜明，涵盖人生的沧桑与爱恋的永恒。下片回首从前，交待对祖国爱恋的深长。"满足地睡去"与上片"坦然睡去"相呼应，再次强调回到祖国母亲怀抱后的安适；"冰冻的密西根"和"黑夜"，既代表自己的人生经历，又是以异国的寒冷作反衬，突出祖国的温暖；"饕餮"同样是名词作动词，描写贪婪吞食地图的情状，写尽了游子怀乡的饥渴和对祖国的仰慕。

2. 有节奏感

在诗歌里，节奏指的是语音、语调的有规律运动所造成的抑扬顿挫、轻重缓急等高低间隔和时间间隔。它具体体现为诗中的顿和逗。现代心理学认为，人对节奏有一种自然的情绪反应。所以，诗歌中的节奏就不仅是凝聚词句和调节呼吸了，它还具有传达情感起伏变化的作用。

好的诗歌常常要求外在的声音节奏和内在的情感节奏应相统一。所以，要表现豪迈激昂的情绪，往往采取明快紧凑的节奏；而要表现深沉婉转的情绪，则常采用平和舒缓的节奏。比如徐志摩的《再别康桥》：

轻轻的/我走了，
正如我/轻轻的来；
我轻轻的招手，

作别／西天的／云彩。

那河畔的／金柳，
是夕阳中的／新娘；
波光里的艳影，
在我的／心头／荡漾。

软泥上的／青荇，
油油的／在水底／招摇；
在康河的／柔波里，
我甘心／做一条／水草

朗诵这首诗时，有意识的停顿和加重，诗歌就会有一种高低起伏，错落有致的节奏感，进一步增强读者品味的效果。节奏之于诗是它的外形，同时也是作者内在的情绪的表现。如"没有诗是没有节奏的，如果诗没有节奏，那只能说明它不是诗"。

3. 有韵律美

诗讲究押韵，所谓押韵就是相同或相近的韵字在诗句的一定位置上，有规律地反复出现。

中国汉字的音节，包括声母和韵母两部分，押韵，就是押韵母相同或相近的字。由于这个字，往往是诗行最末尾的一个字，因此就叫韵脚。如杜甫的《春望》：

国破山河在，城春草木深。感时花溅泪，恨别鸟惊心。

烽火连三月，家书抵万金。白头搔更短，浑欲不胜簪。

就诗的每一句来说，总的格律要求每两个字一换平仄。就句与句的关系来说，要求上下两句平仄要相反。这首诗不仅在音律上是对仗的，而且在字义上也是对仗的，"山河在"与"草木深"，"花溅泪"与"鸟惊心"，都构成词性与词义上的对应关系。（平——阴平、阳平，仄——上、去、入三声。）

我国古代的格律对押韵要求很严，现代诗歌对韵律要求则宽松，要求押大致相近的韵就可以了，这样既可以使诗歌的形式自由，也可以保证诗歌在吟诵时能有和谐悦耳的韵律。

现代诗歌也有一部分是不押韵的，即便押韵，其密度与方式也会有所不同。或句句押，或隔句押，或一韵到底，或换韵。一般而言，要根据诗的内容和情感浓度来决定韵的疏密和押韵的方式。那些婉转深情、比较缠绵的诗，则可以押得稀疏一些，或者采取换韵的方式，使诗读起来一唱三叹，宛转深沉。而表现豪情壮志、比较激越的诗，可以押密一些，或一韵到底，使诗读起来一气贯通，急促有力。比如下面这首戴望舒的《等待》：

你们走了，留下我在这里等，
看血污的铺石上徘徊着鬼影，
饥饿的眼睛凝望着铁栅，
勇敢的胸膛迎着白刃：
耻辱粘着每一颗赤心，
在那里，炽烈地燃烧着悲愤。

把我遗忘在这里，让我见见
屈辱的极度，沉痛的界限，
做个证人，做你们的耳，你们的眼，
尤其做你们的心，受苦难，磨练，
仿佛是大地的一块，让铁蹄踩践，
仿佛是你们的一滴血，遗在你们后面。

没有眼泪没有语言的等待：
生和死那么紧地相贴相挨，
而在两者间，顽长的岁月在那里挤，
结伴儿走路，好像难兄难弟。

冢地只两步远近，我知道
安然占六尺黄土，盖六尺青草；
可是这儿也没有什么大不同，
在这阴湿、窒息的窄笼：
做白虱的巢穴，做泔脚缸，
让脚气慢慢延伸到小腹上，
做柔道的呆对手，剑术的靶子，
从口鼻一齐喝水，然后给踩肚子，
膝头压在尖钉上，砖头垫在脚踵上，
听鞭子在皮骨上舞，做飞机在梁上荡……

多少人从此就没有回来，
然而活着的却耐心地等待。

让我在这里等待，
耐心地等你们回来：
做你们的耳目，我曾经生活，
做你们的心，我永远不屈服。

押韵比较自由，韵脚比较疏，声调就显长些。正适应了诗作恬然温柔的情调。其实，韵律与节奏一样，都与诗的情感密切相关。好的韵律，总是与诗的情感保持一致，好的诗人，也总善于寻找表达自己情感的韵律。

(四)美的结构形式

我国的古诗，韵律严格，但不一定分行排列，现在看到的整齐分行的古诗，多是后人分的。五四以后，新诗虽没有严格的平仄声韵要求，但都要分行排列。所以与别的文学体裁相比，诗歌在形式上有更多的变化。

分行排列，是诗歌的外部标志。但分行，也各有各的特征，呈现出不同的美感。

一是整饬的美：如闻一多的《死水》，每句九字四顿，无论章法还是音韵，都十分匀称。

二是参差的美：诗行的字数，顿数都是不固定的，随着情感的波动而变长或变短。如贺敬之的《放声歌唱》：

头上，
还会有
不测的
风雨……
迎接我的呵，
还有无数
新的
考验，
而灰尘
和毒菌
还会向我
偷袭

三是回环的美：这种行列就是在各个诗节之中有相同或相近诗行令它们相互联结，使全诗一环扣一环，相互呼应。比如刘半农的《教我如何不想她》：

天上飘着些微云，
地上吹着些微风。
啊！
微风吹动了我头发，
教我如何不想她？

月光恋爱着海洋，
海洋恋爱着月光。
啊！
这般蜜也似的银夜，
教我如何不想她？

水面落花慢慢流。
水底鱼儿慢慢游。
啊！
燕子你说些什么话？
教我如何不想她？

枯树在冷风里摇，
野火在暮色中烧。
啊！
西天还有些儿残霞，

教我如何不想她？

全诗总共四节，每节都以"教我如何不想她"作结，既使情感的抒发有连绵不绝之势，又使诗歌外形上节节相扣，浑然一体。

这里还应当提及的是，诗歌的结构体式是其抒情与语言的特别要求，往往会造成一些特殊的句式。这些句式在语法上不能按平常的句子来看待，它们在其他文学体裁中可能是病句。但是在诗歌里，由于音韵以及其他艺术手段的弥补，它们不仅"合理存在"，而且还别具诗意。

如余光中的《当我死时》若按规范的语法结构，上片应该改写：

当我死时，葬我，在长江与黄河

之间，枕我的头颅，白发盖着黑土

在中国，最美最母亲的国度

我便坦然睡去，睡整张大陆

听两侧，安魂曲起自长江，黄河

两管永生的音乐，滔滔，朝东

当我死时，葬我

（让）我的头颅枕在长江与黄河之间

（让我）白发盖着黑土

我便在中国，最美最母亲的国度坦然睡去

（我）睡（的是）整张大陆

（可以）听两侧起自长江、黄河的安魂曲

（像）两管永生的音乐，朝东滔滔（流去）

但是，如此一规范，明显地就没有诗味了。原有的诗句，作者在分行时运用了违反语法的技巧，使得诗行和词句都暗合于平仄和节拍，又以不规则的断句，加长了句子的气韵。所以当诗歌诉诸听觉时，声调的抑扬顿挫和语气的凝重沉缓就造成了一种沉厚宏阔之势。这种声势，不是严谨规范的语法所能表现的。

然而，诗的分行也并非我们想象的那样，可以乱分。最自由其实不自由。诗句违反语法规范并非任意而为，它仍然要合于诗歌情感表现的需要，而且还需要作者有圆熟的语言技巧和深厚的文法功底。

四、诗歌的创作要求

（一）捕捉灵感

"灵感"一词，最早见于古希腊，本意为"灵气的吸入"，长期以来，它都很神秘化。其实，灵感与抽象思维、形象思维一样，是一种来源于现实生活的思维形式。所以，对于诗歌创作而言，它可以说是"凭着丰富的生活积累，开展积极的思维活动，突然爆发出来能使思路豁然开朗的一种精神状态，也是诗人形象思维从量变到质变所产生的一种创造力"。

可见，灵感就像一朵生长在生活土壤中的奇异花，它需要长期浇灌培养，只有持之以恒地付出才能采到它。它出现在写作者的艰苦劳动中，产生在思维从量到质的飞跃时，具有以下三个特点：

1. 灵感是"情感被诱动的高潮"

1919 年，郭沫若在日本求学，一天上午，他到福冈图书馆去看书，诗兴突然袭来，他便走出图书馆，赤了脚在地上走来走去，后来干脆倒在地上，去和"地球母亲"亲昵，"去感触她的皮肤，受她的拥抱"，并在这种情感的激荡下，跑回寓所，一口气写下了《地球，我的母亲》一诗。

当然，并非所有人在写诗时，都会如郭沫若一样如痴如醉，但是长期苦思抑制的大脑神经会因为灵感的袭来而变得高度兴奋却是无疑的。因此，灵感到来，就会诱发强烈的感情冲动，让人不由自主，达到"忘我"的境界。

2. 灵感是"创造力达到最终点的那一刹那"

写诗其实也是一种厚积薄发，经过长期积累，潜心思索，诗人的创造力最终化成一股巨大的力量，冲开现实的限制，顿时豁然开朗。有获得诺贝尔奖的科学家指出，灵感是一种顿悟，在顿悟的那一瞬间，你能将两个并不相关的概念串联在一起，解决重要难题，或缔造新的发现。

在诗歌的创作中，灵感的爆发，会使作者头脑中原本零星的、不成系统的材料贯通整合，使思路通达，文思泉涌，发挥出巨大的创造力。

3. 灵感转瞬即逝

"作诗火急追亡捕，情景一失后难摹"，苏东坡的这两句诗，形象地说明了灵感的来去只在弹指之间，捕捉灵感一定要迅速及时。

的确，灵感要以长期积累的情感和创造力作基础，但是它的到来却不可预料，而且稍纵即逝。所以，想将诗歌写好的同学，除了在平时耐心观察与体验生活之外，还要注意珍惜这种灵光乍现的思想火花。像诗人李瑛，他身边随时携带一个小本子，用来记录突如其来的创造灵感。碰到小本子不在时，他就把灵感记在伸手可及的纸张、报纸上，让自己留下追思的轨迹。

一个写诗的人应当主动去接近灵感，获得灵感，而不是被动地等待灵感的光顾。这包括尽量扩大你的生活范围，拓宽你的视野，不能将眼光仅仅投注在自己那狭小的一亩三分地上。孤陋寡闻的人难免感觉迟钝。同时，博览群书，增加阅读量。博览可以提高修养，书不仅使人明智，而且可以为你提供丰富多彩的创作材料。要想使灵感成为经常光顾的朋友，自己首先必须是一个内在丰富、情趣广泛的人。此外，有了灵感，就要及时捕捉。否则"情景一失后难摹"，给你造成的损失将会是不可估量的。

(二)巧妙构思

1. 确立主题，选取角度

生活中触动我们的事很多，从社会变革到个人际遇，从炫目的太阳到一只小贝壳；但并非所有的触动都能成诗，还需要一个酝酿提炼的过程。

流沙河曾作过一首《太阳》，最初这个立意的形成是文革时期。当时的造反派将"太阳只是银河系里一颗平凡的恒星"这一天文常识，看作是犯罪言论。有感于此，他萌生了批判个人迷信的创作意念，但当时没有动笔。

到 1979 年，思想解放了。作者此时下笔写作，当想象着美丽的星际和灿烂的未来时，他又觉得诗的主题可以再作开掘，不应当只停留在宣传天文常识上，而要更上一层，赞美人类探索未知领域的壮举。可见，霎时的触动是粗糙肤浅的，只有不断琢磨、提炼，才能使诗意升华。

2.组织意象,扩充张力

诗歌的主题需要形象的表现。一首好诗,不会只有铿锵的外壳,也不会只是单调的说教,而是情趣与理趣兼备的。诗的外在,常常体现为韵与象。

韵,节奏与韵律,前面我们讲到过了,它是诗之声。

象,是意象,是诗之貌。"意":即作者的情感和想象;"象"即具体表现出来的形象。

北大中文系教授袁行霈先生在他的《中国诗歌艺术研究》一书中,对"意象"的解释是:"意象是融入了主观情感的客观物象,或者是借助客观物象而表现出来的主观情意"。

比如只说"云",它只是一个客观物象,而说"孤云",则带上了作者的主观感受,就成为意象了。比如下面这首纪弦的《你的名字》:

用了世界上最轻最轻的声音
轻轻地唤你的名字每夜每夜。

写你的名字,
画你的名字,
而梦见的是你的发光的名字。

如日,如星,你的名字。
如灯,如钻石,你的名字。
如缤飞的火花,如闪电,你的名字。
如原始森林的燃烧,你的名字。

刻你的名字,
刻你的名字在树上,
刻你的名字在不凋的生命树上。

当这植物长成了参天的古木时,
啊啊,多好,多好,
你的名字也大起来。
大起来了,你的名字。
亮起来了,你的名字。

于是,轻轻轻轻轻轻地唤你的名字。

作者以呼、写、画、梦心上人的名字来表现强烈的爱慕。心上人的名字,在这里已不仅仅是一个名字而已了,而成了一个寄托作者内心深情的物象,也就是诗中的核心意象。有了这一意象,作者的深情便变得鲜明可感。诗也因此而情趣盎然。

诗歌里必须有意象才美。回顾一下我们中学时代所学的古诗,不难发现,古人的情感几乎全是依托于物象来作唯美表现的。

比如说柳,它是离别的意象。"昔我往矣,杨柳依依;今我来思,雨雪霏霏。"柳永《雨霖铃》词中的"今宵酒醒何处？杨柳岸、晓风残月"。除此之外，离别的意象还有：长亭，酒。"寒蝉凄切，对长亭晚"等。王维的《渭城曲》中的"劝君更尽一杯酒，西出阳关无故人"，白居易《琵琶行》中的"醉不成欢惨将别，别时茫茫江浸月"等，都是以酒抒写别离之情。此外，月是思乡的意象。举头望明月，低头思故乡，等等，不胜枚举。红豆、莲、连理枝、鸳鸯等都是爱情的意象。那么，这些意象如何组织在一起呢？意象的组合有两种方式：

一种是明线组象，即有明显的成像线索，或按时间发展，或按感情变化组成意象。

比如上面那首《你的名字》，由唤、写、画，到梦，再到刻，随着情感浓度逐步增加，意象变化渐渐形成。

而《当我死时》，则沿着现在——未来——过去的时间线索展开想象，串接组合出游子思乡至死不渝的意象。这种组象方式线索分明，符合人的思维习惯，比较适合于初学写诗的同学。

另一种是暗线组象，即没有明显的成像线索，它往往是组合互不相涉的场景或空间，但没有直接的串接，只是把它们放在一起时，会呈现出一种共通的形象意义。比如下面这首《沙漠六变奏》：

一个面裹白纱的白衣人
跪在沙地上哭了

无能怀孕的母亲
把脸埋在她的胸臆

拜月野狼高举前蹄
向悲寒的月光悲嗥

骆驼驮着一具死尸
伴星光赶路

军队是两排移动的植物
一株株枯萎

迷路的旅者
向太阳高举六弦琴

这里六节诗，一节是一个独立的画面，它们没有外在联接，但都表现了一种静寂、肃穆的气氛。所以放在一起时，就显示出一种共通的意义，组成了生命祭礼式的孤执意象。

这种组象方式在我国古代诗人马致远《天净沙·秋思》中也有充分体现。暗线组象，可以拓展想象空间，使意象具有苍茫辽阔之感，但较难把握，不易写好。

诗人组织意象的过程，同时就也是组织诗歌结构的过程。怎么让意象有组织地一步步表现出来，具体到写作上，就是一个层面一个层面地表现意象。诗歌的层面，体现了诗人的思路，它一般是一节诗，但有时也会几节诗同属一个层面，或一节诗里包含几个层面。

层面之间聚合紧密，证明诗人思路紧凑清晰。我们一般把这种诗歌层面之间显示出来的聚合力叫做张力。诗歌要有张力，就得立意明确，同时意象也要讲究精简合理。

能组织意象的材料很多，但正所谓"过犹不及"，如果不加选择地一律录用，反而会因为庞杂、累赘而破坏意象的鲜明，也不能给读者留下想象的空间。因此，无论是明线还是暗线组象，都应该对材料进行精挑细选，找寻出它们之间的必然联系。因为正是这些内在联系的有条理交织，才构成了诗歌的张力，使它像一张网一样，拉紧诗歌的结构。

以纪弦的《你的名字》为例，爱人在那么多可思慕的东西中，诗人独选择"名字"作为感情的依托。当情感浓度逐步递增时，主人公的行为也越加"痴狂"，但诗作也并不多举，只是选择了"呼、写、画、梦、刻"这几个渐次"升级"的举动，使之与情感相应。由于材料精简，又有内在的必然联系，所以诗歌内容虽不多，意象却随情感变化层层凸显。同时，各层面与主人公情感的升级而被渐渐拉拢，使得全诗浑然一体，极富感染力。

（三）写好开头结尾，讲究起承转合

1. 开头

"好的开头是成功的一半"，诗歌篇幅一般不长，开头就显得尤其重要。常见的开头有：

开门见山，直接道来。比如《当我死时》，第一句就是"当我死时，葬我，在长江与黄河/之间，枕我的头颅，白发盖着黑土"以及《你的名字》首句便是"用了世界上最轻最轻的声音/轻轻地唤你的名字每夜每夜"。这种方式特别适合于初学者。

先言其他，再入正题：这是一种渲染、铺陈式的开头。容易造成一种气氛，将读者慢慢引入正题。具体而言，又有起兴、曲折、层叠。

起兴。先言他物，作为开端，再说正题。如《孔雀东南飞》的开头："孔雀东南飞，五里一徘徊。"

曲折。就是从别的事物慢慢说起，渐渐地进入正题。

层叠。就是层层铺叠，造成一种递进之势，逼向正题。如杜运燮的《雷》，歌颂革命的到来如滚滚春雷，势不可挡，开头就用四行诗做了四层铺叠：随着陆陆续续的闪电警告：他们来了！/阵阵风都传播着到来的确讯：他们来了！/每一叶片每一枝条都遥指着：他们来了！/每双眼睛在渴望，每张嘴在颤动：他们来了！

设疑比喻，造成吸引。用问句形式起头，造成悬念，吸引别人读下去。比如汪静之的《蕙的风》"是哪里吹来/这蕙花的风——/温馨的蕙花的风"立即给诗歌笼罩上一层如真如幻的迷蒙之美。

比喻起头更常见。如骆耕野的《不满》，开头先用比喻使"不满"这一抽象流动的情绪获得生动具体的形式，令诗中感情的喷发有所依托，不至空洞。

像鲜花憧憬甘美果实，

像煤核怀抱着燃烧的意愿：

我心中孕育着一个"可怕"的思想，

对现状我要大声地喊叫出：

——"我不满！"

谁说不满就是异端？

谁说不满就是背叛？

是涌浪，怎能容忍山涧的狭窄，

是雏鹰，怎肯定于卵壁的黑暗。

2.结尾

善始还需善终。头开好了，收束也要好，古人谓"豹尾"即是此意。结尾的方法不一而足，这里仅介绍几种。

自然收束。想写的写完，就顺势收笔，不再言其他。

呼应开头。结尾时对开头再作一次重申或强调，使全诗头尾相应，能造成一种回环的美感。如《你的名字》、《再别康桥》、《雨巷》，不是啰嗦，而是为了将情感升华，令余韵回旋。

引起遥想。临近结尾，尚有话要说，却不说了，而把这层意思在收尾时稍加透露，引起读者的怀想。殷夫的《别了，哥哥》，是一篇同哥哥的阶级决裂的宣言，究竟此后将如何战斗，结尾只是稍露端倪：别了，哥哥，别了！/此后各走前途，/再见的机会是在，/当我们和你隶属的阶级交了战火。

点题强调。结尾时点明主题，加以强调。

3.起承转合

"文似看山喜不平"，诗也一样，开头有起势，结尾能收合，中段还需有承接铺排，逆转突起。这样波澜起伏，诗才能吸引读者。比如下面这首邵洵美的《季候》：

起：初见你时你给我你的心，

里面是一个春天的早晨。

承：再见你时你给我你的话，

说不出的是炽烈的火夏。

转：三次见你你给我你的手，

里面藏着个弃落的深秋。

合：最后见你是我做的短梦，

梦里有你还有一群冬风。

全诗短短八行，分为四节。以春天初见起势，夏天再见承接，秋天三见逆转，冬天梦见收合，虽然不长，却写出了一个情感故事的起始终结，波澜曲折。

当然，起承转合只是一个大体的构架，它还可以有许多变化。除了上文这种整体上的单纯起合之外，诗歌的局部，比如在一节诗或几节诗里，也可以安排起合。它可以使诗歌大波澜套小波澜，更加丰富。

另外，当诗歌意念曲折复杂时，还可以作多层承转。比如《你的名字》，第一节起势，第二节承接，第三节再承，第四节突转，第五节再转，第六节收合。而当诗歌情感急变，态度分明时，又可以直起骤转。比如：老是把自己当作珍珠/就时时怕被埋没的痛苦/（转）把自己当作泥土吧/让众人把你踩成一条道路。但无论怎样变化，这种起承转合始终要与情感的变化相应。

（四）运用艺术手法，将诗写得灵活多样

诗歌的魅力，有相当一部分来自它的艺术手法。丰富的情感和想象，以及特殊的形式和语言要求，使诗歌与其他文学体裁相比，能更灵活自由地使用各种艺术手法。

比喻：用得最多，包括明喻、暗喻、借喻、博喻。如冯至的《我是一条小河》全篇运用比喻：
　　我是一条小河，
　　我无心由你的身边绕过——
　　你无心把你彩霞般的影儿
　　投入我软软的柔波。

　　我流过一座森林——
　　柔波便荡荡地
　　把那些碧翠的叶影儿
　　裁剪成你的裙裳。

　　我流过一座花丛——
　　柔波便粼粼地
　　把那些凄艳的花影儿
　　编织成你的花冠。

　　无奈呀，我终于流入了，
　　流入了那无情的大海——
　　海上的风又厉，浪又狂，
　　吹折了花冠，击碎了裙裳！

　　我也随了海潮漂漾，
　　漂漾到无边的地方——
　　你那彩霞般的影儿
　　也和幻散了的彩霞一样！

　　对比：把性质不同的事物进行对照，以彼物衬此物，最终突出此物的方法。大家熟悉的臧克家的《有的人》，通过有力的对比突出了鲁迅的品质与精神。

　　排比：用相似的句法将同一性质的事物一一排列。如舒婷的《这也是一切》，其中的第一、三、五节，用的便是排比的手法。每一句诗结构都相似，所表述的事物、现象的性质也一样——即有让人失望的一面，但更有希望的一面。

　　不是一切大树
　　都被暴风折断，
　　不是一切种子，
　　都找不到生根的土壤；
　　不是一切真情
　　都流失在人心的沙漠里；
　　不是一切梦想
　　都甘愿被折掉翅膀。

不，不是一切
都像你说的那样！

不是一切火焰，
都只燃烧自己
而不把别人照亮；
不是一切星星，
都仅指示黑夜
而不报告曙光；
不是一切歌声，
都掠过耳旁
而不留在心上。

不，不是一切
都像你说的那样！

不是一切呼吁都没有回响；
不是一切损失都无法补偿；
不是一切深渊都是灭亡；
不是一切灭亡都覆盖在弱者头上；

不是一切心灵
都可以踩在脚下，烂在泥里；
不是一切后果
都是眼泪血印，而不展现欢容。

一切的现在都孕育着未来，
未来的一切都生长于它的昨天。

希望，而且为它斗争，
请把这一切放在你的肩上。

反复：是用同一句子或词语，一再地表达某种情感，给人以单纯强烈的印象。它有两种，一种是重叠式的反复，比如梁小斌的《大地沉积着黑色素》，诗歌开头的一节只有两行诗："大地沉积着黑色素/大地沉积着黑色素"连续重复相同的句子，强化了阴沉的感觉。这种重复如果堆叠得更多一些，如《你的名字》中不断出现的"你的名字"，几乎行行都有，就会造成复沓的形式，使诗歌气韵深长，缭绕不绝。另一种是间隔式的反复。如前面举到的《教我如何不想她》，每节诗的结尾都重复一次"教我如何不想她"，既串接了全诗，又强化了情感与韵律。

象征：就是借用某一事物的某些特征来表现、暗示另一事物的艺术手法。它与比喻不同的是，只出现借用的事物，不出现要表现的事物。而比喻则是本体与喻体同时出现。如闻一多的《死水》，就是非常典型的例子。此外还有《雨巷》也是，用"姑娘"来象征愁绪。

范文阅读

一、《一束》（北岛）

在我和世界之间
你是海湾，是帆
是缆绳忠实的两端
你是喷泉，是风
是童年清脆的呼喊

在我和世界之间
你是画框，是窗口
是开满野花的田园
你是呼吸，是床头
是陪伴星星的夜晚

在我和世界之间
你是日历，是罗盘
是暗中滑行的光线
你是履历，是书签
是写在最后的序言

在我和世界之间
你是纱幕，是雾
是映入梦中的灯盏
你是口笛，是无言之歌
是石雕低垂的眼帘

在我和世界之间
你是鸿沟，是池沼
是正在下陷的深渊
你是栅栏，是墙垣
是盾牌上永久的图案

（选自钱理群主编，《20世纪中国文学名作·诗歌卷》，广西教育出版社，1998年版。）

简析——

北岛(1949—)，原名赵振开，当代著名诗人。诗题意指由诗人采撷来的一束意象构成。诗歌中的"你"可作比较宽泛的理解，既可以理解为"我"的恋人，也可以理解为使"我"的生存世界具有意义的一切事物。诗人通过蒙太奇技法，把一系列看似没有必然联系的意象组合在一起，彼此映衬对比，同时在意象的不断转换中，造成了巨大的想象空间，从而增加了诗歌的容量，唤起读者丰富的联想。作为现代新诗，诗人在诗歌结构体式的安排上，每一节整饬匀齐，开头一句回环反复，很好体现了诗歌的形体美。

二、《我爱这土地》(艾青)

假如我是一只鸟，
我也应该用嘶哑的喉咙歌唱：
这被暴风雨所打击着的土地，
这永远汹涌着我们的悲愤的河流，
这无止息地吹刮着的激怒的风，
和那来自林间的无比温柔的黎明……
——然后我死了，
连羽毛也腐烂在土地里面。

为什么我的眼里常含泪水？
因为我对这土地爱得深沉……
(选自钱理群主编，《20世纪中国文学名作·诗歌卷》，广西教育出版社，1998年版。)

简析——

艾青的诗体以自由体为主，在形式上不受拘束，不讲究整齐，也不遵循严格的押韵。但这一首《我爱这土地》却写得很凝练。诗人把自己满腔的爱国情怀，转化为一个比喻"假如我是一只鸟"，以小见大，以小鸟对土地的眷恋和深情，表达出对正在遭受战乱和苦难的祖国无私的爱恋，使对祖国的爱恋情怀更加鲜明具体、形象生动，诗意浓郁。结尾两句是点睛之笔，也成为现代新诗中的名句。虽然是直接抒情，却给人回味无穷，情真意切之感。

三、《我愿是一条激流》(裴多菲)

我愿是一条激流，
是山间的小河，
穿过崎岖的道路，
从山岩中间流过。
只要我的爱人，
是一条小鱼，
在我的浪花里，
愉快地游来游去；

我愿是一片荒林，
坐落在河流两岸，
我高声呼叫着，
同暴风雨作战。
只要我的爱人，
是一只小鸟，
停在枝头上鸣叫，
在我的怀里作巢；

我愿是城堡的废墟，
耸立在高山之巅，
即使被轻易毁灭，
我也毫不懊丧。
只要我的爱人，
是一根常青藤，
绿色枝条恰似臂膀，
沿着我的前额，
攀援而上。
……

（节选自邹绛编《外国名家诗选》，重庆出版社，1986 年版。）

四、《伴侣》(席慕蓉)

你是那疾驰的箭
我就是你翎旁的风声
你是那负伤的鹰
我就是抚慰你的月光
你是那昂然的松
我就是缠绵的藤萝
愿
天
长
地
久
你永是我的伴侣
我是你生生世世
温柔的妻

（选自《席慕蓉诗集》，作家出版社，2010 年版。）

五、《乡愁》(席慕蓉)

故乡的歌是一支清远的笛
总在有月亮的晚上 响起
故乡的面貌却是一种模糊的怅惘
仿佛雾里的挥手别离
离别后
乡愁是一棵没有年轮的树 永不老去

(选自《席慕蓉诗集》,作家出版社,2010年版。)

六、《乡愁》(李广田)

在这座古城的静夜里,
听到了在故乡听过的明笛,
虽说是千山万水的相隔吧,
却也有同样忧伤的歌吹。

偶然间忆到了心头的,
却并非久别的父和母,
只是故园旁边的小池塘,
萧风中,池塘两岸的芦与荻。

(选自钱理群主编《20世纪中国文学名作·诗歌卷》,广西教育出版社,1998年版。)

思考与练习

1. 听到风声,诗人会产生"贫穷而听着风声也是好的"的感慨;黑夜来了,诗人会感到"夜色收拢翅膀"。诗人应该有敏感的心灵,主要体现在细微感觉的触发和调动上。请以"散步"为题目,写一首有自己的"细微感觉"的诗。

2. 排比和比喻是诗歌的常用技巧。请适当运用这两种手段,以"月光"为题,写一首诗歌。

3. 有人说:校园生活无诗意。当然这种看法是错误的。诗意要靠自己去发现。请以"窗口的绿叶又多了一片"为题,写一写自己的校园生活。

4. 写一首关于春天的诗歌,同学们可以先想象一下春天里,有哪些春景,有哪些事物值得一写。还可以先找找押韵的感觉,比如,"远方"可以压些什么韵?"画下"可以压哪些韵?先找韵,再找灵感。这并非本末倒置,而是合理地利用一些字、词来开拓我们的思路。

5. 先温习一下下面这首《蒹葭》。

蒹葭苍苍,白露为霜。所谓伊人,在水一方。溯洄从之,道阻且长。溯游从之,宛在水中央。

蒹葭凄凄,白露未晞。所谓伊人,在水之湄。溯洄从之,道阻且跻。溯游从之,宛在水中坻。

　　蒹葭采采，白露未已。所谓伊人，在水之涘。溯洄从之，道阻且右。溯游从之，宛在水中沚。

　　这是一幅初秋的景象。苍青色的芦苇，银白色的霜露，雪白的荻花在秋风中摇曳。你可以想像那一位佳人，总是一袭白衣，长发飘飘地出现在远方朦胧的水雾之间。

　　蒹葭、白露、霜、伊人、水，这一构图颇显苍茫，这一空灵而又凄美的意境，令人倍感忧伤。同学们可以试着以这首诗为蓝本，构想出一幅画来。再为你的画配上一首现代诗。其实它是一个改写古诗的题，注意是改写而非翻译，改写，可以只取其意境或者只选取诗中的某一形象就可以了。(下面的诗，可作为一个参考。)

　　　秋水顾盼流离了几千年
　　　留一些线索
　　　在伊人的倒影重叠之间
　　　划一些渺渺的缠绵

　　　溯洄从之
　　　请容我，把记忆停顿在水中央
　　　营造或者重温某一些细节
　　　谁和谁在诗经与传说中　隔河相望
　　　谁的衣裾如霜，在水一方
　　　而秋水羞涩的手臂要伸展到哪里
　　　才能拉住一些热切的愿望
　　　水泊和岸影
　　　连同满袖秋风寒
　　　轻描淡写成一些情绪
　　　为那些从没相遇过的相逢，从没
　　　实现过的梦想
　　　和从没抵达过的彼岸

　　　找不着再多的理由
　　　引诱水面上的文字回头
　　　看潮起潮退
　　　看荻花飞

第二节　散文的写作

一、散文的含义与分类

（一）散文的含义

在我国古代，散文包含非常广泛，古人把除韵文和骈文以外的一切散体文章，统称散文。这时的散文，是所谓的真正的散体文章，包括我们今天所说的散文和一切应用文体、史传历史等等。后来，随着文体的发展，特别是随着西方文艺理论的输入，它包含的范围渐趋缩小。在现代文学史上，散文是与诗歌、小说、戏剧、文学并列的一种文学样式。但它同样是一个"大家庭"，如游记、抒情小品、人物传记、哀祭文、随笔、专访、科学小品、杂文等都可说是它的成员。

今天，散文的概念似乎比较明确，但实质上要给它下一个确切的定义不是很容易。因为文体仍在不断发展，尤其是很多文体都存在交叉嫁接现象，产生了许多边缘性的文体，而散文又几乎和一切文学样式紧相毗邻，这都增加了散文概念的不稳定性和复杂性。在经过 20 世纪 60 年代的散文大讨论后，我们现在所讲的散文主要指的是抒情散文，它是以记叙和抒情为主的、篇幅短小、取材广阔、形式自由而文学性又比较强的那一类文学样式，即我们今天所讲的狭义的散文。

（二）散文的分类

根据散文所表达的内容，常把散文分为记叙散文、抒情散文、议论散文、散文诗。

1. 记叙散文

因为其记叙内容有所侧重，记叙散文又可分为两类：

一类以记人为主。以记人为主的散文是通过一件或几件事情的叙写，突出人物某方面的性格，反映人物的精神，表达作者对所叙写人物的感情。这一类主要以回忆或悼念性文章为主，如朱自清先生怀念自己妻子的《悼亡妇》、巴金先生的《怀念萧珊》、贾平凹的《父亲的半瓶酒》等。

另一类以记事为主，这类散文通过叙述事件发生发展到结局的过程来反映社会风貌、时代变迁。这类散文与小说写人叙事的区别在于：事件不如小说那么复杂，人物也没有那么立体，背景也没有那么广阔。它以叙事为主，通过对事情的具体叙述，表现事件的意义、人物的精神品质和作者的深刻感受、真挚感情。侧重于记事的散文以事件发展为线索，偏重于对事件的叙述。所叙之事既可以是一件以往的事，也可以是一件刚发生的事；可以是一件完整的事，有头有尾，也可以是对几个片断的剪辑。但在叙事中，往往倾注了作者真切的感情，极富有意义和志趣。比如：鲁迅的《从百草园到三味书屋》、张洁的《拾麦穗》等。所以说记人叙事也是相对而言，写人离不开叙事，叙事也必然写人。

2. 抒情散文

主要是指那些通过借景抒情、托物言志的散文。抒情性散文以倾吐作者浓郁的感情为主，重在用抒情笔调、象征手法写景状物，在描写中抒发情感。它也叙事、写人、发议论，也有场面和细节描写，但没有贯穿全文的事件和人物；它叙述的事情、描写的人物、景物和发表的议论，都处于从属地位，是为表现作者的强烈感情服务的。抒情性散文与其他散文的区别就在于情感饱满，想象联想丰富，语言更具有诗意，并且讲究意境的创造。作者的感情和志趣必须通过写景状物来表现。比如：余光中的《听听那冷雨》、贾平凹的《丑石》等。

3. 议论散文

指通过对具体事物的描绘来议论说理的散文。以形象的议论为特征，注重文学性，又富于哲理性。文艺（文化）随笔、文艺序跋等可归入此类。它与一般散文的区别在于，虽有形象，也抒发感情，但以论述道理为主，形象为说理服务。它与议论文的区别在于，它不用一般议论文摆事实讲道理的直接逻辑论证方式来说理，而用形象说理的方法，用形象来说话，融逻辑性、象征性和抒情性于一体。唐代韩愈的"杂说"、现代鲁迅的杂文都属于议论性散文范畴。余光中的《给莎士比亚的一封信》、叶至诚的《假如我是一个作家》都是典型的议论性散文。

4. 散文诗

指既具有散文的外在形式又具有诗的浓烈情感、深邃意境和优美语言的作品。它形式自由灵活，不分行排列，不讲究韵律，但篇幅犹如诗歌一般浓缩，情感浓郁，提炼生活哲理，语言优美。如朱自清的《匆匆》。

二、散文的特点

（一）题材广泛，以小见大

散文可以写人、叙事、写景、咏物、抒怀、明志、访旧、描绘风土人情，上至天文地理，下至花鸟虫鱼，均可入文。但它又讲求审美价值，选择具有内在美的材料，以此抒情表意，映照人生社会。散文因为不像小说、剧本那样必须具备较完整的故事情节及鲜明的人物形象，所以题材也就显得十分广泛。它长于写"小"题材，以小见大反映社会生活和作者情感。一个片断、一个场景、一点思想的火花、一曲感情的波澜，往往都是散文的好题材。

（二）手法多样，行文灵活

在文学各体类中，散文是最不受文体约束的文体。写法灵活是散文的一大特点。这首先是指散文运用表达方式自由灵活，叙述、描写、抒情、说明、议论，均可使用。其次，是指散文结构形式的灵活自由。散文的结构中心多样，可以以人物、事件、景物、典型细节等为结构中心。比如：有的散文以场面取胜，如《挥手之间》；有的以联想取胜，如《土地》；有的则情景交融，如贾平凹的《月迹》；有的则托物言志，如小思的《中国牛》。

（三）形散神聚，文情并茂

散文看似散漫却始终围绕一个中心、一个情感的基点去曲情尽态，妙笔生花。因此，散文既有优美的笔调，又有浓郁的情感，文情并茂。好的散文应是情感真挚自然、形象生动、语言优美的文章。

三、散文的意境

意境是我国古代文论中特有的一个理论术语，是古人从长期的艺术实践中总结出来的审美规律和创作原则，而散文美的灵魂正在于意境。我们将从以下几方面粗略地探讨一下意境在散文创作研究中的基本情况。

(一)意境的定义

意境，即作者的情感、意绪、感悟、哲理与作者文章中所描绘的客观物镜(包括场面、氛围、景物)有机交融契合而形成一种优美的艺术境界。是主体内在心灵情感世界与客观外物的和谐统一，是情中景、景中情、情景交融的艺术境界。意境不是"意"与"境"的相加，而是意与境的有机融合。意境有以"意"为主，有以"境"为主，无论"有我之境"，"无我之境"，其意境创作之中都蕴涵着作者真实的情意。意境是"情"与"景"(意象)的结晶。景是情中之景，而不是单纯的自然之景；情是景中之情，而不是单纯的原本之情。也就是我们常说的似有若无的空灵境界。

(二)意境在散文中的作用

判断一篇散文美不美，重点在于把握其意境美不美。散文最好的表现手法就是通过对自然界中物象的描摹，以此物象来蕴含或象征所要表达的主体情感精神世界，使人的心灵具象化、形象化。而读者则更容易通过具体的形象来领悟其中的道理，甚至产生共鸣。这是意境创构的目的和意义所在。

散文意境，并非神秘且不可把握的"灵光"，而是一种创作，一种机遇的把握。遇到能够触发灵感的事物，便是一个好的机遇。散文的意境还会因人因地因情因景的不同而不同。不同的作者，不同的心情，自然有不同的感慨。相同的月光，会因为不同的人处于不同的境地，怀着不同的心情，有不同的感觉。苏东坡笔下《水调歌头·明月几时有》的"人有悲欢离合，月有阴晴圆缺，此事古难全"，用月亮来比喻人生，用月亮的阴晴圆缺来比喻人生的悲欢离合，十分形象生动，意境深远。而朱自清笔下《荷塘月色》的"月光如流水"，用"流水"般得"泻"来形容月光朗照，给人月华似水的感觉，在视觉上给人非一般美的享受。

(三)意境的创构

1.描写形神俱备的生活画轴——境的描绘

艺术境界的创构，是使客观事物作为主观情思的象征意境的创构，与人格涵养有着密切的联系。圣人造圣景，凡人造凡景。一种微妙境界的创构，必定成就于作者的高雅作风和沉静心襟。

肉眼窥视到一方净土，经过心灵的过滤，便是一方圣地。这是文人雅士创作的最高境界。这意境原形未必能在自然界中找到，但其源泉本是自然存在。之所以达到这种境界，是因为作者心境高远，再加上内心的渴望和丰富的想象，形成一种天上有、地上无的"仙境"。

最高层次的境界"禅境"，表面上是唯一的。"空即是色，色即是空"，但还是以一草一木为躯壳，也是心、物的结合。所以艺术的显现，绝不是纯客观地机械地描摹大自然，而以"心匠自得以为高"。尤其是山川景物、烟云变幻，不可临摹，要凭借胸臆的创构，才能把握全景。

例如徐风在散文《春风沉醉的夜晚》里是这样描述：

"阿城的夜晚月明星稀，五月的风被温柔的白杨树过滤了一遍，散发着丝丝缕缕的清香，这一片雄壮的土地给我的第一感受，竟是温柔与缠绵的重奏。离此不远，有萧红的故居旁边流淌着蜿蜒、清澈的呼兰河水，我能感受到那一片独特的气氛，清爽而恬淡。"

文章通过写月、星、风、白杨树等自然景物，刻画出一幅温柔浪漫、缠绵迷人的画面，一个罗裙少女，沉醉在温柔恬淡的夜晚。其意境在这些景物的描写中，淋漓尽致地突现出来。而作者提到萧红的故居，则给人以深远的想象。罗裙少女、萧红、呼兰河……那呼兰水流淌的声音，正像萧红梦呓般悄吟着《呼兰河传》的某一个章节。两者相互交融，相辅相成，形成一个和谐、统一的场面。

2. 在画轴中融入作者的思想感情——意的升华

文学艺术的意境，既是使心灵和宇宙净化，又使心灵和宇宙深化，使人在超脱的胸襟中体会到宇宙的深境。然而艺术的意境有深度、高度、阔度。不同的人，不同的心情会创构出不同的意境。有开阔的、萧条的、热闹的、凄凉的……

在意境的创构过程中，要注重用情用心。只有当主体情感极力投入，客观的一切景象才会饱含情韵与生机，才会真正形成灵动而优美的意境。春天的繁华灿烂，夏天的浓绿阴茂，秋天的落叶萧瑟，冬天的阴惨暗淡，还有浓烈的日光，幽美的月景，白天黑夜，风雷雪电……这一切的自然景象，或许都有其独特的意义。但如果没有主体情感的渗透与融合，不能使景物与情感有机地交融，又何能生成情景合一的意境。只有当情与景形成交集，才可能顷刻千言，水如东注，令人夺魂。

3. 二者有机融合

王国维阐述了境界的两种不同的表现形态："有造景，有写景。此理想与现实二派之所由分。"（《人间词话》）造景属于理想，写景属于现实。境界有有我之境和无我之境之别。有我之景，就是作者认为一切的景物均为自己而存在。无我之景，则是物我不分，搞不清何者为我，何者为物，有我之境，万物皆因我而存在，属"造景"。主体是我，主要是通过"我"的言行举止来表达思想，阐明道理。无我之境，不知何者为我，何者为物。属于"写实"。主体是物，主要是通过描写物的动静美丑来表达情感或阐明道理。有我之境直观宏观，无我之境含蓄优美。无论有我之境还是无我之境，如果运用恰当，都会收到理想的表达效果。

有我之境与无我之境之间，没有明确的界线来划分。因为写感情，离不开具体的描写对象，必须要依靠"景物"来辅助；写现实，也离不开感情，万物都是有灵气的。情与景不可能截然分开。因此，情景两者常常相互错综，可以偏重某一方，但是决不可以偏废某一方。优秀的文学艺术作品往往能使情与景、意与境相交融，创造这样一种具有独特审美价值的艺术空间，产生一种特殊的艺术感染力。意境，从这个意义上讲，它是一种组合优势。因此我们在写作过程中，一定要适当运用情与景的联合。

现代散文的创作中，意境已经占据一席至关重要之地，美的意境能给人以美感。而美感又有多方面的表现：形象美、绘画美、音乐美、含蓄美。我们在散文创作过程中，一定要好好地把握形象美、绘画美、音乐美、含蓄美等方面的描写，从而更好地感动读者，把美感带给世界。

四、散文的创作方法和要求

（一）缘情构思

王国维在《人间词话》中说："散文易学而难工"。因为它朴实，却从中见神采；它平易，却从中见炽烈；它简洁，却从中见充实；它自由灵活，却易写难工。所以散文最讲究精巧的构思。散文的构思是指在孕育过程中，作者所进行的思维活动。它包括选取提炼题材，酝酿确定主题，考虑散文的谋篇布局，探索最适当的表现手法。

情有所动，有感而发，借助形象，以情为文，行文挥洒，这是散文构思的要诀。散文构思有以下几种方法：

1. 借助联想进行构思

(1)借托式联想——借景抒情、托物言志

这是散文最为常见的构思方法，如朱自清先生的《春》、老舍先生的《济南的冬天》、茅盾先生的《白杨礼赞》。

(2)链环式联想——由发端环环相套的联想

冰心的《笑》就是典型，它先由墙上安琪儿的笑，再联想到五年前旅途中男童的笑，再联想到十年前老妇人慈祥的笑，从而表达出让世界充满爱的主题。

(3)辐射式联想——由基点向四外扩散的联想

通过无穷的联想和想象组织材料，安排结构。如秦牧的《土地》、罗兰的《声音的联想》。

2. 寻觅"动情事"，捕捉"动情点"

"动情事"、"动情点"指的是：倾注了作者感情、富有诗意的事物和感受。既是作者情感的爆发点，也是散文构思的落脚点。散文构思要抓住写作对象的特点，挖掘深意，找出联系，赋予浓情，做到情、理、物相交融。如朱自清先生的《背影》，冯骥才的《珍珠鸟》。

3. 把握双弦并奏的艺术

将外在事物发展的情节线与内在心灵情思线有机结合起来。在散文的创作中，一般外在情节线小于内在情思线，情节为情思服务，叙事融情，二者和谐统一。这点与小说不同。小说的特点是：外在情节线大于内在情思线，后者为前者服务。在许多游记散文中，如刘白羽的《长江三日》、碧野的《天山景物记》都是采用这种构思方法。

(二)讲究立意

一篇散文的价值不仅仅在于境的精心呈现，更在于意的境界高低。散文立意虽自由随意，无论是时事政治大话题，还是家长里短的生活小事，都应具有深厚的审美意蕴，要让读者有所启迪和启发，要能够感受到生活的美，体悟到某些人生的真谛。尤其应注意散文是一种最自我化、个性化的文体，如果不能很好地掌控自己情感的流动，而人性善恶皆备、美丑俱存，写不好就会使散文流于低俗。优秀的散文都有高远的思想境界。之所以诸葛亮的《出师表》和李密的《陈情表》千百年来能够打动无数中华儿女的心弦，就在于它表现出了我们历来所推崇的中华传统美德的忠心与孝心。而范仲淹的《岳阳楼记》被我们反复吟诵，就在于它表现出了历代仁人志士那种"先天下之忧而忧，后天下之乐而乐"的高尚情怀。

当然，散文的立意，是写作主体情感心灵与客观外物撞击而迸发出来的智慧和灵感火花。要想散文立意深远，主体的人格品位、审美意识、道德素养必须要有高度；而且主体要有很强的感受能力，要有把客体世界自然转化为内在心灵世界的能力。

如何立意有如下几种方法：

(1)以细小的局部显示宏大的整体

如郁达夫《一粒沙里看世界，半瓣花上说人情》，赵丽宏的《猎鸟》。

(2)用象征的手法表达诗情哲理

通过某一形象表现与之相近相似的思想感情的方法。如贾平凹的《丑石》。

（3）善于从平凡事物中展示不平凡的人生意义

关注身边的凡人琐事，发现平凡中蕴寓的伟大，写出其真、其善、其美。可对比阅读归有光的《项脊轩志》与袁枚的《祭妹文》。

（三）严格选材

散文虽题材广泛，取材自由。但散文取材自有讲究，不可任意拼贴。散文选材的原则是：以"我"为圆心，以"我"的感受体验为半径画圆，囊括在这个圆内的社会生活、客观事物，无论巨细、轻重、大小，只要能被"我"认知、经"我"思考，引"我"动情，均在可选之列。

1. 选择事物的细微之处寄托真情

散文主要是为了抒发作者情怀的，特别是抒情散文，更是以情为主，情景兼备，寄情于物，在选材上必须尽可能选用最能表现寄托情思的事物的细微之处。比如：张洁的《捡麦穗》、贾平凹的《我的老师》。选取寄托情思的事物的细微之处，不仅仅是个方法技巧问题。要想使自己选择的小事打动人，必须先能打动自己，只有真正理解生活，对生活事件充满情感，才可能写出好的散文，达到自然、真实、动人的效果。

2. 选择风俗事象透视人文心态

这种选材多适用于叙写景物、地貌整体特征以及文化内涵的散文。一般要求给读者以事物的整体过程感和事物的特色情态氛围等特征。通过对事物属性的描写，来展示别具特色的地域文化和风俗事象。比如：贾平凹的《秦腔》、《五味巷》。

3. 怀念过往

不少作者写回忆童年、怀念故人的散文，目的不在于怀旧，而在于抒情，尤其是抒发今昔对比产生的现实感受，是直面人生的一种手段。比如：琦君的《下雨天，真好》、陈若曦的《啊，台大》。

（四）锤炼语言

散文的语言是一种艺术的语言，一切艺术都追求创造，作为散文的语言更是这样，艺术创造性便是散文语言的特性。

散文短小精悍，不同于其他文学体裁，不靠情节与形象取胜，全靠一个"情"字，这就决定了散文的语言要求凝练、概括、朴实、优美。散文被称为美文，美在哪里？美在情致上，美在内容上，而这情这景，全靠语言来取胜，所以还要有美的语言，散文家碧野说过："正因为散文是美的，所以用词用句苦心推敲，做到句句优美，字字精练。"

欧阳修《醉翁亭记》开头一句，"环滁皆山也。"原文初稿说滁州四面有山，凡数十字，后改定仅五字，极简明。至于全文用21个"也"字，却毫无造作之意，恰切地表现出当时士大夫寄情山水，悠闲自适的情致。这更是一种艺术的创造。

正因为散文的语言要求很高，所以古人称之"易学难工"。有些人可以写出优秀小说、剧本，但他却不见得能成为散文家，因为这对作者"情与语言"的要求很高。

散文语言讲求传情寓意的蕴涵力和生动的表现力，应当凝练、朴素、优美。具体地说：

（1）从简洁中寻求传神的形象——造形美

如余光中的《伊瓜苏瀑布》：

猝不及防，一整排洪瀑从六七百公尺外的悬崖，无端地罡罡冲下。才到半途，又被突出的岩棚一挡一推，再挤落一次，水势更加骚然，猛注在崖下的河道里，激起了翻白的浪花，茫茫的水汽，两层落水加起来，那一排巨瀑该有十六七层楼那么高，却因好几十股平行地密密坠落，宽阔的宏观反而盖过了高悬的感觉。若是居高临下，当可横览全景，但是河中隔着林深叶密的圣马丁岛，近处又有岸树掩映，实在无法一目了然。

不知是大自然的鬼斧神工还是作者的妙笔，仅就正面观瀑，那"沛然"之状、"嚣嚣"之声、"骚然"之势，就已经给读者强烈的视觉和听觉冲击。那一"挤"一"推"的动作显示了大自然蓬勃的生命力。

(2) 从自然中寻求深沉的情韵——含蓄美

散文的语言要求自然。自然不是不雕琢，而是清雕琢，功夫成就之后，挥洒自如，意到笔就。鲁迅先生就提倡用口语去写作。这种口语是艺术化了的口语，去掉了口语中的粗糙，保留了口语的生命力，带着清新的气息，具有内在的情韵。在运用时以实写虚，有潜台词；语外有意，有含蓄之美，耐咀嚼。

所谓含蓄美，就是让深刻的意蕴涵蓄在字句中，使读者可以凭自己的想象去体味、思索、补充、丰富，使人久难忘怀。这样的文字有内秀，属于内在美。如周瘦鹃的《"花布小鞋"上北京》写作者的小女儿得知他要去南京开会，误以为他去北京，吵着要跟他一起去北京，结果没得到同意。文中写道："不料我一到南京，在旅馆里打开旅行包来时，却意外地发现了她那双日常穿的花布小鞋，原来她趁我在动身忙乱的时候，偷偷放了进去，表示她跟我一块儿来了。"这里，作者把深厚的情感都熔铸到这双"花布小鞋"上，它使人们想象到这小女孩的幼稚、天真而又虔诚的心灵。她向往首都的情深意切，作者一字未提，全部蕴含在这双"花布小鞋"里了。

(3) 从流畅中寻求抒情的旋律——音乐美

散文的语言流畅，正如冰心所说的"行云流水"。语言的流畅是语言的音乐性要求的。音乐性就是讲音调、节奏。任何一个民族的语言都具有音乐性。苏爱伦堡说："旋律这是散文的基础，每个散文家总是有自己的独特的不因袭的音乐的调子。"

比如余光中的《思台北 念台北》：

该来的，什么也挡不住。已去的，也无处可招魂。当最后一位按摩女的笛声隐隐，那一夜在巷底消逝，有一个时代便随她去了。留下的是古色的月光，情人、诗人的月光，仍崇着城南那一带灰瓦屋，矮围墙，弯弯绕绕的斜街窄巷。以南方为名的那些街道——晋江街、韶安街、金华街、云和街、泉州街、潮州街、温州街、青田街，当然，还有厦门街——全都有小巷纵横，奇径暗通，而门牌之纷乱，编号排次之无序可循，使人逡巡其间，迷路时惶惑如智穷的白鼠，豁然时又自得如天才的侦探。几乎家家都有围墙，很少巷子能一目了然。巷头固然望不到巷腰，到了巷腰，也往往看不出巷底要通往何处，那一盘交缠错综的羊肠迷宫，当时身陷其中，固曾苦于寻寻觅觅，但凤晨雨夜，或是奇幻的月光婆娑的树影下走过，也赋给了我多少灵感。于今隔海想来，那些巷子在奥秘中寓有亲切，原是最耐人咀嚼的。黄昏的长巷里，家家围墙飘出的饭香，吟一首民谣在召归途的行人：有什么比这更令人低回的呢？

斜街窄巷，弯弯绕绕；奇径暗道，纵横交错；门牌编号，无轨可寻。有如一盘交缠错综的羊肠迷宫。所以常使人逡巡其间，苦苦寻觅，"惶惑"一如"智穷的白鼠"。白鼠是一种高智商的动物，且终年生活在暗道幽径之中，最精于寻找通道。作者用"智穷"来修饰，不仅衬托出小巷结构之复杂，而且非常形象地描写出迷路人的"惶惑"之态。但这些巷道往往又是奇径暗通，所以一旦走出迷宫，似乎突然明白了什么。因此，作者用"天才的侦探"来比喻走出迷宫式小巷的豁然之状。这一对句子夹在一段散句之间，不但生动形象，而且颇富幽默的情趣，更重要的是调节文章的节奏。加上前文的"笛声隐隐""弯弯绕绕"、"奇径暗通"、"无轨可寻"和后文的"交缠错综"、"羊肠迷宫"、"寻寻觅觅"、"月光婆娑"等四音节词语，整散交错，音韵谐婉。

(4)从朴实中去寻求华美的色彩——风格美

这是从风格方面来讲语言的。最美的散文风格是朴实，茅盾、老舍的语言就是追求这种风格。更多的作家是经历了一个由华丽到朴素的过程，青年作家尤为这样。对于作家的这种变化，用四个字来概括叫"返璞归真"，叫"绚烂之极归于平淡"。

散文写作要寓华美于朴实。好比一块玉，在室内瞧平淡无光，到阳光下看则光彩夺目。好的散文也是这样，初读平淡无奇，细品则华美醇香。

范文阅读

一、《父亲的半瓶酒》(贾平凹)

我在城里工作后，父亲便没有来过，他从学校退休在家，一直照管着我的小女儿。从来我的作品没有给他看过。姨前年来，问我是不是写过一个中篇，说父亲听别人说过，曾去县上几个书店、邮局跑了半天去买，但没有买到。

我听了很伤感，以后写了东西，就寄他一份，他每每又寄还给我，上边用笔批上密密麻麻的字。给我的信上说.他很想来一趟，因为小女儿已经满地跑了，害怕离我们太久，将来会生疏的。但是，一年过去了，他却未来。只是每一月寄一张小女儿的照片，叮咛好好写作，说："你正是干事的时候，就努力干吧，农民扬场趁风也要多扬几锨呢！但听说你喝酒厉害，这毛病要不得，我知道这全是我没给你树个好样子，我现在也不喝酒了。"接到信，我十分羞愧，便发誓再也不去喝酒，回信让他和小女儿一定来城里住，好好孝顺他老人家一些日子。

但是，没过多久，我惹出一些事来：我的作品在报刊上引起了争论。争论本是正常的事，复杂的社会上却有了不正常的看法，随即发展到作品之外的一些闹哄哄的什么风声雨声都有。我很苦恼，也更胆怯，像乡下人担了鸡蛋进城，人窝里前防后挡，唯恐被撞翻了担子。茫然中，便觉得不该让父亲来，但是，还未等我再回信，在一个雨天他却抱孩子搭车来了。

老人显然很瘦，那双曾患过白内障的眼睛，越发比先前呆滞。一见面，我有点慌恐，他看了看我，就放下小女儿.指着我让叫爸爸。小女儿斜着看我，怯怯地刚走到我面前，突然转身扑到父亲的怀里，父亲就笑了，说："你瞧瞧，她真生疏了，我能不来吗？"

父亲住下了，我们睡在西边房子，他睡在东边房子。小女儿慢慢和我们亲热起来，但夜里却还是要父亲搂着去睡。我叮咛爱人，什么也不要告诉父亲，一下班回来，就笑着和他说话。他也很高兴，总是说着小女儿的可爱，逗着小女儿做好多本事给我们看。

一到晚上。家里来了很多人，都来谈社会上的风言风语，谈报刊上连续发表批评我的文章，我就关了西边门，让他们小声点，父亲一进来，我们就住了口。可我心里毕竟是乱的，虽然总笑着脸和父亲说话，小女儿有些吵闹了，就忍不住斥责，又常常动手去打屁股。这时候，父亲就过来抱了孩子，说孩子太嫩，怎么能打，越打越会生分，哄着到东边房子去了。我独自坐一会儿，觉得自己不对，又不想给父亲解释，便过去看他们。一推门，父亲在那里悄悄流泪，赶忙装着眼花了，揉了揉，和我说话。我心里愈发难受了。

从此，我下班回来，父亲就让我和小女儿多玩一玩。说再过一些日子，他和孩子就该回去了。但是，夜里来的人很多，人一来，他就又抱了孩子到东边房子去了。这个星期天，一早起来，父亲就写了一个条子贴在门上——"今日人不在家"，要一家人到郊外的田野里去逛逛。到了田野，他拉着小女儿跑，让叫我们爸爸、妈妈。后来，他说去给孩子买些糖果，就到远远的商店去了。好长的时候，他回来了，腰里鼓囊囊的，先掏出一包糖来。给了小女儿一把，剩下的交给我爱人，让她们到一边去玩。又让我坐下，在怀里掏着，是一瓶酒，还有一包酱羊肉。我很纳闷：父亲早已不喝酒了，又反对我喝酒。现在却怎么买了酒来？他使劲用牙启开了瓶盖，说："平儿，我们喝些酒吧，我有话要给你说呢。你一直在瞒着我，但我什么都知道了。我原本是不这么快来的，可我听人说你犯了错误了，不知道到底是什么情况，怕你没有经过事，才来看看你。报纸上的文章，我前天在街上的报栏里看到了，我觉得那没有多大的事。你太顺利了，不来几次挫折，你才不会有大出息呢！当然，没事咱不寻事，出了事但不要怕事，别人怎么说，你心里要有个主见。人生是三节四节过的，哪能一直走平路？搞你们这行事，你才踏上步，你要安心当一生的事儿干了，就不要被一时的得所迷惑，也不要被一时的失所迷惘。这就是我给你说的，今日喝喝酒，把那些烦闷都解了去吧。来，你喝喝，我也要喝的。"他先喝了一口，立即脸色通红，皮肉抽搐着，终于咽下了，嘴便张开往外哈着气。那不能喝酒却硬要喝的表情，使我手颤着接不住他递过来的酒瓶，眼泪刷刷地流下来了。

喝了半瓶酒，然后一家人在田野里尽情地玩着，一直到天黑才回去。父亲又住了几天，他带着小女儿便回乡下去了。但那半瓶酒，我再没有喝，放在书桌上，常常看看它，从此再没有了什么烦闷，也没有从此沉沦下去。

（选自《作文新天地（高中版）》，2012 年第 4 期。）

简析——

这是一篇叙事散文，作者在看似平淡的叙事描写中却饱含对父亲深情的眷念和无限的感恩之情。在叙事中作者善于描写父亲的语言和细节动作，很好表现出父亲对"我"的关爱、体贴、鼓励。全文叙事融情，语言朴质自然，描写细腻动人，是一篇非常饱含深情的叙事散文，与朱自清先生的《背影》有异曲同工之妙。

二、《雨的精魂》（韩少华）

不知是哪位勤勉的早行人，在鬓发上，或须眉间，有幸承接了今天绝早的第一朵雪花儿；那小小的结晶体呢，想必也倏地融进他或她的蒸腾着的体温里了……等我出了家门，只见那街心草坪，护着草坪的柏墙，柏墙尽头的立体交叉公路桥，都蒙上了厚厚的一层，那么洁白，醒目。

不知不觉地，一串儿关联着雪的句子，随着飘落在我襟袖间的雪花儿，潜入了我的心底……

"撒盐空中"或是"柳絮因风"么？那些比喻，名则名矣，却未免旧了些；"雪满天山路"或是"大雪满弓刀"么？那些描摹，壮则壮矣，又同眼前所见的不怎么对景儿；"高堂明镜悲白发，朝如青丝暮成雪"么？虽然，这桥头，这路上，来去匆匆的人们中间，确有"早生华发"者在，可人家却未必都肯领受诗人拈出的那个"悲"字。于是，我不禁又想起了鲁迅先生那句"……雪，是死掉的雨，是雨的精魂"来了。

呵，雪，纯洁的雪……你曾经含了人间正气，乘着天际雄风，凝做喜人的豪雨，润物的甘霖；你曾经给大地增添了多少生机与活力！可一旦朔气弥天，你，就在一瞬之间，化做这纷纷扬扬的奇异的结晶体，默默地，轻轻地，飘落了下来……

是的，这雪，确是"死掉的雨"呵……

可我，沿着柏墙前行，雪花儿扑面而至，抚着我的额头、脸颊，只觉得它凉而不冷，润而不僵；雪，又似乎跟那个僵冷的"死"字无关了……噢，这时候，我似乎更倾心于鲁迅先生把"雪"比做"雨的精魂"的意境——不是么，如果并非精魂，又怎能化入春泥，幻为那无边的鲜花芳草呢？这猛然让我想到，自古以来，人们就惯以"鞠躬尽瘁，死而后已"，作为称颂无私精神的至高的赞语；如今么，或许有些不足了——请看这雪，这死掉的雨：生前，滋灌万物；死后，更同大地合一，竭力孕育着新的春色，新的丰年——这，竟是"死而不已"了。

是的，死而不已，正是雪的使命；死而不已，也是一切生者有幸领略的至高的诗意，人的精神境界的绝顶。

不是么，有多少为人民竭忠尽力的革命家，死后还让自己的骨灰，撒向祖国大地、江海；又有多少冲锋一世的战斗者，临终还叮嘱亲人，不但要免去殡仪，而且将遗体献上医学院的解剖台；至于那些为了党的事业而奋斗终生的勇士，他们生前的百战捷报、万言谏书，也在他们献身之后，正编进庄严的史册，将作为激发来者、警策后人的精神遗产而永存了。

哦，献而不惜，死而不已——这可是雪所昭示的人生真谛？而你啊，圣洁的雪，不就是天地间雄风正气所凝聚成的不死的精魂么！

（选自《青年文摘》，1990 年第 3 期。）

简析——

这是一篇托物言志、意境深远的散文。作者开篇通过大量的描写铺垫和引用名言名句，写出雪花的一些特征和纯洁美好的品格，然后联系现实对鲁迅先生的名句"雪，是死掉的雨，是雨的精魂"进行诠释，以雪象征革命者，表达出对无私奉献的革命者"鞠躬尽瘁、死而不已"的崇高精神的赞美。文中景物的描写、事物外在的本体特征与作者深刻的寓意、主体精神特质，有机契合，物与志高度合一。其立意之新颖，深刻，境界之高远、开阔，尤是本文一大亮点。

三、《声音的联想》（罗兰）

山涧溪流入春以来，在静寂的清晨或午后，常有一大群麻雀，聚集在后院的尤加利树梢。那轻俏的哨音，时而一点一点，时而一串一串，时而独吟，时而合鸣，玲珑剔透；如水晶，如银铃，如雨点，如串珠，流利晶莹。在树梢的谱表上，点着音符；小小的，加着装饰音与弧线的，那么活泼俏丽的跳过来、又滑过去。这一串串的音符，就织成成了一片蕴藏着生机的宁静。在这样的宁静里，一切的俗世纷争、名心利欲、得失忧患，都如旧梦般的淡去，只觉置身在简单淳朴的大自然。回返无知无识的天真。那一刻的宁静，不知胜读多少修身养性的书篇。

多年来，在都市里奔忙，都市是属于"人"的世界，是属于"机器"的世界。这世界的一切响声——包括音乐会的音乐在内，都毫无美感可言。

它们嘈杂、吵闹、拘束、紧张、虚伪、造作。因此，我常捕捉远处偶尔传来的一声鸡啼。有时是在清晨，有时却在阴雨未情的午后。但不管是在清晨，或在午后，那一声孤独而悠然的长鸣都可以给我带来很久很久的宁静，很多很多的对田园生活的怀念和向往。那生活缓慢的拍子，低舒的节奏，宽敞的空间，辽阔的视野，淡薄的襟怀，飘逸的想象。在那样的生活里，人是属于大自然。在那样的生活里，才能触摸道生命的真谛。在那样的生活里，人们才不敢把自己逼得那么高，那么尖锐；才不致把渺小的自己吹胀到使自己无法负荷的那么夸大与狂妄。在那样的生活里，人们才可以了解到"降落"的安稳与舒泰，才可以找回自己，返璞归真，在那亲切的泥土、葱茏的绿野、清洁的泉水、简单的衣着上去发现与世无争的安闲，去发现"人生不满百，常怀千岁忧"的可笑和愚昧。真正可喜的静，并不是全无声息的静，而是当有一种声音使你发现自然的时候你所感到的那种亲切安详的静。鸟语、鸡鸣，都象征着不受市声干扰的那难得的时刻，远人为，近自然，丢弃物质的争逐，发现精神和性灵，这时候，你就会觉得宁静，事实上是一种抛开征逐之后的安闲，放下物欲之后的怡然。

我曾在关子岭度过两个极其宁静的夜晚。而造成静的是山上的流泉。那泉水铮铮琮琮似在我枕上流过。在梦的边缘，我觉得自己像是枕着青石，身上覆的坠叶与落花，一切尘间扰攘都随着清泉流远；一切烦愁忧虑，也随这清泉流远；一切铭心利欲、得失恐惧，也随着清泉流远——在那样的怡然中，仿佛我自己也随着清泉流远而入梦。而迎接我的是山中带雾的清晨与承载我流到这里来的一汪清泉，而我所置身的地方，恍如真正的世外桃源。

海潮的声音也曾带我入梦。在海滨那小楼上，在夏夜，我打开面海的窗子，睡在床上，听海浪拍岸的声音，那么宏壮而深沉的，带着远古的荒凉与寂寥的声音，述说着天地创造，大海沧桑的那声音，那低沉的、感慨的、雄浑的，那述说使你不得不放弃你所执着、所迷惑、所恼怒、所牵恋的一切。您必须在海的沉雄的低语中睡去，把你渺小如尘芥的喜怒悲欢轻轻放手在海流中。

自从我发现我是何等的喜爱这些属于自然的声音，我顿悟我近来为什么很少去听音乐会。我厌烦音乐会场所的闷热，音乐听众的嚣杂；我厌烦音乐的沉闷，演奏者的造作；我也厌烦正襟危坐的约束，强作欣赏的虚伪。时间不是没有好的音乐，但好的太少。当做商品来传播的音乐和当做冠冕来装饰高贵的音乐，同样的是只相当于叫卖的市声和物质享受盖过精神文明的那机器齿轮与马达的交响。

思考与练习

1. 现在一般所指的散文的含义是什么？

2. 同小说、诗歌相比较，散文具有什么特点？

3. 你对散文"形散神不散"怎么理解？

4. 谈谈你对散文的"散"的理解。

5. 有人说，散文写作没有什么拘束，可以"想怎么写就怎么写"，你怎么看？

6. 散文该如何构思？你平时写作散文时，常用什么方法？

7. 你最喜欢哪位作家的散文？为什么？

8. 以《母亲的心》或《手足情》为题，写一篇散文。

9. 根据散文的审美特点，赏析罗兰的《声音的联想》，并写一篇1000字左右的赏析文章。

10. 细心品鉴余秋雨的《夜雨诗意》，回答这篇散文属于什么类型散文，有何写作特点？

早年为了学写古诗，曾买过一部线装本的《诗韵合璧》，一函共6册，字体很小，内容很多。除了供查诗韵外，它还把各种物象、各种情景、各种心绪分门别类，纂集历代相关诗句，成了一部颇为齐全的诗歌词典。过去文人要应急写诗时，查一查，套一套，可很快速地炮制出几首来。但是毫无疑问，这样写出来的诗都是不值一读的。只有在不带写诗任务时随便翻翻，看看在同一名目下中国诗化语词的多方汇集，才有一点意思。

翻来翻去，眼下出现了"夜雨"这一名目，那里的诗大多可读。既然是夜间，各种色相都隐退了，一切色彩斑斓的词汇也就失去了效能；又在下雨，空间十分逼仄，任何壮举豪情都铺展不开，诗句就不能不走向朴实，走向自身，走向情感，李商隐著名的《夜雨寄北》堪称其中典范。

光听着窗外夜色中时紧时疏的雨声，便满心都会贮足了诗。要说美，也没有什么美，屋外的路泥泞难走，院中的花零落不堪，夜行的旅人浑身湿透。但正是在这种情境下，你会感受到往常的世俗喧嚣一时浇灭，天上人间只剩下了被雨声统一的宁定，被雨声阻隔的寂寥。人人都悄然归位，死心塌地地在雨帘包围中默默端坐。外界的一切全成了想象，夜雨中的想象总是特别专注，特别遥远。

夜雨款款地剥夺了人的活力，因此夜雨中的想象又格外敏感和畏怯。这种畏怯又与某种安全感拌和在一起，凝聚成对小天地中一脉温情的自享和企盼。在夜雨中与家人围炉闲谈，几乎都不会拌嘴；在夜雨中专心攻读，身心会超常地熨帖；在夜雨中思念友人，会思念到立即寻笔写信；在夜雨中挑灯作文，文字也会变得滋润蕴藉。

在夜雨中想象最好是对窗而立。黯淡的灯光照着密密的雨脚，玻璃窗冰冷冰冷，被你呵出的热气呵成一片迷雾。你能看见的东西很少，却似乎又能看得很远。风不大，轻轻一阵立即转换成淅沥雨声，转换成河中更密的涟漪，转换成路上更稠的泥泞。此时此刻，天地间再也没有什么会干扰这放任自由的风声雨声。你用温热的手指划去窗上的雾气，看见了窗子外层无数晶莹的雨滴。新的雾气又腾上来了，你还是用手指去划，划着划着，终于划出了你思念中的名字。

夜雨是行旅的大敌。

倒不是因为夜间行路艰难，也不是因为没有带着雨鞋和伞。夜雨会使旅行者想家，想得很深很深。夜雨会使旅行者企望安逸，突然憬悟到自己身陷僻远、孤苦的处境，顾影自怜，构成万里豪情的羁绊。

不是急流险滩，不是崇山峻岭，而是夜雨，使无数旅行者顿生反悔，半途而归。我不知道法显、玄奘、郑和、鉴真、徐霞客他们在一次次夜雨中心境如何，依我看，他们最强的意志，是冲出了夜雨的包围。

如我无用之辈，常常会在大雨如注的夜晚，躲在乡村旅店里，把地图拿出来细细查看。目光在已经走过的千里之间来回，痴想着其间在夜幕雨帐笼罩下的无数江河和高山。这样的夜晚，我常常失眠。为了把这种没出息的惰怠心绪驱赶，我总会在夜雨中邀几个不相识的旅人长时间闲谈。

但是，真正让心绪复归的，完全不是这种谈话，而是第二天晴朗的早晨。雨后的清晨，铺天盖地奔泻着一种兴奋剂，让人几乎把昨夜忘却；又不能完全忘却，留下一点影子，阴阴凉凉的，添一份淡淡的惆怅。

在人生的行旅中，夜雨的魅力也深可寻探。

我相信，一次又一次，夜雨曾浇熄过突起的野心，夜雨曾平抚过狂躁的胸襟，夜雨曾阻止过一触即发的争斗，夜雨曾破灭过凶险的阴谋。当然，夜雨也所折过壮阔的宏图、勇敢的进发、火烫的情怀。

不知道历史学家有没有查过，有多少乌云密布的雨夜，悄悄地改变了中国历史的步伐。将军舒眉了，谋士自悔了，君王息怒了，英豪冷静了，侠客止步了，战鼓停息了，骏马回槽了，刀刃入鞘了，奏章中断了，敕令收回了，船楫下锚了，酒气消退了，狂欢消解了，呼吸匀停了，心律平缓了。

（选自余秋雨《文化苦旅》，中国文学出版社，2009 年版。）

第三节　小说的写作

一、小说的含义

小说是以刻画人物为中心，通过完整的故事情节和具体的环境描写来反映社会生活的一种文学体裁。因此，一篇小说需具备三个要素：人物、故事情节和环境（自然环境和社会环境）。小说反映社会生活的主要手段是塑造人物形象，小说中的人物，我们称为典型人物。这个人物是作者根据现实生活创作出来的，他不同于真人真事，往往是"杂取种种，合成一个"（鲁迅《出关》）。通过这样典型的人物反映出来的社会生活，更集中、更有代表性，因此，更有普遍意义。

小说的环境描写和人物的塑造与中心思想有极其重要的关系。在环境描写中，社会环境是重点，它揭示了种种复杂的社会关系，如人物的身份、地位、成长的历史背景等等。自然环境包括人物活动的时间、地点、季节、气候以及景物等等。自然环境描写对表达人物的心情、渲染气氛都有不小的作用。

二、小说的特点

小说是一种运用文学语言，以叙述为主要表达方式，通过完整的故事情节创造典型形象和典型环境，从多方面反映和再现社会生活的一种文学体裁。人物、情节和环境是构成小说的三个要素，也是小说的基本特点形成的基础。

（一）以塑造典型化的人物形象为核心

小说以反映社会生活为内容，社会生活由人物及人的社会关系构成，因而人物是小说描绘或表现的中心。人物形象凝聚着作家的思想感情、社会理想和审美追求，塑造典型人物形象是小说的重要任务。在这一点上，它与其他文学样式明显不同，诗歌和散文可以写人物，也可以不写，而小说则必须写。凡是优秀的小说作品，都能给读者留下掩卷不忘的人物形象，这些不忘的人物形象都是典型化的人物。"他们对于读者是熟悉的陌生人"，是经作者高度概括，读者似曾相识但又说不出具体姓名的个性化人物，是黑格尔所说的区别于其他任何一个形象的"这一个"。这个"这一个"是最不类型化的，它的每一个性格特点都不同于其他任何一个人物。

在塑造典型化人物的手段上，与其他文学样式相比，小说更为丰富灵活，它可以从各个方面深入细致地刻画人物的复杂性格。戏剧文学，因受舞台时空的限制，主要以台词来展示人物性格。报告文学则要受真人真事的约束，小说则不然，可以灵活而具体地描写人物的音容笑貌，展示人物复杂的心理变化，还可以用对话、行动及环境气氛的烘托等手段来刻画人物，所以它是描写人物最有效的文学样式。

（二）以完整复杂的情节显示人物性格的成长历史

小说的情节与人物密切相关，情节是人物性格的外在表现，人物性格是情节发展的内在根据。小说的篇幅与容量可根据需要而定，因此，可以更广泛更全面地描绘多方面的社会生活，深入细致地刻画人物。

与其他叙事性文学比较，小说的情节更为完整复杂，如叙事诗和叙事散文也讲究情节，但撷取的多是一鳞半爪的生活片断，情节单纯。又如戏剧，虽然也很重视情节的完整性，但因受舞台和时间的限制，不可能容纳大量的详细情节和过于复杂的人物关系。小说则没有这些限制。它可以充分地叙述完整复杂的故事情节，以展示人物性格发展变化的轨迹。

小说情节的安排大致有两种方式：叙事的相对集中或者称为情节的戏剧化，与之相对的则是叙事的相对扩展，或者称为情节的内在化。前者秉承古典小说的叙事传统，注重逻辑的紧张和因果分明，作者艺术加工、锤炼的痕迹十分明显。这种情节安排更显示传统小说叙事的外在化、客体化倾向。第二种情节安排的方式则多为现代小说所青睐，它往往不是以事件而是以人物为叙事线索，注重感性经验的渲染和整体生活的重现，叙事逻辑含而不露，因果关系需要读者用心领悟。这类小说写作方式多强调天然契合，它的"奇特化"体现在以细节刻画和心理描写延长和凸显了对生活的感觉。

（三）以具体充分的环境描写作为人物活动的舞台

环境描写是衬托人物性格、展示故事情节的重要手段。因为环境反映了人与人、人与社会、人与自然界错综复杂的关系，它是人物性格形成、发展的客观条件，也是小说事件发生发展的外部条件。只有充分的环境描绘，才有可能具体、真实地揭示人物的活动和矛盾冲突，由此可见，人物典型性格的塑造离不开典型环境。

小说的环境描写，比其他文学样式有更多的自由，诗和散文由于语言凝练和抒情浓郁的特点，限制了环境描写的自由。至于戏剧，有舞台、时间的制约，其环境表现、变换是很有限的，而小说则可根据需要随心所欲地描写环境，既可以对社会环境进行宏大的、全面的介绍，又可以对具体的场景作细致详尽的描绘。同时，场景也可以随时变换，以便为人物的活动和情节的展开提供自由灵活的时间和空间范围。

三、小说的分类

小说的分类方法和标准很多，最基本的分法是按其容量和篇幅长短来分，可分为长篇小说、中篇小说、短篇小说和微型小说四种。

（一）长篇小说

长篇小说是篇幅长、容量大、背景广阔并且人物众多的一种小说，字数一般在 10 万以上，多者可达数百万字，通常以一定历史时代具有重大社会意义的复杂事件为题材，以具体的社会环境和众多的人物形象，展示一定历史时期的社会风貌，揭示其深刻的社会底蕴。其主题往往较复杂，除中心主题外，还可以有若干副主题，其结构复杂多变，纵横交错。情节往往除主线外，还有若干副线，构成总体的开端、发展、高潮、结局的完整布局。长篇小说因人物众多，关系复杂，在矛盾纠葛中，人物性格成长发展的历史展示起来比较充分，如罗贯中的《三国演义》。

（二）中篇小说

中篇小说是在篇幅长短、容量大小、情节繁简、结构规模、人物多寡等方面介于长篇小说和短篇小说之间的一种小说。字数一般 3 万至 5 万，最多不超过 10 万字，它也可以深刻地反映一定时期的社会历史和现实，但在总体上没有长篇小说那样宏阔。情节、线索相对来说简洁单纯一些，主要人物比长篇小说要少。它有点像是从长篇中摘取的一章或几章，一般表现一个人物或几个人物性格发展、命运变化的历史。

（三）短篇小说

短篇小说是篇幅短小、情节精练、人物集中而且结构紧凑的一种小说。字数在三五千到两三万之间，多是截取生活中有典型意义的一个断面或连缀某一件事的一些片断，围绕一组矛盾冲突，以一两个人物为主展开故事情节，突出人物性格的某些方面，却并不一定写出性格发展的全过程。短篇小说容量小，却可以小中见大，寓意深远。通过"一雕栏一画轴"、"以一目而传其精神"而推及全体，并对全体有更加切实深刻的感受。

（四）微型小说

微型小说又叫"小小说"、"一分钟小说"、"袖珍小说"、"超短篇小说"等。它是篇幅极短，取材、布局、人物刻画、环境描写比短篇小说更精粹、更单纯、更洗炼的一种小说样式，字数多为千字左右，短者只有三五百字。

微型小说篇幅极小，但具有人物、情节、环境、结构等小说的基本因素。囿于时空，只取生活的短小断面，即"画轴"之一角，"雕栏"之一段，结构简括单纯，不求头尾。完整刻画人物多用"描写"，不多铺叙人物性格的发展变化。环境描写只融于人物的语言、行动和心理情绪之中，多用白描手法，追求含蓄和出其不意。

四、短篇小说的创作方法与要求

短篇小说取材广泛，形式自由灵活，反映社会生活迅捷，比起长篇和中篇，无论从材料的积累、谋篇布局，还是在技巧的驾驭上都要容易。因此，学写小说，应从短篇开始，短篇写好了，即为写中篇和长篇打下了基础。短篇小说创作应该：

（一）严格选材，深入开掘

短篇小说的选材好坏直接关系着作品的成败，在截取生活片断时，对"片断"的选择必须严格。鲁迅说："选材要严，开掘要深。"选材与开掘虽然不是一码事，但二者有密切的联系。选材有典型性、代表性，才能揭示深厚广泛的社会意蕴，反映重大而深远的社会主题，选材要严，并非只写大事、要事而忽视人物日常生活中的零碎琐事。只要眼光敏锐、细心提炼，零星琐事也可以承担重大的主题，平凡也可以寓不凡。

（二）塑造好典型人物形象

短篇小说情节简括单纯，矛盾集中，往往只能刻画一两个主要人物。这一两个主要人物始终占据着矛盾的主要方面，制约着矛盾冲突的范围，引导着矛盾发展的趋势。

塑造人物形象，通常有两种方法：一种是以个别原型为主，即以生活中实际存在的某个个别人为主，但又不受这个原型的局限，在此基础上进行进一步的艺术加工和改造、想象和虚构，使人物更典型、更充分地表达作者的意图。另一种是综合、撷取许多人的特征，进行虚构而成一个人的方法，即鲁迅说的"嘴在浙江，脸在北京，衣服在山西"（《我是怎样做起小说来的》）。和许多人有些像，又绝不是哪一个具体的人，这种综合和撷取，绝不是随便的拼凑、机械的相加，而是通过作者的想象、综合、集中，选取某些特质，进行新的熔炼和铸造，从而创造出来的独特角色。

（三）描绘好烘托人物性格和命运的典型环境

典型环境是人物生活于其中、能形成其性格并能促使其行动而又反映着一定社会历史生活的某些方面的具体环境。人是离不开社会环境的，恩格斯说："人创造了环境，同样环境也创造了人"。环境是人物活动的舞台，好的环境描写对刻画人物性格有巨大作用。同时也能达到烘托气氛、推动情节发展、突出作品主题等效果。如美国作家杰克·伦敦的《热爱生命》中的"那片辽阔可怕的荒野"，对突出主人公的坚强和对生命的强烈渴望的性格，起到了很好的烘托作用。

环境描写的作用常常呈现为正反衬托的效果。正衬的特点是作品描写的社会背景、自然风光、气氛和色调等同人物的性格、命运、言行和谐一致。如鲁迅先生的《在酒楼上》中的环境描写，其自然景色暗示了当时的社会背景，其景物的外部光、色、影的描写又与人物命运发展达到了某种契合，对人物性格刻画起到了很好的正面烘托作用。而反衬则是小说中的环境描写内容同人物性格、命运、言行形成巨大的反差、对比。我们常说的以乐景写哀、以哀景写乐就是典型的反衬描写法。如鲁迅先生《祝福》中开头的鲁镇热闹的大年三十的祝福场景的描写，同祥林嫂孤苦无助绝望的死去的悲惨命运形成了巨大的反差，更加突出了祥林嫂命运的悲惨。

（四）精心设计好故事情节，突显人物个性

人物性格体现在由各种具体事件编织成的具有因果关系的情节中。情节是作者按照一定的生活逻辑所设计的一系列能显示人物与人物、人物与环境之间关系的具体事件。高尔基说，情节"即人物之间的联系、矛盾、同情、反感和一般相互关系——某种性格、典型的成长和构成的历史"。短篇小说的情节头绪不能多，最好围绕一个中心事件展开，同时还应该突出主要故事情节，不要平分秋色。情节的展开应以塑造人物性格为重点，对于刻画人物性格关系不大的一些情节只作简略交代，要把笔墨集中在能够充分展现人物个性的重要环节上。

短篇小说在情节安排上常常采用截取"横截面"的手法，即从时间链条上只取一个点，在这一时间内展示矛盾冲突。它集中展示矛盾冲突最为集中的一个（或几个）场面，最能表现人物性格特征的某些瞬间，甚至是生活中的一个镜头。

在表现人物性格的同时，短篇小说的故事情节还应该有故事性，要能吸引人，要曲折跌宕，显出小说味来。

五、微型小说创作的基本要求

微型小说是比短篇小说更为短小精悍的写作形式，它可以使人们在茶余饭后的星点时间里获得艺术的享受和思想的启迪。因其短小，比较容易驾驭，是"训练作家最好的学校"。微型小说的写作要领是：

（一）精选材料，见微知著

微型小说量小质精，它常常取材于生活中的一帧速写，一幅剪影，或是几个逼真的细节，几段妙趣横生的对话，像特写镜头那样把它放大，来反映生活中的人和事，具有浓郁的生活气息。

（二）用极省俭的笔墨刻画人物

微型小说往往用几个富于表现力的动作、几句话或一点微妙的心理活动画龙点睛地刻画人物。

（三）巧妙构思

巧妙构思主要是"隐而不露"和"出其不意"。所谓隐而不露是指构思时通过某个侧面的描写去暗示作品所传达的丰富内容，让读者能从露出海面的一岛一礁中悟出海底的广阔世界，这就需要留出更多的空白，让读者去想象和补充。

所谓出其不意，是指通过层层铺垫，反复衬托，把读者的注意力吸引到某个方向时，突然来一个一百八十度的急转弯，揭开秘密给人以意想不到的结局。微型小说的铺垫是作品思想内容的具体显示过程，也就是人物性格、情节因素充分显现的过程。在这一过程中，要抓住读者，就要：或设置悬念，吊读者胃口；或制造假象，迷惑读者；或引而不发，激发读者想象。这是一个蓄势的过程，而最后的揭晓则是爆发的一刻。前边的蓄势可以说全是为这一刻准备的，而这一刻又必须是前边蓄势合乎逻辑又出人意料的结果。

范文阅读

一、《小公务员之死》（俄·契诃夫）

一个美好的晚上，一位心情美好的庶务官伊凡·德米特里·切尔维亚科夫，坐在剧院第二排座椅上，正拿着望远镜观看轻歌剧《科尔涅维利的钟声》。他看着演出，感到无比幸福。但突然间……小说里经常出现这个"但突然间"。作家们是对的：生活中确实充满了种种意外事件。但突然间，他的脸皱起来，眼睛往上翻，呼吸停住了……他放下望远镜，低下头，便……阿嚏一声！！！他打了个喷嚏，你们瞧。无论何时何地，谁打喷嚏都是不能禁止的。庄稼汉打喷嚏，警长打喷嚏，有时连达官贵人也在所难免。人人都打喷嚏。切尔维亚科夫毫不慌张，掏出小手绢擦擦脸，而且像一位讲礼貌的人那样，举目看看四周：他的喷嚏是否溅着什么人了？但这时他不由得慌张起来。他看到，坐在他前面第一排座椅上的一个小老头，正用手套使劲擦他的秃头和脖子，嘴里还嘟哝着什么。切尔维亚科夫认出这人是三品文官布里扎洛夫将军，他在交通部门任职。

"我的喷嚏溅着他了！"切尔维亚科夫心想，"他虽说不是我的上司，是别的部门的，不过这总不妥当。应当向他赔个不是才对。"

切尔维亚科夫咳嗽一声，身子探向前去，凑着将军的耳朵小声说：

"务请大人原谅，我的唾沫星子溅着您了……我出于无心……"

"没什么，没什么……"

"看在上帝份上，请您原谅。要知道我……我不是有意的……"

"哎，请坐下吧！让人听嘛！"

切尔维亚科夫心慌意乱了，他傻笑一下，开始望着舞台。他看着演出，但已不再感到幸福。他开始惶惶不安起来。幕间休息时，他走到布里扎洛夫跟前，在他身边走来走去，终于克制住胆怯心情，嗫嚅道：

"我溅着您了，大人……务请宽恕……要知道我……我不是有意的……"

"哎，够了！……我已经忘了，您怎么老提它呢！"将军说完，不耐烦地撇了撇下嘴唇。

"他说忘了，可是他那眼神多凶！"切尔维亚科夫暗想，不时怀疑地瞟他一眼。"连话都不想说了。应当向他解释清楚，我完全是无意的……这是自然规律……否则他会认为我故意唾他。他现在不这么想，过后肯定会这么想的！……"

回家后，切尔维亚科夫把自己的失态告诉了妻子。他觉得妻子对发生的事过于轻率。

她先是吓着了，但后来听说布里扎洛夫是"别的部门的"，也就放心了。

"不过你还是去一趟赔礼道歉的好，"她说，"他会认为你在公共场合举止不当！"

"说得对呀！刚才我道歉过了，可是他有点古怪……一句中听的话也没说。再者也没有时间细谈。"

第二天，切尔维亚科夫穿上新制服，刮了脸，去找布里扎洛夫解释……走进将军的接待室，他看到里面有许多请求接见的人。将军也在其中，他已经开始接见了。询问过几人后，将军抬眼望着切尔维亚科夫。"昨天在'阿尔卡吉亚'剧场，倘若大人还记得的话，"庶务官开始报告，"我打了一个喷嚏，无意中溅了……务请您原……"

"什么废话！……天知道怎么回事！"将军扭过脸，对下一名来访者说："您有什么事？"

"他不想说！"切尔维亚科夫脸色煞白，心里想道，"看来他生气了……不行，这事不能这样放下……我要跟他解释清楚……"

当将军接见完最后一名来访首，正要返回内室时，切尔维亚科夫一步跟上去，又开始嗫嚅道：

"大人！倘若在下胆敢打搅大人的话，那么可以说，只是出于一种悔过的心情……我不是有意的，务请您谅解，大人！"

将军做出一副哭丧脸，挥一下手。

"您简直开玩笑，先生！"将军说完，进门不见了。

"这怎么是开玩笑？"切尔维亚科夫想，"根本不是开玩笑！身为将军，却不明事理！既然这样，我再也不向这个好摆架子的人赔不是了！去他的！我给他写封信，再也不来了！真的，再也不来了！"

切尔维亚科夫这么思量着回到家里。可是给将军的信却没有写成。想来想去，怎么也想不出这信该怎么写。只好次日又去向将军本人解释。

"我昨天来打搅了大人，"当将军向他抬起疑问的目光，他开始嗫嚅道，"我不是如您讲的来开玩笑的。我来是向您赔礼道歉，因为我打喷嚏时溅着您了，大人……说到开玩笑，我可从来没有想过。在下胆敢开玩笑吗？倘若我们真开玩笑，那样的话，就丝毫谈不上对大人的敬重了……谈不上……"

"滚出去！！"忽然间，脸色发青、浑身打颤的将军大喝一声。

"什么，大人？"切尔维亚科夫小声问道，他吓呆了。

"滚出去！！"将军顿着脚，又喊了一声。

切尔维亚科夫感到肚子里什么东西碎了。什么也看不见，什么也听不着，他一步一步退到门口。他来到街上，步履艰难地走着……他懵懵懂懂地回到家里，没脱制服，就倒在长沙发上，后来就……死了！

二、《河豚子》(王任叔)

他从别人口中得来了这一种常识，便决心走这一着算盘。他不知从什么地方讨来了一篮的河豚子，悄悄地拿向家中走来。

一连三年的灾荒，所得的谷只够作租；凭他独手支撑的一家五口，从去年冬支撑到今岁二三月夜，已算是困难极了。现在也只好挨饥了！但是——怎样挨得下去呢？这好像天使送的礼物一般的喜悦，当一家人见到他拿来了一篮东西的时候。孩子们都手舞足蹈地向前进去。"爸爸，爸爸！什么东西啊！让我们吃！"这么样的情景，真使他心伤泪落的了！"吃！"他低低地答了一声后，无限的恐怖！为孩子生命的恐怖！一齐怒潮般压上心头，喘不过气来。他嘱咐妻子把河豚子煮熟来吃，自己托故外出一趟。

他并不是自己不愿死，不吃河豚子，不过他不忍见到一家人临死的惨状，所以暂时避开。已过了午了，还不见他回来。孩子却早已绕着母亲要吃了。这同甘共苦的妻子，对丈夫是非常敬爱，任何东西断不肯先给孩子尝吃的。太阳斜西，河豚还依然煮着。他归来了。他的足如踏在云上一般。他想象中一家尸体枕藉的惨状，真使他归来的力也衰了。然而预备好的刀下舍身的决心，鼓起了他的勇气。早已见到孩子们炯炯的眼光在门外闪发着，过后，一阵欢迎归来的声音也听到了。"怎么还没有死呢？"他想。"爸爸！我们是等你一同吃呀！""哦！"他知道了。一桌上争争抢抢地吃着。久不得到鱼味的他的一家人，自然分外感到鲜甜。

吃好后，他到床上安安稳稳地睡着，等黑衣死神之降临。但毕竟因煮烧多时，河豚的毒性消失了，一家人还是要安安稳稳地挨饿。他一觉醒来，叹道："真是求死也不得吗？"泪绽出在他的眼上了。

（选自《语文教学与研究：读写天地》，2006 年第 5 期）

三、《雄辩症》（王蒙）

一位医生向我介绍，他们在门诊中接触了一位雄辩症病人。

医生说："请坐。"

病人说："为什么要坐呢？难道你要剥夺我的不坐权吗？"

医生无可奈何，倒了一杯水，说："请喝水吧。"

病人说："这样谈问题是片面的，因而是荒谬的，并不是所有的水都能喝。例如你如果在水里掺上氰化钾，这水就绝对不能喝。"

医生说："我这里并没有放毒药嘛。你放心！"

病人说："谁说你放了毒药呢？难道我诬告你放了毒药？难道检察院起诉书上说你放了毒药？我没说你放毒药，而你说我说你放了毒药，你这才是放了比毒药还毒的毒药！"

医生毫无办法，便叹了一口气，换一个话题说："今天天气不错。"

病人说："纯粹胡说八道！你这里天气不错，并不等于全世界在今天都是好天气。例如北极，今天天气就很坏，刮着大风，漫漫长夜，冰山正在撞击……"

医生忍不住反驳说："我们这里并不是北极嘛。"

病人说："但你不应该否认北极的存在。你否认北极的存在，就是歪曲事实真相，就是别有用心。"

医生说："你走吧。"

病人说："你无权命令我走。这里是医院，不是公安机关，你不可能逮捕我，你不可能枪毙我。"……经过多方调查，才知道病人当年参加过"梁效"的写作班子，估计可能是一种后遗症。

（选自《微型小说》，中国文联出版社，1986 年版。）

四、《书法家》（司玉笙）

书法比赛会上，人们围住前来观看的高局长，请他留字。

"写什么呢？"高局长笑眯眯地提着笔，歪着头问。

"写什么都行。写局长最得心应手的好字吧。"

"那我就献丑了。"高局长沉吟片刻，轻抖手腕落下笔去。立刻，两个劲秀的大字从笔端跳到宣纸上："同意。"

人群发出啧啧的惊叹声。有人大声嚷道："请再写几个。"

高局长循声望去，面露难色地说："不写了吧——能写好的就这两个字……"

（选自司玉笙《会走的椅子》，四川文艺出版社，2012年版。）

五、《永远的蝴蝶》赏析（原文见第四章后"思考与练习"11题）

小说的美千姿百态，有的以起伏跌宕的故事情节见长，有的以个性鲜明的人物形象取胜，有的以深邃广博的思想突出。台湾作家陈启佑的小说《永远的蝴蝶》，情节简单，人物性格也较为单一，更没有高深的思想，但是它却紧紧地抓住了读者的心。它的艺术魅力来自于哪里呢？笔者认为在于它的抒情艺术

（1）寓情于景，寓情于事，使小说显示出氤氲之美。

《永远的蝴蝶》一文的情节非常简单，可以概括为：未婚妻樱子寄信时不幸出车祸身亡。樱子的性格是单一的，热情活泼。文章没有反映深刻的现实问题，它宣泄的只是个人的情感，那种失去恋人后的悲痛、悔恨、自责、惋惜、眷恋。这种情感浸润在文章的字里行间，使小说景中有情，事中有情，它像一团烟雾笼罩在文章中，使小说显示出氤氲之美。

清代学者王国维曾语：一切景语皆情语。《蝴蝶》一文的景物描写并不多，但是它却具有非常丰富的意蕴。它不只是交代故事发生的环境，更重要的是作者内心情感的观照和再现。如文章开头写道：那时候，天正下着雨，柏油路面湿冷冷的，还闪烁着青、黄、红颜色的灯火。我们就在骑楼下躲雨，看绿色的邮筒孤独地站在街的对面。寥寥几笔就营造了一种愁苦的氛围，它为全文定下了一个伤感的基调，并暗示了后面的不幸。这些含情的景语给了读者这样的审美感受：闪烁的灯火仿佛哭泣的眼睛，湿冷的街面如含泪面容，孤独的不是邮筒，而是"我"自己。文学作品的叙事角度有三种：第一人称、第二人称、第三人称。第三人称有助于创作主体客观地挖掘主人公的内心世界，并进行评论；第二人称有助于创作主体与作品中人物的感情交流；第一人称有助于表达创作主体的内心情感。《蝴蝶》一文采用了第一人称的叙事方式，使文章具有浓厚的抒情色彩。富有意味的景物描写和第一人称的叙事方式使小说从头到尾都弥漫着一股悲情，具有一种氤氲之美（俞汝捷语）。

（2）运用"雨"和"蝴蝶"这两个意象来抒情，使小说展现出凄艳之美。

作者的悲痛之情弥漫在文中，但它并不是无形的。《蝴蝶》一文运用"雨"和"蝴蝶"这两个意象将缥缈的悲情形象化，具体化。雨这一意象在历代的文学作品中总是与愁苦联系在一起。王维的《阳关三叠》虽然充满了豪情，但那绵绵的春雨总还掩饰不了朋友分离时的悲伤。李后主的"帘外雨潺潺，春意阑珊，罗衾不耐五更寒"充满了伤国之痛；李清照的"到黄昏梧桐更兼细雨，点点滴滴"写思念的寂寞和生活的孤苦。《蝴蝶》一文多处写到雨，它不仅具有传统的美学意味，而且显得更为丰富和具体。它没有杜甫笔下"润物细无声"的

可人和亮度，有的是李后主笔下的灰暗和凄迷。它是自然的春雨，如"那时候正下着雨"；又是灾难和不幸的象征，如"其实雨下得并不大，却是我一生世中最大的一场雨"；它还是泪水和痛苦的象征，如"更大的雨点溅到我的生命里来"。蝴蝶是美丽的，但是它的生命却很短暂。它的这一特点本身就具有很浓的悲剧意味。在文中，它是美丽的、可爱的、年轻的樱子的化身。一方面它表达了"我"对樱子的深深眷念，永远的蝴蝶就是永远的樱子，这一矛盾的标题蕴含着千般思念万种哀愁；另一方面它将那血沫飞溅的车祸场面浪漫化，如"随着一阵拔尖的刹车声，樱子的一生轻轻地飞了起来，飘落在湿冷的街面，好像一只夜晚的蝴蝶。"恐怖的车祸像电影的慢镜头定格在读者的脑海中。没有撕心裂肺般的哭嚎，没有血肉横飞的可怕，相反它非常美丽，只是有点凄凉。绵绵的细雨和轻飞的蝴蝶不仅将无形的悲情外化，而且增加了小说的悲剧意味，给人凄艳之感。

（3）运用反复手法抒情，使小说展现出缠绵之美。

《蝴蝶》一文的感情基调是伤感的，一悲到底，但是它的悲伤程度却不是一样的。它具有鲜明的层次感，随着故事的发展，"我"的悲痛越来越浓，越来越深。文中反复手法的运用，不仅将作者的悲痛之情表达得层次分明，而且缠绵悱恻。文中多次写到雨、雨伞、寄信和过马路，这绝不是简单的重复，而是"我"的悲痛之情不同程度的体现。写只带一把雨伞既突出了樱子的热情可爱(她主动要求帮我寄信)，又表达了"我"深深的自责和悔恨(为什么只带一把雨伞呢)。写樱子过马路，突出了她的美丽，更主要展现了"我"目睹车祸的刹那间思绪飞扬的过程，由现实到虚幻再到现实，揭示了"我"复杂矛盾的心理：不愿相信惨状，但愿是做梦，可又不能不信。信交代了故事的起因，由信开头，由信结尾。小说开始只字不提信的内容，而在最后才点明那是一封报喜的信。这样写产生了很好的艺术效果：年轻的樱子死了让人悲伤；热情的樱子去了，让人痛惜；年轻的热情的樱子在新婚前夕如蝴蝶般飘落了，令读者唏嘘不已。这种以喜写悲的反衬叙述将悲情推到了顶峰。

总之，《蝴蝶》一文是一篇抒情小说，它重在抒情，而不是叙事。作者用细腻的笔调将失去恋人之后真挚、柔婉的悲情表达得缠绵而美丽，它象一根丝线紧紧地牵住了读者的心，产生了回味无穷的艺术效果。

思考与练习

1. 你认为小说应具备哪些要素？
2. 你对小说的特点如何认识？
3. 小说从容量和篇幅看有哪几种？各有什么特点？
4. 人物在小说中的地位和作用怎样？为什么说塑造人物形象是小说的中心任务？
5. 微型小说创作有什么要求？
6. 以自己身边同学和熟知的故事为原型，写一篇1000字左右的微型小说。
7. 下面是两篇小小说，请你填写出人意料的结尾。

(1) 好朋友(马克·吐温)

约翰在街上碰到他的好朋友麦克，便对他说："唉，我遇到一件很麻烦的事，真不知道该怎么办!""什么事? 我们是好朋友嘛, 你有什么麻烦事就该对好朋友说, 也许我能帮你想想办法。""我发现我正处于热恋之中。""这是好事啊, 你怎么会觉得麻烦呢?"麦克不解地问。"我同时爱上了两个姑娘, 她们一个长得漂亮, 但没钱; 另一个长得不漂亮, 却很有钱。你看我应该跟谁好呢?""当然是那个长得漂亮的。这年头, 钱算得了什么?"麦克坚决地回答。"对!"约翰说道:"谢谢你的好主意, 再见。"说完转身就走。"等一下, 约翰。"麦克叫住他。…………

(2) 送行

　　三个男人提着行李气喘吁吁地赶到火车站时, 火车正鸣着长笛向外缓缓驶去。

　　于是三个人急忙沿着站台追赶火车, 其中两个人身强力壮, 终于在千钧一发之际, 跳上了最后一节车厢, 最后一个人只好无奈地看着火车远去。

　　突然之间, 没赶上火车的男人在站台上忍不住疯狂大笑起来。检票员不解地问他:"你怎么啦? 没赶上火车, 还哈哈大笑?"

　　那人上气不接下气地答道:"…………"

　　8.根据下面提供的词语写一篇小小说。

　　试卷、生活、爱、生命、传奇、世界、角落、杯子。

第七章　理论文体

本　章　导　学

　　通过理论文体写作的课堂教学与训练，学生应准确掌握理论文体特点，能做到在中学议论文写作的基础上，较准确地掌握理论文体写作的基本要领；会较好地写作社会评论和其他评论类文章，如杂文、文学评论等；能够全面把握学术论文的文体特点和写作基本要求，能初步学会写作规范的课程论文。

第一节　杂文的写作

一、杂文的含义

　　杂文诚如鲁迅先生所言是古已有之。在先秦诸子散文中的许多篇章，往往借事明理、针砭时弊、讽刺幽默，其都可归于杂文中。如庄子的《秋水》、晏子的《齐人》。唐代的"说"体，如韩愈的《师说》、柳宗元的《捕蛇者说》等等，从其文体角度看，也都可认定为杂文，只是当时都把它们归在散文中。

　　古人所谓的杂文概念往往是指杂体文章，比如刘勰在《文心雕龙》中就这样说"详夫汉来杂文，名号多品，或典诰誓问，或览略篇章，或曲操弄引，或吟讽谣咏，总括其名，并归杂文之区，甄别其义，各人讨论之域"。实质上是将各种体裁、各种形式的文章，只要写法不拘一格，又没有明确类属的文章都包含在其中了，这大约可以称之为广义的杂文定义。而我们在此谈论的杂文是狭义杂文，是一种文艺性的议论文，主要是指"五四"以来，以鲁迅为代表的那种精辟犀利、具有浓烈的文艺色彩的议论性文章。它的形式灵活多样，无论是杂感、短评、随笔、编后、序跋、札记、演讲，只要富有浓厚的文学性和犀利的议论锋芒，都可以成为一篇好杂文。其定义可以归结为：杂文是一种篇幅短小、笔锋犀利、战斗性强的文艺性的社会论文。

二、杂文的分类

　　杂文从内容上划分，有社会批评和人生杂感两类。

　　社会批评，即采用杂文的笔法，多以冷嘲热讽的形式，针砭时弊，揭露社会上的丑恶现象，以引起人们的疗治，从而净化社会，推动历史前进，如鲁迅先生的《崇实》、秦牧的《鬣狗的风格》等。

　　人生杂感，即采用杂文的笔法，多以诙谐幽默的形式，谈及人生，议论事理，指导处世之道，调整人际关系，如鲁迅先生的《拿来主义》、邓拓的《一个鸡蛋的家当》。

从形式上划分，也可以分为杂感式、点评式、问答式、三言两语式、摘录集锦式和寓言故事式等等。

三、杂文的特点

杂文是一种直接而迅速地反映社会事变的文艺政论，是文学、艺术和哲学的结晶，可以说是一种边缘文学。唐弢指出："我以为小品文之所以杂，之所以无所不谈，正足以表示它反映整个社会具备了文艺作品的主要条件。它并不像其他各科那样，只限于一种专门的知识，它是内容技巧并重的。"（《小品文和漫画》）

一般说来，杂文的"杂"有两方面的含义：一是内容的杂，指内容博杂，题材广泛，宇宙之大，野草之微，都可以兼收并蓄。但这种杂绝不是东拉西扯，乱七八糟的杂，杂讲究题材杂，但必须紧紧围绕中心，不能离题。其次是表现形式上的灵活多样，它可以有散文似的构思和文采、小说似的人物景物描绘和诗一样的语言和意境，还可以有议论文那样严密的解剖和锋利的笔调。它熔议论、记叙、抒情、说明于一炉，可以运用夸张、比喻、借代、排比等等修辞手段，杂文的上乘之作，应该是形象思维与逻辑思维的结合，诗与政论的结合，杂文可以是一种政论。它的本质是说理的，但它不是时代精神的标签，不是政策的图解。它阐述政治、思想、观点的形式应有艺术的华彩，旁征博引、说古谈今、幽默讽刺、借题发挥、由小见大、浮想联翩，则是须臾不可离开的。杂而有文，正是杂文区别于一般新闻短评、政论之所在。因此，一般情况下，杂文应有以下四个特点：

（一）现实性强

杂文是文艺性的社会论文或政治论文，是时代主旋律艺术再现的一种形式，一般要求能够迅速地反映现实社会中的矛盾、问题及其在人们思想、观念上的反响。鲁迅的那些"论时事不留面子，砭痼弊常取类型"的著名杂文，几乎都是为了配合当时的社会斗争需要而写的。20世纪60年代邓拓等人的《燕山夜话》，粉碎"四人帮"后林放的《未晚谈》等杂文，都不失为紧密结合形势、为现实服务的好作品。如今由于时代的变迁，各种社会矛盾都发生了质的转化，即便如此，对杂文题材的要求依旧不变。

（二）短小犀利

杂文篇幅都比较短小，少则几百字（甚至更少），多则千把字，三五千字的较为少见。因其短小，作者不需长时间地构思，可以一挥而就，读者也是一览即毕，言简意赅，收效显著。因其短小，所以语言应该十分精练，泼辣犀利，有极强的战斗性。例如：1933年1月日军侵占山海关后，国民党以"减少日军目标"为理由，慌忙将历史语言研究所、故宫博物院的古物分批从北京运至南京、上海，同时电令北京各大学不准大学生逃难。对这一举动，鲁迅于1月31日写了题为《崇实》的杂文，有力地抨击了国民政府的荒唐举措。鲁迅指出，国民政府搬运古物，"并非因为古物的古，倒是为了它在失掉北平之后，还可以随身带着，随时卖出铜钱来"。而"大学生虽然是'中坚分子'，然而没有"市价"，不值钱，所以可以任其"晦气重重"。非常犀利泼辣地抨击了国民党政府贪财轻人、倒行逆施的行径。

（三）形象议论

人们爱读杂文的一个很重要的原因，不仅是因为它内容充实，触及时弊，而且还在于它有生动性和形象性的特点。杂文中的形象描述往往借助典故、笑话、趣闻、传说等内容，通过打比方、做类比、说古道今、谈天说地等手法和议论挂钩，将形象作为说理的依据。或是"即物以明理"，使理趣和形象有机地结合在一起，有时甚至完全融成一体。例如冯英子的杂文《朝中阴谋 二桃杀三士》，对那些善于使用"阳谋"来达到个人目的阴暗心理的揭示，就极为生动形象。文中选用了几个善用"策略"的历史典故，其中包括：春秋时齐相晏婴的"二桃杀三士"、古希腊神话中"木马记"、孙膑的"围魏救赵"等。通过对这几个典故的叙述、分析、阐释了自己所赞同的民众辩证法——"千算万算，不及天算"，奉劝那些惯于用"阳谋"达到阴谋的人及早改过。文章叙议结合，妙趣横生，观点明确，可读性极强。

（四）讽刺幽默

这是就杂文的语言风格和思想情趣而言的，杂文不像一般议论文，只要求逻辑严密、论证深刻，它还要求有一种寓庄于谐的幽默感和轻松愉快的讽刺效果。谈天说地有哲理，嬉笑怒骂皆文章，这更是人们所说的"杂文味"的重要特色。它既能从人们司空见惯的平常事、平常话中开掘出深刻的道理，也善于运用反语、夸张、类比、比喻等手法，既夸张又真实地显示对象的可笑面目。总之，它的文章风格应该是力度与机智并胜，辛辣与风趣共存。

如刘绍楹的《"会议学"杂论》就很能体现这一特点。作者在文中通过认认真真地讲反话，对我国行政工作中长期难以解决的问题——"文山会海"做了恰如其分的嘲讽。比如"会议看似平常，实则奥妙无穷，涉足这门学问的海洋中，会有探讨不完的问题，研究不尽的学问。首先要研究的，恐怕该是'会议名称学'，当今会议名目繁多，仅常用的、屡屡见于报端的，就有表彰会，还有有待起名的会议，有一个单位精简下马前夕，办公室突然通知干部们开'紧急会议'，内容只有一个，连前来'指导工作'的上级机关工作组成员在内，每人发一个鼓囊囊的'红包'，这该叫什么会？怕很难叫准。总之会议名称的学问颇深，下功夫研究，通过博士论文是没有问题的。"接着作者又从"会议名称学"、"会议心理学"、"会议组织学"等几个角度，运用反话正说的手法，在轻松自然的氛围中，表达了对"会海"这一现象的不满情绪。全文极富幽默感，能引人发笑也令人沉思，可以这样说，能够体现出这一特点的作品，便是达到了杂文的最高境界。

四、杂文的写作方法与要求

杂文是一种具有浓郁文学性的议论文体，因此它的开头、结尾、结构、语言以及材料的使用、议论的穿插，都要作独具匠心的安排。杂文作品既要给读者以有益的启迪，也要使读者获得精神上的愉悦。干巴、死板、硬邦是杂文的大忌。为使杂文作品能够达到表情达意的叙述效果和富有讽刺幽默的审美效果，杂文的写作一般应重视如下几方面：

（一）从实入手，小中见大

杂文内容不外两个方面：一是事实与材料，可谓之为实；一是所阐述的道理，可谓之为虚。在写作中常常是从实开始，以实为基础。如：写一个人、一件事、一句话、一首诗、一篇小说、一条谚语、一个典故、一个笑话、一段历史传说、一个故事等等，以此作为发挥议论的开始。然后通过对照、联想、借喻、类比、比喻等手法生发开去，进行议论，展开文章的主题，发掘深刻的含义。需要注意的是事实与所讲的道理要吻合，不能简单地相加，要从事实引出道理，使二者有机结合。例如：郭小川有篇杂文《一点见识》，阐述的道理是干革命工作，要讲原则，不要搞调和折中，就是从一件事说起。文中说他承担了一本文集的编辑工作，下手晚，不得不延期完成，后来一个朋友告诉他可向对方要"谎头"，打"埋伏"，这件事触动了作者。杂文也是这样开篇的，这种以实带虚，实中有虚的方法是杂文写作中常用的手段。从实入手，以实论虚，这要求在选材上要"大中取小，小中见大"。"大中取小"是指从重大的社会问题中抓住最尖锐、最能反映本质的一点或一个侧面去做文章。"小中见大"是指所写的虽是小事，但却提出了重大的或者有普遍意义的社会问题。

（二）创造典型，阐明道理

杂文要创造典型形象，鲁迅说"砭痼弊常取类型"，也是要求杂文的形象要有典型性。在文章中写的是某一件事或某一个人，但它应该是一种类型，是一群人的集体画像，具有代表性。通过这一人物或事物揭示本质，阐明道理。如陶铸的《松树的风格》是赞扬性质的杂文，作者用松树比喻那些具有共产主义品德与高尚情操的人，这松树就是一个典型。再如鲁迅的《论"费厄泼赖"应该缓行》把敌人比作狗，把暂时被击败的敌人称为落水狗，把貌似公平的敌人比做叭儿狗，这些都是典型形象，能代表一类人物。

如何创造典型？一是选材。即从社会生活中选取某一类人物的代表，或从生活中选取同类事物相像或相近的人或事，加以形象的描绘。二是概括，即从生活中千百个同类事物中概括出其共同特点，然后加以形象化的描绘。但不论怎样创造典型，都必须抓住形象的特点，使其特征明朗化。

（三）形象说理，叙议结合

杂文是文艺性的政论，目的在于说理，手段则要求形象化，杂文的艺术构思和文字表现一般都是以形象刻画为血肉，议论、说理为筋骨，具有叙议结合或寓理于事的特点。

杂文写作常用的形象化说理方法有以下几种：

1. 讲故事

所谓讲故事就是凭借作者自己广博的生活见闻和知识素养，抓住历史与现状、中国与外国、日常生活与国家大事间的各种内在联系或相似点，通过讲故事、借传闻的方式，达到借古讽今、以小见大的效果。譬如鲁迅的《魏晋风度及文章与药及酒之关系》《关于中国的两三件事》都是写有趣的历史故事或神话传说，好像和现实生活相距甚远，其实作者的矛头始终是对准当时的外国侵略者和国内反动统治阶级的。可见，故事自身的情节内容，对于文章所要宣扬的思想观点具有明显作用。此外，杂文作者还常常需要通过画龙点睛式的议论，帮助读者打开思路、深化思考。例如朽木的《彀中是何人》，文中用很大的篇幅讲了一个故事：一千多年前的唐太宗望着鱼贯而出的新进士们，捋髯而喜曰"天下英雄皆入吾彀中矣"。还讲了一个传闻：一个私营企业家对一位市长说：不管什么官员，他都可以"打通"。最后作者发表议论：我们社会的一些腐败现象实在叫人看不下去了，而我们党内、我们干部队伍中的一些腐败现象尤其叫人扼腕、叫人痛心！被人射中落马的，自动让人射中的，这一个个"人入彀中"者，竟都是我们的"领导"。作者在文中对"英雄"皆入"彀"中的慨叹，正是文章所要阐释的观点。但在这篇杂文中，观点的阐述并不是一目了然的，我们只有将一千年前唐太宗为笼络人才而设置的科举之"彀"（圈套）与现今的一些人为一己利益而四处设"彀"联系在一起，再细细品味作者多次提及的"人入彀中"的潜台词，才能使我们对现实社会中一切向"钱"看的弊端有更深层的体会。

2. 打比方

这是一个粗略的提法，具体说来，则是运用各种各样易于发挥形象的喻拟作用的修辞手法，诸如比喻、类比、象征、拟人、借代等等，给作者所要说明的道理披上通俗、形象的外衣。例如，谢逸的《烤人和自烤》借用小说《水浒传》中李逵、张顺的各有专长比喻人才的各有专长，以"头领"比喻领导者，指出"张顺上岸，李逵下水，学非所用，用非所长，也等于在炉火上被烤一样"，形象地讲明了领导者应知人善用的道理。古人云"喻巧而理至"，这种写法显然比一般平铺直叙式的议论举例显豁生动得多，也要深切含蓄得多。

3. 立此存照

这也是杂文形象说理的一种独特而常用的手法。其作用就像是抓住了对方可笑可恶的特点，给他拍了照，再予以放大展览一样。此法颇似漫画，艺术上与杂文相类似的东西大概就是漫画了，它是一种短促突击表现现实的艺术手段，往往"以叱笑正世态"，其中常常伴随着讽刺。这一特点和杂文也极为相似，但杂文写作中使用的立此存照法，既重视幽默效果，也不放弃讽刺性，这一点又与漫画手法有所区别。

鲁迅的杂文常用此法。他解释说，讽刺性的杂文，用的是"实事"，不是"捏造"或"诬蔑"。"它所写的事情是公然的，也是常见的，平时是谁都不以为奇的，而且自然是谁都毫不注意，不过这事情在那时却已经是不合理、可笑、可鄙，甚至于可恶。但这么行下来了，习惯了，虽在大庭广众之间，谁也不觉得奇怪，现在给它特别一提，就动人。譬如罢，洋服青年拜佛，现在是平常事，道学先生发怒，更是平常事，只消几分钟，这事迹就过去，消灭了。但'讽刺'却是正在这时候照下来的一张像，一个撅着屁股，一个皱着眉心，不但别人看起来有些不很雅观，连自己看见也觉得不很雅观"。（且介亭杂文二集·什么是"讽刺"》）鲁迅并以《"立此存照"》为题写过七篇杂文，其中有一篇是原文照录上海《大公报》上刊载的题为《张资平在女学生心中》的文章："他虽然是一个恋爱小说作家，而他却是一个颇为精明方正的人物，并没有文学家那一个浪费热情不负责任的习气。他之精明强干，恐怕在作家中找不出第二个来吧。胖胖的身材，矮矮的个子，穿着一身不合身材的西装，衬着他一副团团的黝黑的面孔，一手里经常的夹着一个大皮包，大有洋行老板公司经理的派头。可是，他的大皮包内没有支票账本，只有恋爱小说原稿与大学讲义。"

这段文字，乍一看，好像只是一种客观、平实的介绍，并无新奇、特殊之处。但经鲁迅一抄录、一点评以后，讽刺效果马上就显现出来了。鲁迅先生评论说：原意是要写他的"颇为精明方正的"，但恰恰画出了开乐群书店的张资平的老板面孔，最妙的是：一手里经常夹着一个大皮包，但其中"只有恋爱小说的原稿与大学讲义"，都是可以赚钱的货色。至于"没有支票账册"，就活化了他用不着记账和开发票付钱，所以当书店关门时，老板依然"一副团团的黝黑的面孔"，而有些卖稿或抽版税的作者却成了一副尖尖的晦气色的面孔了。读了这段批注，再回头看看原文，谁也忍不住会哑然失笑，从而也更加佩服鲁迅那种善于以子之矛攻子之盾的高超讽刺艺术。

在许多优秀的杂文中，以上三种形象化的议论手法经常是综合使用的。读着这样的文章，常会使人感到如听智者谈天，触类旁通，眼界顿开，杂文的"杂"，在这里又一次得到了比较充分的体现。

（四）笔调灵活，语言泼辣

杂文的反映对象相当广泛，与之相应的要求就是杂文在笔法上不能呆板，而杂文又应当能够直接地揭示事物的本质，不可闪烁其词。因此对杂文笔法的要求既要灵活多样，又要求在语言方面有些"辣"味，这就是人们常说的"杂文笔调"或"杂文味道"。这种特点主要体现在杂文的风格和语言表达上。具体地说，"杂文笔调"指的是：好用曲笔，委婉隽永，形式灵活，用语辛辣，幽默轻松而又思想深邃，嬉笑怒骂而又切中时弊，这种"杂文笔调"可以说是由鲁迅首创的。在目前文艺空前繁荣，民主生活需要进一步活跃的形势下，仍然值得继承与发扬。

构成"杂文笔调"的语言技法，主要有下列几种：

1. 多用曲笔

所谓曲笔，主要是指用反语、婉转、避讳、反讽等修辞手法构成的含蓄或讥讽效果，在杂文的写作中广泛地使用曲笔手法，是有悠久历史的。那往往是因为"残酷的强暴的压力，又不容许作家的言论采取通常的形式"（瞿秋白语）的缘故。像鲁迅的杂文，就是擅长使用曲笔，连许多集子的名称都是反语形式组成的，如《三闲集》、《准风月谈》、《热风》等书名，《登错的文章》、《我要骗人》、《男人的进化》等篇名，他的那段抨击"国粹主义"老古董的名言："红肿之处，艳若桃花，溃烂之时，美如乳酪。国粹所在妙不可言"更是因为善用反语显得鞭辟入里、入木三分。在当代的杂文中，自然也不乏有直陈其意、用语尖锐、明朗显豁的佳作，如马铁丁、宋振庭和林放的杂文等等。曲笔这种传统手法，新时期以来仍经常被一些优秀的杂文作家所运用。

2. 巧用幽默

杂文不同于一般议论文的一大特点是文体风格上的寓庄于谐，作者可以故意违反某种文体的固有体式要求，不严格遵守逻辑思维的一般规律，在貌似拙讷的文笔中饱藏机锋，将嬉笑怒骂熔于一炉。而幽默与讽刺又是不可分离的，所谓幽默，"是指一种行为的特征，能够引发喜悦、带来欢乐，或以愉快的方式使别人获得精神上的快感"。[①] 幽默可以形成一种轻松的艺术境界，它能够在轻松平淡中让人感受到深沉的思想和敏锐的智慧，在善意的笑声中揭露出乖讹和荒诞，让读者在愉悦的氛围中体味文章言外之意的辣味，杂文中的插科打诨、漫画笔调，张冠李戴式的仿拟、移植等等都是产生幽默的有效手段，言在此而意在彼的笔法，又能产生极佳的讽刺效果。

鲁迅杂文中这种手法俯拾皆是，如《病后杂谈》中讲到人的"大愿"时，鲁迅那支笔底生花、游刃有余的"金不换"给我们留下了这么一段饶有兴味的文字："他们中最特别的有两位：一位是愿天下的人都死掉，只剩下他和一个好看的姑娘，还有一个卖大饼的，另一位是愿秋天薄暮，吐半口血，两个侍儿扶着，恹恹地到阶前去看秋海棠。这种志向，一看好像离奇，其实却照顾的很周到。第一位姑且不谈他罢，第二位的'吐半口血'就有很大的道理，才子本来多病，但要'多'就不能重，假使一吐就是一碗或几升，一个人的血，能有几回好吐呢？过不了几天就雅不下去了。"淡淡几笔，将极俗气与极造作的两种人生追求揭露得淋漓尽致，因而自有一种信手拈来、涉笔成趣的幽默感和深入骨髓的讽刺意味。在杂文的写作中，能够自然而然地达到幽默诙谐这一艺术效果，是我们的最高要求。

3. 漫画式的夸张

将生活中的某些事实夸大，突出其实质，使之漫画化。例如：

---

① （美）特鲁·赫伯. 幽默的艺术. 上海文化出版社，1987年版。

甲：听说你被评上"五好病人"了？你能说说"五好病人"的评比条件吗？

乙：行，"五好病人"的评比条件是：一、护士发脾气，要笑脸相迎。二、不按时送药，要耐心等待。三、打针太痛，要意志坚强。四、病房寒冷，要自我克服。五、被褥肮脏，要甘心忍受。

这是一篇叫《五好病人》的杂文中的一段，就是把现实中的某些事实加以集中、夸大，达到讽刺的目的。

范文阅读

文学和出汗

鲁　迅

上海的教授对人讲文学，以为文学当描写永远不变的人性，否则便不久长。例如英国，莎士比亚和别的一两个人所写的是永久不变的人性，所以至今流传，其余的不这样，就都消灭了云。

这真是所谓"你不说我倒还明白，你越说我越糊涂"了。

英国有许多先前的文章不流传，我想，这是总会有的，但竟没有想到它们的消灭，乃因为不写永久不变的人性。现在既然知道了这一层，却更不解它们既已消灭，现在的教授何从看见，却居然断定它们所写的都不是永久不变的人性了。

只要流传的便是好文学，只要消灭的便是坏文学；抢得天下的便是王，抢不到天下的便是贼。莫非中国式的历史论，也将沟通了中国人的文学论欤？

而且，人性是永久不变的么？

类人猿，类猿人，原人，古人，今人，未来的人，……

如果生物真会进化，人性就不能永久不变。不说类猿人，就是原人的脾气，我们大约就很难猜得着的，则我们的脾气，恐怕未来的人也未必会明白。要写永久不变的人性，实在难哪。

譬如出汗罢，我想，似乎于古有之，于今也有，将来一定暂时也还有，该可以算得较为"永久不变的人性"了。然而"弱不禁风"的小姐出的是香汗，"蠢笨如牛"的工人出的是臭汗。不知道倘要做长留世上的文字，要充长留世上的文学家，是描写香汗好呢，还是描写臭汗好？这问题倘不先行解决，则在将来文学史上的位置，委实"岌岌乎殆哉"。

听说，例如英国，那小说，先前是大抵写给太太小姐们看的，其中自然是香汗多；到十九世纪后半，受了俄国文学的影响，就很有些臭汗气了。那一种的命长，现在似乎还在不可知之数。

在中国，从道士听论道，从批评家听谈文，都令人毛孔痉挛，汗不敢出。然而这也许倒是中国的"永久不变的人性"罢。

二七，一二，二三。

简析——

本文是鲁迅先生针对梁实秋的《文学批评辩》中所提出的"文学应表现永久不变的人性"这一论点而写的一篇批驳性杂文。文章结构其实非常简单，采用了最普通的议论文结构形式，即开头第一自然段提出靶子，紧接着的几个自然段进行反驳，最后一个自然段得出自己的结论。但作为一篇经典性的杂文和鲁迅先生杂文代表作之一，其艺术生命力就在于作者形象化说理论证和幽默讽刺的语言艺术，很好体现了杂文的艺术特色。比如，作者以"出汗"喻共同的人性，而以小姐的"香汗"和工人的"臭汗"喻不同的阶级，形象论证文学是有的阶级性。而语言的诙谐、幽默、简练，如结尾部分的那些文字都体现出了浓郁的"杂文味"。

思考与练习

1. 为什么说杂文是一种文艺性的议论文？
2. 杂文有何特点，在说理上同一般性议论文有什么区别？
3. 杂文形象说理的方法有哪几种？
4. 杂文笔调是什么？杂文为什么要有"杂文味"？
5. 请细读杂文《从"五官科"谈起》并写一篇600字左右的评析文章。

从"五官科"谈起

辽宁省某县一个机关的基建科，总共五位成员。现在都是科长、副科长，人们戏称"五官科"，意即全科的人都是"官"，一个"兵"也没有。

像这样的无兵科室可能是极个别的，但"官"多"兵"少的单位并非罕见。如某市一个部共有15个人，正副部长、处长和处级虚职干部就占13个，只剩下一名一般工作人员和一名工勤人员。

人们无法想象，像这样的"五官科"或"多官科"的"官"们怎样分工，也无法想象科里的日常事务工作该由什么人去干。然而"官"多，画圈的人就多，扯皮的事就多，则是已被无数事例所证实了的。"精兵简政"既是我们党的一贯主张，又是机构改革和领导体制改革的目的之一，精"兵"首先要精"官"。"官"不精则"兵"不减，而且，即使减了"兵"，也做不到"政"不繁，仍然提高不了工作效率。

6. 写一篇批判社会丑恶现象或谈论人生的杂文，题目自拟。

第二节　社会评论的写作

一、社会评论的含义

社会评论有时也称为思想评论、时事短评，是指对现实生活中的某些社会现象、社会问题、思想倾向进行议论和评论，以表明作者观点和见解的说理性的文章。社会评论是各种媒体常见的具有很强现实感的、针对性的议论文体，它对于提高人们的思想认识，抨击社会丑恶现象，澄清一些是非问题，纠正人们思想认识误区都有十分重要作用。各大媒体也十分重视社会评论的写作和发表，大多拥有自己相关的专题栏目。如人民网中的"人民时评"、"强国论坛"，新华网中的"新华网评"、"论坛"，《湖南日报》的"三湘论语"，以及各媒体特别是网媒所开设的博客等等，其中大多数文章都属于社会评论范畴。

社会生活丰富多彩，社会现象纷纭复杂，同学们在接触社会过程中，难免会有所触动，会就某些社会问题或现象提出看法，把这些看法写成文章，就是社会生活评论。评论有多种，如时事评论、思想评论、经济评论、文学评论等等，但社会生活评论不能与它们并列，它只是确定了一种写作范围。这种评论，可以是洋洋数千言的大块文章，也可以是廖廖数百字的短文。一部分杂文、随笔、漫谈也可以归入此类。它针对人们的思想、作风以及认识等，或表扬，或批评，用以引导人们的行为。

二、社会评论的特点

社会评论既不同于社论文体，社论往往是对于重大的、全局型的社会事件或重大政治事件发表立场性、原则性、指导性意见，立足点高、政策性强；也不同于杂文文体，杂文除了有鲜明的时政针对性外，还往往突出自己的驳诘风格、怀疑品质和批判锋芒。社会评论取材自由广泛、表达灵活轻松，可指责、批评外，还可赞扬、鼓励、解释、说明，风格平和、中正、从容，重在阐明作者的观点、立场、态度，也可反映大众对某个问题的倾向和看法，具有鲜明的文体个性。

（一）针对性

社会评论无论是据实道来，还是发思古之幽情，作者的意图一定是探讨"时下"被人们所关切、关注的各种社会问题和现象以及人们思想中的认识误区。社会评论需要"即见即评、一吐为快"，抓住社会社会生活的热点、焦点问题加以分析议论，揭示问题的存在原因与本质，提出解决问题的方法与措施，引导人们正确认识这些现象。如"小悦悦事件"后，引起了社会广泛关注和评议。作者佘宗明在网上发表《每寸冷漠，都在"碾压"道德》的社会评论，对这一事件的本质作了深刻的分析，对社会冷漠的原因作了阐明，并提出了"打破'流沙格局'，构筑人际关怀，需要价值秩序的重新梳理，在社会储藏室里，多放置些人本关怀。人性复苏了，道德方能走进'春天里'"的解决问题的对策，具有鲜明的现实针对性。

（二）现实性

社会评论的现实性强表现在它必须及时有效地评论现实生活中所出现的社会问题、社会现象和各种社会思想倾向。社会评论是要通过对社会现象和思想动态的分析解剖，帮助人们明辨是非。因此，及时地发现有代表性的社会动向和思想苗头，抓住时机，并给予正确的引导，就显得十分重要。因此，社会评论往往同新闻事件联系在一起，是新闻媒体中重要的文体。特别是一些有影响的社会新闻事件，常常成为社会评论的题材内容。像类似"小悦悦事件"发生后，各媒体就此事发表的社会评论数以千计。我们也常会看到，在一些新闻发表的同时，类似的社会评论也几乎同时出来。因此，也有人认为这种社会评论具有一定新闻性，确实是有道理的。

（三）平易性

社会评论涉及的题材广泛，凡是社会民众所关心的问题、现象、各种社会思潮都可论及，而且常代表民心、民意，反映出社会的公众舆论。因而，相对于那些政论、文艺评论和学术论文等其他理论文体，它与普通群众联系更紧密。同时，普通大众也参与、关注得更多，也更受普通大众欢迎。所以，在风格和写作方法上，就要面向广大普通读者，符合大众的审美需求，论事说理要求通俗易懂，平易晓畅，具有大众化和平民化特点。

王学泰先生曾在《南方周末》发表一篇《不讲理文章与语言暴力》的社会评论，作者认为在我们国家，文章写作有一种不讲理的传统，有话不是好好说，有理不是慢慢讲，而是用粗暴的语言，将对方推到为正统舆论所不容的位置上，靠摧毁对方的自尊和人格，伤害人的灵性、情感来取胜。在论及暴力的三个层次与语言暴力时，语言通俗精炼，态度平易近人。他指出暴力有三个层次："最明显的是伤及身体的暴力，其次是伤及情感、自尊的暴力，还有摧辱灵性和心灵的暴力。语言暴力主要是针对后两者的。粗鄙的如阿Q与人骂架，出口就是污言秽语，那是赤裸裸的语言暴力。"具体来说，当那些喜欢实施语言暴力的人"不愿讲理、不能讲理、不会讲理时，还要打败对方、甚至置对方于死地，他们往往会用'舌头根底压死人'的办法，把对方打懵、打死。这就是我所说的语言暴力"。而在最后的倡导更是平易亲切、语重心长，无任何居高临下之态，很好体现出社会评论特点："我想社会如果需要祥和，提倡有'话好好说'、'有理慢慢讲'是很有必要的。要破除那种不讲理或不善于讲理的传统，反对'语言暴力'，杜绝'语言暴力'，这应该是精神文明的题中应有之义。"

三、社会评论的写作要求

（一）积极关注和投身社会生活，要有社会责任感

写社会评论，不是为写而写，要对社会有用。社会生活有积极的方面，比如助人为乐、见义勇为；也有消极的方面，比如不正之风、封建迷信。所以，应对周围世界保持一种新鲜感和敏锐感，明确自己对社会的一份责任。要善于创造性地发现和提出问题。一则新闻报道，一场体育比赛，一项科技发明，都可能触发写作的灵感。很多时候，从生活中激发写作的愿望和动机，酝酿写作的情绪和感受，往往比单纯了解一些写作技巧更为重要。这是写好社会评论的基础。在这个基础上，主要是选好评论的对象，确立论题。这就要求：

第一，选题紧跟时下热点。当某一热点事件发生时，社会评论要第一时间作出反应，并提出自己独特的观点。如2012年12月20日，在玛雅人预言的世界末日的前一天，凤凰网《自由谈》推出了评论专题《谁制造了世界末日》，指出中国的传统文明里面是没有"末日"概念的，但是随着环境污染、气候变化等现实恐慌的加剧，末日概念被越来越多的人接

受其至相信；同时，思想和信仰的双真空，也是促使人们笃信末日的一大原因；另外，并不美好的现实也使许多人产生"不如一切大乱重来"的心态。在人们广为关注的"世界末日"的前一天推出评论，一方面主题切合人们关注的热点与焦点，另一方面也是对错误舆论的辟谣与引导。

第二，注重价值引导、思想传递。社会思想评论不仅注重对某件事的态度表达，还注重价值观的传递。比如，凤凰网在2012年8月3日的《自由谈》之《奥运好看在哪里》中，就在引导读者如何欣赏奥运会。看奥运就是欣赏人体之美，竞赛的艺术之美、艰难之美、进取之美，以及奥林匹克本身的文化之美、艺术之美和精神之美，而不仅仅是关注奖牌榜的排名。在《大学问》栏目中，则通过专家学者、业界精英的讲解，传递思想，起到"闻大学问，以致良知"的作用。

（二）逻辑严密，巧用评析方法

社会评论属于议论文，所以议论文写作的常规方法仍适用。比如，提出问题——分析问题——解决问题的结构方式，结构严谨，脉络清晰；摆事实、讲道理，正反对比，比喻说理，辩证论理等论证方法都可以灵活运用。评论立场客观但评论语言又不失力度。对社会事件的剖析上追求深度，无论是对事件背景的呈现、事件缘由的追溯还是对未来发展趋势的预测都有理有据。

写作评论容易犯的毛病，一般是就事论事，仅停留于摆问题，罗列现象，没有分析，缺乏推理，往往是观点加论据，论据与论点之间缺乏推理过程；或者是认识片面，失之偏颇，往往以点代面，以偏概全，绝对化、极端化，把握不住评论的分寸。

四、社会评论写作的具体方法

1. 开头简洁

撰写社会评论文，要"开门见山"，一开头就把读者关心的问题摆出来，切忌拖泥带水、迂回曲折，让人一头雾水；在开头入题时常会引用或概述材料，据事说理，提出自己的观点主张。

2. 主题集中

社会评论大多篇幅短小，内容也是一事一议，因此如果展开论述太多，就会焦点不准，难免顾此失彼，影响主题表达，所以必须做到主题单一集中。

3. 选材典型

社会评论要有说服力，除了要有严密的逻辑论证外，还必须选用有代表性、有说服力的例证加以说理，而且社会评论不宜长篇大论，特别要注重材料的典型性。

4. 分析深刻

分析论述时应注重以小见大，微言大义，力求见人心、见精神、见社会、见未来。

范文阅读

每寸冷漠，都在"碾压"道德（佘宗明）

10月13日，在佛山黄岐，一面包车将2岁女童撞倒碾压后逃逸，路人无人伸援手，接着第二辆车也从女童身上碾过。18个路人经过，都没救援或报警，直到一名拾荒者发现后将她扶起，呼喊救人。至今，女童还未脱离生命危险。

冷漠，刺痛了人心。在惨案中，司机的凶残、路人的拒救，交织成了面色冷漠的众生相。痛感、悲悯心匮乏，仿佛"人性方向盘"失灵的推土机，横冲直撞，尽情碾压着道德伦理的底线。

灾祸与"冷漠围观"结伴而行，已是当下尴尬的情景。每次"老人倒地无人扶"，都会被作为道德滑坡的"标本"；频仍的"助人为祸"，总能激起"好人难做"的嗟叹。"女童被碾，路人旁观"的悲情场面，不啻为"冷漠流行症"的再度发作。车辆两度碾压，18人无一搭救，冰冷的看客姿态，印证着道德底线下移的喟叹。

若按"人心向善"的道德想象，女童被撞，肇事者当迅即救人，稍减良心上的负罪感，路人也当积极伸手相助。

然而，一切都被反转过来了：司机逃了，路人视若无睹，"敬畏生命"俨然是纸上空谈，少管闲事式的明哲保身，才被奉若信条。对善美信念的放弃，构成了人心的暗区。于是乎，幼小生命，差点毁于车轮下，抑或被集体冷漠葬送，失去了尊严——幸而，拾荒者打破了辛酸局面，慷慨施救，以朴素的悲悯情怀挽住气若游丝的生机。

个体境遇，总是世态的微观映射。女童的突遭劫难，投射了人际关怀的冷暖。不堪想象，当她劫后余生，又怎样遗忘这段刻骨铭心的记忆？她对社会的体认，会不会受到负面影响？

那些围观者，剥离了冷漠的标签，也是普通的民众。他们未尝就不懂，没有人是座孤岛，相互搀扶才能同舟共济；"乐于助人"是传统的人伦美德，漠视生命，会让良知溃散。或许换个语境，他们也会痛斥"铁石心肠"，呼吁人性回归。可一旦轮到自己做"路人甲"，他们就打起酱油，从"审丑"向"示丑"自然地角色切换，原因何在？

究其症结，不过是"行善有风险"，出手不得不谨慎。将道德流失归咎于"世态使然"，是公众一贯的逻辑转化。你看，"彭宇案"殷鉴在前，"做好事遭恶报"，谁还敢冒险救人？理由看似铿锵，其实是伪命题——真正道德，理应跳出物化的代价考量。行善成本，不应是冷漠的通行证。

忽略人性反思，是对个体责任的遮蔽。修女特蕾莎说："你如果行善事，人们会说你必定是出于自私的隐秘动机，不管怎样，还是要行善事；将你所拥有的最好的东西献给世界，你可能会被反咬一口，不管怎样，还是要把最宝贵的东西献给世界。"道德践履，本该更果敢，超越利弊权衡。

社会学家孙立平在《国人的冷漠是如何铸就的》一文中，将审丑麻木视作一种"轻度罪恶"。正是冷漠、歧视等庸常之恶，衍生出信任割裂。消解沉疴，需要人性规约的拾级而上：道德令，被人们视作底线性的信仰。"人们一切不幸的根源，不是饥荒，不是火灾，也不止是那些作恶者，而在于他们各自为生"，托尔斯泰如是说。打破"流沙格局"，构筑人际关怀，需要价值秩序的重新梳理——在社会储藏室里，多放置些"人本关怀"。人性复苏了，道德方能走进"春天里"。

（选自《华西都市报》，2011 年 10 月 17 日。）

简析——

这是一篇时效性、现实性、针对性都很强的社会评论。在"小悦悦事件"发生后不久，作者针对路人的残酷冷漠有感而发，有力地批判了社会人性的冷漠和道德的沦丧。在写作上作者开头引述新闻事实，紧接深发议论，揭示事件本质，并由此生发开出，探讨严肃社会问题，提出自己观点："真正道德，理应跳出物化的代价考量。行善成本，不应是冷漠的通行证。"最后提出解决问题的方案，呼唤人文关怀和人性复苏。文章结构严谨，论述严密有力。尤其语言平易晓畅、形象生动，说理亲切自然、平和中肯。

思考与练习

1. 什么是社会评论？它同一般性议论文有何区别？

2. 社会评论有何特点？其同新闻有何关系？

3. 社会评论写作如何选题？

4. 社会评论写作有何要求？

5. 请从网络或报刊中选择同题材的不同社会评论加以分析，看看选题各有什么特点，对你有什么启发？

6. 请从最近的社会热点新闻事件中选题，根据社会评论的写作要求，写一则 600 字以上的社会评论。

第三节 学术论文的写作

一、学术论文的概念及其类型

(一)学术论文的概念

学术论文也称科学论文、研究论文，或简称论文。它是对科学领域中的问题进行总结、研究、探讨，表述科学研究成果的文章。

学术论文有下列几种类型：

1. 专业论文

各学科领域专业人员写的学术论文，这些论文都是作者独立进行某方面的研究，并有新的发现、独创的东西。它反映出各学科领城的最新学术水平，对促进科学事业的发展起到重要作用。

2. 学年论文

它是高等学校学生的一种独立性作业，写学年论文的目的在于使学生初步学会运用专业知识进行科学研究的方法，写学年论文一般是在上了两年基础课，具备了一些基本知识之后，初次锻炼运用学过的知识去分析和解决一个学术问题的能力。

3. 毕业论文

毕业论文是高等学校应届毕业生的总结性的独立作业，它的目的在于总结学生在校期间的学习成果，培养其具有综合运用所学知识解决实际问题的能力，使其受到科学研究规范的基本训练。

4. 学位论文

学位论文是学位申请者为申请学位而提交的学术论文，它的学术水平很高，应能反映出所掌握的某一专业知识的深广度。这种论文是考核能否授予申请者学位的重要方面。学位论文又分学士、硕士和博士三级。

二、学术论文的基本特征

(一)学术性

撰写学术论文本身是一种学术性的社会实践活动，学术论文是学术成果的载体，它是作者在某一科学领域中对某一课题进行研究探讨而获得的结果，具有专门化、系统化、科学化的特点；而不是点滴所得或有感而发。因此学术性是学术论文的主要特点。

(二)科学性

学术论文的科学性，主要是指作者能用科学的思想方法进行论述，并作出科学的结论，同时又要注意思想方法的科学性，对事物的认识必须尊重客观事实，以历史的、唯物的、辩证的观点去认识事物，不可超越具体的历史条件，片面、静止、孤立地去认识事物。另外，在论述上要有科学性，要善于运用灵活而严密的思维方法，准确论证自己所认识的真理，必须采用科学的论证与表达方式，做到结构严谨，推理缜密，富有逻辑性和说服力。

(三)创造性

学术论文的创造性主要表现在选题新，研究方法新，论述的角度新，取得的成果新。

大学写作学术论文要写出自己的新发现、新创造、新见解，能在学术上有所突破。

（四）理论性

学术论文必须具有一定理论价值，要揭示事物的本质，反映客观规律，要以理服人。通过大量的概念、公理、定理、定义和数据等充满理论色彩的材料说理。理论的高度是人类认识发展水平的标志，理论性对于学术论文来说是十分重要的。

三、学术论文的选题

在学术论文的写作中，选题是关键性的第一步。从作者角度来讲，选题不恰当，就难以动笔；从文章的效果来讲，选题不恰当就不会有价值。所以，选准了题目就为学术论文的写作找到了一个可望成功的出发点。

怎样选题呢？首先要做到知己知彼，即一要掌握学术信息，二要正确估计自己。撰写学术论文，如果信息不灵，往往会无意之中步人后尘，或者与他人撞车，这就无从体现论文的独创性，它的价值、作用就会大受影响。

掌握学术信息有两种途径：一是向导师或内行请教，通过导师或内行的指点了解研究的现状和动态，从而判断自己选题的价值。二是检索有关资料，就选题而言，可供检索的资料很多。其中主要的有以下几种：

①专题论文集：这是同一课题学术论文的总汇。如《〈文心雕龙〉研究论文选》。

②论文索引：这类资料所提供的是论文的篇目、作者姓名、刊物名称及期号，而不是论文本身，但可根据索引判定哪些课题已有人研究，并大体判定哪些题目还有空白或需补充。

③争鸣文章综述：这是综述有分歧意见的学术问题的文章，多发表在报纸杂志上，它介绍各种有代表性的意见，通过这种资料可大致了解对这一学术问题的几种不同意见以及它们的分歧所在。

④报刊复印资料：中国人民大学书报资料中心的报刊复印资料，分门别类按若干专题收录各类论文资料，它既有有价值的论文，又有近期论文的目录索引。

⑤年鉴：这是按学科或门类编撰的编年性资料，它收录有较高价值的论文。如：××××年文艺年鉴、××××年哲学年鉴等。

⑥文摘资料：这是论文摘要一类的资料，如《新华文摘》、《报刊文摘》等。

⑦刊物目录预告：这是报刊上刊载的学术性刊物的目录预告，可以从中获得最新的学术信息。

正确估计自己对选题的把握程度也很重要，如自己的兴趣指向如何，自己的资料积累多少，个人的能力条件等都应考虑。

其次，学术论文的选题还要遵循如下原则：

1. 要有明确的目的

建设现代化强国是我们当前奋斗的目标，也是科学研究的基点，学术论文的选题应选择联系实际对当前建设有重要意义，且能发挥效用的题目，要坚持走社会主义道路，运用议论性文体写作辩证唯物主义的思想方法，使成果能充分发挥作用。

2. 要选择学术上有探讨价值的题目

可从如下几方面考虑：

①亟待解决的课题：选题要考虑科学发展的需要，考虑当前建设的需要，特别是那些亟待解决的课题。有的是关于国计民生的重大问题，有的是该学科发展中的关键问题，有的虽然是一般性问题，但迫切需要解决。

②科学上的新发现、新创造：在科学上，新的发现、新的创造是有科学价值的，这也是每个科研工作者应该努力追求的目标。当然这不是轻而易举的，往往要经过长期探索、刻苦努力才能达到。科研工作者只有勇于探索，才能对科学事业的发展做出更大的贡献。

③空白的填补：在科学范围内，也存在发展不平衡的现象。一个时期，对某些问题的研究有所侧重，研究成果也比较显著，而对另一些项目却很少接触，于是出现了需要填补的部分，从客观需要、科学发展全局需要来看，填补工作是十分有益的，这是一项开拓性的研究，很有价值。

④纠正通说的混乱：纠正通行说法中的混乱，使人们从错误观点中解脱出来，获得正确认识，无疑是一项很有价值的科学研究。这个纠正，当然主要是纠正那些有一定影响、有一定代表性的非科学的东西，那种不分巨细的纠正，自然是不可取的。

⑤补充前说：这是对前人研究成果的发展性研究，使它更为丰富、完整前人已经做过的题目，有的不够完善，还有探索的余地；有的结论不对；还有的说法不一，甚至有争论，选这类论题都有一定的科学价值。

学术论文的选题还要难易适中，量力而行。题目过大，难以驾驭，文章质量就要受到影响；题目太小，难以发挥个人的聪明才智，文章也不会有分量。

四、学术论文的写作

（一）资料的搜集和研究

选题确定之后，占有资料和研究资料是最重要的工作，因为理论和材料是构成论文的两个基本要素。材料是形成观点的基础，是证明观点的支柱。怎样搜集资料呢？

资料搜集的途径：搜集资料可通过各种渠道进行。社会调查是其一，撰写社会学、经济学等方面的论文，通过社会调查来积累资料尤为重要。科学实验是其二，它是撰写自然科学论文必不可少的途径。翻检资料是其三，这是从文献资料中获得材料的途径，不论写哪种论文都离不开翻检资料。文献资料包括：相关的书籍、报纸以及内部刊物等。

此外，从相关的学术团体、学会（研究会）的报告会、讨论会、学术年会等都可获得资料。

资料搜集的内容：搜集资料的内容主要是下述几个方面：

一是关于研究对象的原始材料。如研究某一作家的某一部作品，必须掌握同这一部作品有关的各个方面的材料。像作家的生平思想、创作道路、作品的背景、作品的社会影响等。

二是关于研究对象的背景材料。研究作家作品，必须掌握作家生活的时代，作品所反映的时代，那个时代的社会、政治、经济、文化等各方面的情况。

三是掌握前人所做出的研究成果。前人已经解决和尚未解决的问题，有哪些不同意见，分歧的焦点所在等等。

四是要搜集有关的理论资料，以提高自己的理论水平。理论水平虽然是平时逐步形成的，但在进行研究的同时，掌握一些理论资料有目的地定向学习与研究，对于提高学术论文的理论水平是有用处的。

在占有了资料之后，还要对资料进行充分的分析研究，这步工作其实从课题选定之后就已开始。要搜集什么样的资料，对所获得资料的选择、截取，本身就包括分析研究这一步骤。不过现在要集中地对资料进行分析研究，首先是对资料进行分类。把零散的东西，按照一个个条目归集到一起，使之系统化，可以横向整理，即按材料的性质加以分类；也可纵向整理，即按时间顺序加以分类，当然也可纵横交错地进行分类。

其次，是对资料进行鉴别。这是对资料的性质进行整理，要对资料进行"去粗取精、去伪存真"的加工制作。通过这样鉴别，材料才能真实可靠。

最后还要对资料进行分析概括提炼，从而确立论文的论点。一要探讨有规律性的问题，这就要求从材料中抽象出本质的东西来，以便在论文中进行论述。二要勇于突破，根据所掌握的资料，提出前人没有提出过的问题，在前人的水平上提高一步。三要有真知灼见，即通过对材料的分析，能提出独到的见解。这种见解应以大量材料为基础，带有普遍性、规律性，并非作者的想入非非或无根据的猜测。

（二）学术论文的提纲

"袖手于前，始能疾书于后。"一般说来，学术论文的体制比较庞大，如果动笔前缺乏周密的考虑，就难免会顾此失彼。编写提纲能帮助作者树立全局观念，从而写起来目标明确，思路开通，编写提纲是将自己在阅读和分析研究资料中形成的一些想法和新的论点进一步系统化的过程，也是使那些在阅读文献过程中出现的不够肯定或比较模糊的看法进一步肯定的过程。因此，应从总的方面考虑：中心论点下设几个分论点，选择哪些材料，怎样谋篇，需要设置几个段落等。

编写提纲的方法主要有两种：标题式和句子式。

标题式：用短语或单词概括论文的内容，用标题的形式列出，各项在语法上要求一致，末尾不用标点符号。

句子式：用带标点的完整句子来概括论文的内容。

（三）学术论文的结构

学术论文不应该千篇一律，不能规定它的结构只许这样不能那样，但可从众多的学术论文中概括出通常适用的结构的基本型。学术论文的基本型分为标题、序论、本论和结论几个部分。

1. 标题

标题是论文之冠，是读者得到的第一印象。在索引志和引用文献中，读者判断是否读这篇论文时，唯一的根据就是标题。因此，学术论文标题的主要任务就是精确概括论文的内容，它与文艺性文章的标题不同，因而应避免使用意义模糊的变异手法，以免产生误解。

拟定学术论文的标题，必须具备下述三个条件：第一，把论文的内容准确地标示出来。第二，便于分类和做索引（包括有没有关键词）。第三，文字简洁。

2. 序论

序论是全文的开头，是正文的导引部分，一般要写下列内容：交代提出这一问题的背景，即在什么情况下提出这一问题，常常衬托出问题的重要性。概述写作缘起，即为什么写这篇论文，是为解决什么问题而写的，指明这一课题的价值和意义。如果论文篇幅很长，可扼要地概括本论的基本内容，使读者对论文的精华有所了解。写作序论要简明扼要，富有吸引力，所占比例要小些。

3. 本论

本论是学术论文的主体、核心，这部分所要表达的主要内容是作者对课题所做的周详分析与阐述。对论点的论证，应该观点鲜明，论据充实，结构严密，合乎逻辑。

要注意以下几点：①在显著的位置提出论点。展示自己富于新意和创造性的研究成果，一定要准确鲜明，不可用不必要的材料或繁琐的论证淹没了论点。②要将中心论点分解成若干个方面。从不同的角度、不同的层次加以论证，这里一定要注意中心论点与分论点的关系。③要有分述，也要有总述。既要分析又要综合，务必使读者对于论文所提出的观点有全面的整体的认识，又要对具体的必要的细节有所理解。④观点与材料要统一。一定要仔细分析材料，把可有可无的或不能支持观点的材料删去，更不能用与观点相悖的材料。⑤要有严密的逻辑性，层次分明。

4. 结论

论文的收束部分，是正文的自然归宿，要写得简明扼要，不拖沓。这部分可写作者的建议，下步研究工作的展望与设想，还有哪些遗留问题有待解决等。但要注意，结论应当与前文的立论相一致，要与正文有必然的联系，不应脱节。结论可以对本论部分的观点内容进行概括，但不要重复本论的内容，结论兼有文章结尾的作用，如果结论已能结束全文，就不必再写结尾部分。

（四）学术论文的语言

学术论文对语言的要求是准确、简练、畅达、生动。为此，首先要求用词要贴切。应选取最恰当的词汇，正确地反映客观情况，如实地表达自己的思想观点，还要准确地运用本学科的术语。其次，句子一定要通顺，合乎语法，合乎逻辑。最后还要生动活泼。学术论文也不应干巴巴地论证，而应当绘声绘色，使读者既能支持自己的观点，又能欣赏自己的语言文字，才能收到良好的效果。

（五）技术性问题

1. 内容提要

这是论文的附加部分，放在文章标题和作者署名的下面，标出"内容提要"字样，内容提要应简洁凝练地概括论文的内容。

2. 引文

引文要符合原作的本义，切忌曲解或断章取义，引文要注明原作者及出处，不要把引文与自己的话搅在一起，使读者分不清是谁的话。引文一定要核对，做到准确。

3. 加注

这也是论文的附加部分，其目的是交代引文的出处，对文中需要解释的地方予以说明。加注的方法有：尾注：在全文末尾一并加注；脚注：在当页的下方加注；文中注：在引文或需要注释的文字后面用括号标明。

4. 文献目录

也是论文的附加部分，这是向读者提供对于这篇学术论文有参考价值的专著或论文的目录。文献目录应注明作者、篇名、期刊名、年份、期号。如是专著应注明书名、作者、出版年份以及版次、页码等信息。

范文阅读

语言失范　精神缺席
——新诗批判之一
谭旭东

（北京师范大学　中文系，北京 100875）

摘　要： 新诗自从上个世纪90年代以来确实面临着读者大量逃亡的现实，其主要原因是新诗创作完全陷入了语言失范的泥潭，诗人们"极度个人化"的写作也造成了新诗精神的缺席。新诗要走出低谷，必须重视诗的深度价值和境界，重视诗体形式的重建和重视新诗作为汉语诗的语言张力。

关键词： 新诗；极度个人化；语言失范；精神缺席

我曾写过一篇题为"无法拯救的新诗"的文章，尖锐地指出过新诗存在的弊病。"无法拯救"这个词语似乎是危言耸听。也许读者会反问："中国新诗真的无法拯救吗？"事实上，新诗界自上个世纪90年代中期，就有人提出了新诗走向衰落的看法，如甘肃诗人林染就曾撰文认为新诗患了疲软症，指出了80年代中期至90年代初期新诗精神缺席的弊端。林染这一观点曾经引起过新诗界的一些讨论，林染是90年代以来新诗创作一直比较活跃的诗人，而且还是西北一家文学刊物的诗歌编辑，应该说，作为新诗创作的参与者和实践者，他对新诗的关注程度并不比我们许多诗歌批评家要低，而且其了解的有关信息和动态也不比一般的坐在书斋里的批评家要少，因此，他的看法应该是有一定的说服力的。虽然，当时有不少诗人不知是不甘心新诗被人"贬低"，还是出于善意的维护，坚决否定了林染的观点，认为新诗创作是处于繁荣态势的，他们找出的第一个理由是新诗是多元化的，第二个理由是现在写新诗的人多，而且民间自编自印的诗歌报刊挺多的，他们忽略了一个连我这样多年从事新诗创作的人也不得不承认的重要的事实：即写诗的人比读诗的人多！

其实，稍稍有些新诗常识的人都不难发现，新诗自从上个世纪90年代以来确实面临着读者大量逃亡的现实。与读者大量逃亡相应的是：一、新诗刊物订数急剧下降，一些诗歌刊物由于订数下降到非常可怜的地步而宣布停刊。如辽宁省的《当代诗歌》、山东省的《黄河诗报》、上海的《中国诗人》、吉林省的《青春诗歌》等就是在此背景下而与诗坛告别的。二、国内各地的报纸和其他综合性文化刊物纷纷取消诗歌版面，其文艺副刊不再刊登新诗作品。于是，新诗发表阵地萎缩，诗人出头露面的机会减少，其创作热情极度受挫，因而导致了不少诗人纷纷放弃诗歌写作而改弦更张，如一些诗人改写电视剧，一些诗人改写小说、散文、随笔，一些诗人弃诗从商，一些诗人甚至写"地摊文学"，而一些诗人则只好创办民间刊物和报纸，自己给自己发表诗作。近几年，不少诗人自建诗歌网站或网页，给自己的诗歌创作设置平台，看似风光，其实也是捉襟见肘。三、剩下的有限的十家刊物呢，也是订数不高。最高的是《散文诗》，达到了六、七万份，这一订数虽然说明了《散文诗》的质量和编辑水平，也一定程度上表明了散文诗艺术具有某种接受优势。但和一般的综合性社会刊物相比，《散文诗》的订数也是"小巫见大巫"。而《诗刊》、《星星》这两家虽然是国内最为看好的诗刊，但也不过一、两万份，其他的如新疆的《绿风》和黑龙江的《诗林》则辐射的范围是很小的，至于创刊才几年的《扬子诗刊》和《诗歌月刊》，虽然广告打得很响，但却影响不大，这与所谓的"泱泱诗国"的美誉似乎一点也不相称。

新诗何以如此寂寥？我想最大的原因是新诗创作存在着语言失范和精神缺席的问题。

上个世纪新诗经历过三次发展高峰，曾经经历过三次接受的高潮：第一个高峰期是上个世纪的五四时代，由于新诗的精神与启蒙与救亡的时代主题相结合，所以新诗一度因为是文学革命的先锋文体而广受社会的欢迎，特别是极受青年一代的欢迎。第二个高峰期是上个世纪50年代和60年代，新诗创作由于与新中国建立后的建设主题与时代气氛有意连接，如新诗走民歌化道路、新诗对红色意象和政治运动的迎合导致了新诗一度与政治口号一样流行，但却无形中损坏了读者对新诗的胃口。全民写新诗，全民学民歌在那个特定政治环境和文化语境下，完全是常态，但在今天看来则是异态的，畸形的，似乎是时代开的一次文学玩笑。第三个高峰期是上个世纪80年代，由于"归来者"诗人们恢复了诗歌讲真话的精神，使得新诗很快迎来了"朦胧诗"的崛起，成长于十年浩劫中的一代亲人如舒婷、北岛、顾城、杨炼、江河、梁小斌等以历史的使命感和对未来的憧憬的理想主义内涵，刷新了新诗的美学内质，再加之改革开放社会环境对人们思想的极大冲击和对传统的禁锢的思想的解放，因而新诗赢得了社会巨大的声誉。于是，在"朦胧诗"造就的那个众人爱诗的年代，任何一位稍能给读者一点心灵鸡汤的诗作者的作品都能吸引大量读者的眼球，汪国真、席慕蓉之所以能在80年代中期赢得广泛的欢迎，很大程度上是80年代初中期新诗接受高峰的阅读惯性助了其一臂之力，当然也与他们的新诗中理想主义的轻化有关，因为在经过几年的改革开放以后，中国大陆的人的生活水平得到了极大的改善，和平的安详的社会对休闲文化的追求开始显露，特别是市民阶层的急剧扩大，所以那种轻松的、柔缓的抒情就能赢得读者的青睐。而到了90年代，"先锋派"、"第三代"诗不再坚持"朦胧诗"的理想主义的价值关怀，而是将诗对准了诗人个我的情怀，也就是说，新诗由向外转而开始向内转，新诗成了强调抒情主体的工具，对"主体性"的过分追求使新诗更加具有人性的光环，更具有人性的亲和力，但却失去了新诗产生之初就极力追求的社会关怀的功能和对理想主义的张扬、对公共审美价值的建构。尤其是许多诗人重新陷入了"矫枉过正"的泥潭，将新诗对语言的重视完全变成诗人个体语言的玩弄，于是"撒娇派"、"撒尿派"、"嚎叫诗"、"图像诗"、"口语写作"、"书面语写作"、"知识分子写作"、"民间写作"、"第三条道路写作"…等等，各种写作方式纷纷出场。于是，90年代以来，新诗写作变成了语言的实验室，也变成了语言的屠宰场。诗人们在学习西文翻译诗歌时，没有有效地将西方诗歌的语言与中国新诗嫁接，使新诗产生具有优良生存力的新品种，而是将中国诗歌传统的精华连同其局限性统统抛弃。结果可想而知，新诗至今还没有解决其音韵、节奏、格律、分行等形式问题，至今还没有产生西方诗歌的那种或典雅有序或狂放奔突的音律效果很好的作品。一句话，新诗之所以被读者拒绝接受，一个不可忽视的原因是新诗写作者对诗体的破坏和对作为中国文化载体的汉语的玩弄和亵渎。中国汉语本身就是富有诗意的，从这种象形文字的形成和构造就可看出，许多汉字本身就是一个优美的富有想象空间的诗歌意象，如笔者名字中的"旭"，当初就是由一座山峦上一个太阳构成。如果用诗行来表达就是：清晨，一颗红红的太阳，从青翠的山峦上升起。从音调来说，汉语字有四声，音韵铿锵，很容易显现早晨抑扬顿挫的音乐美。

新诗之所以遭受读者大量流失而陷于无法拯救的地步，与市场经济条件下诗人们对诗歌精神价值的流放有关。90年代初，中国经济实现了一个重大转型，即由计划经济体制转变为市场经济体制，而随着市场经济体制的建立，文化体制也发生了转变。市场经济的机制被引入到文化生产领域，文化产品被商品化，文学作品的创作、出版和传播、接受都开始受制于市场，利润的获取成了文学创作的第一目的。于是，作家、诗人们首先考虑不再是"怎样写好"的问题，而是"怎样写好卖"的问题。于是，越来越多的诗人受整个文学商业化写作倾向的影响而放弃严肃的写作姿态，产生价值取向的180度大转变，具体来说表现为两个方面：一、由精英写作转向市场写作或商业写作。90年代中后期，市场经济体制逐渐完善，以市场供需为准绳，以市场赢利为目的的文化生产机制也逐步形成，文学刊物不再为国家福利性拨款供养，而是自负盈亏、自主经营，这样一来就导致了原来的纯文学发表渠道不再适应市场需要而堵塞，于是以牟取市场利益的泡沫文本的写作和消闲取乐式的写作就成了刊物促动作家和诗人进行的必由之路，新诗于是不再具有严肃的姿态，为了哗众取宠，一些诗人制造轻浮的油滑的语言垃圾，以换取本来就患有审美惰性的读者的浅笑。二、由心灵倾诉转向欲望宣泄。在诗歌与文学不受市场支配的时代，诗人是精神高尚的雅士，他写作诗歌是为了提升精神，获得心灵大安慰；而在市场利益至上的年代，诗歌退居文化边缘地带，于是为了宣泄苦闷，换取廉价的市场青睐，一些诗人将写作调整为欲望宣泄，90年代到新世纪的近几年，新诗由"个人化写作"，转变为"私人化写作"，再转变为"肉身化写作"，就可以看出新诗在市场经济文化语境下产生的重大艺术转变。中国古代的文人对诗歌写作就存在两种明显的取向：一是娱乐，如宫廷诗，就是娱乐调笑取乐的一种形式；二是审美，如一些真正的文人诗，特别是一些负有社会使命感和文化责任感的文人的诗歌写作追求的不仅仅是娱乐，是娱情悦性了，而且追求的是高蹈的人格。传统的中国文人对人格的重视重于诗歌本身的形式。虽然也出现了对词句的雕琢，出现了"推敲"之典故，但诗人们对人格的诗歌内容的重视之程度是可想而知的。很显然，当下新诗的写作者更重的是娱乐，甚至是一种纯粹的消极的取乐，缺少最基本的作为文学写作的价值标准和语言规则。

正是以上几个方面的原因，使得新诗创作变成了读者排斥的写作，使新诗处于被社会被广大读者抛弃的尴尬地位。新诗因此也在文化多元、传媒发达、信息快捷的时代反而失去了其美学魅力，成为报纸不登、刊物不载、读者不读、新诗不新的"四不像"，一些诗人甚至以被人称为"诗人"而羞愧。而有限的几个人的"折腾"，也是在小圈子里自娱自乐式朗诵活动，或者自费出版诗集，自己拉出去推销，或自我吹嘘，在自办小报上宣传，真是可悲之极，令世人哀叹。

那么如何拯救中国新诗呢，如何解决新诗的语言失范和精神缺席的问题呢？我想有三个方面的问题需要去解决：

一是要恢复新诗对境界对价值的追求。中国诗歌的传统之一就是对境界的追求，中国古典诗论家对诗词是否"高格"的认定，其实就是以诗词是否有美的意境为凭据的。新诗虽然借五四文化启蒙之风而脱缰于文言"古诗"，但诗之要义却是谁也无法改变的。郑敏先生认为，90年代新诗是"单一主题"的，因为新诗走向了"极度个人化"。这种"单一化"的"极度个人化"的最大缺点是"诗人们不再关心人们所感到的时代的焦虑、期待、深思和发现"，诗人们"一心一意地挖掘那并无多少深厚内涵的自我,在风格上则是大同小异"。她认为,"作为一个诗人,无论他(她)能写出多么有艺术价值的个人抒情的诗,也不能不关心人类命运所遇到的历史和自然的挑战。"[1]

二是要解决新诗的诗体形式。吕进先生就指出过:"自由诗终究在新诗的历史长河还是一种草创形式,还须更富有诗的美质"。他认为新诗的出路就在于推出"现代格律诗"[2]这一观点,显示不是空穴来风,闻一多早就有诗歌是戴着脚镣跳舞的观点,而且强调新诗的"音乐美、建筑美、绘画美"。"九叶派诗人"中也有的有过新诗要重视诗体形式的主张。近年来不少诗人和诗评家都讨论过对新诗进行诗体重建的问题。

三是要重视新诗作为汉语诗歌的语言张力。这方面,有两种观点值得新诗作者思考:一是石虎提出的"字思维",即"汉字有道,以道生象,象生音义,象象并置,万物寓于其间"。[3]"字思维"就是强调了汉语作为象形文字与英语等拼音文字的区别和其独特的语言内涵,它有助于我们理解汉语独特的声律、语义系统。另一个观点是任洪渊对"女娲的语言"的寻找,即对"汉语言的自由与自由的汉语言"的寻找。作为一位诗人兼诗歌理论家,任洪渊在自己的汉语文化诗学著作《墨写的黄河》中不乏激情地说过:"我在一个个汉字上凝视着自己:汉字的象形呈现着我的形象。黄河流着,我的头,身,四肢,流成像形文字抽象的线,笔划纵横,涌过甲骨钟鼎竹简丝帛碑石,几千年的文字流还在汹涌。我的墨写的黄河。黄河还没有把我的头身四肢流成拼音字母几何的线。但我形与神原始组合的古老文字却启示了蒙太奇的语言——一种新思维。"[4]任洪渊其实就是极力主张新诗要建立自己的汉语世界,建立具有东方美学的语言空间。陈仲义在《古典与现代:回归中国诗学的冲击》中也认为汉语诗歌的诗质特点具有得天独厚的优势,他觉得汉语"语法灵活容易造成文脉气运摇曳多姿;词性转变同音多义容易产生变幻多端的弹性;较少关联词有利时空变换加大张力;几近'无时态'容易造成巨大空隙留白和多重效应;众多双声、叠韵产生错杂和谐的音乐美;数十种修辞手段:双关顶真镶嵌衬跌复选等,使汉语语言颇具'压缩、槌扁、拉长、磨利'的可塑性。"[5]这实际上与任洪渊的"女娲的语言"的命名是不谋而合的。以上几个方面的努力如果成功的话,那么新诗重建其精神世界,新诗回到深刻、意义、价值的审美世界就完全变得可能。

如果不解决以上三个问题,新诗就不可能走出其艺术上的误区,就不可能在继承传统的基础上发生真正的革新,这样,中国新诗就不可能有新的美学突破,其写作就可能失去意义,就可能走向更为狭小的空间,而成为文学体式中最不起眼的、完全自怨自艾的可怜虫。而且新诗也不太可能出现更多的可以流传的作品。

参考文献

[1] 郑敏.全球化时代的诗人[J].诗潮,2003,(5).

[2] 代迅.新诗会消亡吗?——兼评当代新诗与古典诗歌传统[J].文艺评论,2001,(3).

[3] 吕家乡.字思维·旧诗·新诗[J].诗探索,1999,(1).

[4] 任洪渊.墨写的黄河:汉语文化诗学导论[M].北京师范大学出版社,1998.

[5] 孙绍振.未来的文化空间[M].福建人民出版社,1997.

(选自《淮北煤炭师范学院学报(哲学社会科学版)》,2004年6月第25卷第3期。)

简析——

这是一篇探讨新诗发展过程中存在的问题的学术论文，作者为著名的诗评人，诗歌研究学者。该学术论文选题学术性强、科研价值高，对新诗的发展方向具有重要的引领作用。全文结构严谨、论证思路清晰严密、论据充分有力、语言通俗易懂无学究气、文本规范、严格遵循学术要求。开头序论部分引述权威专家的论述和概括新诗存在的问题，非常明确提出了新诗发展中存在的寂寥和尴尬的问题；本论部分从诗歌语言、内容表现、社会经济发展等几个方面探讨了新诗发展中语言失范和精神缺席的原因；结论部分，针对新诗存在的问题从诗歌价值追求、诗体形式建构、汉语语言张力发展等三个方面提出了解决新诗发展中语言失范和精神缺席的对策。

思考与练习

1. 什么是学术论文？学术论文有何特点？
2. 学术论文选题有何要求？为什么要选择自己有兴趣的论题？
3. 学术论文写作资料的搜集应包括哪几个方面？
4. 请根据自己专业和自己兴趣选择一个论题，并编写一份写作提纲。
5. 一般的学术论文结构由哪几个部分组成？写作时有什么要求？
6. 仔细阅读例文《手机电影的创意策略》，分析一下它的写作特点。
7. 《手机电影的创意策略》选题如何？请你评价一下它的标题。
8. 按严格规范的论文写作要求，《手机电影的创意策略》还有什么不足？

手机电影的创意策略
(节选)徐雪芹

只需要一个创意，人人都可以当导演，拍电影。随着中国3G时代的到来，手机显示屏已成为继电影银幕、电视荧屏和电脑显示器之后第四种大举入侵人们日常生活的影视媒介。这就使手机电影的发展成为新的热点。它是潮流，是商机，是娱乐方式，是越来越多目光投向的焦点。当传统的影视内容转化为手机电影，就意味着一个新产业的诞生。在一些通讯技术发达的国家，用手机下载、观看、传送视频这种新媒体的交流样式已经十分普遍和流行，手机电影的内容制作也渐成气候。据了解，目前，我国制作手机电影的公司多达十几家，运作方法也基本相仿。这说明手机电影的前景是人所共知的。

通常我们说的手机电影，指的是用手机摄像头拍摄或者其他任何可以直接在手机上播放的视频短片，长度在10分钟之内。所谓手机电影的创意，就是在手机电影的制作和传播过程中，通过新颖别致的立意、巧妙独特的构思，使用极为简洁、生动、诙谐的语言或画面等突出主题，使受众注意电影内容，并产生联想和发生兴趣。我们知道手机电影对时长有着严格的限制，因为手机电影的主要观看时间是在使用者移动的途中或闲暇的间隙，占据的主要是"碎片式"的时间，短暂而零碎。人们显然更愿意在乘车或在饭店等着上菜的那无聊的几分钟内看一段短小有趣的故事，而不是稳稳当当坐在家中的沙发上对着一个两、三英寸的小屏幕欣赏一两个小时的"大片"。所以短片比长片更有市场。手机电影完全是商业化的东西，其使命就是在短短的几分钟之内提供精彩的内容，让观众或会心一笑或者受到感动等。因此，这种一瞬间的创意是最难的，对手机电影来讲也是最重要的。对于用户来说，内容才是最为关键的要素。由此可见，创意是手机电影的生命。那么如何满足受众的需求？本文试图从以下几个方面阐释手机电影的创意策略。

一、纪实性的创意策略

最好的媒体、最好的记者也不可能永远保证随时出现在任何事件的发生现场，但是手机改变了这一现实，它成本低廉、携带方便，因此人人都有可能成为事件现场的记录者。除此之外，手机摄像头比摄像机更能够拉近与受访者的距离，并捕捉到其最真实的一面。法国年轻电影家吉恩查理费托兹在东京艺术大学电影与新媒体学院的一次演讲中曾阐释他自己拍摄的手机电影的创作动机。"一天我正开车外出，我注意到穿过一片旷野上方的一团云所投射的影子，我想自己必须拍摄它，但不幸的是我没有随身携带照相机。即便我迅速赶回去取，那个特殊的场景也不会再出现了。因为你总会携带一个手机，所以你绝对不会错过那个完美的景色。"[①]正是由于手机电影的这种即时纪实的特性，使它焕发出比传统电影更加迷人的魅力。

既然手机电影有这种其他艺术比不了的特性，那么我们在手机电影的创意上就要发挥这种特长，制定纪实性的创意策略。其实，越是不经意间发生的事，越是最有价值的，生活中无意抓拍的情景，往往是有意而为之的拍摄所无可比拟的。纪实性的手机电影避免了为拍电影而拍电影的那些矫揉造作的现象。生活是真实的，不需要刻意的描写，手机电影可以充分运用纪实性的创意策略，抓住那些美好的瞬间，捕捉使人兴奋的镜头，记录纯朴的生活。这样，一个个珍贵的历史镜头，一段段鲜为人的目击记录，宏大精美的场面，丰富翔实的资料，涉及了全球许多知名的或是不知名的角落，记录了每一个激动人心的场面和极具震撼力的瞬间画面，就会激起人们极大的兴趣，促使他们像收到有创意的短信那样互相转发。比如最有名的纪实性手机电影———伦敦地铁爆炸案，透过这段模糊不清的画面，让我们看到了爆炸时车厢里的真实情况，触目惊心。又如沈阳的一个手机电影制作者就曾经抢拍到这样的现场：一个人兑换了 4 千元的硬币，但装硬币的口袋漏了，顿时硬币撒了一地，路人不但没有旁观，反而都上前帮忙，硬币失而复得，由于片子是事件发生的真实记录，所以非常好看。还有就是 2008 年中国的汶川大地震中，惊恐万分的受难群众冒死用手机拍下了地震时那悲惨的几分钟，那种真实的震撼是无法形容的。手机电影刻下了那一刻的真实。激起了人们的观看欲望。同时也彰显了它的商业价值。

二、娱乐性的创意策略

手机电影的出现使电影的创作主体发生了变化，使拍电影不再是少数专业人士的专利，普通人也有了拍摄电影的可能，由于拍摄与制作电影的技术与成本门槛空前降低，创作工具的改变，使创作主体呈现多样化的态势，创作者不一定是专业导演，而是摄像功能手机拥有者。只要拥有一部具备相应功能的手机，人人都可以尝试一下拍电影的感觉，人人都可以用电影来表达自己的想法，人人都有可能用手机记录自己所看到的生活。因此，手机电影使电影大众化，平民化。大众化平民化文化的一个重要的标志就是狂欢和笑，这是巴赫金的观点。巴赫金在《拉伯雷和他的世界》等著作中指出，狂欢是通俗文化的提纯，通俗文化是一种笑文化。基于此，以娱乐为主题的创意就成为手机电影的创作目标。

娱乐性，简单地说，就是一种令人愉悦的心理刺激。说得详细一点，娱乐性，可以使人感到心情畅快、满意或幸福，也可以使人感到心情压抑、失望或惊讶，再可以使人感到心情狂怒、激荡或冲撞，再再可以使人感到心情无所适从、张弛交错或悲喜交加。总而言之，娱乐性不是一种单一结构，而是一种心情综综的网络结构，它使受众的审美心理在欣赏影片的艺术优化倾向中，产生情感、思维、理智、精神的共振，它是一种包括外在表征与内在意蕴的多层次、多效应、多品位的复合与潜藏的美感享受。

每个时代都存在着一个相对的效应点。人们正是从这个效应点，寻求到了彼此的心灵感通。娱乐性的创造必须寻求电影制作者与受众的当代效应点，以达成彼此的心灵感通。快乐、兴趣、激情、潇洒，这是现代人追求的一种潮流。因而手机电影的娱乐性策略，就应当抓住这一效应点，创立一种现代娱乐性。我们知道传统的娱乐性只表现为心情的激荡，追求娱乐的形式美，多半是肤浅的直观感受。手机电影的娱乐性，如果仅只浸泡在原始娱乐性的积淀里，是赶不上时代的审美需求的。现代娱乐性，除了因袭原始娱乐性的固有优势外，由于人们文化心态的不断充实，对娱乐产生了思辨，所以，不仅仅满足于肤浅的直观感受，还企盼在直观感受之后有丰富的想象、参与和自我判断，因而，表现为"丰富的娱乐性"。在以内容为王的信息互联时代，排他性的内容是吸引眼球的第一法宝，所以手机电影的现代娱乐性的主要手段就是内容上的独一无二。比如手机电影《女生宿舍的秘密》里的一个片断：女生宿舍里，一个叫平的女生慵懒地躺在床上翻着杂志，其他几位舍友们却目不转睛地盯着墙上的钟表，时间一到，这帮舍友们纷纷借口有事离开宿舍。在宿舍楼下，手持一捧玫瑰的小伙子凯恩斯迎上去，告诉她们，说在钱柜订了666包房，末了不忘叮嘱大家晚点回来，等这群女生一消失，他便兴奋地拿着玫瑰进了女生宿舍……这部风靡大学校园的手机电影受到许多年轻人的喜爱，其中一个主要的原因就是体现了现代娱乐性的特色，它风趣幽默，耐人寻味，令人充满无限的遐想。

三、互动性的创意策略

自从美国主流媒体把2006年全球新闻人物的第一名给了YOU（英文单词你）以后，媒体和民众间的关系凭借有线互联网、无线互联网等新生代媒体介质完成了从单纯的布道者——聆听者主被动关系向互动关系的转变。我们知道，传统电影是一个成熟的制造情感的机器，它迫使观众遵循一条线性的结构，激发一套按程序排列好的情感，而新的交互式媒体则允许观众介入，制造一个更为个人化的时空，形成更为个人化的情感。所以在手机电影里"观众"一词已显得太被动。手机显示屏实际上已成为一个"活动中心"，一个电子变时器，在那里时间和空间都变形了。手机电影的这种互动性特质，使自我表现的主题成为手机电影创意的焦点。

历史的经验告诉我们，每当一次新的技术革命发生之时，往往就是该时代人心理失衡，苦苦寻找失落的精神家园之日，这个时候，人们最需要的与其说是新技术革命带来的福祉，毋宁说是具有当头棒喝性质的人文关怀。人文关怀的一个重要方面就是自我价值的实现。信息技术高度发达的时代，受众已不再满足于你拍我看，而是渴望积极参与，手机电影的互动实现了这种关怀。

符号互动理论的一个基本认定是，每一个自我都是一个有意义的客体，与社会所有的客体一样，自我是通过与他人进行社会性互动来得到定义的。在一个以大众文化为主体的时代，传媒互动成为传播理论和实践的万能钥匙。电视画面要实现这一目标是大受局限的，手机电影却跨出了这一步。例如去各地旅游的人可以用手机摄像头把旅途中发生的所有好玩的事情或者优美的风景实时传播给自己的朋友，这种方式可以实现边传输边观看，用手机可以实现人人随时随地拍摄、制作、传播电影，真正实现所有人对所有人的传播。手机电影可以与任何人在任何时间和地方一同分享，这不正意味着创造出了一种互动影片，仿佛可以带领观众去任何一个特殊场所吗？有一位网友描述了他的这种全新体验："我在中关村大街上看到一个流浪歌手，我就用自己的手机将他卖唱的过程拍摄下来，在坐车回家的路上我已经用手机内置的剪辑软件编辑完成了一部5分钟的纪录片《流浪歌手》，然后我即时将它发给另一部手机，这是一种在以往任何一种电影创作方式中所从未有过的全新体验！"[2]

互动意味着参与，"身在其中"的接受效果会将艺术传播提升到一个全新的境界。网络时代，以报刊、书籍为载体的文学已经成为一种传统的形式，它的结构是线性的、以时间关系为基本序列的。以手机为载体的电影结构是非线性的，每一处链接都包含着大量信息，包括文字信息和画面、声音等多媒体信息。这样手机电影就具有丰富的信息特征，人们可以根据自己的需要、爱好重新安排情节、设计结局、分别写出不同的故事，而手机传输又异常地快捷，同时在观看者一方，这种结构又给受众提供了更多更大的想象和创作空间，受众甚至可以直接参与创作。观看的过程真正成为一个再创造的过程，而电影的意义恰恰是在观看和接受过程中才得以实现的。观看不再是一种不可逆的线性的历史过程，而变成了交互指涉的快乐游戏，在这里时间消失了，顺序不见了，界限打破了，手机电影打破了以往电影的单向性传统。

"眼球经济"一词近年来颇为走俏，其原因在于知识经济时代的信息产品极度丰富和高度同质。面对如此丰富和相似的信息产品，消费者的眼球停留何处？我想如果我们注重手机电影的创意，加强手机电影在创意方面的努力，未来是属于手机电影的。

注释

①胡忠青：《手机电影的生存空间》，《电影评价》，2006年第2期。
②武珊等：《更平民化的记录方式——手机电影》，《电影文学》，2008年第7期。
（选自《写作：高级版》，2009年第13期）

第四节　文学评论的写作

一、关于文学评论

（一）文学评论的概念

1. 广义的文学评论

凡对各种文学现象——包括文学理论、文学思考及文学运动、作家和各类文学作品——进行分析、探讨、鉴赏、研究所写的文章，都可称为文学评论。广义的文学评论就是文学理论与文学批评的总称。

2. 狭义的文学评论

凡对具体作家、作品进行研究、分析和评价的文章，即为文学评论。我们所研究的就是狭义的文学评论。

（二）文学评论的作用

普希金："批评是揭示文学艺术作品的美和缺点的科学。"鲁迅："批评家的职务不但是剪除恶草，还得灌溉佳花——佳花的苗。"具体来讲文学评论的意义表现在：

①揭示对象价值。通过鉴析优秀的文学作品，扶植佳作，褒扬成功的创作经验，促进好作品的不断问世。

②对文学创作中的错误思潮，不良倾向展开批评斗争，使文学沿着健康的轨道向前发展。

③帮助读者正确理解文学作品，提高读者阅读、鉴赏文学作品的能力，使读者获得艺术的审美享受。

（三）文学评论的要求

1. 要有一定的修养

文学评论是复杂的审美和思维过程，需要主体较高的修养，特别是具有很高的鉴赏和分析作品的能力。概言之，需要有以下几方面修养。

①理论修养：哲学、文化学、心理学、文艺学、美学等理论修养。

②感受生活的能力：有一定的生活经验，熟悉社会，能从生活中激发创作激情。

③写作能力：具备一定的艺术鉴赏力，熟悉写作的基本规律和各个环节；善于从读书中选择提炼论题，能把散乱的艺术感受构成逻辑严密的评论文章。

2. 认真研究评论对象

（1）知人论世，深入研究作家

知人：一要理解作家特殊的心态和特殊的思维方式；二要理解作家的情感特点；三要理解作家独特的生活方式、取材方式和表现方式。论世：一要探讨作家成长的时代和所处的社会环境；二要探讨作品产生的历史和文学背景。

（2）反复精读，深入研究作品

①全面阅读与重点钻研结合。对作品从头至尾的通读，是为了从整体上把握住作品的主要内容、基本倾向，获得初步的读后感受。没有全面的通读，评论时只见一点，不及其余，往往会失之偏颇，甚至会违背作者的本意。可以说，通读作品是文学评论的起点，在

通读的基础上，才可能获得对作品的主题、人物、情节、结构、语言风格等方面的初步认识。全面通读获得了对作品的总体印象，但往往对作品的理解还不深刻，许多地方可能还没有品出味儿来，这就需要重点钻研。重点钻研可以就某一方面问题深入探讨，如主题的开掘，人物的刻画，矛盾冲突的展开，艺术表现的特色等等，在通读基础上有意识地围绕某个问题反复琢磨，认识这一局部与全局的关系，认识这一局部的突出之点。

②钻研内容与注意形式结合。阅读文学作品，就要高度重视它的思想内容，把握它的基本倾向，研究它所反映的社会生活的广度和深度，探讨它是否揭示了社会生活的某些本质方面，是否有助于推动历史的前进。这样，才有可能对作品的意义及其思想价值作出基本的判断。文学作品思想内容的表现，又有其特有的艺术规律，有相应的艺术形式。因此，在阅读作品时，除了重视对内容的研究以外，还必须注意作品的形式。阅读时不仅要看到它内容的社会意义，还应注意到它反映特定内容所采用的艺术表现形式。作品内容要凭借一定的形式来表现，形式又为表现内容服务，两者在作品中是否和谐统一，这是阅读时需要注意的。研究作品，既要探讨其主题思想、社会意义、时代精神，也要研究其形式因素(如语言、结构、体裁、剪裁、艺术手法、艺术构思风格等等)，这两方面是不可分割的。

(3)准确把握相关背景及已有评论资料

文学评论写作还要注意作品产生的时代背景的特殊性和已有的相关评论文章，从前人文章中发现问题，启发思路，深入思考，最终综合形成自己有价值的观点和看法。

二、文学评论分析方法

(一)传统的分析方法

1.识意逆志法

《孟子·万章上》："故说诗者，不以文害辞，不以辞害志，以意逆志，是为得之。""以古人之以求古人之志，乃就诗论诗"。"识意逆志法"古人认为有以下困难：文心难明；本事不清；兴会适然；见仁见智。

解决以上困难的方法：逆志须论世；论事忌牵强；今意逆古志；读诗贵涵咏。涵泳，其实是一个积淀的过程，即摄取—消化—积累的过程。摄取，就是让学生接受有价值的诗文作品。消化，就是让学生沉浸其中，反复吟咏，细细体味诗中的意境，从而参透作品，获得审美享受。积累，就是让学生在参透作品的基础上，加深记忆，储存记忆。"涵泳"是古人和今人都提倡的一种读书方法，但有些人不了解它的来历，常常写成"涵咏"。

运用这种方法有两个阶段：

"识意"，过程为读者—作者—作品—社会。即读者为了把握作品中所蕴含的作者之心，而进一步考察作者所处的社会环境。"逆志"，其过程为社会—作者—作品—读者。即了解作者的境遇，从而了解创作的心理背景，就能进一步了解作品的言外之意以及特殊的表现手段，使读者与作者之心互为交流。

鲁迅《题未定草七》中说："倘要论文，最好顾及全篇，并且顾及作者全人，以及它所处的社会状态，这才较为确凿。"——可谓得到了"识意逆志法"的真谛。

2.源流比较法

通过与作品的比较，从而确立此作品的历史地位的分析方法。其过程为读者—作品甲—作品乙。

典型的源流比较法，有三个部分构成：推溯渊源——着重从纵的方面考察作者在历史上所受到的传承；考察文本——这招考察作者在传承中的抉择、转换，从而形成自己的特色；横加比较——将前后左右的作者加以比较，以确立其地位。

3．意象批评法

指批评者以具体的意象，表达自己对作家、作品所形成的抽象理念，以揭示出作家、作品的风格所在。钟嵘在《诗品》中评范云、丘迟的诗："范诗清便宛转，如流风回雪。丘诗点缀映媚，似落花依草。"

这种方法的思维过程，可分为两个阶段、两度超出：第一阶段"具体—抽象"，即批评者从大量具体作品出发，逐渐形成了某种抽象的概念。然后回到作品，用具体意象加以说明，这是第二度超出。

（二）现代的文学评论分析方法

1．社会—历史的分析方法

此方法即社会学的分析方法。它是以文学是一种社会现象，其产生与传播都离不开一定社会这一认识为依据。着重研究文学与社会之间的关系，了解作家对社会环境所作出的反映的广度和方式，通过这些研究加深对文学作品的审美反映。其原则和手段有：第一，考察文艺作品的真实程度。第二，分析作品的社会价值和进步意义。第三，评价作家的社会理想和人格。

2．道德—历史的分析方法

这种分析方法是建立在一定的认识基础上的：道德在社会生活中占有重要地位，起着重要作用，文学作品要反映社会生活，就不能离开道德这一重要内容；此外，道德也是一种历史现象，道德总是一定历史条件和一定历史阶段的道德。

文学作品成功的道德描写的教育作用：第一，激发人们的道德情感，荡涤人们的心灵。第二，使人们辨美丑，分是非，提高人们的认识能力；第三，给人以前进的勇气和开拓新生活的力量。

运用这种方法有两个要点：第一，着重对作品进行伦理道德分析，主要从作品的道德教育作用来评价作品的意义。第二，坚持历史内容和道德内容的和谐统一。

（三）当代文学评论分析方法的更新

更新的原因：①是对以往文艺现象进行反思的结果；②当代文学的发展本身提出了这样的要求。新方法的来源：①对自然科学方法的移植；②对西方文艺研究方法的借用。

常见的新方法有：

1．系统科学的分析方法

从一般意义上理解，系统论是一个概括十分广泛的方法，它是从系统观念出发把握对象，并运用整体性、集中性、等级结构、终极性、逻辑同构等概念，寻求系统的模式、原则和规律，并对其功能进行数学描述的一门正在继续发展中的方法论科学。

主要观点：第一，整个自然界是以系统的形式存在的有机体；第二，其中任一客体或事物都是由要素以一定方式组成的系统；第三，不同的结构具有不同的功能；第四，整个自然界是由不同层次的等级结构组成的开放系统，它永远处于不停息的组合运动中；第五，任何一个具体的物质系统都有产生、发展、消灭或转化的过程，系统和要素的关系是相互转化的。

2. 文艺心理学的分析方法

运用心理学的研究成果去揭示艺术创作的过程，分析艺术家本身没有察觉到的用意和动机。

3. 比较分析的方法

通过对比分析不同时期同一作家的风格特点或同一时期不同作家创作风格或特点的不同，从而总结出创作的规律，或对作家创作进行深入探析。

三、文学评论的写作方法和技巧

1. 评论过程

（1）读书：精研作品

熟悉作品、了解内容、理解意义、领略情景，对作品不仅要有理性的认识，还要追求一种"宛然在目"的形象感受或"身临其境"的情绪体验。只有这两者水乳交融，才能把评论写得有血有肉。

我们这里所讲的"阅读"，不同于一般的阅读，是带着一定的目的和任务，为了进行文学评论而做的阅读。阅读作品是进行文学批评的前提和基础。否则，文学评论就无从谈起。毛泽东说过，《红楼梦》不读 5 遍没有发言权，强调的就是多读。对于我们的文学评论写作而言，作品至少要读三遍才能完成评论任务。并且，每次阅读有不同的要求：

第一遍：获得总体印象、知觉感受。"品味"主要是粗读、略读、快读。尽情作艺术享受，不带偏见，不受限制，一口气读完，尽可能保持思维和感觉的连贯性。在阅读过程中多产生一些感受感想，它是进行评论的出发点。

第二遍：对作品大拆卸，有重点地精读、细读，钻进去"发现"。"析味"，对文学文本做认真审视，细心咀嚼，深入体味作者在文本中的寄托。理清头绪，验证初读印象，带着问题去读：作品有何最大特色？有何创新之处？人物塑造是否鲜明？情节设置是否吸引人？环境刻画是否典型？语言运用、手法是否体现出了作者的风格？对于作品，你最感兴趣的是什么？

第三遍：运用理论，综合内容。"评味"主要是有重点地精读、查读。把钻进作品后的发现上升到理性认识，进行综合，并理清层次条理。根据阅读所得初步确定评论的题目和方法。

（2）定题：突破与创新

在精研作品的基础上，广泛搜集相关材料，确定、选择出评论的主题。要求是突破陈见，要有创新。文学评论的论题类型主要有以下四种：

①把握精神，全面剖析。这类文学评论多见于专著、教材和研究性文章。如《论贾平凹的佛学思想》、《李白与杜甫》等。写作要求：根据作品总的感情流向、思想倾向，进行全面评价，突出重点，把握基本精神，"一以贯之"，文字活泼引人，不能过于拘泥、沉闷。

②抓住特色，重点评论。这类文学评论数量多，范围广，较常见。写作要求：抓住要点，写出特色；集中，得当。如《论〈白鹿原〉三段论手法的美学意义》。

③针对问题，深入阐发。这类文学评论多用于解疑释难，论争诘辩。如《怎样评价〈青春之歌〉?》《〈怀念狼〉究竟在怀念什么?》。写作要求：理清问题症结，抓住争论焦点，持之有据，以理服人；平等商榷，共同探讨。

④瞅准要害，集中批判。这类文学评论多用于"剪除恶草"类。写作要求：着眼于文艺

方针政策，搞清思想"背景"，击中要害；要有充分的事实依据和严密的逻辑判断；批评的态度要鲜明。比如：对于部分文学作品中性描写过于泛滥现象的批评。

（3）评论：有理有据

根据自己的定题，把握评论的原则，有选择、有重点地运用哲学、文化学、心理学、文艺学、美学等理论对作品进行深入分析与评论。

评论的原则：知人论世，顾及全篇。要了解作家、理解作家；把握作品的基本精神和总的倾向，切忌寻章摘句、断章取义、主观附会。分析评论，贵有灼见。文学评论应以真知灼见为核心和骨干。好处说好，坏处说坏。坚持求实精神，端正批评态度；敢于坚持原则、坚持真理，不做"墙头草"式的批评家。

（4）写作：文情并茂，叙议结合

把握文章结构，合理安排叙议内容，熔分析与鉴赏、思辨与直觉为一炉。文学评论文章的基本构成，主要有下面几个方面：

①标题，即题目，是作者给文艺论文确定的正式名字。主要包括：评论形式、评论对象、评论课题或论点，运用的批评方法等要素。标题的语言要求简洁、明确、醒目。比如：林兴宅的《论阿Q性格系统》。

②引论，即引言，较长的文艺评论称它为绪论。引论主要是说明选题的背景、理由、目的、意义，从而引出论点，并阐释论点所包含概念的内涵与外延，对论点进行必要的限定。引论语言应明确清晰，不能给读者一种模糊、朦胧的印象。

③本论，是文学评论的核心部分，主要是运用论据对自己的观点进行分析论证。必要时，可以以小标题进行分层论述。本论部分要写得既有理论深度又有情感文采。

④结论，是论文的结尾部分。有两种常见写法：一是总结论文，强调论点；二是补充说明，对文章给予必要交待。结论一定要以本论为基础，最忌不着边际。

2. 评论要诀

（1）立意要新

就是写评论文章要有新意，有特点，有独到的见解。没有这些，文章难免成为人云亦云一般化的东西。要做到评论有新意，就要结合社会现实，联系文学创作中的新问题，选择无人问津或前人没有论说清楚的论题。千百人评论《红楼梦》仍不断有人发文章，见解不同使然。

（2）开掘要深

是指要深刻。作者要站得高，看得远，要准确把握作品的精神实质，把问题讲清讲透。文学创作文章不能简单地就事论事，也不能片面地拔高或贬低，而应该实事求是地把握作品的总的思想倾向和艺术特点。

（3）角度要小

是指视角要新颖，最好选择面窄意深的小评论来写。有人把《红楼梦》中仅有千字内容的焦大作为评论对象，题小却仍然不失为一家之言，有着一席之地，被录入《红楼梦论集》中。

四、文学评论的写作重点

1. 把握作品的思想意蕴

思想内容的评论，是文学评论中的一个重点内容，也是一个较难把握的问题。特别是社会主义文艺作品，要求注重作品的社会教育价值，因此对作品思想内容的评价是个很微妙的问题。由于评论者自身的修养水平和所选角度不同，对作品的理解也往往不同，并且有可能出现互相矛盾或截然不同的结果。所以对思想内容的评价，要站在公正的立场上，持客观的态度，用科学的方法去分析作品。

①要看作品的总倾向。判断一部作品的好坏，主要看作品总的倾向。也就是要看作品是否站在人民的立场上，对现实生活作了真实的概括与描写。做到这一点，作品就能得到基本肯定。

②历史地看作品。只有用历史唯物主义的观点，看待和分析文学作品，把它放到作品中所反映的特定的历史条件下和环境中去考察，而不以今天的眼光和标准去衡量，才能得出公允的结论。比如：《班主任》《伤痕》分析当时的思想意义与它的艺术性之不足。

③看作者的思想感情。文学作品是能够熔铸作者强烈的爱憎感情的，我们不能把作品中人物同作者等同起来，不能认为作者写了生活中落后的东西，作者的思想感情便卑下、阴暗。主要看作者对所描写内容所持的态度如何，对落后的事物是欣赏还是抨击。如果戈里的《钦差大臣》。

2. 剖析作品人物形象

文学批评始自对文学形象的具体鉴赏，形象是思想的载体。文艺作品是通过形象来反映生活的。形象是叙事性作品的核心，评论文学形象有利于揭示作品思想与艺术两方面的价值。高尔基说过："艺术的作品不是叙述，而是用想象、图画来描写现实。"通过对文学形象的评论，可以深刻剖析作品的思想意义、社会作用，从而对作品作出恰当的评价。

①要抓住人物性格形成发展的线索。人物性格的形成都有其独特的依据，这种原动力使人物逐步发展变化，形成一个性格成长历史。茅盾在《谈＜水浒＞中的人物和结构》中分析林冲性格的发展，从安分守己、逆来顺受、满足优厚的教官生活，到甘愿做阶下囚，只图夫妻团聚，到最后被迫反叛朝廷，落草梁山。从林冲的性格发展中自然引出结论，一方面对林冲寄以满腔的同情，却又可惜其认识不够。

②要抓住环境与人物的关系。一个人的思想和性格特征的形成，总离不开一定的环境。在小说中一个人物形象只有在一定的环境中才能得到充分展示。同时，也只有写出人物的思想性格和个性特征之所以能够形成、发展的具体条件，人物形象才能真实可信。环境与人物的关系如鱼和水的关系一样，不可分离。因此，分析人物就不能不联系到环境描写。

③要通过不同人物的对比把握人物性格。在一篇小说中，尤其是长中篇小说，因人物众多，通过不同人物的相互比较，从中得出各自性格特征。作为评论文章，如能从两个人物的比较写起，较易把握人物的独特之处。可以是同一篇作品中两个人物的比较，也可是不同作品中有相关性的人物的比较。

④通过细节揭示人物性格。生动而典型的细节，最能显示人物的个性特征，凡是好的作品，都离不开好的细节描写。因此，抓住细节的魅力，可以很好地揭示出人物的性格特征，人物就是在一个个细节描写下活动起来的。

3. 研究作品的艺术特色

艺术技巧是作品成功与否的关键之一，也是读者欣赏的目的所在。没有好的艺术形式，就没有优秀的文学作品。艺术特色包括：情节设置、结构安排、环境创造、语言运用、表达技巧等。作品的艺术技巧，总是为一定的思想内容服务的。因此评论艺术特色，必须坚持内容和形式统一的原则。

①谋篇是构思的聚焦，抓住了谋篇手法，就易于理解作品的叙事方法、情节、结构、细节等文学要素的艺术特点，从而逐一对其进行剖析论证。

②对作品艺术特色的评论必须通过对作品的具体分析来进行。要抓住特点，突出重点，而不要面面俱到。对作品艺术特色的评论贵在中肯，切忌空洞而不切实际，玄之又玄。鲁迅说："有真意，去粉饰，少做作，勿卖弄。"

③正确对待和评价西方"现代派"的技巧问题。反对两种极端态度：一是一概排斥、全盘否定；二是不加分析、盲目吹捧。主要看借鉴之后作品的表现力是增强了还是减弱了，是否因模仿而使作品变得不伦不类？既要借鉴又要继承，贵在创新。比如：陈忠实的《白鹿原》成功借鉴了拉美魔幻手法，增强了小说的艺术表现力。

范文阅读

圣三位一体
——余光中《梵高的向日葵》赏析

湖南文理学院中文系　郭芷

余光中笔下有无数的历史人物，但最令他心动、心仪、心痛者当数梵高。

1990年，梵高逝世100周年，荷兰为这位艺术的苦行僧举办了规模甚大，展期甚长，设计甚精，筹备严谨的回顾大展。余光中携妻女前往荷兰，追吊了一颗伟大的艺术灵魂，饱览了那些用梵高心血凝成的绘画杰作。而后，更怀着"追看悲剧续集"的心情，前往巴黎近郊——梵高临终前住过十个星期并终于落葬的奥维小镇临景凭吊。

之后，余光中一气写下了《破画欲出的淋漓元气》(1990年3月)、《梵高的向日葵》(1990年4月)、《莫惊醒金黄的鼾声》(1990年8月)和《壮丽的祭典》(1990年10月)等文。在这一系列散文中，除了介绍梵高的生平事迹、创作道路、绘画题材之外，还评析了梵高艺术作品的风格及其成就，而最动人的则是浸透于字里行间的作者对梵高的一腔痛惜之情、景仰之情。早在1954年，余光中就写过一篇《梵高——现代艺术的殉道者》，1981年12月，余光中作《巴黎看画记》长文，文中涉及印象派大师共十四人，梵高当然也在其中。2003年7月，余光中《在两个寡妇的故事》中再次为苦命的梵高扼腕而叹。如此算来，余光中的散文涉及梵高者约7篇之多。

是什么使得作者如此一而再再而三地把宝贵的笔墨和时间挥洒在一个画家身上呢？

余光中说："我的梵高缘，早在女儿出世前就开始了。甚至早在婚前，就已在我存(余光中夫人名——本文作者注)那里初见梵高的画册。向日葵之类，第一眼就令人喜欢，但是其他作品，要从'逆眼'看到'顺眼'，再从'顺眼'看到'悦目'，最后甚至于'夺神'，却需经过自我教育的漫长历程。其结果，是自己美感价值的重新调整，并因此跨入现代艺术之门。于是我译起斯通的《梵高传》来。""我不断在译一本书，也在学习现代绘画，但更重要的是，在认识一个伟大的心灵"。所以"在我们早期的回忆里，梵高其人其画，都是不可缺少的一份。苦命的文生早已成为我家共同的朋友。"由此可见，余光中之于梵高，是从其艺术开始，进而其人，再到其心灵。当作者走进梵高的心灵时，被深深地震撼了："梵高是一个元气淋漓、赤心热肠的苦行僧，甘心过最困苦的生活，承受最大的压力，只为了把他对世人的忠忧与关切，喷洒在他一幅幅白热的画里，梵高一生有两大狂热：早年想做牧师，把使徒的福音传给劳苦的大众，却惨遭失败；后来想做画家，把具有宗教情操的生之体验传给观众。"于是，作者就有了"非陈诗何以展其义，非长歌何以骋其情"的创作冲动和激情。

比较余光中写梵高的其他散文，《梵高的向日葵》并非最出色的一篇，但却是篇幅比较短，主题比较集中，也是写得比较理性的一篇。文章追述了《向日葵》的身世，从梵高与向日葵结缘，到《向日葵》的创作过程，再到《向日葵》的遭遇，最后到《向日葵》的面世。揭示了《向日葵》的深层内蕴，更袒露了一个艺术家的伟大灵魂。

文章开篇，即以梵高的多幅名作为例，指出梵高作画的一个重要特点：画题雷同，因而每每使观众困惑。究竟是什么原因呢？作者分析说："梵高是一位求变、求全的画家，面对一个题材，总要再三检讨，务必面面俱到，充分利用为止。"原来这是画家有意为之。这正是艺术家的创作态度，也正是梵高不朽的重要因素。最后一句，点出本文中心内容——梵高杰作《向日葵》。

梵高生于 1853 年 3 月 30 日，卒于 1890 年 7 月 29 日，一生只得匆匆 37 年，而其艺术生命仅 10 年。梵高这短短 10 年，创作油画 800 幅，素描 900 幅，其代表作举不胜举，其质其量都无愧于一个杰出的艺术家的称号。余光中在《破画欲出的淋漓元气——梵高逝世百周年祭》一文中，将这 10 年分为三个时期：

第一为荷兰时期(1881 年 4 月至 1886 年 1 月)，此时期为梵高的成长期，历时 5 年，代表作《食薯者》(1885 年 1 月)等。

第二为巴黎时期(1886 年 2 月至 1888 年 2 月)，此为过度期，为期两年，代表作《老唐基》《梨树花开》等。

第三为表现期，从 1988 年 2 月至 1890 年 7 月 29 日梵高去世。作者将此一时期分为三个阶段：第一阶段阿罗时期，1988 年 2 月至 1889 年 5 月，为梵高创作的丰收时期；第二为圣瑞米时期，自 1889 年 5 月至 1890 年 5 月，是梵高间断发病期，代表作《星光夜》《鸢尾花》等；第三阶段为奥维时期，自 1890 年 5 月 21 日至 1890 年 7 月 29 日，代表作《奥维教堂》《嘉舍大夫》及最后的杰作《麦田群鸦》。

《向日葵》是梵高阿罗时期的代表作之一。

"阿罗是普罗汪斯的一座古镇，位于隆河三角洲的顶端，近于地中海，离马赛和塞尚的故乡艾克斯也不远。普罗汪斯的蓝空和烈日、澄澈的大气、明艳的四野，在在使梵高兴奋不安，每天都要出门去猎美，欲将那一切响亮的五光十色一劳永逸地擒住。这是梵高的黄色时期：黄腾腾的日球，黄滚滚的麦浪，黄艳艳的向日葵，黄荧荧的烛光与灯晕，耀人眼睫，"梵高被深深地吸引住了，他甚至把"在拉马丁广场租来的房子"也"漆成了黄屋，然后对照着深邃的蓝空一起入画。"《向日葵》一组 12 幅，十四五朵矮键而燃发的摘花，暖烘烘地密集在一只矮胖的陶瓶子里，死期迫近而犹生机盎然。除了绿茎、绿萼、绿蕊的对照之外，花、瓶、桌、壁，一切都是艳黄，从柠檬黄、土黄、金黄到橘黄。梵高将生命短暂的悲剧性与强悍性统一起来，所以他的向日葵尽管"死期迫近"却仍"生机盎然"。尤其在那些"绿色"和"黄色"的组合中透出音乐式的和谐，《向日葵》是一曲凝住了的暖调音乐，它传达出了向日葵的内部生命力度，由此可见梵高体悟生命之深透。

正如宗白华所说："人类在生活中所体验的境界与意义，有用逻辑的体系范围之、条理之，以表达出来的，这是科学与哲学。有在人生的实践行为或人格心灵的态度里表达出来的，这是道德与宗教。但也还有那在实践生活中体味万物的形象，天机活泼，深入'生命节奏的核心'，以自由和谐的形式，表达出人生最深的意趣，这就是'美'与'美术'。

所以美与美术的特点是在'形式'、在'节奏'，而它所表现的是生命的内核，是生命内部最深的动，是至动而有生命的情调。"

梵高如此地钟情于黄艳艳的向日葵，正是他生命的鼎盛时期，也是他艺术创作的全盛时期。生命力就是紧迫感。生命力愈是强大，它所受到压迫时所产生的反抗力和爆发力也愈是巨大。梵高在一年多时间里共创作200幅作品，论质论量，论生命律动的活力，都是惊人的丰收。梵高在投身宗教惨遭失败后，再投身于艺术。先经过荷兰5年的成长磨砺，再有巴黎两年的过渡调整，到这一时期，充沛的元气中滋养出旺盛的创作欲望，艺术生命焕发出了灿烂光芒，他将对生命的深刻体验喷薄而成一片绚烂的世界，释放出蓬勃奔放的生命激情。

其实这个时期梵高不仅画鲜黄的向日葵，还画灿烂的果园，蓝的怕人的天空，亮得像花的星子，扭得像火的柏树，起伏如波涛的地面，转动如旋涡的太阳和云，处处都是艺术家强大生命力骚动不安、磅礴激荡的体现。按美学家们的说法，这应该是情绪巅峰体验的反映。这种体验一个最显著的特征就是当神思袭来，往往使生命主体尽情地把自己的生命向外发散，从而使人与宇宙万物产生一种新的生命因缘。观高凡的作品，就会感到在情绪的巅峰体验中，艺术家是怎样和宇宙交换着生命信息，又是怎样表现自己的生命形态和命运形态的。梵高将自己对理想的追求投射于他的画布上，让他的画面涂抹着生命的色彩，将生命渲染得鲜艳动人。同时，他又将一颗赤诚而炽热的心喷洒在画面上，使他的画充盈着一种生命的淋漓元气，勃发着一种沛然向上的生机，蟠蜒着生命内部最深的情调和律动。

梵高一生失业、失意、失恋、失友，短短37年就失去了最可宝贵的生命。他对人热情而慷慨，常愿与人推心置腹，甘苦与共，然而除了弟弟之外，难得有人以赤诚相报。在同性朋友，尤其画友之间，他一直渴望能交到知己。定居阿罗之后，他再三力邀高更前往同住，从文中所引梵高写给弟弟的信，便可知梵高对高更的到来怀有怎样的热情。可是由于性情和画观相异，加上割耳事件的刺激，结果是高更拂袖回去巴黎，梵高则住进精神病院。有人认为，追求和挫折可以换得深刻的聪明，人生和精神历程在经过痛苦的失落之后可以拥有刻骨铭心的内在富有。梵高的热情一次次燃起，又一次次被浇灭。但是他却在宇宙万物生命之中找到了寄托，将他对人类的赤心热肠倾注在他的艺术创作之中，留给后人那么暖烘烘的一个世界，昭示着那么灿烂的理想与未来。

荣格认为，真正的艺术具有永恒的意义，因为艺术作品本身就具有某中象征意蕴，一种超越作品表层的深层意义；另一方面，这种深刻的象征可能不为作品诞生的时代所理解，而只有人类意识发展到更高水平，只有时代精神更迭，才对我们揭示出它的意义。因此，真正的艺术作品是超越时代的，真正的艺术是常新的。荣格的这一观点正好用来诠释梵高的艺术创作，梵高的画在他生前无人买(仅卖出一幅《红葡萄园》，为阿罗时期作品)，他那些光华照人的向日葵，虽然从梵高写给其弟弟西奥的信中我们得知"高更非常喜欢"，但也未见高更如何赞赏。虽然在梵高离世前(1890年1月)，有位名叫奥里叶的青年评论家曾在《法国水果杂志》上发表短文，称颂梵高的写实精神和对于自然与真理的热爱，但梵高的向日葵当时却知音寥寥。同年3月，在布鲁塞尔举办的"十二人展"上，梵高和他的向日葵还遭遇了屈辱。可是，当时代的脚步行进100年后，人们的审美观发生了戏剧性的变化，梵高的画无人买得起了。

不被社会接纳的梵高转而用整个生命拥抱自然，但是他却不喜欢郁金香而酷爱向日葵，因为向日葵具有泥土气与草根性，能代表农民精神——这正迎合了梵高亲近自然、体悟自然、扎根生活土壤的性情和默默承受苦难的精神。不仅如此，向日葵圆盘的形状，盛开时金黄的颜色，昂头扭颈、从早到晚追随太阳的习性以及多种语言的拼写都离不开"太阳"。这种金黄的色彩与追求光明的精神正与梵高盛年充沛的生命力和对光明理想的追求相吻合。再加上梵高的头发和胡髭全是红焦焦的，所以梵高作于1889年9月圣瑞米疯人院的那张自画像，络腮胡子与头发相连，甚至就像那向日葵纷披的花序。梵高对于向日葵的挚爱，也是对太阳的礼赞，同时也寄寓了他自己的人生形态，也是他历经沧桑之后对生命意义的吟味与确认。因此作者有理由认为，梵高画向日葵即画太阳，亦即自画——三为一体；自然、生命、艺术——三位一体。

除此之外，作者还引用了《尘世过客》中对梵高的向日葵的诠释，由梵高对太阳的珍视引申出他对上帝和慈母感恩的情怀，更丰富了"向日葵"的蕴涵，拓展了《向日葵》的审美空间。文章至此，向日葵的象征意义就全部揭示出来了。

总之，这一组向日葵组成一个内在自足的境界，无待于外而自成一意义丰满的小宇宙，启示着宇宙人生不可言说的本质和真意。因此作者认为，梵高的向日葵不仅从审美心理和审美生理方面能给以人无比美好的享受。而其审美意义更是深远：一方面，它"象征了天真而充沛的生命"，另一方面，"向日葵苦追太阳的壮烈情操，有一种知其不可为而为之的志气"，给人一种悲剧的崇高感，一种奋发向上的力量。这种悲壮自然引起作者对夸父和伊卡瑞斯这两个神话人物的联想，夸父逐日我们熟悉，伊卡瑞斯是希腊神话中的夸父。其父乃雅典巧匠戴大勒斯，因弑侄获罪，带伊卡瑞斯亡命克里特岛，为国王迈诺斯建神牛迷宫，事成却被困宫中，于是父子以蜡粘巨翼于双肩，飞遁出岛，伊卡瑞斯豪气不羁，高翔近日，蜡融坠海而溺。夸父与伊卡瑞斯虽各属中西神话，但其精神内核却是惊人的一致，即为追求光明理想不惜牺牲生命的壮烈情操——这正是梵高伟大之所在，也正是梵高的《向日葵》的永恒生命力之所在。

参考文献

[1] 余光中.凭一张地图[M].时代文艺出版社，1997.
[2] 钟嵘著，周振甫译注.诗品译注[M].中华书局，2004.
[3] 宗白华.艺境.北京大学出版社，1998.
[4] 余光中.青铜一梦.九歌出版社，2005.

(选自《名作欣赏》，2006年第21期)

思考与练习

1. 写作文学评论，作者应具备哪些修养？
2. 什么是文学评论？文学评论的特点是什么？
3. 为什么分析作品要从文学形象入手？
4. 你对文学评论文章写作个性的如何认识？
5. 阅读茹志娟的《百合花》，练习写作一篇文学评论。
6. 阅读下面一篇文艺评论，并分析其写作特点。

追求诗歌的内在精神（曾方荣）

新诗在今天，对于大多数读者而言，真是想说爱它也难。

是的，面对当今诗坛，我们不无遗憾地看到，一些诗人凭着探索创新的借口，打着多元发展的旗帜，正在肆意糟蹋诗歌。新诗仿佛成了一个任人摆布的婢女，胡乱贴上一个标签或随意包装一下便可粉墨登场。而诗性精神的不足或缺失更是其整体的致命伤。

我们看到，新诗经过几代人的努力，终于迎来一个以个人心灵悸动的自由歌唱代替集体意志的呼喊的时代，实现了诗人梦寐以求的真正个体性写作的愿望。但面对当下的诗歌创作，我们又不能不面对这样一个事实，在诗人充分获得了诗歌创作的主体性和个性之后，我们的许多诗人在书写真实自我的同时，却忽视或有意地回避了诗应当承载的精神意义。诗中应有的诗性，那提升民族的精神，震撼人的心灵，对现实生活的深邃思考，对人性人情的深切关怀的人文精神似乎已淡化。在许多"新诗潮"或"先锋"诗人那里，诗歌中充斥的是个人白日梦般的生活琐屑，是自恋、自渎、自我抚摸、孤芳自赏的个人体验。对传统精神的不加任何区分的无情解构，对一切崇高的批判与摒弃，对西方后现代主义的顶礼膜拜，成为他们创作的重要美学原则。在他们诗中，浅薄与平庸，低层次甚至病态的生活体验，代替了真诚的使命感和宝贵的艺术良知。对现实的漠不关心，对自我隐私的喋喋不休，对无任何美学价值的生活细节的津津乐道，彻底放逐了中国传统诗歌的忧患意识和诗思。

而尤令我们忧虑的是，这种精神的缺失或不足，并非诗人创作上的失误或不自觉，而是成为一些诗人创作上的自觉，成为他们创作的主张和宗旨。一位在圈内颇有名气的青年诗人就曾明确主张："我要让诗意死得难堪。""没有诗意是现代艺术的一个前提。""诗歌从肉体开始，到肉体结束。"而围绕在这面旗帜下的一些所谓"七十年代后"诗人，他们所创办的《下半身》诗刊，毫不留情地将知识、文化、纯洁、诗意、抒情、哲理、使命、经典……列为大清除的名单中。在他们的一些诗作中，强调的是生命本能的无节制的自由发泄，是自我欲望的无限膨胀与放大，甚至可以毫不客气地说，是赤裸裸的色情和自甘沉沦的颓废。

诚然，关于诗"一千个诗人，有一千种解释。"（伊沙语）诗应该有多种风格和流派，诗也要有丰富的思想和多样性的主题。但作为一种古老的文学样式，一种已在读者阅读审美心理形成了一定审美规范的艺术形式，难道就没有一个为诗人和读者所共同接受的审美空间？答案自然是肯定的。诗同样与其他任何文学样式一样，有自己的基本规范，有自己的独立的审美空间。这个审美空间，是诗之所以独立于文学之林的根基，是诗之所以为诗的内在质素，是从诗歌各种流派和风格中经过理性的抽象和概括而形成的历时的稳定性。而占据这个审美空间的最重要元素，我以为就是诗性精神。

这种诗性精神首先体现在——诗人在诗中所显现出来的赤子之情。毋庸置疑，诗心与童心具有同构关系，任何一个伟大的诗人所拥有的最重要的品格就是真诚，对祖国、对人民、对生活的真诚热爱。这种诗性精神是心灵之歌，是从心底发出来的最真实的声音，是自然开放的最美丽的花朵。它是屈原"路漫漫其修远兮，吾将上下而求索"的坚定豪迈，它是林则徐"苟利国家生死以，岂因祸福避趋之"的高尚情怀，它是青年郭沫若为祖国这年轻女郎而甘愿燃烧的自我牺牲精神。正如一位中年诗人所感悟的："我发现，诗歌是人性本真的呼唤，是一种至纯境界，是一种符合良知的品位。"（李汀《与诗同行》）确实，"诗人但求本真。""有本真才有诗美。"（彭燕郊语）当诗人有了这种赤诚的本真，他即使遭受一切不幸，遭受命运所有的打击，他仍然会"用美丽的雪花写下：相信未来。"（食指）他即使明天走向死神，也会坚定地"面朝大海，春暖花开。"（海子）即使被蒙蔽和欺骗，也会向人民郑重承诺："如果海洋注定要决堤，就让所有的苦水都注入我心中。"（北岛）

这种诗性精神也体现在——诗人对平凡的生活中美的独特发现，即诗人在诗中所表现出的高尚审美情趣。作为一个真正的诗人，他应有敏锐的审美直觉，有对平凡生活中所蕴涵的美的敏锐的开掘能力，有对生活细节中所孕育的闪光点的及时捕捉能力。这各种能力的集合是诗人长期的情感酝酿与理性思索的结晶，这种结晶就是诗人的灵光。有了这种灵光，即使面对一团死水，诗人也能激发出对黑暗现实的诅咒和对新生的渴望；（闻一多《死水》）有了这种灵光，当无意中望见的悬岩上的一棵小树，他也能感受到："它似乎即将跌进深谷里/却又像是要展翅飞翔……"（曾卓《悬岩边的树》）而一个平常的黄昏也会这样充满诗意，"牛，咀嚼这草香，颈下的铃铛，摇得黄昏响。"（臧克家）这就是诗意，每一次都是一次惊人的发现，每一次都不由你不产生心灵的震颤和情感的共鸣，不由你不惊服于诗人伟大的创造力。它隽永清新而又含蓄蕴藉，它感动自我而又动人心弦，它激情澎湃而又余味无穷。它是瞬间的顿悟，它是灵感的爆发，它是诗人炉火纯青的艺术功力的彰显。正因为诗中有了这种美，才有了无数的诗人和读者对诗的神往和虔诚，才有了诗歌震撼人心的巨大力量，也才使诗歌真正成为文学中的奇葩，艺术中的艺术。

这种诗性精神还体现在——诗的哲思上，表现在诗人对人生哲理和生命真谛的揭示。"诗歌与哲学是近邻。"（海德格尔语）每一个诗人都是智者，他应有大智慧。他能准确地洞察生活的风云变化，揭示生命的本质与真谛。他对于他所生活的现实环境，有超乎常人的感悟，对人间冷暖、时尚变化、社会走向、生命的价值都有深刻的思考和准确的领悟。他咀嚼这一切，如同蚕吃的是桑叶，吐出的却是丝，如同奶牛吃的是草，挤出的却是奶。当诗人把这种饱含诗情的哲思诉诸诗中，便在诗中显现出浓浓的诗意。它启迪读者的心智，使人读后豁然开朗；它洞开人的心扉，点亮理想之灯。它一如卞之琳对万物世相之间相互关联的深刻思辨："明月装饰了你的窗子，你装饰了别人的梦。"它一如北岛对生命本相的揭示："卑鄙是卑鄙者的通行证，高尚是高尚者的墓志铭。"它一如顾城对"一代人"的精神特质的高度概括："黑夜给了我黑色的眼睛/我却用它寻找光明"。这里不是裸露的哲理、枯燥的说教、抽象的概念，而是诗人围绕情感核心运动，归结为一种情感态度，目的在于把握和表现客观社会生活中的真理。它是在诗的形式的规范下，在诗人激情的催孕下，诗人理性的意象显现，是诗人情感升华与理性升华的和谐统一，具有极高的美学价值和动人心魄的艺术魅力。

是的，我总相信"人总要有点精神"，诗也要有点精神，诗歌应有的精神诗性不容抹杀。不管我们的诗歌表现的是人性人情或是揭示生命和现实的困顿，抑或流露出人世的困惑和忧患，我们都该张扬真、善、美，抨击假、恶、丑，以诗性的光辉，提升民族精神。只有这样，诗人才会受到人民的尊敬，诗歌也才会成为中华民族复兴的巨大的精神力量。

我们视诗性精神为诗歌的灵魂与生命，是诗歌最重要的审美标准，是诗歌应该拥有的美学特征。并不否定诗歌应有的主体性和个性化特征，否定诗歌自由自主的探索与创新，并不是要求诗歌简单地成为时代的传声筒，重新回到"工具论"所窒息的艺术樊笼，让诗歌承载它不应承载的使命和责任。而是真诚希望我们的诗歌，回到它应探索与创新的轨道上来，在继承中华民族诗歌的优良传统的前提下，把对诗美的追求和民族精神的铸造、提升同步进行。也真诚希望我们的诗人，在抒写自己的生命玄思、一己情趣的愉悦和情感世界自足的时候，诗不是可以注意一下更多人的爱心，爱别人、爱自然、爱一切宝贵的或弱小的生命，爱一切美好事物的情操。是不是可以更多注意一些人的精神世界中理想的渴望、信念的渴望、爱的渴望美的渴望，是不是可以更深入地思考于开掘在日常事物和普通生命中所蕴藏的那些属于永恒的和哲学化的东西。

（原载 2003 年 12 月 16 日《人民日报》）

第八章 应用文体

本 章 导 学

　　应用文是一种适应范围广、使用频率高，与人们生活、工作、学习密切相关的重要文体。学习本章应进一步加强对应用文基本理论知识的认识把握，了解应用文的基本特点与写作要求。特别是要掌握常用的党政公文、机关事务文书等应用文的写作方法与要求。通过理论学习和文体写作训练，具有较强的应用文写作能力，为将来学习工作打下坚实的写作基础。

第一节 应用文写作概述

一、应用文的概念

　　在人们日常的生活、学习和工作中，与人联系沟通少不了书信、条据；日常工作学习需经常使用计划、总结；政府机关指导工作需要用公文；工商企业经营需要用合同；毕业实习时，要提高对毕业实践的认识，需要撰写毕业实践报告。这些以实用为目的具有明确实际功用的文体都是应用文。它的使用范围广、频率高，在社会生活的各个领域发挥着巨大的作用。那么，什么是应用文呢？关于应用文的概念，1979 年上海辞书出版社出版的《辞海》的解释是：应用文是人们在日常生活、工作和学习中所应用的简易通俗文字，包括书信、公文、契约、启事、条据等。定义很简单，但没能概括出应用文的本质特征，仅仅指出应用文文字的"简易通俗"性，这应只是应用文的一些文体特征，而不是应用文的本质。根据中共中央办公厅、国务院办公厅 2012 年颁布的《党政机关公文处理工作条例》中对公文的定义，借鉴来看，我们认为应用文的定义应为：应用文是党机关、企事业单位、社会团体以及人民群众在日常工作、生产和生活中为办理公务、交流情况、沟通信息以及处理个人事务时，经常使用的具有直接实用价值和规范或惯用格式的一种书面交际工具。这个定义较好地概括了应用文的本质特征，使它明显区别于其他文体，又涵盖了应用文的基本功用。

二、应用文的产生和发展

　　应用文写作，在我国历史悠久、源远流长。应用文的起源最早可以追溯到殷商社会晚期，也就是距今 3000 多年前，可以说人类自从有了文字，也就有了应用文的使用。像殷墟出土的甲骨卜辞，商周时期的钟鼎文，《周易》中的卦、爻辞等，都是应用文的原始形态。

所以，如果说，神话是中国文学的"祖先"，那么甲骨文则是应用文的"祖先"了。随着文字和社会生产的发展，应用文也逐渐地发展并丰富起来。奴隶社会是应用文的萌芽期，像先秦的《尚书》是我国最早的应用文写作专集，其中收录了典、谟、训、诰、誓、命等文书，对我国的公文写作有着深远的影响，标志着公文写作初具规模。《论语》20 篇是我国第一部私人的学术文集，记录了孔子及其门人的言行。秦、汉两代是应用文发展、成熟的重要时期。秦统一中国后，规定了国家机关的文书制度，如嬴政将"令"改为"诏"。汉承秦制，把皇帝对臣下的文书定为制、诏、刺、策四种。臣对君的文书定为章、奏、表、议四种；三国、魏晋、南北朝是应用文继续发展的时期。魏晋南北朝时期，在理论研究方面也有了新的发展，刘勰对各种应用文的起源、演变、写作特点作了概括和阐述，对应用文的规范化起了很大作用。

以后各个朝代，应用文都有相应发展。在长期的写作实践中也产生了不少优秀的作品，如邹阳的《狱中上梁王书》、李斯的《谏逐客书》、司马迁的《报任少卿书》、贾谊的《论积贮疏》、诸葛亮的《出师表》、魏征的《谏太宗十思疏》、王安石的《答司马谏议书》等，这些千古名篇均可列入应用文的范畴。到了民国时期，应用文就有了新的发展。1911 年辛亥革命后，南京临时政府颁布了一个公文程式条例，专门规定了公文名称和使用范围，废除了几千年封建王朝使用的制、诏、诰、刺、题、奏、表、笺等名目，表现了革命党人反对封建专制的思想，也是公文制度上的一次重大改革。1928 年国民党中央政府对公文程式又作了一些新规定，其中比较重要的一点是规定公文的写作要用白话文，使用新式标点符号。中国共产党成立后，从建立自己的机关开始，就相应地有了自己的公文。1942 年，陕甘宁边区政府颁布了《陕甘宁边区新公文程式》，为以后文书工作的健全和发展奠定了基础。中华人民共和国成立后，在各个革命时期，进行了一系列改革和健全工作，规定了一些公文文体，制定了公文处理办法，在文字上提倡白话文，要求工农化，通俗易懂。

中华人民共和国建立后，1951 年 4 月，中共中央办公厅、政务院秘书厅在北京召开了全国秘书长会议，讨论、通过并颁布了《公文处理暂行办法》。这个文件是新中国成立后第一个公文写作与处理的法规性文件。1995 年中共中央批准了《中国共产党中央和省（市）级机关文书处理工作和档案工作暂行条例》，1957 年国务院印发了《关于公文名称和体式问题的几点意见（稿）》，1981 年国务院办公厅发布了《国家行政机关公文处理暂行办法》，1987 年国务院办公厅又发布了《国家行政机关公文处理办法》，1993 年 11 月 21 日国务院办公厅对这个办法作了修订后重新发布，自 1994 年 1 月 1 日起施行。这些文件对党政公文的文种、格式、处理等诸方面的事项作了明确的规定，对于提高机关公文质量和公文管理水平起了重要作用。国务院于 2000 年 8 月 24 日发布的国发〔2000〕23 号文件、颁布了新的《国家行政机关公文处理办法》。为适用我国管理和社会发展的需要，2012 年 4 月中共中央办公厅、国务院办公厅联合发文，发布了《党政机关公文处理工作条例》，对党政机关公文做了新的规范。

随着我国经济的发展和对外交往的日益频繁，应用文的种类也越来越多，新的文种不断涌现。除了国家法定的通用公文外，应用于日常工作的应用文和用于特定行业的专业应用文，无论在文种还是使用范围方面，都远远超过了以往任何一个历史时期，并且呈现出繁荣发展之势。

三、应用文的特点

应用文作为一种重要的应用性文体，与其他文章相比较，无论是现在写作特点还是写作方法除具有一定的共性外，还有其独特的个性。共性是指它们在文章构成因素方面是相同的，都要确定主题，都要选用材料，都要合理布局运用语言等。个性是指应用文在目的、对象、作用和写作格式等方面与其他文章有很大的区别。一般来说，我们以往经常写的大都是记叙文、议论文等文体，讲究语言的生动形象、情节起伏，采用多种描写手法，进行多样的抒情等。但这些作文的写法，不能套用到应用文的写作中去。一个学生平时作文写得很好，应用文不一定能写好，这就需要了解掌握应用文写作的特点，才能写好应用文。应用文写作的特点主要体现在以下几方面：

1. 内容的真实性

应用文写作必须讲究真实、客观，实事求是地反映问题，反映情况，不能像文学创作那样，可以虚构和进行艺术再加工；可以"杂取种种人、合成一个"，追求艺术形象的典型，深入反映生活的本质。应用写作中所涉及的人与事，一定要确有其人其事，情节、数字、细节都不能虚构，必须反复核对，经得起检验，否则，就会歪曲事实真相，蒙骗、误导对方，不能达到解决现实生活中实际问题的目的，还会给工作造成很大的损失，给社会带来不良影响。

2. 功能的实用性

应用文产生于人们社会活动的实际需要，是为人们实际生活服务的，因而应用文的主要特点在于"实用"。"实用"是应用文与其他文学作品的主要区别之一。一般文学作品的创作是"有感而发"，主要是表达人们的喜怒哀乐、抒发理想、反映现实。而应用文的写作主要是为了解决实际问题，是"为实用而作之文"。像与远方朋友沟通联系的书信，借款所立的字据，向上级汇报工作、反映情况，所要写的报告等，都有明确的实用目的。如果没有这些实用性，应用文也就失去了存在的价值。所以应用文往往被人称为实用文。

3. 明确的针对性

应用文的写作都有明确、直接的对象。如请示、批复、报告、函等都有明确的主送机关；书信和条据，就要写明接书信和条据的人或单位，他们是特定的阅读对象；即使是一些广告、启事也是针对有关消费者、知情者的，只不过对象的范围大一些。而文学作品的读者对象往往具有广泛性与不确定性，一部作品出版发行以后，任何人都可以购买或借来阅读，老少不分，雅俗共赏。

4. 格式的规范性

应用文在其发展的过程中，根据实际需要，逐渐形成了比较固定的格式。这些文体格式，有的是实践中约定俗成的，有的是约定俗成的基础上由国家规定的。在相当长的时间内，有着相对的稳定性，必须共同遵循，不允许随意改变。如公文有公文的格式，经济合同有经济合同的格式等，这些惯用的格式，是多少年来人们在写作应用文的过程中，约定俗成，逐步形成的，人们习以为常，写起来顺手，看起来容易理解，容易接受。当然，应用文的格式也不是一成不变的，随着社会的发展，人们思想观念的变化，应用文写作格式也会随之变化发展。

5. 较强的时效性

所谓时效性，即一定时间内的社会效用。一般而言，文学作品的时效性不明显，一部好的作品可以千古传诵，一个优秀的艺术形象可以影响一代又一代的人。而应用文是为了解决实际问题而写的，它发挥作用同客观现实密切相关，无论事务大小，就必须及时反映，否则拖延时间就会给生活、工作、生产带来影响。因此，不仅在撰写时要考虑速度，而且在内容表述中也要强调时间因素。如签订合同时，应注明生效期和失效时间；撰写工作总结与调查报告时要注明时间，以备今后的查考；写会议通知，一定要在开会之前完成，否则就一点效用也没有了。

6. 语言的平实性

由于应用文应事而作，注重实用，所以它的语言也讲究务实。就如叶圣陶先生所说："公文不一定要好文章，可是必须写得一清二楚，十分明确，句稳词妥，通体通顺，让人家不折不扣地了解你说的是什么。"应用文的语言不能含混笼统，也不能使人产生歧义，要简洁、朴实、明白、准确、规范，便于读者理解和执行。因此，简明扼要、准确平实是应用文写作的基本特点。

四、应用文的作用

1. 传递信息作用

应用文是加强上下级信息往来的纽带，也是与各有关方面信息传递的有效工具。比如上下级之间的上情下达，下情上报；各单位之间的信息交流、经验交流，以此取人之长，补己之短，互相促进，共同提高。像应用文中的通知、报告、简报、消息、广告、商场调查等各类应用文体，实际上主要还是起着传递信息的作用。

2. 宣传教育作用

应用文中有许多文件都是党和政府通过应用文下达各种文件、法规、制度，向广大干部群众宣传党和国家的方针政策。各地区、各部门、各企业也通过应用文推广先进经验，表扬先进人物，批评揭露不良现象，以此来端正和提高人们的思想认识，规范人们的行为，保障社会的安定，推动社会的健康发展和长足进步。

3. 沟通协调作用

在当前的社会活动中，任何人、任何单位都免不了与外界接触、打交道。应用文就是上、下、左、右协调沟通的重要工具。比如开业，要向工商管理局申请执照；双方合作，需要签订协议合同；销售产品，要策划广告，发函等等，这些都需要用应用文联系，以此来促进业务的开展，协调各方的联系。应用文表达清晰、准确，这对于各类事物的顺利开展、各个部门的有效沟通均有较大的促进作用。

4. 凭证资料作用

在社会生活中，应用文也是开展工作，解决、处理问题的依据和凭证。像法律文件、经济合同等本身就是作为文字依据而存在的，一旦出现问题、纠纷，依靠这些凭证，可通过法律追究对方责任，维护自身利益。像上级下达的文件、党和政府颁布的法规、有关方面的规章制度，都可作为开展工作和检查工作的依据；另外，一些重要的应用文也是历史档案资料，要了解某一时期的政治、经济情况，或某一方面的生产经营情况，只要查阅当时存档的应用文，就可以知道。有些冤假错案在事后也能凭借这些档案的应用文得以澄清事实,还其本来面目。

思考与练习

一、名词解释

1. 应用文

2. 应用写作

二、简答题

1. 简述应用写作的源流。

2. 怎样理解应用文的实用性和真实性?

3. 应用文语言有何特点?

4. 走访有经验的文书工作者,了解应用文的重要性。

三、写作题

就如何学好应用文写作给任课老师写一封信,要求内容真实,建议具体,条理清晰,语言得体,格式规范。

第二节　党政公文的写作

一、党政公文的含义、特点和作用

（一）党政公文的含义

《党政机关公文处理工作条例》（以下简称《条例》）明确规定："党政机关公文是党政机关实施领导、履行职能、处理公务的具有特定效力和规范体式的文书，是传达贯彻党和国家方针政策，公布法规和规章，指导、布置和商洽工作，请示和答复问题，报告、通报和交流情况等的重要工具。"

公文有广义和狭义之分。广义的公文，既包括《条例》中所规定的15种公文，又泛指各机关单位常用应用文，如单位计划、工作总结、调研报告、典型材料、讲话稿、规章制度等。狭义的公文，则专指《条例》中所规定的15种公文，即决议、决定、命令（令）、公报、公告、通告、意见、通知、通报、报告、请示、批复、议案、函、纪要。

上述公文的定义只适用于我国现行的党政机关，应属狭义的公文定义。这一定义主要强调了以下几点：一是国家行政机关和中国共产党机关的公文种类和体式规范已实现了统一，结束了各自为政的历史。二是形成的条件必须和公务活动联系在一起，这有别于出于个人主观感受和纯属私人交往的文书。三是党政公文是代党政机关立言，体现机关意图和主张，以实现领导和管理目的的。四是党政公文的内在结构和外在形式都有其特定的要求和规定，具有规范的体式。

（二）党政公文的特点

党政公文是一种传递法令政策、处理公务的特殊文字样式，与文学作品和一般文章有所不同，具有自身的鲜明特点。

1. 内容的权威性

党政公文制发的目的是制定政策、宣传政策和执行政策，它是传递治理国家政策法令的重要工具。其内容涉及党和国家的方针政策、重大部署、重要决策以及行政举措和办法，它是机关单位贯彻实施、处理公务和人们办事的主要依据。党政公文内容的权威性是保证党政机关职能运行、公务管理、维持正常工作和社会秩序的重要手段。

公文写作事关公务活动，代表国家或单位的权力和意志，政策性强，对主要受文单位在法定的时间和空间范围内产生强制性作用。党政公文的权威性由制发机关的职权决定，制发机关职权的大小决定着公文权威性的差异。

2. 作者的法定性

党政公文的作者是法定机关，即依法成立并能以自己的名义行使职权和承担义务的国家机关、社会团体和企事业单位。

一般文章或一般应用文，谁写谁就是作者。公文写作旨在受领导之命、代机关立言，被动性强，自由性少。公文写作要靠集思广益，群体性强，个人性少。公文的作者既不是撰稿人，也不是审核签发文稿的领导，而是它所代表的机关。有些公文，如命令等，也以机关领导个人的名义发布，但这绝不是他个人的行为，而是他所代表的机关的行为。所以，这类公文的真正作者依然是制发该公文的机关。正因为党政公文的撰稿人不是公文的作者，只是机关或机关领导人的代笔人，所以撰写公文要服从机关公务活动的需要和机关的发文意图，不能随自己兴致为文。

3. 体式的规范性

党政公文具有独特而统一规定的体式，这种体式是在公文写作和使用的长期实践中形成的，目的是保证公文准确、完整、统一、有效。

党政公文在篇章结构、行文款式上具有较为固定的格式。对此，《条例》第三章做了严格的规定和说明。党政公文除了页面的外观形式讲究规范表达外，在公文所使用的纸张尺寸、规格、书写形式和公文各部分的排列顺序、字体字号等都有明确规定，这是区别于其他文字材料的显著标志。

党政公文除了上述三个主要特点，还有真实性、实用性、时效性、读者的特定性等，这些虽是党政公文应具备的，但并非党政公文所特有。

(三) 党政公文的作用

党政公文作为党政机关传递政策法令、沟通情况信息、推动公务活动开展的书面文字工具，具有以下几个方面的作用。

1. 领导指导作用

党政公文是依法行政的工具，它在治国理政方面是任何力量都代替不了的。各级党政机关通过制发公文，传达党和国家的方针政策，贯彻领导意图，指导下级如何开展工作，具有领导指导作用。

2. 宣传教育作用

党政机关制发公文，就是想通过公文这个工具和渠道，把党的意志和主张、把政府的要求和愿望向外传播，目的是引导干部群众统一思想，统一行动，凝心聚力，使党的方针政策落到实处。

3. 联系沟通作用

公文是机关之间沟通联系的桥梁和纽带。党政机关在一系列公务活动中，要靠公文进行上、下、左、右的联系和沟通。机关之间通过公文往来，相互传递信息，交流经验，商洽工作和处理各种公务，在纵向、横向的联系沟通中，正常有序地开展工作。

4. 依据凭证作用

党政公文反映了制文机关的意图，具有特定的效力，它是收文机关处理工作解决问题的重要依据。同时，公文在完成了它的现行作用之后，经过整理归档，可作为现实和历史的依据和凭证。

二、党政公文的分类

根据不同的标准划分，党政公文主要类别有：

按公文来源分，有外发公文、收来公文。外发公文是指本机关撰写向外部机关发送的公文。收来公文是指本机关收进外部机关制发的公文，包括上级机关、下级机关、同级机关和不相隶属机关的各类公文。

按行文关系分，有上行文、平行文、下行文。上行文是下级机关向上级机关报送的公文，如报告、请示等。平行文是同级机关或不相隶属机关之间往来的公文，如函等。下行文是上级机关向所属下级机关发送的公文，如命令(令)、决定、决议、通知、通报、批复等。

按作用分,有指导性公文、公布性公文、报请性公文、知照性公文等。指导性公文是指上级机关制发的对下级机关进行组织、指挥、协调和管理的公文,如命令(令)、决定、决议、通知等。公布性公文是指通过新闻媒体或张贴等形式发布的公文,主要有公告、通告等。知照性公文是指机关之间或机关内部通知事项、通报情况、联系工作、沟通信息的公文,主要有通知、通报、函等。

按时限要求分,有特急公文、紧急公文、常规公文。特急公文是指内容特别紧急的公文,其办理时限一般不得超过 24 小时。紧急公文是指比较紧急的公文,其办理时限一般不能超过 3 个工作日。其余均为常规公文,其办理时限不宜超过 15 日。

三、党政公文的格式

为保证公文的统一性与科学性,《党政机关公文处理工作条例》对公文的格式作了严格的规定,具体分为 18 项内容,为叙述方便,一般分为三个大部分,即文头格式、正文格式、文尾格式。

(一)文头格式

包括发文机关标志、发文字号、秘级和保密期限、紧急程度、签发人和份号等 6 项。

1. 发文机关标志

由发文机关全称或规范化简称加"文件"组成,也可以使用发文机关全称或者规范化简称。联合行文时,发文机关标志可以并用联合发文机关名称,也可以单独用主办机关名称。用大字居中套红印在文件首页上端正中。

2. 发文字号

由发文机关代字、年份、发文顺序号组成。联合行文时,使用主办机关的发文字号。发文字号的作用在于统计发文数量,也便于引用和查询。发文字号必须规范拟制,机关代字应约定俗成且有区分度。年份用阿拉伯数字标全,再用六角号〔〕括入其中。顺序号前不加"第"或标虚位(如 1 号,不能标为 001 号),如:"国发〔2013〕3 号"。发文字号位于发文机关标识下空 2 行,用 3 号仿宋体字居中排布。

3. 密级和保密期限

公文的秘密等级和保密期限。涉密公文应当根据涉密程度分别标注"绝密"、"机密"、"秘密"和保密期限。标注在发文机关标志的左上角份号的下一行,两字之间空一字。涉密公文都应标明份数序号,且注明保密期限。秘密等级和保密期限之间用★隔开。

4. 紧急程度

公文送达和办理的时限要求。根据紧急程度,紧急公文应当分别标注"特急""加急",电报应当分别标注"特提""特急""加急""平急"。

标在左上角秘级的下一行。

5. 签发人

上行文应当标注签发人姓名,平行排列于发文字号右侧。需标签发人时,发文字号居左空一字,签发人姓名居右空 1 字。签发人后标全角冒号,冒号后用 2 号楷体字标识签发人姓名。这样做的目的是督促各级机关负责人认真地履行职责,对行文负全责,有利于提高公文的质量。

6. 份号

公文印制份数的顺序号。涉密公文应当标注份号，用阿拉伯数字顶格写在版心左上角第1行，应设虚位。

（二）正文格式

包括标题、主送机关、正文、附件说明、发文机关署名、成文日期、印章等7项。

1. 标题

完整的公文标题由发文机关名称、事由和文种组成，如"国务院关于羊毛产销和质量等问题的函"。标题打印时要注意：回行时要做到词意完整、排列对称、间距恰当。标题省略有三种情况：一是省略发文机关名称，二是省略事由，三是省略发文机关名称和事由，只有文种名称。标题中除法规、规章名称加书名号外，一般不用标点符号。

2. 主送机关

指公文的主要受理机关。应当使用机关全称、规范化简称或者同类型机关统称。在上行文中，一般只写一个主送机关，多头主送，会延时误事。

下行文可以有多个主送，主要是普发性公文。有些公文如公告、通告、会议纪要等，可以不写主送机关。

3. 正文

公文的主体，用来表述公文的内容。不同文种的正文虽有不同的写作特点和要求，但从结构上说，一般由开头、主体、结尾三部分组成。开头简明扼要地说明制文的根据、目的、原因或重要性。主体是内容事项，或提出解决问题的措施、意见、办法，或请示与批准，或询问和答复问题，或商洽和联系工作，要求具体明确，层次分明。结尾主要表述发文机关对公文办理的要求，其形式一般采用尾语惯用式、说明要求式、希望号召式、自然结尾式等。

4. 附件说明

公文附件是随文附上的有关照片、图表、统计数字以及文字依据材料、参考材料，对正文内容作补充、说明和印证。公文如有附件，应在正文之后、成文时间之前注明附件的顺序和名称。正文下一行左空两字，附件名称后不加标点符号。附件应与公文正文一起装订并在附件左上角第1行顶格标识"附件"。

5. 发文机关署名

署发文机关全称或者规范化简称。几个机关联合发文，主办机关排列在前；以机关领导人名义发文，要同时冠以领导人职务。

6. 成文日期

署会议通过或者发文机关负责人签发的日期。联合行文时，署最后签发机关负责人签发的日期。成文日期是公文生效和查考的重要依据，位于发文机关名称的右下方，年月日须完整，成文时间右空4字。

7. 印章

公文中有发文机关署名的，应当加盖发文机关印章，并与署名机关相符。有特定发文机关标志的普发性公文和电报可以不加盖印章。加盖机关印章，起证实公文合法效力和信用的作用，也是对公文生效负责的凭证。加盖印章，要求上不压正文，距正文2～4 mm，端正居中下压成文时间"骑年盖月"。

联合上报的公文，由主办机关加盖公章。联合下发的公文，发文机关都应加盖印章。两印章之间不相交或相切，相距 3 mm。

（三）文尾格式

包括附注、附件、抄送机关、印发机关和印发时间等 5 项。

1. 附注

公文印发传达范围等需要说明的事项。一般置于成文时间下一行，居左空 2 字，加圆括号标识。附注的内容，有需要加以解释的名词术语；有确发公文发送范围和阅读（传达）对象——如"此件发送至省军级"、"此件可口头传达到群众"；有注明使用方法，如"此件可自行翻印"。

2. 附件

附件是公文正文的说明、补充或者参考资料。公文如有附件在正文下空一行左空 2 字用 3 号仿宋体字标识"附件"，后标全角冒号和名称。附件如有序号使用阿拉伯数码，如："附件：1. ××××"。附件用与公文正文一起装订，并在附件左上角第一行顶格标识"附件"。

3. 抄送机关

除主送机关外需要执行或者知晓公文内容的其他机关，应当使用机关全称、规范化简称或者同类型机关统称。左空 1 字，抄送后标全角冒号，回行与冒号后的抄送机关对齐，最后一个机关用句号。不宜太多太滥，也不能漏报漏送。

4. 印发机关和印发日期

公文的送印机关和送印日期。

5. 页码

公文页数顺序号。

党政公文的相关知识，可参阅本书附录《党政机关公文处理条例》和《党政机关公文格式》。

四、党政公文的行文规则

行文规则，是指机关行文中必须遵循的行为规范，包括坚持公文处理原则、正确处理行文关系、准确把握行文方向、以恰当的行文方式行文等。行文规则主要解决"能不能"和"行不行"的问题。熟练运用行文规则，有利于规范行文，维护工作秩序，提高办事效率。

（一）行文总规则

（1）行文应当确有必要，讲求实效，注重针对性和可操作性

（2）按照隶属关系和职权范围行文

机关之间的关系有领导关系、指导关系、管理关系和协作关系。

（3）一般不得越级行文

越级行文，主要是指越级向上级机关行文。越级向上级行文，一方面，扰乱了正常的工作秩序，增加了上级机关的负担；另一方面，不利于发挥各级机关应有的职能作用，甚至造成机关与机关之间的矛盾。

（二）向上级机关行文的规则

（1）原则上主送一个上级机关，根据需要同时抄送相关上级机关和同级机关，不抄送

下级机关

（2）请示应当一文一事，不得在报告等非请示性公文中夹带请示事项

（3）一般不得以机关名义向上级机关负责人报送公文，也不得以本机关负责人名义向上级机关报送公文

（三）向下级机关行文的规则

（1）抄送机关

主送受理机关，根据需要抄送相关机关。重要行文应当同时抄送发文机关的直接上级机关。

（2）可以向下级行文的机关

党委、政府的办公厅（室）根据本级党委、政府授权，可以向下级党委、政府行文。党委、政府的部门在各自职权范围内可以向下级党委、政府的相关部门行文。

（3）不得向下级机关行文的机关

涉及多个部门职权范围内的事务，部门之间未协商一致的，不得向下行文。

（四）其他行文规则

其他行文规则，是指联合行文、部门之间行文、内设机构行文规则。《条例》对此也作了明确的规定。

（1）联合行文的规则

同级党政机关、党政机关与其他同级机关必要时可以联合行文。属于党委、政府各自职权范围内的工作，不得联合行文。

（2）部门之间相互行文的规则

（3）内设机构行文规则

部门内设机构除办公厅（室）外不得对外正式行文。

五、常用党政公文的写作

（一）决定

1. 决定的含义、分类和特点

根据新《条例》的规定，"决定"适用于对重要事项作出决策和部署、奖惩有关单位和人员、变更或者撤销下级机关不适当的决定事项。可以看出，决定文种的适用范围比较宽泛。上至党和国家的重大决策、战略部署，下至基层单位的奖惩事项等均可使用，只不过其所涉及的内容应当是"重要事项"。

决定按其内容和使用情况可分为：部署指挥性决定、奖惩性决定和知照性决定三类。决定具有强制性、稳定性、指挥性等特点。决定的有关事项，在长时期内生效，或要求在相当长时期内贯彻执行。

2. 决定的写作

（1）标题

决定的标题通常是完整式标题，一般由发文机关＋事由＋文种三部分组成。如《国务院关于加强食品安全工作的决定》（国发〔2012〕20号）、《国务院关于取消和下放50项行政审批项目等事项的决定》（国发〔2013〕27号）、《国务院关于2012年度国家科学技术奖励的决定》（国发〔2013〕3号）。

（2）正文

一般由三部分组成：决定缘由、决定事项、结语。

①开头部分。开头部分应写明作出决定的目的、意义及根据。其中包括理论依据、政策法律和事实依据三个方面。如果对重大行动作出安排的决定，要求比较透彻地说明为什么要作出该决定及其目的和意义，以便执行者能够充分地认识实施这一重大行动的重要性。

②主体部分。主体部分因类型不同，其结构和写法有所不同。部署指挥性决定涉及的内容往往政策性和指挥性都较强，写作时重点写决定事项，写对贯彻落实决定的希望要求。这类决定事项要态度鲜明、高度概括，又明确具体、切实可行。奖惩性决定一般写五个方面，即被表彰者的身份、事迹、评价、决定的事项、希望与号召。知照性决定处理的事项比较具体，涉及的事项有些只需知照，变更或撤销性的事项，但必须明确说明所依据的有关法律、法规、相关的政策规定不变更不撤销会产生怎样的严重后果等。

③结尾。一般是发出号召或提出希望。

（3）落款

决定一般都应有落款。写明作出决定的机关全称或规范化简称以及作出决定的日期。会议通过的决定可以在标题之下写明什么时间什么会议上通过，用括号括入。

3. 写作注意事项

（1）要注意把握决定事项的历史和现实背景

撰写决定既要理解历史，掌握政策的连贯性，又要了解现实，作出切合实际的判断和决策。只有这样，才能作出正确的决定，并在实践中行得通，做得到。

（2）行文严肃决断，切实可行

决定既要注意政策、理论的阐述，又要注意决定事项的具体明确，利于贯彻落实。同时态度要鲜明，语言要决断，不能模棱两可、抽象笼统，不能引起任何歧义或可作多样理解。

（3）注意与决议文种的使用区别

"决议"和"决定"同属决策性，决议主要起着一种动员令的作用，目的是能够较快地统一思想和行动，而决定重在采取具体的行动。另外，决定产生程序不像决议那样，它可以是会议集体讨论通过的，也可以是领导机关职权范围内作出的。

4. 学生分析讨论例文

例文 1

国务院关于加强食品安全工作的决定

国发〔2012〕20 号

各省、自治区、直辖市人民政府，国务院各部委、各直属机构：

食品安全是重大的民生问题，关系人民群众身体健康和生命安全，关系社会和谐稳定。党中央、国务院对此高度重视，近年来制定实施了一系列政策措施。各地区、各部门认真抓好贯彻落实，不断加大工作力度，食品安全形势总体上是稳定的。但当前我国食品安全的基础仍然薄弱，违法违规行为时有发生，制约食品安全的深层次问题尚未得到根本解决。随着生活水平的不断提高，人民群众对食品安全更为关注，食以安为先的要求更为迫切，全面提高食品安全保障水平，已成为我国经济社会发展中一项重大而紧迫的任务。为进一步加强食品安全工作，现作出如下决定。

一、明确加强食品安全工作的指导思想、总体要求和工作目标

二、进一步健全食品安全监管体系

三、加大食品安全监管力度

四、落实食品生产经营单位的主体责任

国务院

2012 年 6 月 23 日

（此件有删减）

例文 2

<h3 align="center">国务院关于 2012 年度国家科学技术奖励的决定</h3>

国发〔2013〕3 号

各省、自治区、直辖市人民政府，国务院各部委、各直属机构：

为深入贯彻党的十八大和全国科技创新大会精神，大力实施科教兴国战略和人才强国战略，国务院决定，对为我国科学技术进步、经济社会发展、国防现代化建设作出突出贡献的科学技术人员和组织给予奖励。

根据《国家科学技术奖励条例》的规定，经国家科学技术奖励评审委员会评审、国家科学技术奖励委员会审定和科技部审核，国务院批准并报请国家主席胡锦涛签署，授予郑哲敏院士、王小谟院士 2012 年度国家最高科学技术奖；国务院批准，授予"水稻复杂数量性状的分子遗传调控机理"等 41 项成果国家自然科学奖二等奖，授予"飞机钛合金大型复杂整体构件激光成形技术"等 3 项成果国家技术发明奖一等奖，授予"修复周围神经缺损的新技术及其应用"等 74 项成果国家技术发明奖二等奖，授予"嫦娥二号工程"等 3 项成果国家科学技术进步奖特等奖，授予"盾构装备自主设计制造关键技术及产业化"等 22 项成果国家科学技术进步奖一等奖，授予"特色热带作物种质资源收集评价与创新利用"等 187 项成果国家科学技术进步奖二等奖，授予美国化学家理查德·杰尔等 5 名外国专家中华人民共和国国际科学技术合作奖。

全国科学技术工作者要向郑哲敏院士、王小谟院士及全体获奖者学习，自觉弘扬求真务实、勇于创新的科学精神，坚定不移走中国特色自主创新道路，为实现创新驱动发展、全面建成小康社会和中华民族伟大复兴作出新的更大贡献。

国务院

2013 年 1 月 8 日

例文3

国务院关于取消76项评比达标表彰评估项目的决定

国发〔2013〕34号

各省、自治区、直辖市人民政府，国务院各部委、各直属机构：

经研究论证，国务院决定，再取消一批评比达标表彰评估项目，共计76项。

各地区、各部门要切实做好取消评比达标表彰评估项目的落实和衔接工作，加强后续监管，接受社会监督。要按照转变政府职能、创新政府管理的要求，继续从严从紧加快清理其他评比达标表彰评估项目，做到：没有法律法规依据和党中央、国务院文件规定的，一律不得开展；与政府职能无关、对推动工作没有实际意义的，一律不得进行；已取消的，一律不得变相保留或恢复；已转交行业协会等社会组织承担的，一律不得使用财政资金和向企业或社会摊派费用。要进一步加大简政放权力度，不断提高政府管理科学化水平。

附件：国务院决定取消的评比达标表彰评估项目目录（共计76项）（略）

国务院

2013年9月5日

（二）通知

1. 通知的含义、分类和特点

新《条例》规定，"通知"适用于发布、传达要求下级机关执行和有关单位周知或者执行的事项，批转下级机关公文和转发上级机关或不相隶属机关公文。根据其作用分为四种：发布性通知、指示性通知、批转和转发性通知、晓谕性通知。通知是最常用的行政公文，被称为"公文的轻骑兵"。其使用范围广、频率高；具体说来，有以下几个特点：一是功能的多样性。下行文的主要功能它几乎都具备：布置工作、传达指示、发布规章、晓谕事项、批转和转发文件等。二是运用的广泛性。发文机关不受级别的限制。三是一定的指导性。像发布性（指示或规章）通知、批转和转发性通知，受文机关对通知的内容要认真学习，并在规定的时间内完成通知布置的任务。

2. 通知的写作

（1）标题

常规写法有两种：一是发文机关＋事由＋文种；二是事由＋文种。

特殊写法如下：①联合、补充和紧急通知通常在标题中标明。②发布规章的通知，所发布的规章名称要出现在标题的事由部分，并使用书名号。事由部分一般由"关于颁布"、"关于发布"、"关于实施"、"关于印发"等词与原文名称（不省略书名号）组成。如果是规划方案类，则不用书名号，在文书名称前会加上制定文书的机关名称，部门较多时，会加上"×××等部门"。③批转、转发性通知在标题中事由部分分别使用"批转"或"转发"（无"关于"二字）＋省略书名号的原文标题组成。如果原文太长，可由"关于转发"或"关于批转"＋原文发文字号＋文件组成。如果被转发的文书标题没有"关于"二字，批转、转发前要加上"关于"二字。如果被转发或批转的公文文种也是通知，为简明起见，一般省略其中一个"通知"。

如：《中共中央办公厅、国务院办公厅关于印发＜党政机关公文处理工作条例＞的通知》;《国务院关于印发卫生事业发展"十二五"规划的通知》;《国务院办公厅转发教育部等部门关于进一步加强学校体育工作若干意见的通知》;《国务院关于批转交通运输部等部门重大节假日免收小型客车通行费实施方案的通知》。

（2）主送机关

一般为下一级机关，如下级机关较多或有关部门多，注意排序的规范性。

（3）正文

一般包括通知缘由（背景、根据、目的、意义等）、通知事项、执行要求三部分。类型不同写法略有区别：①发布性通知的正文都很短，全文由发布的意义和目的（可省）、发布对象、发布决定组成。除重要的法律性文件用命令颁布外，多数法规和规章性文件（条例、规定、办法、细则）都适用用"通知"颁发。②指示性通知的正文，除了要写依据或目的或意义外，还要写清通知的事项，一般分条列项，具体提出要求和措施、办法。③批转转发性通知的正文，由转发对象、转发决定、执行要求组成。开头直述批转机关的意见，简明扼要，一般模式是"现将×××（机关）《××××》（文件）转发给你们，请遵照执行"。如需要强调某些事项，必须另起一行表述，一般主要是强调批转该文件的重要性和必要性。下发批转性通知时，必须连同被批转文件一同下发。

3. 写作注意事项

（1）标题

要拟定一个明晰恰当的标题。通知的标题有几种特殊情况需要注意：一是需要写明有关通知类型的词语，如在文种前冠以"紧急"、"补充"、"联合"等。二是批转转发类的通知，注意准确运用"批转"或"转发"二字，同时，因为有批转转发原公文标题的引用，拟写时注意简洁，不出现重复的词语。

（2）内容

通知的内容要符合实际，有很强的现实针对性，还要考虑到各地的适应性，即针对或切合受文机关的实际情况。

（3）行文

行文一定要迅速及时，文字要简练准确，语气要恳切庄重。

4. 学生分析讨论例文

例文 1

中共中央办公厅　国务院办公厅
关于印发《党政机关公文处理工作条例》的通知
中办发〔2012〕14 号

各省、自治区、直辖市党委和人民政府，中央和国家机关各部委，解放军各总部、各大单位，各人民团体：

《党政机关公文处理工作条例》已经党中央、国务院同意，现印发给你们，请遵照执行。

中共中央办公厅
国务院办公厅
2012 年 4 月 16 日

例文 2

国务院办公厅关于做好 2013 年
全国普通高等学校毕业生就业工作的通知
国办发〔2013〕35 号

各省、自治区、直辖市人民政府，国务院各部委、各直属机构：

普通高等学校毕业生（以下简称高校毕业生）是国家宝贵的人才资源。做好高校毕业生就业工作，关乎经济发展、民生改善和社会稳定。2013 年，全国高校毕业生就业总量压力继续加大，结构性矛盾十分突出，就业任务更加繁重。党中央、国务院高度重视高校毕业生就业工作，要求采取切实有效的措施，进一步做好高校毕业生就业工作。经国务院同意，现就有关问题通知如下：

一、深入落实高校毕业生就业政策
二、拓宽高校毕业生就业渠道
三、鼓励高校毕业生自主创业
四、加强高校毕业生就业服务
五、开展就业帮扶和就业援助
六、大力促进就业公平
七、推动高等教育更好地适应经济社会发展需要
八、加强高校毕业生就业工作组织领导

国务院办公厅
2013 年 5 月 16 日

（此件有删减）

例文 3

国务院批转发展改革委关于 2013 年
深化经济体制改革重点工作意见的通知
国发〔2013〕20 号

各省、自治区、直辖市人民政府，国务院各部委、各直属机构：

国务院同意发展改革委《关于 2013 年深化经济体制改革重点工作的意见》，现转发给你们，请认真贯彻执行。

国务院
2013 年 5 月 18 日

例文 4

国务院办公厅关于调整
国务院安全生产委员会组成人员的通知
国办发〔2013〕39 号

各省、自治区、直辖市人民政府，国务院各部委、各直属机构：

　　根据国务院机构设置及人员变动情况和工作需要，国务院决定对国务院安全生产委员会组成人员进行调整。现将调整后的名单通知如下：

　　主　任：马　凯　　　国务院副总理

　　副主任：郭声琨　　　国务委员、公安部部长

　　　　　　王　勇　　　国务委员

　　　　　　杨栋梁　　　安全监管总局局长

　　　　　　肖亚庆　　　国务院副秘书长

　　成　员：连维良　　　发展改革委副主任

　　　　　　鲁　昕　　　教育部副部长

　　　　　　……

　　国务院安全生产委员会办公室主任由安全监管总局局长杨栋梁兼任，副主任由安全监管总局副局长杨元元、王德学、孙华山和安全监管总局副局长、煤矿安监局局长付建华担任。

国务院办公厅

2013 年 5 月 23 日

（三）通报

1. 通报的含义、分类和特点

新《条例》规定，"通报"适用于表彰先进、批评错误、传达重要精神和告知重要情况。主要分为：①表彰性通报。主要用来表彰先进，介绍单位或个人成功的经验、做法，以学习先进，见贤思齐，改进与推动工作。②批评性通报。用来批评后进，纠正错误，打击歪风，指出有关单位或个人存在的错误事实，提出解决办法或处理意见。③传达性通报。又称情况通报，用于传达上级重要精神与重要情况；引起人们的警觉与注意，对当前的工作起指导作用。通报具有典型性、普遍性，应做到个性和共性的统一，同时重视思想的引导性。

2. 通报的写作

（1）标题

由"发文机关 + 事由 + 文种或事由 + 文种"构成。

（2）正文

表彰性通报和批评性通报正文，一般由主要事实、事实评析、处理决定和要求三部分组成。

①主要事实。表彰性通报要突出主要先进事迹，批评性通报要抓住主要错误事实，概述事实发生的时间、地点、单位或人、经过、结果。要求篇幅不长、要素完备、事实清楚，不能展开绘声绘色的描绘或详尽叙述。语言以概括叙述为主。

②评析指出事例的教育意义。表彰性通报，在阐述先进事迹的基础上，提炼出主要经验、意义和值得学习与发扬的精神。批评性通报要分析错误的性质、危害，产生的根源和责任，指出应吸取的主要教训等；要求以判断为主，文字精炼，不要求严谨的推理，措辞要有分寸、准确，不夸大缩小。语言表达以议论为主。

③决定要求。表彰性和批评性的通报，应写明组织结论与予以表彰或处理的决定（要写明根据什么规定，经什么会议决定，给予什么表彰或处分），同时提出对表彰或批评对象

与读者的希望、要求。为了防范和杜绝类似错误发生，批评性通报的结尾处，通常要有针对性地提出防范的措施或规定。传达性通报一般不写决定要求。

情况通报一般由缘由目的、情况信息（基本情况、存在的问题）和希望要求三部分组成。在第二部分的写作中，注意梳理归类，合理安排结构。第三部分的写作，要注意针对第二部分提出的存在问题，提出希望、要求，语言要简练明白，措施应切实可行。

3. 写作注意事项

（1）注意材料的典型性

通报的使用是一件十分慎重和严肃的事情，特别是通报中涉及的都是现实的人或事，并且不扬则抑，非褒即贬，发送面也比较广，故应选择具有典型意义、指导意义和借鉴意义的材料或事件，以发挥通报的影响和作用。

（2）注意材料的真实性

发文机关对所通报的事实必须认真核实，时间、地点、人物、数据、事件的来龙去脉等都应准确无误。对事实作出分析评价时，应力求恰当适度，掌握好分寸，决不可人为地拔高或贬损。

4. 学生分析讨论例文

例文 1

广西壮族自治区人民政府办公厅关于
为民办 10 件实事工作进展情况的通报
桂政办发〔2007〕125 号

各市、县人民政府，自治区农垦局，区直各委、办、厅、局：

根据《广西壮族自治区人民政府办公厅关于做好 2007 年为民办 10 件实事有关工作的通知》（桂政办发〔2007〕36 号）要求，经自治区人民政府同意，现将 2007 年 1—9 月为民办 10 件实事工作进展情况通报如下：

一、10 件实事工作的进展情况及存在问题

……

（六）加大对考入大学的家庭经济困难新生资助力度项目。

项目内容：从今年起，自治区本级财政每年安排专项资金 1000 万元，确保考上大学的家庭经济困难新生上学路费和短期生活费。

进展情况：截至 9 月底，全区财政已累计安排资助经费 3372.9 万元，其中：自治区本级财政 1000 万元，市级财政 988.5 万元，县级财政 1384.4 万元。补助标准按区内高校、区外长江以南高校、区外长江以北高校，分别给予 400 元、500 元、600 元的补助。截至 9 月底，已拿到录取通知书的贫困生为 34707 人。全区累计实际发放资助经费总额 5220.65 万元；累计资助贫困生共 33529 人，其中：获得 1000 元以下资助人数为 13743 人，获得 1000—3000 元资助人数为 16932 人，获得 3000 元以上资助人数为 2854 人，资助面达到 96.6%。

存在的主要问题：一是工作机构不健全。绝大部分市、县（市、区）和学校都还没有成立专门的学生资助管理机构，没有专职工作人员，给学生资助工作带来了很大困难。二是贫困生的认定工作难度较大。目前对贫困生的认定,仅依靠乡镇民政部门临时提供的证明材料,一些地方在出具证明时并没有经过周密调查,对学生家庭经济状况的认定存在很大的局限性。三是各部门、各系统的学生资助工作难以统筹协调。虽然现在由领导协调小组办公室负责组织协调各个资助项目的实施,但由于各资助项目的实施时间有先后,资助金额有差异,因此很难保证让最贫困的学生在有效的时间内得到最有力的资助。

二、进一步做好为民办实事工作的几点要求

为确保在今年年底前如期完成为民办 10 件实事任务目标,自治区人民政府提出如下要求:

(一)要进一步增强做好为民办实事工作的责任感和紧迫感。

(二)要加强组织领导。

(三)要强化责任制。

(四)要加强部门之间的密切配合。

(五)要加强督促检查。

(六)要加大舆论宣传力度。

(此件有删减)

广西壮族自治区人民政府

2007 年 10 月 20 日

例文 2

国务院办公厅关于江西省上栗县"3.11"特大爆炸事故情况的通报

(国办发〔2000〕43 号)

各省、自治区、直辖市人民政府,国务院各部委、各直属机构:

今年 3 月 11 日,江西省萍乡市上栗县东源乡石岭花炮厂发生特大爆竹爆炸事故(以下简称"3.11"事故),死亡 33 人,其中在校中小学生 13 人,未在校的未成年人 2 人;受伤 12 人。这是一起重大责任事故。为认真吸取事故教训,进一步加强安全生产工作,防止同类事故的发生,现将"3.11"事故情况通报如下:

一、事故的直接起因和深层次原因

江西省萍乡市上栗县东源乡石岭花炮厂是不具备安全生产条件的企业。该企业违反国家有关法律、法规和花炮用药标准,未建立安全生产责任制,未对从业人员进行安全教育和培训,违章指挥,以及工人违章操作是造成这起重大事故的直接原因。

萍乡市及上栗县政府对安全生产工作领导不力,对社会主义市场经济条件下烟花爆竹行业出现的新情况,未能及时结合实际制定有效的安全生产管理办法,有关职能部门监督管理工作严重失职,使事故隐患严重的石岭花炮厂得以长期违章生产,是造成这起重大事故的重要原因。如上栗县公安局明知石岭花炮石存在重大事故隐患,仍为其发放了 25 张

《爆炸物品运输证》；上栗县工商行政管理局违反规定，在石岭花炮厂未领取爆炸物品安全生产许可证的情况下，对其营业执照进行了年审；上栗县花炮局和乡镇企业管理局管理松弛，未能履行行业管理职责；上栗县东源乡党委、政府疏于管理，虽然对石岭花炮厂进行了安全检查，但对事故隐患的整改工作未落到实处；东源乡石岭村党支部、村委会对石岭花炮厂存在的事故隐患视而不见、放任自流等等。

二、对有关责任人员的处理情况

对事故直接责任人、石岭花炮厂法人代表沈志明和非法订立产品购销合同的伟丽花炮厂负责人黄伟等4人移交司法机关，依法追究刑事责任；对负有领导责任的萍乡市副市长肖伏芝、桑吉华，上栗县县委副书记、县长王龙章和上栗县政府党组成员、副县长何平基，以及有关行政管理部门的责任人员等28人分别给予行政记过、行政记大过、撤职、降职和党内警告、开除党内职务等处分。

三、认真吸取教训，进一步加强安全生产工作

各地区、各部门要认真学习、贯彻落实江泽民总书记和朱镕基总理对安全生产工作的重要批示，认真吸取"3.11"事故教训，不能允许只要有钱赚，就可以危及人民生命安全，要以对国家和人民高度负责的精神，切实加强安全生产工作。

（一）充分认识安全生产工作的重要性。认真学习江泽民总书记关于"三个代表"的重要论述，从讲政治、促发展、保稳定的高度，处理好安全与生产、安全与效益、安全与发展的关系，时刻把党和人民群众的利益放在首位，把安全生产工作摆上各级领导的重要议事日程，切实保护劳动者的生命安全。

（二）完善和落实各项安全生产责任制。要建立健全安全生产规章制度，并通过组织落实和制度落实来保证工作落实。特别是在地方政府机构改革和企业改革、改组、改制过程中，要层层明确安全生产责任人，安全监督管理工作不能断档。

（三）加大事故隐患整改工作力度，防止重大事故的发生。对重点行业、重点部位要加强安全生产监督检查，加大事故隐患治理的力度，制定切实可行的整改计划，并认真做好落实工作。对新开办的各类企业，要严格审查其安全生产设施情况，对不具备安全生产条件的，有关职能部门不得发放生产经营证照。

（四）大力开展安全生产宣传教育工作。积极宣传安全生产法律、法规和方针政策，普及安全生产知识，引导广大职工依法安全生产。要高度重视和切实加强中小学生的安全教育，努力提高其安全自我保护意识和防范事故的能力。

（五）依法行政，严肃事故处理工作。对事故处理工作要做到：事故原因没有查清不放过，事故责任者没有严肃处理不放过，广大职工没有受到教育不放过，防范措施没有落实不放过。对因漠视人民生命安全和徇私舞弊、贪赃枉法、权钱交易等腐败行为酿成重大事故的责任人，要依法从严惩处。

国务院办公厅

2000 年 6 月 13 日

例文 3

国务院办公厅关于××省××市××县
擅自停课组织中小学生参加迎送活动的通报
国办发〔1999〕94 号

各省、自治区、直辖市教育厅：

　　1999 年 12 月 5 日，××省××市××县举行××高速公路在本县通车仪式，××县主要领导擅自决定，让本县部分中、小学校停课参加通车仪式，近千名中小学生在风雪天等候长达两小时，致使部分中小学生生病，学生家长和群众极为愤慨，致信中央要求坚决制止此类现象。

　　中小学校依照国家规定建立有严格的教育教学秩序，这是教育教学质量的保证，任何单位和个人都不能随意破坏。现在一些地方的个别领导利用自己的权力，动辄调用中小学生为各种会议、考察、参观、访问甚至商业性典礼搞迎送或礼仪活动，有些地方还因此发生了严重的安全事故，造成极恶劣的社会影响。××县发生的问题，已不只是一般的形式主义，而是官僚主义，严重脱离群众，此类不良风气必须坚决予以制止。各地区、各部门以及各级领导干部，要高度重视这一问题并从中吸取深刻的教训，切实增强群众观念，杜绝此类事件再度发生。

　　中小学生是祖国的未来，他们的学习和活动安排，要有利他们的学习和身心健康。今后各地区、各部门都必须严格执行国家的有关法规和规定，不得擅自停课或随意组织中小学生参加各种迎送或"礼仪"活动，如确有必要组织的，须报经省级教育行政部门批准。

国务院办公厅
1999 年 12 月 20 日

（四）请示

1.请示的含义、分类和特点

　　新《条例》规定，"请示"适用于向上级机关请求指示、批准。请示主要用于以下几种情况：①在实际工作中，遇到缺乏明确政策规定的情况需要处理（无章可循）；②工作中遇到需要上级批准才能办理的事情（无权无力）；③超出本部门职权之外，涉及多个部门和地区的事情，请示上级予以指示（有歧义）。

　　请示和报告既有相同之处，又有区别。相同之处是两个都是写给上级的上行文，公文里都有陈述意见、反映情况的内容。区别是：第一，时间有别。请示跟报告相比，时间要求更紧迫。请示写的情况是未解决的，属于将来时，报告写的情况是已做过的，属于过去时；第二，内容的侧重点有别。请示着重于请示批准，报告着重于汇报工作；第三，要求有别，请示要求上级必须回复，报告则不必，只供上级参考。

　　请示具有针对性、单一性、事前性和呈批性等特点。只有本机关单位权限范围内无法决定的重大事项，如机构设置、人事安排、重要决定、重大决策、项目安排等问题，以及在工作中遇到新问题、新情况或克服不了的困难，才可以用"请示"行文。请示上级机关给予指示、决断或答复、批准。请示应一文一事，一般只写一个主送机关，即使需要同时送其他机关，也只能用抄送形式。请示是针对本单位当前工作中出现的情况和问题，求得上级机关指示、批准的公文，往往是事前行文，这样能使问题得到及时解决。请示是有针对性的上行文，上级机关对呈报的请示事项，无论同意与否，都必须给予明确的"批复"回文。

2.请示的写作

(1)批准性请示的写法

内容比较简单、具体，往往是一些实际事项的请求。请示被批准后，执行机关范围也比较小，常常就是请示单位自己。

批准性请示一般由三部分组成：请示理由、请示内容、请示结语。

请示理由是文章的开头部分，常是导语式的，要扼要地讲明请示的背景和根据，概括地写出请示事项。复杂的一般写成一段话，简单的则就以一句话为之。请示理由之后，许多请示中都要紧接着写一句承上启下的过渡语。它们的基本的格式是"现将……请示如下"，随之点上冒号。

请示内容是请示的中心部分，要写得具体，条理清楚，说服力强。请示内容包括提出请示事项和阐述说明道理或事实两项内容。提出请示事项要详细，阐述说明道理要充分，只有这样才能使有关领导心中有数，易下决心。

有些情况简单，有条文和规定可依据，只是出于组织原则报给上级知道的请示批准的请示，请示内容部分只需提出请示事项即可，不必阐释道理。

请示结语是请示的结尾部分，一般是另起一行空两格书写，请示结语语气要谦恭。请示结语的通常写法是："特此请示，请审批"、"以上意见当否，请指示"、"特此请示，请批复"等。

(2)呈转性请示的写法

呈转性请示，请示事项较为重大复杂，具有一定的普遍意义，不但需要上级批准，还需要上级转发。

呈转性请示和呈转性报告的区别主要有两点：呈转性请示不但要求上级批转，而且一定要有复文。呈转性报告虽也要求上级批转，但不要求上级复文。呈转性请示里要求批转的意见往往是较具体的做法、措施；呈转性报告里要求批转的意见往往是较原则、较概括的政策性意见。

批准性请示和呈转性请示也有较大区别：①要求目的不同；②执行范围上也有区别。批准性请示执行范围较窄，一般就是请示单位自己；呈转性请示执行范围较宽泛，往往不仅是请示者的本单位，而且还要包括其他很多有关单位共同执行。

呈转性请示一般由三部分组成：请示理由、请示内容、请示结语。

请示理由和批准性请示的写法基本相同，只不过有时语气较批准性请示更为庄重一些，由于这种请示批准转发后带有指导性，所以有时理由交代得要较详细，以期更加引起领导重视。

请示理由之后的过渡语与批准性请示相同。

请示内容，一般都是请示单位的设想和建议。因为比较复杂，提出请示事项和阐述说明道理两条，缺一不可。阐释道理时，可采取引用理论根据或摆明事实根据两种写法。呈转性请示内容部分在书写时要更注意条理分明，较长者要分条分项来写。

请示结语，呈转性请示结语也要另起一行空两格书写。写法与批准性请示结尾略有不同，通常写法是："以上请示，如无不妥，请批转各地贯彻执行"、"以上意见，如属可行，请批转有关单位执行"，或其他一些类似的说法。

3. 写作注意事项

要坚持一文一事；请示事项必须明确、具体、可行。

不要搞多头请示（请示应主送直接主管机关或主管领导，其他确需了解请示事项的领导机关或领导人，采取抄报形式处理。如是受双重领导的机关，也应根据请示内容，择要送一处领导机关，由主送机关答复请示的问题，对另一领导机关采取抄报形式）。

一般不得越级请示，个别需要越级请示的，常采用两种方式：一种是转呈式，可以既避免越级，又明确主送机关；另一种是在越级请求的同时，把请示抄报被越过的主管部门。

不要把请示写成报告或请示报告。

除领导直接交办的事项外，请示不要直接送领导者个人，或既写主送机关，又同时主送、抄送给主送机关领导人。

一般情况下，不得在上报请示的同时抄送平级和下级机关。

4. 学生分析讨论例文

例文 1

××市人民政府
关于解决水利建设资金的请示

××省人民政府：

　　××是一个以农业为主的山区市，自然条件较差，农业生产仍是以"靠天吃饭"为主。近年来在省政府及省级有关部门的大力支持下，全市水利设施得到较大改善，"八五"期间，全市累计新建、整治中型水库 3 座、小型水利工程 47 座、微型水利工程 2 万余个（处）。但由于历史原因和自然条件的限制，水利设施基础差，病害工程多。截止 1995 年底，全市仅有小型以上骨干工程 60 余座，其中中型水库仅 6 座，在 4 县 3 区中尚有 4 个县（区）没有中型水利工程，其中 2 个县（区）甚至连小型水利工程都没有。连续 3 年的大旱，加之去冬今春冬旱、春旱低温的影响，使全市农业生产面临着十分严峻的形势，4 县 3 区都有返贫的可能。市委、市政府高度重视水利基础设施的建设，在市财力十分有限的情况下，1996 年市财政已拨款 100 万元用于水利建设，但是有限的资金不能有效地改善全市农田水利基础条件，因此特请求省政府帮助解决水利建设资金，以支持我市水利设施建设。

　　一、遵照省委、省政府主要领导在广元视察时的指示精神，从我市具体情况出发，根据山区特点，以小型水利建设为重点，全市在"九五"期间，计划新建、改建、整治、配套小型水库 50 座，微型水利工程 40 万个，实现新增蓄水量 5000 万立方米，旱涝保收农田 20 万亩的目标，请求省政府每年解决我市小型水利建设补助资金 300 万元。

　　二、"九五"期间，新建、改建、整治、配套中型工程 3 处。其中新建 1 座蓄水量为 1500 万立方米的中型水库，整治、配套 2 座，使我市中型水利工程有效蓄水量达到 1 亿立方米。为此，请求省政府解决中型水利工程建设资金 5000 万元。

　　特此请示。

××市人民政府

×年×月×日

例文 2

关于建立中国工程院有关问题的请示

国务院：

　　近年来，我国科学家、工程技术专家和有关人士，曾多次提出建立中国工程院问题。全国政协七届五次会议和中国科学院第六次学部委员大会期间，不少政协委员、学部委员和工程技术专家，又先后提出提案和建议。党中央和国务院领导同志十分重视这一建议。曾就建立中国工程院问题，多次作过批示。根据党中央和国务院领导同志的批示精神，组成了专家研究小组，经过广泛调查研究，听取各方面人士和有关产业部门的意见，进行反复酝酿和讨论，形成工程院的初步方案。现就建立中国工程院的有关问题报告如下。

　　一、关于建立中国工程院的必要性。（略）

　　二、关于组建中国工程院的一些原则。

　　（一）关于名称（略）

　　（二）关于中国工程院的性质和作用（略）

　　（三）关于中国工程院成员的称谓（略）

　　（四）关于中国工程院与中国科学院（学部）的关系（略）

　　（五）关于中国工程院院士的标准和条件（略）

　　（六）关于中国工程院第一批院士的产生及以后的增选制度（略）

　　（七）关于中国工程院的领导体制及学部设置（略）

　　三、关于中国工程院的筹建工作及进度安排（略）

　　以上请示当否，请批示。

国家科委（盖章）

中国科学院（盖章）

×年×月×日

例文 3

关于中国公民自费出国旅游治理暂行办法的请示

国务院：

　　随着对外改革开放的不断扩大，人民生活水平不断提高，近年来，中国公民自费出国旅游不断增加，为适应改革开放形势，加强中国公民自费出国旅游的治理，特制定了《中国公民自费出国旅游管暂行办法》。

　　以上暂行办法如无不妥，请批转发布执行。

　　附：中国公民自费出国旅游治理暂行办法

国家旅游局（盖章）

公安部（盖章）

×年×月×日

（五）报告

1. 报告的含义、分类和特点

新《条例》规定，"报告"适用于向上级机关汇报工作、反映情况，回复上级机关的询问。报告属上行文，一般产生于事后和事情过程中。报告一般分为工作报告、情况报告和回复报告。

凡是用来向上级汇报工作的报告，都是工作报告。工作报告又可分为综合工作报告和专题工作报告两种。综合报告涉及面宽，要把主要工作范围之内的方方面面都涉及，可以有主次的区分，但不能有大的遗漏。大到国务院提供给人民代表大会的政府工作报告，小到某单位向上级提供的年度、季度、月份工作报告，都属于这种类型。专题报告的涉及面窄，只针对某一方面的工作或者某一项具体工作进行汇报。

如果本单位出现了正常工作秩序之外的情况，譬如说发生了事故，出现了意想不到的问题等，对工作产生了一定程度的影响，应该及时向上级将有关情况原原本本的进行汇报。即使对工作没有太大影响，一些有倾向性的新动态、新风气，以及最近出现的新事物等等，必要时也要向上级报告。凡此种种，都属于"情况报告"。作为下级机关，有责任做到"下情上达"，保证上级机关耳聪目明，对下面的情况始终了如指掌，这就是情况报告的意义。如果隐情不报，则是一种失职的表现。

回复上级机关询问的报告，称为回复报告。这种报告内容针对性最强，上级询问什么，就答复什么，不能答非所问。对待上级机关的询问，一定要慎重，如果不了解真情，要经过深入地调查研究后再作答复。

报告具有单向性、陈述性和事后性等特点。报告是下级机关向上级机关汇报工作、反映情况、提出建议时使用的单方向上行文，不需要上级机关给予批复。在这方面，报告和请示有较大的不同。请示具有双向性特点，必须有批复与之相对应；报告则是单向性行文，不需要任何相对应的文件。为此要特意提请注意：类似"以上报告当否，请批示"的说法是不妥当的。报告在汇报工作、反映情况时，所表达的内容和使用的语言都是陈述性的。本单位遵照上级的指示，做了什么工作、怎样做的这些工作、取得了哪些成绩、还存在哪些不足，必然要一一向上级陈述。反映情况时，也要把时间、地点、人物、事件、原因、结果叙述清楚，向上级机关提供准确的现实性信息。所以行文上一般都使用叙述方法，即陈述其事，而不是像请示那样采用祈使、请求等法。在机关工作中，有"事前请示，事后报告"的说法。多数报告，都是在开展了一段时间的工作之后，或是在某种情况发生之后向上级作出的汇报。

2. 报告的写作

（1）标题

报告的标题，有两种写法，一是发文机关＋主要内容＋文种的写法，如《中共中央纪律检查委员会关于清理党政干部违纪违法建私房和用公款超标准装修住房的报告》；二是主要内容＋文种的写法，如《关于进一步加强我市公共场所防火工作的报告》。

（2）正文

①开头。导语指报告的开头部分，它起着引导全文的作用，所以称为导语。

不同类型的报告，其导语的写法也有较大不同。概括起来，报告的导语主要有以下四种类型：背景式导语、根据式导语、叙事式导语、目的式导语。

例如：

前不久，中央纪委召开了部分省市清理党员干部违纪建私房座谈会，总结交流了各地清房工作的情况和经验，并就清房中遇到的一些政策性问题，进行了讨论，根据各地的做法和座谈会中提出的问题，中央纪委常委研究提出以下建议：

——交代报告产生的现实背景

根据省委、省政府领导同志的指示，我厅于去冬派人到涪陵市和渠县，与市、县的同志一道对城镇贫困户的情况作了一些调查。涪陵市委、市政府和渠县县委、县政府对此十分重视，在调查研究的基础上，立即采取措施，着手解决这一问题。现将两地城镇贫困户的情况及采取的措施报告如下：

——交代报告产生的根据

19××年2月20日上午9时40分，我省××市百货大楼发生重大火灾事故，市消防队出动15辆消防车，经四个小时的扑救，大火才被扑灭。这次火灾除消防队员和群众奋力抢救出部分商品外，百货大楼三层楼房一幢及余下商品全部烧毁。时值开门营业不久，顾客不多，加之疏散及时，幸未造成人员伤亡。但此次火灾已造成直接经济损失792万余元。

——简略叙述一个事件的概况

为认真贯彻落实《国务院批转林业部关于进一步加强森林防火工作报告的通知》(国发〔19××〕42号)切实做好我市防火工作，保护和发展森林资源，更好地为改革开放和经济建设服务，结合我市实际情况，就进一步加强森林防火工作提出以几点意见：

——交代发文目的

报告导语的写法不止以上四种，运用时可以举一反三，融会贯通，灵活处理。

②主体。报告的主体也有多种写法，下面择要介绍两种常见形态。

总结式写法。这种写法主要用于工作报告。主体部分的内容，以成绩、做法、经验、体会、打算、安排为主，在叙述基本情况的同时，有所分析、归纳，找出规律性认识，类似于工作总结。总结式写法最需要注意的是结构的设计安排。按照总结出来的几条规律性认识来组织材料、安排层次，是最常用的结构方式。

"情况—原因—教训—措施"四步写法。这种结构多用于情况报告。先将情况叙述清楚，然后分析情况产生的原因，接着总结经验教训，最后提出下一步的行动措施。

指导式写法。这种结构多用于建议报告。希望上级部门采纳建议，批转给有关部门执行、实施，是建议报告的基本写作目的。为此，建议要针对某项工作提出系统完整的方法、措施和要求，对工作实行全面的指导。形式上采用分条列项的方法逐层表达。

③结语。报告的结语比较简单，可以重申意义、展望未来，也可以采用模式化的套语收结全文。模式化的写法大致是："特此报告"，"以上报告，请审阅"等等。

比如某学校关于茶炉房失火事故情况的报告是这样安排思路的：

引言部分：概述火灾基本情况，包括时间、地点、损失(人员、经济)。

主体部分：学校概况(地理位置、建校时间、师生人数、茶炉房情况)→事故经过→事故原因(某某安全意识不足、学校人力资源匮乏、财力有限、学校安全教育培训不足)→事故教训和今后防范措施(落实安全生产责任制、加大安全检查力度排除隐患、开展安全教育增强安全意识)。

3.写作注意事项

(1)汇报的内容必须真实可靠

报告的内容无论是成绩、经验还是问题、教训，都必须忠于事实。假报情况，或夸大成绩、缩小问题，甚至歪曲事实、捏造数字，这些做法都是错误的。严重者会干扰领导的决策,乃至做出错误的决策。

(2)汇报的材料要叙议结合

无论是综合性报告还是专题性报告,都应避免罗列情况,写成"流水账"。应该把情况、问题归纳起来,认真地进行分析,使之条理化。切忌只摆情况,不作分析;或只提问题,向上级要办法。

(3)报告中不能夹带请示事项

报告与请示同属于上行文,各有各的内容和写作目的,不能混为一谈。报告不需要上级批复,如果夹带请示事项,势必贻误工作。

4. 学生讨论分析例文

例文1

××市人民政府关于治理××河水质污染问题的报告

××省人民政府:

省政府转来××××××委员会提出的关于××河水质污染状况的报告,经市政府调查研究,对报告中提出的有关问题及解决方案报告如下:

一、解决××河水质污染问题的关键是尽快建成污水处理厂。现在××河的污染主要是××区排放的污水所致。×区的排放量为2.5万吨,污水比较集中,因污水处理厂未能及时建立,致使污水直接排入××河,造成了××河的污染。

为解决××河的污染,市政府已抓紧×区污水处理厂建设,争取在19××年建成。×区污水处理厂原设计概算为831.6万元,按现行价格估算约为1100万元,已于19××年×月开工,建成了8项附属设施,计完成投资200万元。市政府今年安排的300万元投资已全部落实,×区城环局正在组织实施。

根据××河河道以南人口密集区的地下水污染和环境问题,在污水处理厂未建成之前,利用现有污水管道,把污水引到某区污水处理厂以西,污水直接排入污水处理厂的出口,这就避开了污染区。

二、电热厂的粉煤灰也是污染源之一。对于电热厂储灰厂的选址,必须考虑到对地下水和环境的污染。选址已责成×区电热厂抓紧做工作,争取尽快报市政府有关部门审批。对南储灰厂渗漏对地下水的污染,主要采取截流集中排放的措施,以减少对地下水的污染。

××市人民政府
×年×月×日

例文2

××关于群众路线教育实践活动阶段性整改情况报告

党的群众路线教育实践活动领导小组办公室:

自党的群众路线教育实践活动全面展开以来,我们坚持边学习教育边听取意见、边对照检查边整改落实,认真完成各项教育内容,取得了初步的效果。现将正风肃纪和制度梳理等方面的情况报告如下:

一、以开展廉政风险防控为推手,瞄准"四风"方面的突出问题,认真进行正风肃纪

党的群众路线教育实践活动展开后,我们根据教育实践活动的部署要求,以进一步建

立健全制度、提高制度执行力为重点，进一步强化《廉政风险防控指南》的学习教育，进一步进行细化排查风险，通过"五个结合"实现综合治理、正风肃纪：一是把廉政风险防控与党的群众路线教育相结合，正风肃纪，努力纠正和改进"四风"存在的问题；二是与党风廉政建设责任制相结合，把廉政风险防控工作作为重要考核内容，充分发挥领导干部尤其是部门负责人的带头作用；三是与深入学习《指南》相结合；四是与日常工作相结合，对照《指南》认真自查，坚持实施风险动态管理；五是与制度建设相结合，进一步整合工作流程、梳理现有制度、强化内部管理、增强责任意识，对发现的制度漏洞隐患、流程不科学等问题，提出相应的防控措施。

为了扎实推动党的群众路线教育活动，加大风险防控工作力度，我们从实际出发，以制约和监督权力运行为核心，以岗位风险防控为基础，以加强制度建设为重点，围绕"人、财、物、权"等关键环节和重点岗位，按照"明确事项、梳理流程、查找风险、加强防控、完善制度"的思路，清理工作事项、梳理工作流程、排查工作岗位、查找风险点、制定防控措施，初步构建了权责清晰、流程规范、风险明确、防范有力、制度管用、预警及时的廉政风险防控机制。

二、积极开展制度梳理，抓好制度落实，努力实现用制度管权管人管事

始终把制度建设作为全局性和长期性的工作，摆在重要位置。党的群众路线教育实践活动展开后，以建立健全内控机制、防范岗位风险为重点，以提高职工综合素质为基础，以保障有力和优质服务为目标，不断加强制度建设力度，着力提高制度的科学性、系统性、权威性，完善用制度管人、管事、管权的制度建设体系。

为了确保制度的针对性、时效性和科学性，我们根据实际，及时进行修改完善。在加强制度建设的同时，我们还通过加强制度宣传教育、组织开展制度学习考核、强化制度执行监督检查等手段，不断提升干部职工按规操作、遵章守纪的制度意识，充分发挥制度在促进内控、规范管理、防范风险等方面的作用。

三、严格执行政策规定，迅速进行整改，确保各项规定落到实处

一是严格公务接待管理。坚持务实节约，严格执行接待管理相关规定，按标准安排食宿、交通、控制公务接待经费开支。坚决杜绝超标准、超范围接待的现象。

二是严格控制会议经费支出。大大压减会议数量，做到少开会、开短会；注重会议质量，提高会议效率；倡导简朴会风，严格按照会议费开支标准从简安排各项会务，节约会议开支；会议住房以安排标准间为主，会议用餐安排自助餐，不安排宴请；会议接送站以集体乘坐大车为主，严格控制小车派遣，不组织迎送活动；不组织会议代表参加旅游及与会议无关的参观活动。

三是精简文件、简报数量。在确保工作正常开展的前提下，尽量精简文件、简报数量，大大减少各部门的文字报送量，使各单位能够集中力量完成重点工作任务和本单位主要工作。

×××局

2014 年 3 月 28 日

（六）意见

1. 意见的含义、分类和特点

根据新《条例》的规定，"意见"适用于对重要问题提出见解和处理办法。它往往是在对某些新情况新问题急需解决，而原有的政策规定或没有明确说明，或已不适应的情况下，提出对于这些问题的解决见解和处理办法时，需要用到的文种。它具有以下几个特点：一是行文方向的多向性。它可以下行，也可以上行，还可以平行，呈现出灵活性的特点。二是内容的针对性。意见总是根据现实的需要，针对某项工作或某一重要的问题。三是作用的多样性。它可以指导部署工作，也可以提出参考建议，还可以提出具体实施的意见。

意见可以分为：建议性意见、指导性意见、实施性意见、参考性意见。建议性意见主要用于下级机关就其业务范围之内的某一问题，向上级机关提出建议性意见，供上级机关参考，一经上级机关批转，就作为上级机关的指导性意见。指导性意见主要用于上级机关针对工作所出现的问题，阐明基本原则，提出解决办法和执行要求，对下级机关的工作给予指导，此类意见一经下发就产生一定的法定效力。实施性意见常常是为贯彻落实某一重要决定或中心工作所制定的实施方案，它重在阐发上级的有关精神，使下级单位对上级的文件精神有更深入的理解，同时提出较为具体的行动方案和工作安排。参考性意见是平行机关和不相隶属机关之间就某些工作提出的供对方参考的建设性见解或可行性方案。

2. 意见的写作

（1）标题

意见的标题一般采用发文机关＋主要内容＋文种的写法，如《国务院关于加快发展养老服务业的若干意见》（国发〔2013〕35号），标题文种前有时会根据需要加"若干"、"指导"等文字。

（2）正文

开头部分。一般也是用简明扼要的文字，说明行文的目的、背景、依据或缘由，以利受文者理解和贯彻执行。

主体部分。主体部分解决"如何认识"和"如何解决"这两个问题，写得应当明确、详尽。主体部分结构安排上应先写原则性指导意见，后写具体性指导意见；先写理论性认识，后写解决办法。

结尾部分。上行的意见：呈报性建议意见可用"以上意见供领导决策参考"作结；呈转性建议意见均用"以上意见如无不妥，请批转××执行"之类语句作结。下行的意见：一般写清意见提出者的要求、希望即可，如"请认真贯彻落实"；有的还可以提出在贯彻执行中遇到的困难和问题及时上报或结合本单位实际情况制定具体实施方案的要求。也可以自然收尾，不加结束语。

3. 写作注意事项

（1）写作前，要做好积累准备

意见大多是就现实工作中出现的新情况、新问题，经过调查研究，提出解决问题的思路和办法。因此，意见的写作要注意选题，深入调查研究，掌握第一手资料。

（2）要分清"请示"与上行"意见"文种在使用上的差异

"请示"与上行"意见"非常近似，具有一定的交叉性，它们都是要求上级对自己所提出的事项或问题，或给予批准，或给予指示，或给予认可。但它们所提的事项与内容不尽相同。"请示"的内容多涉及的是"人、财、物、机构、编制"以及工作中遇到需要上级作出决定的问题或应由上级加以审批的事项等。而上行的"意见"的内容多是对于工作中一些重大问题提出见解和处理办法。请示要求指示和批准的一般是本机关本单位的具体问题,而意见往往是主管机关或业务部门对较大范围的重要问题提出的事关全局的见解和处理办法。

(3)注意不同种类意见的共性和个性

意见写作的共性是所提出的见解明确、有新意,所提的办法切合实际。但不同类别不同级别的意见在写法上是有区别的:高层领导机关的指导性意见比较宏观,政治色彩比较浓;下层领导机关的指导性意见则比较具体,操作性比较强。实施性意见要写得具体、可行,其写法与实施性计划的写作要求类似。

4.学生分析讨论例文

国务院关于加快发展养老服务业的若干意见
国发〔2013〕35号

各省、自治区、直辖市人民政府,国务院各部委、各直属机构:

近年来,我国养老服务业快速发展,以居家为基础、社区为依托、机构为支撑的养老服务体系初步建立,老年消费市场初步形成,老龄事业发展取得显著成就。但总体上看,养老服务和产品供给不足、市场发育不健全、城乡区域发展不平衡等问题还十分突出。当前,我国已经进入人口老龄化快速发展阶段,2012年底我国60周岁以上老年人口已达1.94亿,2020年将达到2.43亿,2025年将突破3亿。积极应对人口老龄化,加快发展养老服务业,不断满足老年人持续增长的养老服务需求,是全面建成小康社会的一项紧迫任务,有利于保障老年人权益,共享改革发展成果,有利于拉动消费、扩大就业,有利于保障和改善民生,促进社会和谐,推进经济社会持续健康发展。为加快发展养老服务业,现提出以下意见:

一、总体要求

(一)指导思想。

(二)基本原则。

(三)发展目标。

二、主要任务

(一)统筹规划发展城市养老服务设施。

(二)大力发展居家养老服务网络。

(三)大力加强养老机构建设。

(五)繁荣养老服务消费市场。

(六)积极推进医疗卫生与养老服务相结合。

三、政策措施

(一)完善投融资政策。

(二)完善土地供应政策。

(三)完善税费优惠政策。

(四)完善补贴支持政策。

（五）完善人才培养和就业政策。

（六）鼓励公益慈善组织支持养老服务。

四、组织领导

（一）健全工作机制。

（二）开展综合改革试点。

（三）强化行业监管。

（四）加强督促检查。

国务院

2013 年 9 月 6 日

（此件有删减）

（七）函

1. 函的含义、分类和特点

根据新《条例》规定，"函"适用于不相隶属机关之间商洽工作、询问和答复问题、请求批准和答复审批事项。函的使用范围广泛，涉及各方面的公务联系，是党政公文中唯一的只用于平行文的文种。

函的特点：一是行文广泛。平行机关之间，不相隶属机关之间，上下级机关之间，均可以使用函。二是内容广泛。函既可以用于商洽工作，互通情况；也可以询问或答复问题；还可以向有关部门请求批准事项等，涉及的内容具有多样性。三是灵活简便。函的篇幅都比较短小，内容单一。特别是便函，格式上没有严格的要求，写法灵活，使用起来非常方便。四是用语的谦敬性。函是公文中最注重文学性的文种，也是注重使用文言词汇的公文，非常注重语言的谦恭有礼。

函的分类：按照内容和用途分有商洽函、请批函、询答函、告知函等；按行文方向分有去函和复函；按内容轻重分有公函和便函，本章所说的函是公函。

商洽函是不相隶属机关之间商洽工作、联系有关事宜的函。如人员商调、联系参观学习等。请批函即用于不相隶属机关之间请求批准和答复审批事项的函。告知函即告知不相隶属机关有关事项的函。

2. 函的写作

（1）标题

标题一般由发文机关＋事由＋文种构成；特殊情况由发文机关＋事由＋受理机关＋文种四部分组成，如《国务院关于悬挂国旗等问题给湖北省人民政府的复函》。

（2）正文

开头：写行文的缘由、背景和依据。去函的开头，或说明根据上级的有关指示精神，或简要叙述本地区、本单位的实际需要、疑惑和困难。复函的开头，引用对方来文的标题及发文字号，有的复函还简述来函的主题，与批复的写法基本相同。复函以"现将有关问题复函如下"一类承启语引出主体事项，即答复意见。

主体：写需要商洽、询问、答复、联系、请求批准或答复审批及告知的事项。函或去函和复函的事项一般都比较单一，可与行文缘由合为一段。如果事项比较复杂，则分条列项书写。

结语：不同类型的函，结语有别。不必对方回复的函，结语常用"特此函告"、"特此函达"。要求对方复函的,用"盼复"、"望函复"、"请即复函"等语。请批函的结语多用"请批准"、"请大力协助为盼"、"望能同意"、"望准予××是荷"等惯用语。复函的结语常用"特此函复"、"特此回复"、"此复"等惯用语。

3. 写作注意事项

(1)注意批请函与请示的区别

向有隶属关系的上级机关请求指示、批准事项用请示;向没有隶属关系的业务主管机关请求批准有关事项,则用请批函。主管机关答复请求审批事项,用审批函。

(2)开门见山,直奔主题,简洁明了

(3)语言要规范得体,并体现函的用语特色

对主管机关的语言要尊重、谦敬;对级别低的单位的语言要平和;对平行单位和不相隶属的单位的语言要友善。

4. 学生分析讨论例文

例文 1

关于商请派车运送民工的函

×××省交通厅:

为做好今年的春运工作,及时运送在我省工作的外省民工回家过年,我们组织了民工运送专门车队,但由于我们运力不足,车辆不够,估计不能满足民工的要求,特请贵省派出大型客车20辆,与我省组成运送民工车队,负责运送贵省在我省工作的民工。

妥否?请尽快函复,以便办理有关手续。

××省交通厅

×年×月×日

例文 2

关于给××超市总公司商租商场一事的复函

××总公司:

贵公司《关于商租××商厦五楼的函》(沪×超函〔×××〕20号)收悉,经研究,现答复如下:

贵公司欲租我商厦五楼闲置的楼面开设超市,这是方便顾客的购买需求,有利于盘活我商厦的闲置资源、扩大我商厦的经营规模与商品种类的好事,本商厦欢迎贵公司来我商厦五楼开设超市。具体租金请贵公司来人面洽。

特此复函。

××商厦

×年×月×日

思考与练习

一、名词解释

1. 党政公文
2. 行文规则
3. 法定作者

二、简答题

1. 举例说明怎样才能做好党政公文的起草工作。
2. 党政公文的基本特征是什么，这些特征对党政公文的效用有什么影响？
3. 选择党政公文文种的依据有哪些？
4. 报告和通报的主要区别在哪里？

三、按公文写作要求修改下面的病句病文

1. 病句修改
(1)以上请示如无不当，请即批复。
(2)12 年的工作计划请在今年 12 月三十日前上报。
(3)今年春节前后，全县预计能建造 3 级公路约五十里左右。
(4)12 岁以上者不能享受这项优惠政策。
(5)上月以前，我部曾致函该公司……
(6)发行的债券有十年期、五年期、八年期共三种。
(7)本学期来我校进修的有青年、学生和一部分企业管理人员。

2. 病文修改

××市第七变压器厂抓紧归还劳动服务公司借款的函

市第七变压器厂：

你厂于二〇〇一二年一月，从我厂借去资金三万元，作为你厂劳动服务公司开办费，当时双方讲好年内一定偿还。目前已经是二〇〇一三年一月了，我厂正在编制去年的财务决算，为使我们能及时搞好各类款项的清理结算，要求你厂务必将所借之款于二十日前归还我厂，切不要一拖再拖，给我厂财务工作的顺利进行带来不应有的困难。

此致

　　敬礼！

××市第一变压器厂
×年×月×日

四、写作题

根据下面提供的材料，拟写一份公文。要求遵循公文的写作格式，以广东省人民政府

的名义，向国务院起草一份内容先后有序、结构合理的公文。

丹霞山风景名胜区位于广东省韶关市仁化、曲江两县境内，面积186平方公里，分丹霞山、韶石山、大石山三个景区。距韶关市区最近处10公里，最远处50公里，柏油公路直达主峰景区，观光旅游的交通十分方便。

根据国务院《风景名胜区管理条例》，我们对丹霞山风景名胜区进行了资源调查、评价，编制了总体规划。现申请把丹霞山风景名胜区列为国家重点名胜区，请审批。

据地质考证，6500万年前丹霞山所在地是一个大湖泊，由于造山运动，形成红岩峭壁和嶙峋洞穴，构成奇异自然风景。在全世界同类地形中，以丹霞山最为典型，"丹霞地貌"已成为国际地质学名词。现丹霞山景区已开发接待游人的范围为12平方公里，主要景点有87处，山、瀑、江、湖兼备，绿化良好，兼之摩崖石刻、寺庵、亭台楼阁点缀其间，自然人文景观丰富。靠丹霞山南侧的韶石山景区，傍地涢水，是历史上舜帝南巡奏乐之处，内有"三十六石"的奇景；丹霞山两侧的大石山景区，类似丹霞山的奇山异峰，有丹寨幽洞、岩柱等自然景观。在丹霞山风景名胜区附近，有"金鸡岭"、"九龙十八滩"、"古佛岩"、"南华寺"、"马坝人遗址"等风景及名胜古迹，总面积约4万平方公里。目前，粤北地区以丹霞山风景名胜区为中心形成了我省一条重要的旅游线。

第三节 事务文书的写作

一、事务文书概述

(一)事务文书的性质和特点

事务文书是党政机关、社会团体、企事业单位为反映事实情况、解决问题、处理日常事物而普遍使用的文书。它虽不属于"法定"公文,但却具有很强的实用性。文种主要有计划、总结、调查报告、述职报告、简报等。事务文书比党政公文应用更广泛,更灵活。

事务文书用于处理公务,也属于广义公文的范畴,使用这一名称是相对狭义的公务文书(党政公文)而言的。它们之间的区别有:第一,从特定效力来看,党政公文是上行下达的正式文件,受法律、党政的严格约束,具有特定效力;事务文书一般是为开展工作、交流情况、沟通情报、总结经验等目的而经常使用的文书,一般不具有特定效力。第二,从制发作者来看,党政公文是法定作者(机关),事务文书除此之外还可以以个人的名义进行写作。第三,从写作格式来看,党政公文的格式要求十分严格,而事务文书相对自由灵活一些。

(二)事务文书的种类

1.计划类文书

计划类文书是单位或个人对未来一定时限内的工作、生产或学习做有目的、有步骤的安排或部署所撰写的文书,包括设想、规划、打算、安排、要点、方案、预案、纲要等。

2.调研报告类文书

调研报告类文书是归纳工作中的主要成绩和经验,对工作中存在的问题或具有普遍意义的重要情况进行分析研究的文书,如总结、调查报告、述职报告等。

3.信息简报类文书

信息简报类文书是记录性文书,包括简报、大事记等。

4.规章制度类文书

规章制度类文书是日常组织管理的重要法规性文书,如条例、办法、制度、细则等。

二、计划的写作

(一)计划的含义、特点和作用

计划是机关、团体、单位或个人对未来一定时期内的工作、生产与学习提出预想的目标,并制定出实现这个目标的具体步骤、方法和措施所使用的文体。计划有许多别称,"规划"、"安排"、"方案"、"设想"、"要点"等,它们主要是时间长短不同、类型不同、范围大小不同。

计划的特点有:

1.针对性

计划是根据党和国家的方针、政策精神和有关法律、法规、针对本系统、本机关、本单位、本部门的实际情况制定的。不从实际出发所制定的计划,是毫无价值的计划。

2. 预见性

这是计划的本质特点。计划是在行动之前制定的，它以实现今后的目标，完成下一步工作和学习任务为目的。它是在总结过去的成绩和问题，分析目前的工作实际，预测今后发展趋势的基础上制定的。对客观现实准确的认识和科学的预测是增强计划预见性的保证。

3. 可行性

这是计划能够实施的保证。计划如果没有预见性，那就失去了制定它的意义；而如果计划没有可行性，那么所谓计划，就如同一纸空文，没有任何用处。所以计划所提出的目标和任务、方法和步骤、要求和措施等，应当是可靠的和切实可行的，这就从客观上保证了计划的实施。

4. 约束性

计划一经通过、批准，在它所涉及的范围内，就有了一定的约束性，机关、单位、部门、个人在工作中必须按要求予以贯彻执行，不得随意变更，更不能不予实施。

"凡事预则立，不预则废。"做事，尤其是做大事，必须有周密而切实可行的计划，才能取得成功。因为有了计划，就可以做到胸有全局，奋斗有目标，行动有遵循，减少盲目性、被动性，增强自觉性。有了计划，便于合理安排人力、物力、财力，避免主次不分、先后颠倒的弊病，使行动有条不紊，能确保按质按量地完成任务。

（二）计划的格式与写法

计划写作基本包含四个要素：制定的依据（为什么做）、目标（做什么）、措施办法（怎么做）、步骤（何时做）。由标题、正文（前言、主体、结尾）、署名日期三部分组成。

1. 标题

一般标题由制定者＋时限＋事项＋文种构成，如×××大学2013年度科研工作计划。有些因内容不同可省略前面一二个要素。

2. 前言

交代说明制订计划的依据、指导思想、计划产生的原因、总体计划目标。它一般包含两方面的内容：一是指导思想，如政策依据、上级指示精神、制订计划的目的等；二是基本情况概述，如制订计划前的现状或有关的背景情况的简要介绍。主要说明为什么制定这个计划及制定的意义。具体来说有三种方式：① 简要分析式。（单位或个人的基本情况）回答在什么条件下制定这一计划。② 概括说明式。（根据、目的）回答依据什么制定这一计划，为什么要制定本计划。也就是说，这部分主要围绕"为什么做"、"依据什么做"、"能不能做"这几个问题来写。

3. 主体部分

一般来说，一是要具体分条列项说明目标与任务。它包括计划要实现的最终目标，要完成的总任务和各具体任务。包括要达到的数量和质量的要求。这是计划的灵魂，没有目标，就等于失去奋斗的方向。

二是要详细地说明为完成任务所采取的措施与办法。这是实现目标完成任务的具体保证，它解决"如何做"的问题。要说明怎样利用优势，采取何种方法，创造哪些条件，克服什么困难。如果是集体计划，还应写明分工项目、主管责任、配合协作关系，有关的工作制度、具体规定、执行任务的办法、对策等。在人力、物质、财力、时间、政策上的具体保障。

三是要交代清楚完成工作任务的步骤和日程安排。它是完成计划的日程表和程序表，主要解决"何时做"、"何时做完"。各项工作有先后、轻重、主次之分，哪些先干，哪些后干等问题都要事先想清楚。即具体写明实现计划分几步走，先做什么，后做什么，在什么时间完成，达到何等程度。

4. 结尾

包括执行计划应注意的事项，需要说明的问题，或是提出要求、希望和号召等。具体说有三种方式：①展望前景式。如"该计划完成后，我厂的经济效益将大幅度提高，广大职工的生活状况也将有很大的改善"。②发出号召式。如"希望广大职工能以极大的热情来努力完成计划中所提出的任务"。③补充说明式。如"本计划为初步安排，执行中视学校要求、工作情况可做适当调整"。

5. 署名和日期

（三）计划的写作要求

1. 合乎政令，吃透两头（上头和下头）

要认真领会上级的指示精神，以便计划符合党和国家的路线、方针政策、法律法规，符合上级规定、决定、指示和计划。同时要全面了解本单位（人）的主客观条件、长短利弊、天时地利人和等，以便计划符合本单位的实际情况。

2. 目标明确，高低适度（当前与长远、局部与整体）

既要考虑计划的先进性，又要注意它的可行性。要把开拓精神和务实精神结合起来，所提出的目标任务，既要尽力而为又要量力而行。

3. 内容具体，措施可行

必须写清目的、任务、措施、办法、阶段、步骤以及分工的职责、奖惩的规定。

（四）学生分析讨论例文：

××学院宿舍文化大赛策划书

一、活动目的

当我们成为大学生的那一刻，我们的学习生活方式发生了巨大的改变，我们不再成天埋头苦读于沉闷的教室，寝室随之成为我们的最基本组成单位了。因此，丰富我们的大学生活，营造互助互爱、积极愉悦、学习氛围浓厚的寝室氛围对我校学风的完善、文化的深化、"信敏廉毅"精神的传承显得尤为重要。通过本次活动的开展，希望同学们能在准备中增进彼此间的了解、深化相互的友谊，达到进一步融洽学校氛围的目的。

二、活动时间：

初赛：3 月 25 日—26 日

决赛：4 月 8 日晚 18:20（18:30 开始）

三、活动地点：修远教学楼、逸夫图书馆

四、活动构成：

1. 寝室文化艺术节征文大赛

2. 寝室文化艺术节书画、摄影展

3. 寝室文化大赛

五、活动流程

1.寝室文化艺术节征文大赛：(1)征文主题：我的寝室"情结"；(2)征文要求：①体现丰富多彩的大学生寝室文化生活，反映寝室成员之间团结互助的亲情、友情，记述 身边乐事、趣事等，展现我校学生积极向上的精神风貌。体现在建国60周年来临之际大学生的新形象。②语言流畅，内容充实、文字精炼，要有真情实感。③题目不限、题材不限，字数：3000字以内。④请在篇尾注明作者的姓名、性别、年龄、班级、寝室。⑤我们将评选出1个一等奖，2个二等奖，3个三等奖，5～10个优秀奖。⑥截止日期：3月26日

2.寝室文化艺术节书画、摄影、手工制品展

(1)活动主题：寝室"映像"

(2)活动内容：①参赛作品形式为照片、书法、绘画等，题材不限。②照片或书画皆应反映我校学生积极向上的精神风貌，生动体现寝室同学的日常生活和学习状况。富有创意、新意、寓意。③作品请注明作者姓名、性别、年龄、班级、寝室。④我们将评选出3个三等奖，2个二等奖，1个一等奖。⑤截止日期：3月26日一、二、三奖，经学校批准后，我们将设为院校级奖励。此外，征文活动的优秀奖，将可获院级奖励。

略

六、活动说明：初赛由各学院宿管部筛选最佳的男、女生寝室各一。复赛由校区宿管部负责，寝室入选个数按"蛟桥：麦庐：枫林＝5∶3∶2或4∶2∶1"的比例进入决赛(按各校区的学院数分配的)。每个入选的各学院的寝室，即可获得院级荣誉。"我寝我爱"部分的DV摄制工作，由院宿管部协助完成；若有困难者，可向校宿管部申请帮助。在"我寝我爱"环节内，请尽可能表现出自己的才学、素养，特别是寝室的温馨。同时，更要体现本学院的特色。彩排时间，定为4月2日晚、5日晚、8日上午。4月2日，为除"我寝我创"的彩排。8日上午若效果不佳，则下午增设一次彩排。在各班统计报名的寝室，在班长、支书会上上报；再将名单转交给学院；之后，选取优秀者。

策划人：×××

×年×月×日

三、总结的写作

(一)总结的含义、类型和作用

总结是单位或个人对过去一个时期内的实践活动做出系统的回顾归纳、分析评价，从中得出规律性认识用以指导今后工作的事务性文书。如果说计划是对未来的展望和构想，那么总结则是对过去的回顾与思考。

从内容分主要有综合总结和专题总结两种。综合总结又称全面总结，它是对某一时期各项工作的全面回顾和检查，进而总结经验与教训。专题总结是对某项工作或某方面问题进行专项的总结，尤以总结推广成功经验为多见。另外还可从时间、范围来划分。

"前事不忘，后事之师"，总结最重要的作用就是获取经验，吸取教训。同时还可上报下达，使上级了解下级完成任务的情况，加强对以后工作的指导和管理。

(二)总结的格式与写法

总结格式一般由标题、正文、署名日期组成。

1. 标题

标题写法灵活，有多种形式。

文件式标题：一般由单位名称、时限、内容、文种名称构成。例:《××局19××年度工作总结》，通常用于工作总结。

文章式标题：以单行标题概括主要内容或基本观点，不出现总结字样，但对总结内容有提示作用。例某高校的专题总结《我们是如何实行教学与科研相结合的》，通常用于经验总结。

双行式标题：即分别以文章式标题和文件式标题为正副标题，正标题揭示观点或概括内容，副标题点明单位、时限、性质和总结种类，例:《知名教授上讲台　教书育人放异彩——××大学德育工作总结》。

2. 正文

(1)开头

因内容不同有多种写法。一是交代情况法。介绍工作背景、基本概况(时间、地点、背景工作进程、总体收获)等；二是概述经验法。概述基本经验和主要体会。三是提示内容法。对工作的主要内容进行提示性的简要概括。

(2)主体

应包括主要工作内容、成绩及评价、经验和体会、问题或教训等。这些内容是总结的核心部分，可按纵式或横式结构形式撰写。所谓纵式结构，即按主体内容纵向所做的工作、方法、成绩、经验、教训等逐层展开。所谓横式结构即按材料的逻辑关系将其分成若干部分，标序加题，逐一写来。在写作中要求观点与材料统一，有点面情况，有分析概括，善于把实践提高到理论的高度来认识。要写清做了什么，怎么做的，做得怎样，为什么做得这样好或不好。

主体部分的外部形式，有贯通式、小标题式和序数式。贯通式适用于篇幅短小，内容单纯的总结，按时间或按事物发展顺序，全文贯通，一气呵成。小标题式将主体部分分为若干层次，每层加一个概括核心内容的小标题，按逻辑顺序列出，逐层深入地进行总结。这种写法重点突出，条理清楚，一目了然。序数式(条文式)将总结的内容按性质和主次轻重逐条排列，各层用"一、二、三——"序号排列。行文简要，眉目清楚。

(3)结尾

总结的结束语可以归纳呼应主题、指出努力方向、提出改进意见或表示决心信心等语作结，要求简短精练。

(三)写作要求的基本要求

态度诚实，思想端正；深入调查研究，占有充足的材料；兼顾全面，突出重点，详略得当；层次清晰，文字简洁。

(四)学生分析讨论例文

加强医德修　养树立医疗新风
——南方医院惠侨科精神文明建设的经验

我院惠侨科于1979年成立，是全军创办最早的对外开放的综合性医疗科室。1995年，成为全军唯一的涉外医疗中心。现有床位400张，工作人员200余名，相当于一个中等医院的规模。20年来，惠侨医院先后收治了来自70个国家和地区的5万余名患者，没有出现任何政治、经济问题和医疗差错、事故，取得了良好的社会效益，赢得了广大患者的信赖；先后三次荣立集体二等功，两次荣立集体三等功。多次被广东省和广州市评为文明服务先进单位和精神文明建设先进单位。在1987年的全军英模代表大会上，惠侨科被誉为"卫生界南京路上好八连"、"传播社会主义精神文明的窗口"、"新时期社会主义医德医风建设的一面旗帜"。1995年3月，中央军委主席江泽民签署命令，授予惠侨科"模范医疗惠侨科"荣誉称号，并题词勉励："救死扶伤，无私奉献，艰苦奋斗，永葆本色。"

近年来，在人们感叹卫生系统一些单位和个人医德滑坡、医风不正的时候，惠侨科之所以能够成为一方"净土"，主要是院党委不断加强该科以医德医风为主要内容的精神文明建设。我们的主要做法如下：

把医德医风建设真正落到实处

随着改革开放和社会主义市场经济的逐步发展，医疗系统的精神文明建设遇到了前所未有的挑战和考验。人们不仅抱怨"看病就医难"，而且对那些态度生硬，吃、拿、卡、要等医风不正、医德不好的现象表示了强烈不满。我们通过调查分析认为，惠侨科总的来说医德医风是好的，但仍存在一些不良现象和苗头。为此，我们把搞好医德医风教育作为惠侨科全面建设中的基础工程，坚持不懈地抓实抓好。

——**实施医学伦理教育，增强做合格医务工作者的使命感。**针对一些同志医学伦理学知识不足、医德理论欠缺的实际，我们发动大家收集整理古今中外有关医德医风的名言，组织大家逐条学习；请德高望重的老专家介绍中外医德的起源和发展，宣讲医务工作者的职业特点和职业规范。介绍自己在长期的实践中进行医德修养的体会；开展重温"从医誓言"和回顾"穿上白大褂的第一天"活动，使大家自觉做合格的医务工作者。

——**实施宗旨教育，增强全心全意为患者服务的责任感。**我们重点引导大家弄清社会主义市场经济条件下的医患关系，使大家认识到，在医疗服务领域，病人处于被动地位，医务人员处于主动地位；必须切实纠正和克服市场经济就不能讲全心全意为人民服务的错误思想，树立效益与宗旨相统一的医德观，牢记全心全意为人民服务的宗旨，让老百姓看得上病、看得起病、看得好病。

——**实施传统教育，增强职业自豪感。**我们经常组织医务人员讲传统、忆传统，使大家懂得，救死扶伤，实行革命的人道主义、对工作极端负责任，对伤病员极端热忱，对技术精益求精，面向部队、面向基层，为兵服务，艰苦奋斗，无私奉献，正是具有我军卫生工作特色的医德医风，是我军卫生工作光荣传统和优良作风的集中体现。作为医务工作者，应该为所从事的职业感到自豪，珍惜广大患者的信任。

——**实施"窗口"教育，增强文明行医、廉洁行医的紧迫感。**我们从卫生行业作为社会主义精神文明建设的"窗口"的地位和特点出发，对照《医务人员医德规范》，不间断地组织医务人员开展"四查四看"的揭短亮丑活动，即查服务思想，看全心全意为患者服务的宗旨树得牢不牢；查服务技术，看是否精益求精；查服务态度，看有无生、冷、硬、顶现象，查服务态度，看有无以医谋私、吃请受礼现象。将查出的问题及时处理并向全体人员通报。同时，开展"微笑在病房"，"假如我是病人"，"让白求恩、赵雪芳精神在医护岗位上闪光"

等活动，不断提高文明行医、廉洁行医的自觉性。

通过医德医风教育，惠侨科医务人员的精神面貌发生了很大变化，好人好事层出不穷。该科常年危重病人多、手术病人多、卧床病人多，在"一切为病人"的口号下，大家超负荷工作，毫无怨言。为了照顾危重病人，有的医生护士连续上几十个夜班。家住院外的同志，有时为了抢救危重病人，半夜打出租车也要赶到医院。对患者，不论是有钱的老板，还是穷困的打工仔，一视同仁。有的在护理精神病人时，无端受到打骂，依然面带微笑，劝慰、关心病人。有的病人经济上有困难，医务人员就慷慨解囊。据统计，20年来，工作人员共向病人捐款13万元。大家身在都市，心系基层。广州军区某特种兵大队的指战员训练强度大，患腰腿痛的多，由于远离城镇，看病不方便。惠侨科医务人员自己组织起来，利用周末时间，为他们送医送药。被中央军委授予"喀喇昆仑模范医疗站"荣誉称号的兰州军区三十营房医疗站，是全军条件最艰苦的医疗站之一。1996年，惠侨科组织医疗队，克服重重困难，与该站的医护人员一起登上海拔5800米的全军最高哨卡——"神仙湾钢铁哨卡"，为官兵查体看病。有的高山反应晕倒了，醒来后又投入工作，使哨卡的官兵深受感动。

推行强有力的监控机制

加强医德医风建设，既要加强思想教育，又要有严格合理的规章制度的保证。这些年来，我们推行并依靠三个有效的监控机制，使惠侨科的医德医风建设逐步走上制度化、规范化的轨道。

靠健全的约束机制规范形象。针对改革开放和市场经济条件下职业道德方面出现的新情况和纠正行业不正之风的要求，我们引导惠侨科广泛讨论，献计献策，制定了以"十要八不准"为核心的职业道德规范和文明行医实施细则，并力求体现"三性"：一是系统性。对临床医疗科室和医技辅助科室，都规定了相应的优质服务措施；对医生、护士和护理员，也制定了廉洁行医守则。二是具体性，尽量细化量化有关规定。如关于禁止收受红包问题，规定收受红包100元以下者，通报批评，扣发劳务补贴3个月；金额超过100元给予行政警告处分，扣发劳务补贴6个月；凡以医谋私，向病人暗示、索要红包者，则加倍处罚。三是可操作性。制定了易于实施的考评标准和考评办法，把科室和个人医德医风的表现按照100分的目标，分为"好、较好、一般、较差、差"五等，逐条考评，综合打分。

靠严格的监督机制维护形象。主要做到"三个结合"：一是党内监督与党外监督结合。我们指导惠侨科党总支把医德医风建设作为党总支、支部建设的目标管理之一，帮助其制定了《党员干部廉政建设的20条规定》；把医德医风建设作为党内民主生活会的主要内容，党总支坚持每季度、党支部坚持每月进行一次对照检查；发动党外群众评议打分，提出批评意见，促使党员医务工作者带头廉洁行医。二是领导监督和群众监督相结合。一方面，医院和惠侨科领导每周查房一次，并分别到科室参加党支部大会、党小组生活会，了解情况；另一方面，每月召开一次医德医风形势分析会，在门诊部、住院事务处设立举报箱、举报电话，定期召开伤病员座谈会，发放"住院病人问卷调查表"，多方面、多渠道听取病人的意见。三是院内监督与院外社会化监督相结合。在搞好院内监督的同时，建立了社会化监督网络，先后聘请新闻记者、驻地政府工作人员、有医疗合同的企业职工、离退休人员等各方面、各阶层的代表53人做监督员，请他们定期填写"监督评议卡"，适时召开监督员座谈会，使监督工作实打实。

靠有效的奖惩机制完善形象。我们把医德医风的表现作为评先创优的重要内容，作为晋职晋级和立功受奖的重要条件，作为超额劳务补贴发放的重要依据，并坚决实行医德医风"一票否决制"。先后对3起违反规定收受红包、接受礼物的事件进行了严肃查处，分别给予罚款、延缓晋级和通报批评，收到了"处理一件、教育一片"的效果。

强有力的监控机制，促进和保证了惠侨科一流的服务。许多患者以当地最普遍的赠送礼品、红包等方式，表达真诚的谢意，但都被医务人员婉言谢绝。有的实的推辞不了，收下后马上交给组织处理。20年来，工作人员上交红包30多万，金项链、金戒指等物品2000余件。有一位入住惠侨科的患者，不相信这里不收红包。出院前，她试探性地给教授、经治医生、护士、卫生员5人各送了一个红包。但都原封不动地退还给她。她以为送的钱太少，索性又加倍送去，还是无一人收下。她感叹地说："我算服了"。泰国《新中原报》曾连载长篇通讯，称赞惠侨科"改革开放多年，但歪风没有刮到这里……"

建立适应新形势和医德医风要求的激励模式

在医德医风建设中，教育是基础，监控机制是保证，而激励模式也是不可缺少的动力。这些年来，我们针对人们利益观上的新变化，不断拓宽思路，建立了适应医德医风内在要求的激励模式。

以荣誉激励为主导。我们坚持开展争当医德医风先进集体和先进个人活动，每月一次讲评，每半年一次小结，每年进行一次综合评比，并召开表彰先进集体和先进个人大会，先后树立了"待病人如亲人的护士长麦坚勤"、"无私奉献为病人的医生黄兰君"、"医德高尚的全军优秀护士杨丽"等先进典型；给予成绩突出、备受患者好评的130多人次记功、嘉奖。荣誉成为大家自觉树立医疗新风的强大牵引力，在医院开展的争先创优活动中，比、学、赶、帮、超蔚然成风。

以经济补偿为杠杆。10年前，我们以惠侨科为试点，在全国卫生行业率先推出"全方位综合目标责任制"，即确定惠侨医疗收益指标，实行成本管理，确定医疗技术指标，实行科学管理，把医务人员的技术劳动和医德医风的表现加以量化，使之与个人收益挂钩，让医务人员高技术劳动的价值得到社会的承认，让奉献大的人得到较多的经济利益。1990年来，党委根据惠侨科医德医风等方面的始终走在全院前列的实际，决定在超额劳务补贴分配上高于全院平均数的20%以上。

以排忧解难为后盾。院党委坚持把好事办实，实事办好，实施了一系列"温暖工程"。比如，先后投资4000多万元，建起了4栋宿舍楼，基本解决了工作人员"住房难"的问题；建起了专家教授餐厅、多功能干部食堂和两个快餐厅，为大家就餐提供了方便；为在院外居住的医务人员及其家属子女上班、上学安排4条专线班车；对生病住院的工作人员，院科领导带着慰问品去看望。

我们认为，要使激励真正成为医务人员树立医疗新风的强大精神动力，必须在两个方面下功夫：一方面，要以精神激励为主；另一方面，要在创造良好的事业环境上下功夫。与此同时，党委坚持科学民主决策，经常召开医务人员座谈会，就医院的建设问题虚心听取群众的意见。

南方医院

×年×月×日

四、调查报告

(一)调查报告的含义、分类

调查报告是对某项工作、某个事件、某个问题，经过深入细致的调查后，将调查中收集到的材料加以系统整理，分析研究，以书面形式向组织和领导汇报调查情况的一种文书。主要有以下几种类型：

1. 情况调查报告

情况调查报告是比较系统地反映本地区、本单位基本情况的一种调查报告。这种调查报告是为了弄清情况，供决策者使用的。这里所说的社会情况，主要是指社会风气、百姓意愿、婚恋、赡养、衣食住行等群众生活各方面的基本情况。这类调查报告虽不直接反映政治、经济等重大问题，但百姓生活也是跟政治、经济密切相关的。

2. 典型经验调查报告

典型经验调查报告是通过分析典型事例，总结工作中出现的新经验，从而指导和推动某方面工作的一种调查报告。某一地区、某一单位、某一企业，在贯彻落实党和国家的各项方针政策过程中，或在日常的思想政治、经济建设、科学教育等方面取得了突出的成绩，为了把他们的具体做法和成功奥秘反映出来，可以对他们进行专题的调查，然后写出调查报告，这种类型就是介绍经验的调查报告。介绍经验的调查报告跟工作通讯中那些以反映工作成绩为主的类型有些近似。区别在于调查报告重在调查，特别注重对调查过程和调查所得数据的叙述和列举。

3. 问题调查报告

问题调查报告是针对某一方面的问题，进行专项调查，澄清事实真相，判明问题的原因和性质，确定造成的危害，并提出解决问题的途径和建议，为问题的最后处理提供依据，也为其他有关方面提供参考和借鉴的一种调查报告。这是针对某一存在问题展开调查，以揭示这一问题的种种现象和深层原因为主要目的的调查报告。它的主要功能是揭露和批判，探究问题产生的原因，分析问题的症结所在，提供解决问题的思路和方法。

4. 反映新生事物的调查报告

这是针对社会现实中某种新近产生或新近有了长足发展的事物而写的调查报告。在现实社会中，新生事物总是不断涌现的。这些新生事物，究竟是显示了社会发展的某种趋势，有着光明的发展前景，还是昙花一现的偶然现象？对这些新生事物，究竟应该肯定，还是应该引起足够的警惕？反映新生事物的调查报告的文体功能，就是全面的报道某一新生事物的背景、情况和特点，分析它的性质和意义，指出它的发展规律和前景。

(二)调查报告的写作

调查报告一般由标题和正文两部分组成。

1. 标题

标题可以有两种写法。

一种是规范化的标题格式，即调查对象＋调查课题＋文体名称，基本格式为"关于×××的调查报告"、"××××调查"等。这样写的好处是要素清楚，读者一看就知道这是写的什么单位，涉及的是哪些问题，文种也很明确。这样写的不足之处是太模式化，不够新鲜活泼。

另一种是自由式标题，包括陈述式、提问式和正副题结合使用三种。陈述式如《东北师范大学硕士毕业生就业情况调查》，提问式如《为什么大学毕业生择业倾向沿海和京津地区》，正副标题结合式，正题陈述调查报告的主要结论或提出中心问题，副题标明调查的对象、范围、问题，这实际上类似于"发文主题"加"文种"的规范格式，如《高校发展重在学科建设——×××大学学科建设实践思考》等。作为公文，最好用规范化的标题格式或自由式中正副题结合式标题。

2. 正文

正文一般分前言、主体、结尾三部分。

（1）前言

调查报告的前言一般要根据主体部分组织材料的结构顺序来安排，常用的有以下几种类型：

①第一种是提要式。提要式就是把调查对象最主要的情况进行概括后写在开头，使读者一入篇就对它的基本情况有一个大致的了解。例如《靠名牌赢得市场——关于深圳市飞亚达（集团）股份有限公司的调查》的开头：

飞亚达（集团）股份有限公司（以下简称飞亚达）是一家以生产钟表为主的大型企业，1987年成立于深圳。在经济特区这块改革开放的沃土上，该公司坚持不懈地实施名牌战略，终于在竞争激烈的钟表行业后来居上。历经十二年的艰苦创业，飞亚达由一个钟表小厂发展为总资产逾八亿元，年创利润八千万元的上市公司，成为国内同行的翘楚。

这个开头把飞亚达公司发展情况和主要成绩作了概括的介绍，提纲挈领，统率全文。

②第二种是交代式。在开头简单地交代调查的目的、方法、时间、范围、背景等，使读者在入篇时就对调查的过程和基本情况有所了解。《关于北京市家用缝纫机销售情况的调查》一文的开头就是这样的：

为了增强计划性，加强对家用缝纫机的经营，更好地掌握市场销售动态，我们采取了走访经营单位与分析历史资料的办法，对北京市家用缝纫机历年销售情况以及当前社会保有量和市场需求变化进行了调查。经过分析，认为北京市场除上海缝纫机供不应求以外，其他牌号缝纫机销售在北京市已趋于饱和。

这个开头包括目的、方法、范围和结论等几个方面，总的来说属于交代式的开头。

③第三种是问题式。在开头提出问题来，引起读者对调查课题的关注，促使读者思考。这样的开头可以采用提问的方式引出问题，也可以直接将问题摆出来。例如《农村发展社会主义市场经济的成功之路——贸工农一体化、产加销一条龙经营的调查》的开头：

近些年，随着农村改革的深化和商品经济的发展，贸工农一体化、产加销一条龙的经营方式，正在我国农村迅速突起。它一出现，就显示出旺盛的生命力和巨大的优越性，为农村经济的发展注入新的活力。这种经营方式对我国农业向商品化、现代化转化有哪些作用？应采取什么方针政策扶持其发展？我们就这些问题进行了调查，并同10个县（市）的有关同志进行了座谈，形成了一些共识。

（2）主体

这是调查报告最主要的部分，这部分详述调查研究的基本情况、做法、经验，以及分析调查研究所得材料中得出的各种具体认识、观点和基本结论。

"情况——成果——问题——建议"式结构，多用于反映基本情况的调查报告；

"成果——具体做法——经验"式结构，多用于介绍经验的调查报告；

"问题——原因——意见或建议"式结构，多用于揭露问题的调查报告；

"事件过程——事件性质结论——处理意见"式结构，多用于揭示案件是非的调查报告。

（3）结尾

结尾的写法也比较多，可以提出解决问题的方法、对策或下一步改进工作的建议；或总结全文的主要观点，进一步深化主题；或提出问题，引发人们的进一步思考；或展望前景，发出鼓舞和号召。主要有以下几种：

①第一种是概括全文，明确主旨。在结束的时候将全文归结到一个思想的立足点上，例如《关于邯郸钢铁总厂管理经验的调查报告》的结尾：

邯钢的实践证明，国有企业适应建立社会主义市场经济体制要求，必须在转换经营机制的基础上转换经营方式，切实转变经济增长方式，这样才能充分挖掘企业的内部潜力，提高企业的整体素质和市场竞争力。邯钢的作法为国有企业实行从传统的计划经济体制向社会主义市场经济体制，从粗放经营向集约经营两个具有全局意义的根本性转变提供了借鉴的经验。

②第二种是指出问题，启发思考。如果一些存在的问题还没有引起人们的注意，如果限于各种因素的制约作者也不可能提出解决问题的办法，那么，只要把问题指出来，引起有关方面的注意，或者启发人们对这一问题的思考，也是很有价值的。例如《暗访北京站前发票非法交易》一文的结尾：

记者随后又转了几个地方，16时10分从北京站前离开。在这40分钟里，碰见了大约20名卖发票的不法人员。听口音他们大都是外地人。从言谈举止可以感觉到他们知道自己的行为是违法的。在广场、路口维持秩序的公安、保安人员不少，也许是司空见惯了吧，记者没有看到他们出面制止这种不法行为。

对发票非法交易的现象，到底该由谁来管，怎么管？作者指出这一问题，相信能引起有关部门的重视。

③第三种是针对问题，提出建议。在揭示有关问题之后，对解决问题提供一些可行的建议。例如1999年11月23日《人民日报》刊登的专题调查《人情消费，让人如何承受你!》就写了一个建议性的结尾：

在人情消费已成为一种风气的情况下，制止大操大办单靠哪一个人、哪一个单位很难从根本上奏效，如喝喜酒，往往是通知范围大了人们反感，范围小了没接到通知的人也有意见。遏制人情消费，建立新型的人际关系，倡导社会新风，是一项社会系统工程，需要各级各部门共同努力。首先要加强宣传和教育。提倡新事新办，勤俭持家，厉行节约，建立新型的社会主义人际关系。节日期间，报纸、电台、电视台可举办专题栏目、节目进行宣传，文化部门应挑选一批优秀的影片（主要是婚丧嫁娶新事新办方面的）在各乡镇、村巡回播放。通过广泛深入的宣传教育，使人们树立正确的人情消费观。其次要制定社会规范。在政府机关和企事业单位建立红白理事会，推行节俭办红白喜事。建立约束机制，对人情消费进行引导、规范、管理。三是严格稽查。对大操大办甚至借机敛财的干部要严肃处理，直至在新闻媒体上曝光。

3. 落款

调查报告的落款要写明调查者单位名称和个人姓名，以及完稿时间。如果标题下面已注明调查者，则落款时可省略。

（三）写作要求

1. 在调查上下功夫，确保材料的真实性和说服力

2. 在研究上做文章，确保调查报告的指导性

3. 合理安排框架结构，做到条理清楚，结构严谨

（四）学生分析讨论例文

关于乌当区旅游业管理情况的调查报告

乌当区自然风光美丽，民族风情多姿多彩。近年来，乌当区的旅游业在省、市、区各级党委、政府的高度重视和关心支持下，经历了从无到有、由小到大的艰辛历程，取得了明显的成效，许多景点在省、市已具一定的知名度。目前，情人谷、香纸沟、渔洞峡、相思河、百花湖、新天温泉等6个景区已建成并对外开放；金螺湖、巴喇谷、永乐湖、三江小峡谷等景区正在加紧建设之中，近期将建成开放；永乐山庄、圣地庄园、阿栗杨梅、永乐艳红桃、东风枇杷、下坝樱桃等农家乐品牌已经形成，尤其是新天温泉的成功开发吸引了广大游客到乌当休闲度假和健身。乌当区靠丰富的旅游资源和良好的地理优势，节假日、周末和瓜果成熟的时节，都吸引着人们来休闲度假，形成了将自然风光、民族风情、人文景观和观光农业相结合，集吃、住、行、游、购、娱、沐浴、医疗保健为一体的独具特色的旅游新格局。旅游业的发展拉动了餐饮、住宿、交通等相关服务产业的发展，扩大了社会劳动就业，有效促进了农村剩余劳动力转移，带动了农村经济发展和农民致富，推动了基础设施建设，改善了投资环境，收到了良好的社会和经济效益。2004年，全区共接待游客39.6万人次，旅游直接收入796万元，旅游从业人员2000余名。2005年接待游客40万人次，旅游直接收入1000余万元。"十五"期间共计接待游客184万人次，旅游直接收入3700余万元，与"九五"相比，分别翻2.1番和3.5番。

随着我区旅游业的迅猛发展，现行旅游管理体制中一些不合理、不完善的地方也不可避免地凸现出来。如何适应现代旅游业发展的需要，有效整合旅游资源，把我区旅游业这块蛋糕做强做大，从而促进三产的发展，需从多方面去思索和探索。区政协文教宣卫委员会成立调研组近期就全区旅游业的管理体制管理现状进行了深入调查和研究，并提出了意见和建议。

一、旅游业管理现状

（一）机构设置。区委、区政府对旅游业实行统一领导，并明确一位副区长具体分管抓好该项工作，下设乌当区旅游事业局，乡镇办事处（有景区的）设立旅游管理办公室（无编制，与经济发展办联合办公），各景区均设立景区管理处。最近，还成立了乌当区温泉开发办公室，设办公室于乌当区旅游局。

（二）管理模式。目前全区旅游业管理实行的是"统一领导，分级管理，指导协调"。区委、区政府对旅游业实行统一领导，主要是对旅游业政策的制定、规划建设的宏观

调控、景区开发的前期投入和招商引资，旅游职能部门的人、财、物管理。

景区(点)及旅游企业按投资主体实行分级管理，如香纸沟、渔洞峡、情人谷 3 个景区分别由乡一级政府投资，其人财物管理就归到乡镇、办事处；百花湖由贵阳市建设局投资，其人财物就由市建设局管理；新天温泉原由区财政投资，其管理由区政府委托区旅游局代行；相思河由贵州珍珍旅游公司(私营)投资开发，景区的管理由水田镇政府负责，经营则由珍珍公司负责；永乐湖景区由贵州省水利厅下属的贵州江河旅游公司投资开发，其管理由乌当水利局、永乐政府负责，经营则由贵州江河旅游公司负责；正在开发的三江小峡谷景区由贵阳三江旅游公司与三江村委会联合开发，管理由水田镇政府负责，经营由三江村委会与贵阳三江旅游公司负责。

旅游职能部门—区旅游事业局，按照区政府赋予的职权，对全区旅游业实行指导协调。主要职能是制定全区的旅游规划、对景区(点)的等级进行评定申报、对旅游服务标准等级进行监督检查、指导景区(点)的开发、建设、管理，协调解决开发和开放中遇到的困难和问题，积极宣传、筹划推出各景区，进行旅游从业人员的培训、旅游安全知识教育等。

二、旅游业管理中存在的主要问题

经调查，我区旅游业管理主要存在以下几方面问题：

(一)思想认识不足，管理力度不大

旅游业是一项关联性极强的系统工程，是牵动经济社会诸多方面的产业链条。它既可以带动投资消费增长，又可以推动基础设施建设，既可以促进就业再就业，又可以促进社会管理水平的提高。部分乡镇没有充分认识到这一点，以至于拥有美景却不知道利用，对旅游的开发和建设关心重视程度不够，管理的措施和力度相对弱化。

(二)机构设置不合理，监督管理不畅

部分乡镇、办事处虽设有旅游管理办公室，但由于无人员编制，实际如同虚设，做不到对景区切实进行监督管理。区旅游局也受职能所限，无综合执法权利。

(三)政策措施不到位，具体管理难操作

乌当区目前还没有结合本区实际制定旅游业管理方面政策及措施，不便于指导和规范旅游业的管理行为。

(四)旅游缺乏总体规划

乌当旅游规划相对滞后，缺乏总体意识，旅游资源被人为地条块分割，往往各自为政，使资源优势不能以最有效的方式转化为经济优势。又因各景区规划执行不严，私营业主因文化修养、资金等因素，景区内各旅游设施建筑风格、档次等与规划方案相违背，随意性较大，部分给人凌乱、低档次感觉，给景区的吸引力大打了折扣。因为无序建设，给景区的环保和生态也造成一些不良影响。

(五)资金投入无保障，主导作用难发挥

由于区、乡两级对旅游业开发的前期投入尚未纳入财政预算，致使政府主导作用难以发挥。

(六)旅游管理人才紧缺，旅游服务人员素质不高

旅游业本质上就是服务业，其收入的增加主要是由旅游者的各种需求得到满足来实现的。但许多景区，重建设、轻服务，旅游专业管理人才少，景区(点)无专职导游人员，服

务人员素质偏低，使旅游服务质量跟不上。

三、意见和建议

省委"十一五"规划中鲜明提出"积极培育以旅游业、生态畜牧业为重点的后续支柱产业"，把发展旅游业作为推进全省结构调整和优化的一项重要任务。区委、区政府也将旅游业的发展纳入了重要议事日程，"稳住一产，提升二产，突破三产"的产业结构调整目标已定，旅游作为三产的龙头，将在"富民兴区"的大业中发挥应有的作用。加强旅游业管理，积极创新管理体制工作刻不容缓，建立科学合理、运转协调的旅游管理体制，是加速我区旅游业发展的当务之急。应按照"政府主导、效益优先、市场培育、企业带动"的原则，进一步打破政企不分，条块分割的旧体制，建立高效的旅游行业管理体制，推动旅游产业更快、更好发展。调研组特对管理体制方面存在问题提出如下意见和建议：

（一）提高认识、强化管理

作为朝阳产业，旅游业促进区域经济发展，拉动社会有效需求，刺激、带动相关行业发展等功能已经显现。建议区委、区政府进一步加强对旅游工作的领导，把旅游业发展同全区经济有机结合起来，把旅游业作为一个战略重点、重要支柱产业来培育和发展。各乡镇和区直与旅游密切相关的部门，要从"大旅游、大市场、大产业、大发展"的高度充分认识发展旅游业的重大现实意义，把发展旅游业作为重要职责，列入重要议事日程，切实加强组织领导。要各司其职，各负其责，密切配合，齐抓共管，形成旅游业发展的强大合力，努力推动全区旅游业快速健康发展，将旅游业培育成为乌当第三产业的龙头和新的经济增长点。

（二）理顺管理体制，加大监管力度

要做到"三权"分离，使景区的所有权、经营权、管理权分属不同的职能部门，要充分发挥政府主导行业主管的作用。从某种程度上讲，政府主导和行业主管是旅游业顺利发展的重要保证。在旅游业的发展过程中，政府部门对旅游业要正确定位，给旅游业发展予宽松的产业政策和较多的投入。在旅游业发展中作好宏观调控，把旅游管理的权力最大限度地放在旅游管理部门。旅游管理部门则应作好旅游发展的具体规划；协调好旅游行业内部的相互关系；加强对旅游产品的监督和管理力度，把好旅游质量关。

另外，乌当区有必要进一步完善机构设置，以便充分发挥各机构职能作用，切实加大监管力度。一是成立区旅游发展与管理委员会，由分管区长任会长（主席），区直相关部门负责人为委员，并赋予管委会对执行旅游方针、制定政策法规以及对旅游规划、开发、招商引资、经营管理、宣传促销等旅游相关的绝对管理权限。委员会下设办公室于区旅游局，具体抓日常工作。二是成立旅游综合执法大队（或办公室），建立健全旅游市场综合治理机制，切实加大旅游综合执法力度，加强受理旅游投诉和市场监督检查的职能，有效保证旅游服务质量监管，避免因执法主体不明而造成的管而不严，执而不明，相互干预，相互推诿现象的存在。三是成立由区旅游发展与管理委员会或区旅游局直管的旅游公司或旅行社，建立起连接客源和资源的桥梁，与省内外旅游组织连成一体。同时打造和宣传我区特色旅游项目、精品旅游线路，并进一步规范服务工作，提高接待能力，使区旅游有组织、上档次。四是对乡镇、办事处设立管理办公室的，给予适当的编制，强化景区有效管理。五是加快旅游企业制度创新，推动旅游企业的股份制、公司制改造，健全现代产权制度，完善法人治理结构。

（三）出台相关政策，规范管理行为

出台符合乌当区实际的相关政策，如《乌当区旅游业管理办法》、《乌当区旅游招商引资办法》等，进一步制定和完善旅游管理有关规章制度，建立旅游行业的服务标准体系，促进旅游行业管理的规范化、标准化、法制化。同时，尽快成立"乌当区旅游行业协会"，减少恶性竞争，加强区内旅游行业的相互合作和配合。

（四）加强旅游规划，注重总体意识

对乌当区旅游业要进行科学定位，作好总体规划，严格遵循"严格保护、统一规划、合理开发、永续利用、配套建设"的方针，要在不浪费资源、不破坏资源、不重复建设、不以牺牲环境为代价的前提下，搞好整体规划，有效整合旅游资源，打破各自为阵，合理保护和开发乌当旅游资源。要注重推出乌当特色旅游，打造旅游品牌。

思考与练习

一、名词解释

1. 事务文书
2. 计划
3. 总结
4. 调查报告

二、简答题

1. 计划与总结的关系是什么？
2. 拟写调查报告要注意哪些问题？
3. 比较调查报告和总结的异同。

三、写作题

1. 根据自己的学习情况，拟写一份大学学习计划。
2. 针对大学生的状况，选定一个题目，拟写一份调查报告。

第四节　规章制度文书的写作

一、规章制度文书概述

（一）规章制度的含义、特点

　　规章制度是国家行政机关、社会团体、企事业单位为实施管理的需要，依照国家法律、法令和政策，在自己权限范围内制订的具有法规性、指导性与约束力的应用文书。各种规章制度在内容上对某方面的工作、某项工作、或某一事项做出规定和要求，对有关方面、有关人员的行为具有规范和制约作用。规章制度是国家法律、法令、政策的具体化，具有法规性和约束性，是人们行为的准则和依据。主要是限制人们可以做什么，不可以做什么；可以怎样做，不可以怎样做。目的是规范人们的行为，加强管理，建立和维护正常的社会秩序。

　　规章制度有如下特点：①约束性。规章制度是出于规范人们行为之目的而制订。规章制度对有关单位或个人的言行举止具有约束性乃至强制力。②周密性。内容上要求能面面俱到，细致而周到，不能有遗漏和疏忽；表述要清晰明确，不能有遗漏，不能有歧义，不能含糊不清、似是而非或自相矛盾，要有逻辑的严谨性，无懈可击。③条款性。内容复杂、条文较多地采用章断条连式，章断条连式正文分为：总则、分则、附则。条文较少的规章制度多用条款并列式。

（二）规章制度的类型

1. 行政法规类

　　它是国家立法机关或政府部门所制发的，具有法律性质和公文效用的规章制度，多用条例、规定、办法、细则等名称。

2. 章程类

　　它是党政机关、社会团体、企事业单位，用于规定其组织的性质、宗旨、任务、组织结构、成员条件、权利、义务、纪律活动规则的纲领性文件，如《中国作家协会章程》。

3. 制度类

　　它是一般行政部门、企事业单位根据实际需要而制定的有关人员共同遵守的办事规程和行动准则，常用"制度"、"规则"、"规程"、"守则"、"须知"等名称。

4. 公约类

　　它是机关团体、人民群众在自觉自愿的基础上，经协商订出的共同遵守的行为规范。

（三）规章制度写作的一般规律

1. 标题

　　标题有四种类型：

　　（1）制发单位＋规章制度内容＋文种

　　（2）适用对象＋文种

　　（3）规章制度内容＋文种

　　（4）制发单位＋文种

2.正文

常采用章条体例——条款式，最繁杂可分为七层：编、章、节、目、条、款、项；常用的是"章"、"条"、"款"三级或"条"、"款"两级。

（1）"繁"式结构，也即"章断条连"式

第一章为总则，条数从总则部分开始排下去，最后设一章附则，中间各部分为分则。总则写的内容是目的、要求、指导思想和适用范围。附则一般写明说明权或解释权，适用对象和施行日期。

（2）"简"式结构，也即"一条到底"式

既不设总则、分则和附则，也不分章，开头是第一条，继之为第二条，依次排列，直到最后。它适用于内容相对简单，层次不复杂的规章制度。

（四）规章制度的写作要求

1.符合党和国家政策

2.符合本单位实际情况

3.明确制订权限

4.语言简洁、结构整齐

5.易于执行，操作性强

二、章程

（一）章程的含义、类型

章程是政党、团体、企业或其他组织依据法律法规，对本组织的性质、宗旨、任务、组织原则、成员条件及义务、权利、机构设置、职权范围、行为规则、纪律措施等作出规范要求的规章文书。章程常见类型有：

1.组织章程

即用于制定政党、社团组织的组织准则和成员行为规范的章程。如《中国共产党章程》、《中国写作学会章程》等。

2.企业章程

即用于规范企业的性质、组织原则、机构设置和经营管理等的章程。如《广东中南公司章程》等。

（二）章程的写作

1.标题

一般有两种写法：一种由"团体组织名称"加"章程"构成；另一种由"团体组织名称"加"事项"再加"章程"构成。标题下可注明会议通过的时间及会议名称。

2.正文

第一章即"总则"，末章为"附则"，中间各章为"分则"。

总则是章程的纲领，对全文起统率作用。一般要求阐明：组织的名称、性质、宗旨、任务、指导思想和组织本身的建设等。企业章程的总则部分涉及的内容一般有：企业名称、宗旨、经济性质、隶属关系、服务对象、机构等。

分则是章程的基本规则部分，分则部分即总则和附则之间的各章。组织章程的分则部分，通常需写明的内容有：组织人员：加入条件、加入程序、义务和权利、纪律规定等；组织机构：领导机构、常务机构和办事机构的设置、规模、产生方式和程序、任期、职责、相互关系等；组织经费：来源，管理方式。组织活动：内容、时间和方式；其他事宜：根据不同组织、团体的需要而确定。

企业章程的分则部分通常需写明：组织关系、资本构成、人事制度、资产管理、业务范畴、运作规程、利润分配等。

分则是章程的主体部分，要全面考虑，合理分章，各章内容相互独立，先后位置安排有序，一条一款，清楚分明。

附则为补充说明的部分。组织章程和企业章程，附则一般都要写：解释权、修订权、实施要求、生效日期、本章程与其他法规、规章的关系，以及其他未尽事项等。

（三）注意事项

1.符合国家的法律、法规和方针政策

2.凡章程从撰写初稿到定稿，须经历讨论、修改和会议通过等环节

3.做到每条内容只表达一个完整独立的意思，条文严谨、周密和规范

4.结构要合乎章程的写法，格式规范

三、条例

（一）条例的含义、适用范围及特点

国务院办公厅发布的《行政法规制定程序暂行条例》规定："对某一方面的行政工作作比较全面、系统的规定，称'条例'。"条例是对某方面工作、某些事项或机关、团体的组织、职权等做出较全面系统的带有规章制度性质的规定。条例的规范对象较为重大，涉及面较广，且一般是作为法律的重要补充，是行政法规的主要形式。其内容较为全面系统。

条例的适用范围：

（1）施行法律条文

有些条例是实施法律的具体法则，如《中华人民共和国经济合同仲裁条例》，是对《中华人民共和国经济合同法》有关条款的实施提出的具体规则。这类条例是和有关法律配套使用的，其规范层次较高。

（2）制定管理规则

如《国家公务员暂行条例》是就公务员管理方面工作提出管理规则。主要包括义务权利、职位分类、录用、考核、奖励、职务升降、职务任免、培训、交流、回避、工资福利、辞职辞退等。

（3）确定职责权限

条例还用以制定某类组织或人员的任务、权利、职责，如《总会计师条例》。

条例的特点：

（1）法规性强

我国的单行法规、地方性法规主要用条例行文。"条例"一方面是一些法律试行阶段的主要形式。另一方面，条例又是法律条款具体化的常用形式。

（2）时效较长

条例在法规性公文中，是规格最高的一种。它作为法律的重要补充形式，一般都是对一个时期内的规范对象加以规定，废止时需要通过有关文件明令废止或宣布失效（主要用"决定"）。

（3）制发严格

适用范围必须是制定较为长期、较为全面的规范；制发机关必须为国务院的各部门及地方人民政府；制发程序上通常由权力机关批准，有关部门公布。

（二）条例的写作

1.标题

一是由规范范围、规范对象加"条例"构成，如"中华人民共和国审计条例"、"湖南省人口与计划生育条例"等，国家行政法规、地方行政法规及比较大型的条例均用这种写法。二是规范对象加"条例"构成，如"楼堂馆所建设管理暂行条例"。

条例标题的写法在法规文书中较有代表性，和党政公文的标题区别：一是标题中不出现制发机关；二是一般不出现行政公文常用的"关于……的"这一介词结构。

2.题注

在标题下标注某某会议通过的时间。

3.正文

条例的正文由因由、规范和说明三部分构成。

（1）因由

实施法律条文的，应写明制定依据。如果所依据法律有明确条文规定的，应写出具体条款，没有的则只写出所依据法律名称甚至只笼统提"有关法律"、"有关规定"。制定管理规则和职责权限的，一般写明制定目的就行了。

如《湖南省人口与计划生育条例》第一条"根据《中华人民共和国人口与计划生育法》和其他有关法律法规的规定，结合本省实际，制定本条例。"

如《水土保持工作条例》："第一条"防治水土流失，保护和合理利用水土资源，是改变山区、丘陵区、风沙区面貌，治理江河，减少水、旱、风沙灾害，建立良好生态环境，发展农业生产的一项根本措施，是国土整治的一项重要内容。为了做好水土保持工作，特制定本条例。"这里既写明制定目的又说明了工作意义。个别的条例不写因由，开篇第一条就写出适用范围。

（2）规范

条例的规范是它的主体部分。适用范围不同，条款构成有所不同。

实施法律条文的条例，其内容因实施需要而确定，一般需要对原件条款、适用范围等加以具体化，如《借款合同条例》，分别对该条例的适用范围，合同订立和履行、变更和解除，违约责任和违法处理等均作了具体规定。这类条例，多数是原件有关条款的具体扩展，是实施原法律不可缺少的法规，故要写得具体明确，特别需要围绕实施内容来确定。

管理工作规则的条例，多提出一些管理原则、管理责任、管理内容及要求、方法，如《广东省城市建设综合开发公司管理条例》，分别对城市建设开发公司的企业性质、宗旨、具备条件、审批程序及土地开发、房屋售价、周转资金、财务管理等做出了规定。

确定职责权限的条例，规范部分主要规定有关机构、组织或人员的职责、权限、任务、组织方式等。如《全民所有制工业企业职工代表大会条例》，具体规定了职工代表大会的职权、职工代表、组织制度、与工会的关系、车间和班组的民主管理等事项。

（3）说明

说明项是对施行该条例或有关事项的附带说明，说明的内容包括适用范围、词义解释、制定权、解释权、监督执行权、施行日期、废止有关文件等。这部分一般放在"附则"或最后几条列出。

(三)写作要求

1. 使用要恰当

条例使用有严格的限制。从现阶段来看，它是国家行政法规的最高形式，用以制定管理国家的各项行政工作的法规，地方人民政府(省级)也用以制定地方性法规。根据《行政法规制定程序暂行条例》规定，国务院各部门各地方人民政府制定的规章不得称"条例"，说明使用条例有严格的限制，用以规范较重大事项时才能使用。用来制定单方面规范或比较具体规范的，可以用其他法规文种。至于企事业单位和群众团体是不能使用"条例"的。

2. 条款要周密

条例的条款必须周密。一方面，条款必须符合国家的有关法律、法令及有关方面的政策，不得与有关文件相抵触；另一方面，规范内容，必须完备，若条款有遗漏，留下空白点，执行起来易被人钻空子。此外，在条款的具体表述上也要做到周密，使条款表述得精密确切，无懈可击。

3. 体式要规范

条例的严肃性与周密性，还在体式的规范上体现。条例体式规范主要要注意几个问题，一是标题的写作要符合规范。二是条例正文前不加主送机关，主体前不加"前言"，一律逐"条"排列，即不用"总分式"结构。三是章条标示要规范。

4. 要切实可行

制定条例要从实际出发。在制定某一方面的条例时，一定要进行深入细致地调查研究，通过调研，使所制定的条例符合实际，且切实可行。

思考与练习

1. 为你所在学校某学生团体拟写一份章程。

2. 运用学过的知识，分析本校的学生管理制度。

3. 上网查阅一份条例，并分析该条例的写作格式与内容。

4. 根据学校学生管理的有关规定和寝室的实际情况，拟写一份寝室公约。

第五节　其他文书的写作

一、求职信

(一)求职信概述

求职信是谋求职位的人向有关单位举荐自己希望得到任用的专用书信。其作用是让对方了解自己、相信自己、聘用自己。有人说求职信是"敲门砖",是"通行证",的确如此。因为一封好的求职信在你未到之前,就给招聘单位留下了一个很好的第一印象,这对你的"中选"是有帮助的。

简历是根据要求被动制作的,是求职过程中必备的材料。而求职信则是求职者为争取面谈、面试机会的一种主动写作行为,它具有推销求职者的广告作用。

在应聘求职的过程中,随简历写一封求职信,能够很好地补充简历本身缺乏描述性词语的不足,使招聘单位感受到求职者"鲜活"的形象和求职的诚意。

(二)求职信的写作

1. 求职信的基本格式

一般来说,求职信是属于书信范畴的,所以,基本格式应当符合书信的一般要求:主要包括称呼、正文、结尾、署名、日期、附件共六方面的内容。

(1)称呼

求职信的称呼往往比一般书信的称呼正规一些,在实际书写时要区别对待:如果写给国家机关、事业单位的人事司领导,则用"尊敬的××司长(处长、负责人等)"称呼;如果对"三资"企业老板,则用"尊敬的××董事长(或总经理)先生";如果给各类企业厂长经理写求职信,则可以称之为"尊敬的××厂长(或经理)";如果写给大学校长或人事处长的求职信,则称之为"尊敬的××教授(或校长、老师等)";但最好不要使用"敬启事"、"××前辈"、"××师傅"等不正规的称呼。当然有些自由体的求职信,也可以不要"称呼"。对招聘单位名称的准确称呼可以立刻拉近你与招聘单位的距离,使招聘单位感受到你的诚意。

(2)正文

这是求职信的中心部分,其形式多种多样,一般都要求说明求职信息来源、应聘岗位、本人基本情况、工作成绩等内容。

第一段应当说明本人基本情况和求职信息来源。首先,当然一开始就要自报姓名,避免让看信的人总在想:"你到底是谁?"然后重点介绍自己与应聘岗位有关的学历水平、经历、成就等,让招聘单位从一开始就对你产生兴趣,但详细的个人简历应作为附件。其次,你最好说明自己要应聘的职位,并写出信息的来源渠道,这样好让招聘单位有的放矢地关注你适合的那个职位的特征。

比如"据悉贵公司正在拓展海外业务,招聘新人,且昨日又在《××报》上读到贵公司的招聘广告,故冒昧地写信,前来应聘高级会计师一职"。这样写后不仅师出有名,而且还可以让招聘单位感觉到招聘广告费没有白花。

如果你心目中的公司并没有公开招聘人才,确切地说你并不知道该单位需要不需要招聘人才时,你也可以写一封"自荐信"去"投石问路"。比如,"久闻公司声誉卓著,发展迅速,且产品深受欢迎,据悉贵公司正在开拓新的业务领域,故冒昧写信自荐,热切希望早日加盟贵公司,我的基本情况是……"

第二段说明应聘岗位和能胜任本岗位工作的各种能力。这是求职信的核心部分,主要是向对方表明自己有本专业知识和工作经验,有本专业技能和成就,有与本工作要求相符的特长、兴趣、性格和有关能力。总之,要让对方感到,无论从哪个角度看,你都能胜任这个工作,在介绍自己的知识、学历、经验或成就时,一定要突出适合这项工作的特长和个性,不落俗套,起到吸引和打动对方的目的,千万不能写"风马牛不相及"的东西,比如本人想去应聘一公司的"公关小组"一职,你却在大写特写"本人秀气、好静、爱好数学"等与公关无关的东西,结果是肯定不会被录取的。

从用人单位的角度出发考虑问题是使求职信产生积极效果的重要方法。求职者应该采取换位思考的方法,通过分析用人单位提出的要求,了解他们的需要,然后有针对性地向他们提供自己的背景资料,表现出自己独到的智慧与才干,使他们从你的身上看到希望,并做出对你有利的决定,以此表明你明白该公司的需要。

第三段展示你突出的成就、成果和教育背景,它们必须能够直接有力地支持第二段的内容。如果可能的话,量化这些成就。

(3)结尾

一般应写明:一是希望对方给予答复,并盼望能有机会参加面试;标明与你联系的最佳方式,或者告诉阅读者你将在一周内打电话给他们,商谈下一步进程。在此可根据一些具体情况恰当地赞美招聘单位,并表明"希望能为贵公司效力",体现出自己为该公司服务的强烈愿望。

二是写上简短的表示敬意、祝愿之类的祝词。如"祝贵公司兴旺发达"、"顺候安康"、"深表谢意"等等,也可以用"此致,敬礼"之类的通用词。

(4)署名

应注意与信首的"称呼"相一致。在国外一般都在署名前加上"你诚挚的××、你依赖的××、你忠实的××"之类的形容词。你可以写上,也可以写成"您的学生××",也可以什么也不写,直接签上自己的名字。

(5)日期

一般写在署名右下方,最好用阿拉伯数字写,并把年、月、日全写上。

(6)附件

求职信一般都要求同时寄一些有效证件,如学历证、学位证、职称证、身份证、工作证(求职证)、获奖证书、户口等复印件以及简历、近期照片等。因此,你最好在正文左下方一一注明。这样做,一是方便招聘单位审核,二是给对方留下一个"有条不紊、很负责任、办事周到"的好印象。

(三)写作要求

1.实事求是

诚实是一种美德,实事求是是写作求职信最基本的准则。用成就和事实代替华而不实的修饰语,恰如其分地介绍自己,不要说谎或者夸大其词。

2.突出重点

一方面要突出本人独有的才干,一方面又要侧重某一单位的某一职位的需求来写,切忌面面俱到，千篇一律。简历里有的内容，可以略写或不写，求职信的任务就是专门用于表述自己具有符合求职岗位的闪光点，目的是引起用人单位的注意和好感。

3. 精美得体

求职信的语言比一般文章的语言更要精练，尽量把求职信的长度控制在一页之内；同时，可恰当选用敬辞和谦辞，恭敬而不拍马，自信而不自大。

4. 规范有序

根据求职信的格式来布局谋篇，并对相同或相似的内容进行归类组合，段与段之间按逻辑顺序衔接，忌杂乱无章。书写要清晰，确保求职信中绝对不出现拼写、打印和语法错误。

总之，求职信要具个人特色、亲切且能体现出专业水平，意思表达要直接、简洁、明了，内容、语气、用词的选择和对希望的表达要积极，充分显示出你是一个乐观、有责任心和有创造力的人。求职信是用人单位对求职人的一次非正式的考核，用人单位可以通过信件了解求职者的文字表达能力，可以说求职信是用人单位对求职者取得第一印象的凭证。

（四）学生分析讨论例文

求职信

尊敬的贵公司领导：

您好！

我叫×××，是××学院工商管理专业的一名应届毕业生。我很荣幸有机会向您呈上我的个人资料。在投身社会之际，为了能更好地发挥自己的才能，实现自己的人生价值，谨向贵公司作一下自我推荐。感谢您在百忙之中抽空阅读我的自荐材料。

作为一名工商管理专业的大学生，我热爱我的专业并为其投入了巨大的热情和精力。在四年的学习生活中，我学习并掌握了一定的管理学知识。我一直把学习当作自己的首要任务，不仅学习科学理论知识，同时坚持学以致用，注意加强综合素质的培养。对人力资源管理、生产运作管理、市场营销、财务会计以及金融等方面都有了一定的认识和理解。我的学习成绩良好，一直名列班级前十名，并两次获得学校的奖学金。

面对当今社会如此激烈的竞争，我还从各方面培养自己的兴趣和能力，不断地提高自身的素质。我爱好舞蹈表演，从大一开始就加入了校学生艺术团，并担任舞蹈队的队长一职。我曾多次代表学校参加校内外的演出以及省级的舞蹈比赛，并取得了较好的成绩。最重要的是，我在工作中，加强锻炼自身的处世能力，吸收管理经验，把学习到的理论知识与实际相结合。

我正处于人生中精力充沛的时期，我渴望在更广阔的天地里展现自己的才能，在实践中不断地锻炼和提高自身素质，因此我真诚地希望能够加入贵公司。我会踏踏实实的做好属于自己的每一份工作，竭尽全力地在工作中取得好的成绩。我相信经过自己的勤奋和努力，一定会做出应有的贡献。

感谢您在百忙之中所给予我的关注，愿贵公司的事业蒸蒸日上，屡创佳绩。祝您的事业百尺竿头，更进一步！

此致

敬礼！

求职人：×××

×年×月×日

二、讲话稿

(一)讲话稿的含义、分类和特点

讲话稿也称"发言稿",是讲话者在某种特殊场合就某一问题发表自己的见解或阐明某种事理而事先写成的文稿。其作用是节省时间,集中、有效地围绕议题把话讲好,不至于走题或把话讲错。

讲话稿有广义和狭义之分。广义的讲话稿是人们在特定场合发表讲话的文稿,如开(闭)幕词、演讲稿、欢迎(送)词等;狭义的讲话稿即一般所说的领导讲话稿,是各级领导在各种会议上发表带有宣传、指示、总结性质讲话的文稿,是应用写作研究的重要文体之一。

讲话稿和发言稿的区别:"讲话"和"发言"本是同义语,但由于约定俗成的原因,现在多数是把领导和主持人的发言称为"讲话",其他个人或与会人员所说的,统称为"发言"。

讲话的地点、内容、讲话者的身份不同,也就构成了不同类别的讲话。按场合分,有集会讲话、广播讲话、电视讲话、会议讲话等;按讲话者的身份分,有领导讲话、群众代表讲话、来宾讲话等;按讲话的目的分,有鼓动性的、说服性的、祝贺性的、凭吊性的讲话等;按讲话的内容来分,有政治的、经济的、文化的、学术的、礼节性的讲话等。

讲话稿不同于一般应用文,其特点是内容的针对性、表述的口头性和受众的现场性。

第一,内容的针对性。讲话稿的内容受会议主题、讲话者和受众等因素决定。因此,在写讲话稿之前,必须要了解会议的主题、性质、议题,讲话的场合、背景,领导者的指示、要求,听众的身份、背景情况、心理需求和接受习惯等。

第二,篇幅的规定性。讲话是有时间限制的,因此对讲话稿篇幅要有特定的要求,不能不顾具体情况长篇大论。这就要求讲话稿中心突出、目的明确、观点鲜明、简明扼要,切忌夸夸其谈,拖沓冗长。

第三,语言的特定性。讲话稿的语言介于书面语言和口头语之间,既要有书面语言的精练、准确、干净,又要有口头语的通俗、生动、易懂,讲起来朗朗上口,听起来流畅顺耳,以便于讲话者表达,易于听众理解和接受。要避免使用生僻的词语,尽量少用或不用令人费解的文言词语,对涉及的专业术语,要视听众的情况,斟酌使用。讲话稿要求语言通俗,容易接受,切忌转弯抹角,含沙射影,晦涩难懂,力求在平实中求生动,在准确中求精练,在简明中求风格。

(二)讲话稿的写作

1. 标题

一般有两种形式,即单标题和双标题。单标题直接写明讲话者在什么会议讲话即可,由讲话者 + 会议名称 + 讲话内容构成;双标题由主标题 + 副标题构成,主标题由一句简洁、醒目的话揭示讲话稿的主题,而副标题与单标题结构相同。在什么场合用双标题或单标题,虽然没有明文规定,但实践中有约定俗成的模式。一般单标题应用范围比较广泛,无论是大、中、小型会议,无论是什么身份的领导人都可适用;而双标题的适用范围相对窄一些,通常适用于大型综合性会议上的主题报告,以达到突出会议主题,号召、鼓劲的效果,如:《共创和平美好的未来——二〇〇三年新年贺词》(江泽民)。

2. 称谓

根据与会人员的情况和会议性质来确定适当的称谓,称呼不仅要热情、大方、贴切,还要全面、概括、简短。除了开头称呼外,讲话稿的正文中也可适当穿插使用,其作用是提示听众。领导讲话都是有具体对象的,所以在标题下有对参加会议或活动者的称呼,常见的有"同志们"或"尊敬的××领导、各位嘉宾、同志们"等。称呼及顺序排列根据参加会议或活动的对象而定。

3.开头

讲话稿的开头很重要,寥寥几句会产生很大的作用。讲话稿开头的总体要求是:要能充分调动听众的注意力,并能引出主体内容。开头的方式很多,没有固定的模式。比较常用的主要有四种方式:

一是概述式。介绍会议的背景、会议的议题和会议所要达到的目的。如果是会议结束时的讲话,就要简单总结会议的议程、完成情况和会议的效果。

二是开宗明义式。就是在讲话的开头直截了当地提出问题,将讲话者的意图和盘托出,不绕任何圈子。

三是总结提要式。就是在开头把要说的问题归纳几点,提纲擎领地说出来。

四是表态式。就是表明讲话者对所谈问题的态度,然后顺势把下面要讲的主要内容点出来。如果是补充性讲话,则是对前面领导讲话或工作安排表明自己的态度或观点。

五是强调时间、空间,描述场面,或表明发言者的身份和心情。

4.主体

讲话稿的主体是讲话稿的重点部分,是讲话成功与否的关键。这一部分要承接开头部分所提到的观点展开阐述,并且应做到中心突出,条理清晰,论据充分,论证严密。主体部分结构可分成条块式,也可不分。安排主体结构,通常有两种方式。一是递进式,以事物发展为序,层层递进;二是并列式,把总论点分成几个分论点,每一部分阐述一个分论点,分论点之间的关系是并列的。

5.结尾

讲话稿的结尾要对讲话的主要内容加以概括,使整个讲话的主要精神在听众的印象中进一步加深。常见结尾方式主要有以下几种:一是希望式。对与会者提出要求和希望。二是展望式。在即将结束讲话时,对未来的前景作一番展望。三是总结式。对全文的主要内容加以总结概括。总之,结尾要求简明扼要,收笔自然,取得鼓舞人心或令人回味的效果。

(三)写作要求

1.语言要通俗、生动

由于讲话稿是以声音充当媒介,为了听者的需要,讲话稿的语言要尽量通俗易懂,生动有吸引力。譬如尽量选用双音节词,尽量使用短句,符合口语习惯,不咬文嚼字,从而增强讲话稿的可接受性,提高表达效果。

2.要有针对性

首先是针对听众,讲话稿首先要考虑的是听讲的是什么人,这些人有什么特点,他们最关心的问题是什么,需要解决的问题又是什么。其次是要针对会议主题讲,不能离开会议主题,信口开河。第三是针对讲话者的身份和语言习惯。

(四)学生分析讨论例文

在2013年高三毕业典礼上的讲话

各位领导、老师、同学们:

大家上午好！

今天我们×中人隆重聚会，既是毕业典礼，又是战前誓师。在此，我谨代表高三年级全体教师向所有即将毕业的高三学子献上我们最诚挚的祝贺：祝贺你们即将顺利完成高中学业，成为一名合格的高中毕业生。同时，也为你们即将出征走向高考战场而壮行！

自从踏入×中校园，三年来，为了追逐梦想，纵有风吹霜打，日晒雨淋，可你们矢志不渝，发奋攻读，遨游学海，攀登书山，在进取的道路上留下了一串串步履坚实的青春脚印。时间在消逝，你们的知识却得以丰富，能力得以提高，情操得以陶冶，意志得以坚强！转眼间，毕业的钟声已悄然敲响。

毕业是一首经久不衰的老歌，余音绕梁，将甜美与苦涩的故事，编织为热泪盈眶的欣悦；毕业是一坛陈酿多年的美酒，将所有历历在目的往事，化为扑鼻的醇香。毕业并不代表结束，而是一个新的开始。无论是古人的"天下兴亡、匹夫有责"，还是今人的"不拟霜同鬓，唯将国为家"；无论是朱自清宁死不食美国的救济粮，还是抗洪战士誓死捍卫大堤；无论是雷锋钉子般地钉在岗位上，还是王渊"不拿国籍换大奖"等，都体现了中华儿女对母亲亘古不变的爱。只有找到个人命运和祖国命运的最佳契合点，且顺应历史潮流而动，才有使不完的劲、用不完的力，才能实现人生的真正价值。所以，我要告诉你们：今后不管你们是走向社会，还是继续负笈求学，在把孝心献给父母的同时，更要把爱心献给社会、把忠心献给我们伟大的祖国！

同时，老师也真心希望，每位同学都能在走进考场前，抬起你自信的头，张开你自强的翼，提一口丹田气，想一件如意事，说一句自励语。告诫自己，沉着、沉着再沉着，沉着是优异成绩的基石；叮嘱自己，冷静、冷静再冷静，冷静是孕育"黑马"的"温床"。昂首上路吧，成功从来与自信为伍，幸运永远和强者同行！

同学们：长叮咛、短嘱咐，万语千言难以诉尽老师对你们的依依不舍，就让我们把这份浓重的留恋之情化为对你们的美好祝福吧——祝你们高考顺利，梦想成真！学那梅花，争作"东风第一枝"。老师坚信你们的生命会因为你们精彩的一跃而灿烂夺目，一中的历史会因你们奋力的一搏而更加辉煌！

思考与练习

一、简答题

1. 举例说明写讲话稿要注意哪些问题。

2. 讲话稿与演讲稿有何区别？

二、写作题

1. 新同学即将到校，代表老同学为新生的到来写一篇欢迎词。

2. 根据某单位聘用要求和个人求职意向拟写一份求职信。

附 录

党政机关公文处理工作条例

第一章 总 则

第一条　为了适应中国共产党机关和国家行政机关(以下简称党政机关)工作需要,推进党政机关公文处理工作科学化、制度化、规范化,制定本条例。

第二条　本条例适用于各级党政机关公文处理工作。

第三条　党政机关公文是党政机关实施领导、履行职能、处理公务的具有特定效力和规范体式的文书,是传达贯彻党和国家方针政策,公布法规和规章,指导、布置和商洽工作,请示和答复问题,报告、通报和交流情况等的重要工具。

第四条　公文处理工作是指公文拟制、办理、管理等一系列相互关联、衔接有序的工作。

第五条　公文处理工作应当坚持实事求是、准确规范、精简高效、安全保密的原则。

第六条　各级党政机关应当高度重视公文处理工作,加强组织领导,强化队伍建设,设立文秘部门或者由专人负责公文处理工作。

第七条　各级党政机关办公厅(室)主管本机关的公文处理工作,并对下级机关的公文处理工作进行业务指导和督促检查。

第二章 公文种类

第八条　公文种类主要有:

(一)决议。适用于会议讨论通过的重大决策事项。

(二)决定。适用于对重要事项作出决策和部署、奖惩有关单位和人员、变更或者撤销下级机关不适当的决定事项。

(三)命令(令)。适用于公布行政法规和规章、宣布施行重大强制性措施、批准授予和晋升衔级、嘉奖有关单位和人员。

(四)公报。适用于公布重要决定或者重大事项。

(五)公告。适用于向国内外宣布重要事项或者法定事项。

(六)通告。适用于在一定范围内公布应当遵守或者周知的事项。

(七)意见。适用于对重要问题提出见解和处理办法。

(八)通知。适用于发布、传达要求下级机关执行和有关单位周知或者执行的事项,批转、转发公文。

(九)通报。适用于表彰先进、批评错误、传达重要精神和告知重要情况。

（十）报告。适用于向上级机关汇报工作、反映情况，回复上级机关的询问。

（十一）请示。适用于向上级机关请求指示、批准。

（十二）批复。适用于答复下级机关请示事项。

（十三）议案。适用于各级人民政府按照法律程序向同级人民代表大会或者人民代表大会常务委员会提请审议事项。

（十四）函。适用于不相隶属机关之间商洽工作、询问和答复问题、请求批准和答复审批事项。

（十五）纪要。适用于记载会议主要情况和议定事项。

第三章　公文格式

第九条　公文一般由份号、密级和保密期限、紧急程度、发文机关标志、发文字号、签发人、标题、主送机关、正文、附件说明、发文机关署名、成文日期、印章、附注、附件、抄送机关、印发机关和印发日期、页码等组成。

（一）份号。公文印制份数的顺序号。涉密公文应当标注份号。

（二）密级和保密期限。公文的秘密等级和保密的期限。涉密公文应当根据涉密程度分别标注"绝密""机密""秘密"和保密期限。

（三）紧急程度。公文送达和办理的时限要求。根据紧急程度，紧急公文应当分别标注"特急""加急"，电报应当分别标注"特提""特急""加急""平急"。

（四）发文机关标志。由发文机关全称或者规范化简称加"文件"二字组成，也可以使用发文机关全称或者规范化简称。联合行文时，发文机关标志可以并用联合发文机关名称，也可以单独用主办机关名称。

（五）发文字号。由发文机关代字、年份、发文顺序号组成。联合行文时，使用主办机关的发文字号。

（六）签发人。上行文应当标注签发人姓名。

（七）标题。由发文机关名称、事由和文种组成。

（八）主送机关。公文的主要受理机关，应当使用机关全称、规范化简称或者同类型机关统称。

（九）正文。公文的主体，用来表述公文的内容。

（十）附件说明。公文附件的顺序号和名称。

（十一）发文机关署名。署发文机关全称或者规范化简称。

（十二）成文日期。署会议通过或者发文机关负责人签发的日期。联合行文时，署最后签发机关负责人签发的日期。

（十三）印章。公文中有发文机关署名的，应当加盖发文机关印章，并与署名机关相符。有特定发文机关标志的普发性公文和电报可以不加盖印章。

（十四）附注。公文印发传达范围等需要说明的事项。

（十五）附件。公文正文的说明、补充或者参考资料。

（十六）抄送机关。除主送机关外需要执行或者知晓公文内容的其他机关，应当使用机关全称、规范化简称或者同类型机关统称。

（十七）印发机关和印发日期。公文的送印机关和送印日期。

第十条　公文的版式按照《党政机关公文格式》国家标准执行。

第十一条　公文使用的汉字、数字、外文字符、计量单位和标点符号等，按照有关国家标准和规定执行。民族自治地方的公文，可以并用汉字和当地通用的少数民族文字。

第十二条　公文用纸幅面采用国际标准 A4 型。特殊形式的公文用纸幅面，根据实际需要确定。

第四章　行文规则

第十三条　行文应当确有必要，讲求实效，注重针对性和可操作性。

第十四条　行文关系根据隶属关系和职权范围确定。一般不得越级行文，特殊情况需要越级行文的，应当同时抄送被越过的机关。

第十五条　向上级机关行文，应当遵循以下规则：

（一）原则上主送一个上级机关，根据需要同时抄送相关上级机关和同级机关，不抄送下级机关。

（二）党委、政府的部门向上级主管部门请示、报告重大事项，应当经本级党委、政府同意或者授权；属于部门职权范围内的事项应当直接报送上级主管部门。

（三）下级机关的请示事项，如需以本机关名义向上级机关请示，应当提出倾向性意见后上报，不得原文转报上级机关。

（四）请示应当一文一事。不得在报告等非请示性公文中夹带请示事项。

（五）除上级机关负责人直接交办事项外，不得以本机关名义向上级机关负责人报送公文，不得以本机关负责人名义向上级机关报送公文。

（六）受双重领导的机关向一个上级机关行文，必要时抄送另一个上级机关。

第十六条　向下级机关行文，应当遵循以下规则：

（一）主送受理机关，根据需要抄送相关机关。重要行文应当同时抄送发文机关的直接上级机关。

（二）党委、政府的办公厅（室）根据本级党委、政府授权，可以向下级党委、政府行文，其他部门和单位不得向下级党委、政府发布指令性公文或者在公文中向下级党委、政府提出指令性要求。需经政府审批的具体事项，经政府同意后可以由政府职能部门行文，文中须注明已经政府同意。

（三）党委、政府的部门在各自职权范围内可以向下级党委、政府的相关部门行文。

（四）涉及多个部门职权范围内的事务，部门之间未协商一致的，不得向下行文；擅自行文的，上级机关应当责令其纠正或者撤销。

（五）上级机关向受双重领导的下级机关行文，必要时抄送该下级机关的另一个上级机关。

第十七条　同级党政机关、党政机关与其他同级机关必要时可以联合行文。属于党委、政府各自职权范围内的工作，不得联合行文。党委、政府的部门依据职权可以相互行文。部门内设机构除办公厅（室）外不得对外正式行文。

第五章　公文拟制

第十八条　公文拟制包括公文的起草、审核、签发等程序。

第十九条　公文起草应当做到：

（一）符合国家法律法规和党的路线方针政策，完整准确体现发文机关意图，并同现行有关公文相衔接。

（二）一切从实际出发，分析问题实事求是，所提政策措施和办法切实可行。

（三）内容简洁，主题突出，观点鲜明，结构严谨，表述准确，文字精炼。

（四）文种正确，格式规范。

（五）深入调查研究，充分进行论证，广泛听取意见。

（六）公文涉及其他地区或者部门职权范围内的事项，起草单位必须征求相关地区或者部门意见，力求达成一致。

（七）机关负责人应当主持、指导重要公文起草工作。

第二十条　公文文稿签发前，应当由发文机关办公厅（室）进行审核。审核的重点是：

（一）行文理由是否充分，行文依据是否准确。

（二）内容是否符合国家法律法规和党的路线方针政策；是否完整准确体现发文机关意图；是否同现行有关公文相衔接；所提政策措施和办法是否切实可行。

（三）涉及有关地区或者部门职权范围内的事项是否经过充分协商并达成一致意见。

（四）文种是否正确，格式是否规范；人名、地名、时间、数字、段落顺序、引文等是否准确；文字、数字、计量单位和标点符号等用法是否规范。

（五）其他内容是否符合公文起草的有关要求。

需要发文机关审议的重要公文文稿，审议前由发文机关办公厅（室）进行初核。

第二十一条　经审核不宜发文的公文文稿，应当退回起草单位并说明理由；符合发文条件但内容需作进一步研究和修改的，由起草单位修改后重新报送。

第二十二条　公文应当经本机关负责人审批签发。重要公文和上行文由机关主要负责人签发。党委、政府的办公厅（室）根据党委、政府授权制发的公文，由受权机关主要负责人签发或者按照有关规定签发。签发人签发公文，应当签署意见、姓名和完整日期；圈阅或者签名的，视为同意。联合发文由所有联署机关的负责人会签。

第六章　公文办理

第二十三条　公文办理包括收文办理、发文办理和整理归档。

第二十四条　收文办理主要程序是：

（一）签收。对收到的公文应当逐件清点，核对无误后签字或者盖章，并注明签收时间。

（二）登记。对公文的主要信息和办理情况应当详细记载。

（三）初审。对收到的公文应当进行初审。初审的重点是：是否应当由本机关办理，是否符合行文规则，文种、格式是否符合要求，涉及其他地区或者部门职权范围内的事项是否已经协商、会签，是否符合公文起草的其他要求。经初审不符合规定的公文，应当及时退回来文单位并说明理由。

（四）承办。阅知性公文应当根据公文内容、要求和工作需要确定范围后分送。批办性公文应当提出拟办意见报本机关负责人批示或者转有关部门办理；需要两个以上部门办理的，应当明确主办部门。紧急公文应当明确办理时限。承办部门对交办的公文应当及时办理,有明确办理时限要求的应当在规定时限内办理完毕。

(五)传阅。根据领导批示和工作需要将公文及时送传阅对象阅知或者批示。办理公文传阅应当随时掌握公文去向,不得漏传、误传、延误。

(六)催办。及时了解掌握公文的办理进展情况,督促承办部门按期办结。紧急公文或者重要公文应当由专人负责催办。

(七)答复。公文的办理结果应当及时答复来文单位,并根据需要告知相关单位。

第二十五条 发文办理主要程序是:

(一)复核。已经发文机关负责人签批的公文,印发前应当对公文的审批手续、内容、文种、格式等进行复核;需作实质性修改的,应当报原签批人复审。

(二)登记。对复核后的公文,应当确定发文字号、分送范围和印制份数并详细记载。

(三)印制。公文印制必须确保质量和时效。涉密公文应当在符合保密要求的场所印制。

(四)核发。公文印制完毕,应当对公文的文字、格式和印刷质量进行检查后分发。

第二十六条 涉密公文应当通过机要交通、邮政机要通信、城市机要文件交换站或者收发件机关机要收发人员进行传递,通过密码电报或者符合国家保密规定的计算机信息系统进行传输。

第二十七条 需要归档的公文及有关材料,应当根据有关档案法律法规以及机关档案管理规定,及时收集齐全、整理归档。两个以上机关联合办理的公文,原件由主办机关归档,相关机关保存复制件。机关负责人兼任其他机关职务的,在履行所兼职务过程中形成的公文,由其兼职机关归档。

第七章 公文管理

第二十八条 各级党政机关应当建立健全本机关公文管理制度,确保管理严格规范,充分发挥公文效用。

第二十九条 党政机关公文由文秘部门或者专人统一管理。设立党委(党组)的县级以上单位应当建立机要保密室和机要阅文室,并按照有关保密规定配备工作人员和必要的安全保密设施设备。

第三十条 公文确定密级前,应当按照拟定的密级先行采取保密措施。确定密级后,应当按照所定密级严格管理。绝密级公文应当由专人管理。公文的密级需要变更或者解除的,由原确定密级的机关或者其上级机关决定。

第三十一条 公文的印发传达范围应当按照发文机关的要求执行;需要变更的,应当经发文机关批准。涉密公文公开发布前应当履行解密程序。公开发布的时间、形式和渠道,由发文机关确定。经批准公开发布的公文,同发文机关正式印发的公文具有同等效力。

第三十二条 复制、汇编机密级、秘密级公文,应当符合有关规定并经本机关负责人批准。绝密级公文一般不得复制、汇编,确有工作需要的,应当经发文机关或者其上级机关批准。复制、汇编的公文视同原件管理。复制件应当加盖复制机关戳记。翻印件应当注明翻印的机关名称、日期。汇编本的密级按照编入公文的最高密级标注。汇编,确有工作需要的,应当经发文机关或者其上级机关批准。复制、汇编的公文视同原件管理。

复制件应当加盖复制机关戳记。翻印件应当注明翻印的机关名称、日期。汇编本的密级按照编入公文的最高密级标注。

第三十三条 公文的撤销和废止，由发文机关、上级机关或者权力机关根据职权范围和有关法律法规决定。公文被撤销的，视为自始无效；公文被废止的，视为自废止之日起失效。

第三十四条 涉密公文应当按照发文机关的要求和有关规定进行清退或者销毁。

第三十五条 不具备归档和保存价值的公文，经批准后可以销毁。销毁涉密公文必须严格按照有关规定履行审批登记手续，确保不丢失、不漏销。个人不得私自销毁、留存涉密公文。

第三十六条 机关合并时，全部公文应当随之合并管理；机关撤销时，需要归档的公文经整理后按照有关规定移交档案管理部门。

工作人员离岗离职时，所在机关应当督促其将暂存、借用的公文按照有关规定移交、清退。

第三十七条 新设立的机关应当向本级党委、政府的办公厅(室)提出发文立户申请。经审查符合条件的，列为发文单位，机关合并或者撤销时，相应进行调整。

第八章 附 则

第三十八条 党政机关公文含电子公文。电子公文处理工作的具体办法另行制定。

第三十九条 法规、规章方面的公文，依照有关规定处理。外事方面的公文，依照外事主管部门的有关规定处理。

第四十条 其他机关和单位的公文处理工作，可以参照本条例执行。

第四十一条 本条例由中共中央办公厅、国务院办公厅负责解释。

第四十二条 本条例自 2012 年 7 月 1 日起施行。1996 年 5 月 3 日中共中央办公厅发布的《中国共产党机关公文处理条例》和 2000 年 8 月 24 日国务院发布的《国家行政机关公文处理办法》停止执行。

附录2

党政机关公文格式(2012)

1. 范围

本标准规定了党政机关公文通用的纸张要求、排版和印制装订要求、公文格式各要素的编排规则,并给出了公文的式样。

本标准适用于各级党政机关制发的公文。其他机关和单位的公文可以参照执行。

使用少数民族文字印制的公文,其用纸、幅面尺寸及版面、印制等要求按照本标准执行,其余可以参照本标准并按照有关规定执行。

2. 规范性引用文件

下列文件对于本标准的应用是必不可少的。凡是注日期的引用文件,仅所注日期的版本适用于本标准。凡是不注日期的引用文件,其最新版本(包括所有的修改单)适用于本标准。

GB/T148 印刷、书写和绘图纸幅面尺寸

GB3100 国际单位制及其应用

GB3101 有关量、单位和符号的一般原则

GB3102(所有部分)量和单位

GB/T15834 标点符号用法

GB/T15835 出版物上数字用法

3. 术语和定义

下列术语和定义适用于本标准。

3.1

字 word

标示公文中横向距离的长度单位。在本标准中,一字指一个汉字宽度的距离。

3.2

行 line

标示公文中纵向距离的长度单位。在本标准中,一行指一个汉字的高度加 3 号汉字高度的 7/8 的距离。

4. 公文用纸主要技术指标

公文用纸一般使用纸张定量为 $60 \ g/m^2 \sim 80 \ g/m^2$ 的胶版印刷纸或复印纸。纸张白度 $80\% \sim 90\%$,横向耐折度≥15 次,不透明度≥85% ,pH 为 $7.5 \sim 9.5$ 。

5. 公文用纸幅面尺寸及版面要求

5.1 幅面尺寸

公文用纸采用 GB/T148 中规定的 A4 型纸,其成品幅面尺寸为: 210 mm × 297 mm。

5.2 版面

5.2.1 页边与版心尺寸

公文用纸天头(上白边)为 37 mm ± 1 mm,公文用纸订口(左白边)为 28 mm ± 1 mm,版心尺寸为 156 mm × 225 mm。

5.2.2 字体和字号

如无特殊说明，公文格式各要素一般用 3 号仿宋体字。特定情况可以作适当调整。

5.2.3 行数和字数

一般每面排 22 行，每行排 28 个字，并撑满版心。特定情况可以作适当调整。

5.2.4 文字的颜色

如无特殊说明，公文中文字的颜色均为黑色。

6. 印制装订要求

6.1 制版要求

版面干净无底灰，字迹清楚无断划，尺寸标准，版心不斜，误差不超过 1 mm。

6.2 印刷要求

双面印刷；页码套正，两面误差不超过 2 mm。黑色油墨应当达到色谱所标 BL100%，红色油墨应当达到色谱所标 Y80%、M80%。印品着墨实、均匀；字面不花、不白、无断划。

6.3 装订要求

公文应当左侧装订，不掉页，两页页码之间误差不超过 4 mm，裁切后的成品尺寸允许误差 ±2 mm，四角成 90°，无毛茬或缺损。

骑马订或平订的公文应当：

a) 订位为两钉外订眼距版面上下边缘各 70 mm 处，允许误差 ±4 mm；

b) 无坏钉、漏钉、重钉，钉脚平伏牢固；

c) 骑马订钉锯均订在折缝线上，平订钉锯与书脊间的距离为 3 mm ~ 5 mm。

包本装订公文的封皮(封面、书脊、封底)与书芯应吻合、包紧、包平、不脱落。

7. 公文格式各要素编排规则

7.1 公文格式各要素的划分

本标准将版心内的公文格式各要素划分为版头、主体、版记三部分。公文首页红色分隔线以上的部分称为版头；公文首页红色分隔线(不含)以下、公文末页首条分隔线(不含)以上的部分称为主体；公文末页首条分隔线以下、末条分隔线以上的部分称为版记。

页码位于版心外。

7.2 版头

7.2.1 份号

如需标注份号，一般用 6 位 3 号阿拉伯数字，顶格编排在版心左上角第一行。

7.2.2 密级和保密期限

如需标注密级和保密期限，一般用 3 号黑体字，顶格编排在版心左上角第二行；保密期限中的数字用阿拉伯数字标注。

7.2.3 紧急程度

如需标注紧急程度，一般用 3 号黑体字，顶格编排在版心左上角；如需同时标注份号、密级和保密期限、紧急程度，按照份号、密级和保密期限、紧急程度的顺序自上而下分行排列。

7.2.4 发文机关标志

由发文机关全称或者规范化简称加"文件"二字组成，也可以使用发文机关全称或者规范化简称。

发文机关标志居中排布，上边缘至版心上边缘为 35 mm，推荐使用小标宋体字，颜色为红色，以醒目、美观、庄重为原则。

联合行文时，如需同时标注联署发文机关名称，一般应当将主办机关名称排列在前；如有"文件"二字，应当置于发文机关名称右侧，以联署发文机关名称为准上下居中排布。

7.2.5 发文字号

编排在发文机关标志下空二行位置，居中排布。年份、发文顺序号用阿拉伯数字标注；年份应标全称，用六角括号"〔〕"括入；发文顺序号不加"第"字，不编虚位（即 1 不编为 01），在阿拉伯数字后加"号"字。

上行文的发文字号居左空一字编排，与最后一个签发人姓名处在同一行。

7.2.6 签发人

由"签发人"三字加全角冒号和签发人姓名组成，居右空一字，编排在发文机关标志下空二行位置。"签发人"三字用 3 号仿宋体字，签发人姓名用 3 号楷体字。

如有多个签发人，签发人姓名按照发文机关的排列顺序从左到右、自上而下依次均匀编排，一般每行排两个姓名，回行时与上一行第一个签发人姓名对齐。

7.2.7 版头中的分隔线

发文字号之下 4 mm 处居中印一条与版心等宽的红色分隔线。

7.3 主体

7.3.1 标题

一般用 2 号小标宋体字，编排于红色分隔线下空二行位置，分一行或多行居中排布；回行时，要做到词意完整，排列对称，长短适宜，间距恰当，标题排列应当使用梯形或菱形。

GB/T9704—2012

7.3.2 主送机关

编排于标题下空一行位置，居左顶格，回行时仍顶格，最后一个机关名称后标全角冒号。如主送机关名称过多导致公文首页不能显示正文时，应当将主送机关名称移至版记，标注方法见 7.4.2。

7.3.3 正文

公文首页必须显示正文。一般用 3 号仿宋体字，编排于主送机关名称下一行，每个自然段左空二字，回行顶格。文中结构层次序数依次可以用"一、""（一）""1.""（1）"标注；一般第一层用黑体字、第二层用楷体字、第三层和第四层用仿宋体字标注。

7.3.4 附件说明

如有附件，在正文下空一行左空二字编排"附件"二字，后标全角冒号和附件名称。如有多个附件，使用阿拉伯数字标注附件顺序号（如"附件：1.××××"）；附件名称后不加标点符号。附件名称较长需回行时，应当与上一行附件名称的首字对齐。

7.3.5 发文机关署名、成文日期和印章

7.3.5.1 加盖印章的公文

成文日期一般右空四字编排，印章用红色，不得出现空白印章。

单一机关行文时，一般在成文日期之上、以成文日期为准居中编排发文机关署名，印

章端正、居中下压发文机关署名和成文日期,使发文机关署名和成文日期居印章中心偏下位置,印章顶端应当上距正文(或附件说明)一行之内。

联合行文时,一般将各发文机关署名按照发文机关顺序整齐排列在相应位置,并将印章一一对应、端正、居中下压发文机关署名,最后一个印章端正、居中下压发文机关署名和成文日期,印章之间排列整齐、互不相交或相切,每排印章两端不得超出版心,首排印章顶端应当上距正文(或附件说明)一行之内。

7.3.5.2　不加盖印章的公文

单一机关行文时,在正文(或附件说明)下空一行右空二字编排发文机关署名,在发文机关署名下一行编排成文日期,首字比发文机关署名首字右移二字,如成文日期长于发文机关署名,应当使成文日期右空二字编排,并相应增加发文机关署名右空字数。

联合行文时,应当先编排主办机关署名,其余发文机关署名依次向下编排。

7.3.5.3　加盖签发人签名章的公文

单一机关制发的公文加盖签发人签名章时,在正文(或附件说明)下空二行右空四字加盖签发人签名章,签名章左空二字标注签发人职务,以签名章为准上下居中排布。在签发人签名章下空一行右空四字编排成文日期。

联合行文时,应当先编排主办机关签发人职务、签名章,其余机关签发人职务、签名章依次向下编排,与主办机关签发人职务、签名章上下对齐;每行只编排一个机关的签发人职务、签名章;签发人职务应当标注全称。

签名章一般用红色。

7.3.5.4　成文日期中的数字

用阿拉伯数字将年、月、日标全,年份应标全称,月、日不编虚位(即1不编为01)。

7.3.5.5　特殊情况说明

当公文排版后所剩空白处不能容下印章或签发人签名章、成文日期时,可以采取调整行距、字距的措施解决。

7.3.6　附注

如有附注,居左空二字加圆括号编排在成文日期下一行。

7.3.7　附件

附件应当另面编排,并在版记之前,与公文正文一起装订。"附件"二字及附件顺序号用3号黑体字顶格编排在版心左上角第一行。附件标题居中编排在版心第三行。附件顺序号和附件标题应当与附件说明的表述一致。附件格式要求同正文。

如附件与正文不能一起装订,应当在附件左上角第一行顶格编排公文的发文字号并在其后标注"附件"二字及附件顺序号。

7.4　版记

7.4.1　版记中的分隔线

版记中的分隔线与版心等宽,首条分隔线和末条分隔线用粗线(推荐高度为0.35 mm),中间的分隔线用细线(推荐高度为0.25 mm)。首条分隔线位于版记中第一个要素之上,末条分隔线与公文最后一面的版心下边缘重合。

7.4.2　抄送机关

如有抄送机关,一般用4号仿宋体字,在印发机关和印发日期之上一行、左右各空一字编排。"抄送"二字后加全角冒号和抄送机关名称，回行时与冒号后的首字对齐，最后一个抄送机关名称后标句号。

如需把主送机关移至版记，除将"抄送"二字改为"主送"外，编排方法同抄送机关。既有主送机关又有抄送机关时，应当将主送机关置于抄送机关之上一行，之间不加分隔线。

7.4.3　印发机关和印发日期

印发机关和印发日期一般用4号仿宋体字，编排在末条分隔线之上，印发机关左空一字，印发日期右空一字，用阿拉伯数字将年、月、日标全，年份应标全称，月、日不编虚位（即1不编为01），后加"印发"二字。

版记中如有其他要素，应当将其与印发机关和印发日期用一条细分隔线隔开。

7.5　页码

一般用4号半角宋体阿拉伯数字，编排在公文版心下边缘之下，数字左右各放一条一字线；一字线上距版心下边缘7 mm。单页码居右空一字，双页码居左空一字。公文的版记页前有空白页的，空白页和版记页均不编排页码。公文的附件与正文一起装订时，页码应当连续编排。

8.公文中的横排表格

A4纸型的表格横排时，页码位置与公文其他页码保持一致，单页码表头在订口一边，双页码表头在切口一边。

9.公文中计量单位、标点符号和数字的用法

公文中计量单位的用法应当符合GB3100、GB3101和GB3102（所有部分），标点符号的用法应当符合GB/T15834，数字用法应当符合GB/T15835。

10.公文的特定格式

10.1　信函格式

发文机关标志使用发文机关全称或者规范化简称，居中排布，上边缘至上页边为30 mm，推荐使用红色小标宋体字。联合行文时，使用主办机关标志。

发文机关标志下4 mm处印一条红色双线（上粗下细），距下页边20 mm处印一条红色双线（上细下粗），线长均为170 mm，居中排布。

如需标注份号、密级和保密期限、紧急程度，应当顶格居版心左边缘编排在第一条红色双线下，按照份号、密级和保密期限、紧急程度的顺序自上而下分行排列，第一个要素与该线的距离为3号汉字高度的7/8。

发文字号顶格居版心右边缘编排在第一条红色双线下，与该线的距离为3号汉字高度的7/8。

标题居中编排，与其上最后一个要素相距二行。

第二条红色双线上一行如有文字，与该线的距离为3号汉字高度的7/8。

首页不显示页码。

版记不加印发机关和印发日期、分隔线，位于公文最后一面版心内最下方。

10.2　命令(令)格式

发文机关标志由发文机关全称加"命令"或"令"字组成，居中排布，上边缘至版心上边缘为20 mm，推荐使用红色小标宋体字。

发文机关标志下空二行居中编排令号，令号下空二行编排正文。

签发人职务、签名章和成文日期的编排见 7.3.5.3。

10.3　纪要格式

纪要标志由"×××××纪要"组成，居中排布，上边缘至版心上边缘为 35 mm，推荐使用红色小标宋体字。

标注出席人员名单，一般用 3 号黑体字，在正文或附件说明下空一行左空二字编排"出席"二字，后标全角冒号，冒号后用 3 号仿宋体字标注出席人单位、姓名，回行时与冒号后的首字对齐。

标注请假和列席人员名单，除依次另起一行并将"出席"二字改为"请假"或"列席"外，编排方法同出席人员名单。

纪要格式可以根据实际制定。

11. 式样

略。

主要参考书目

[1]周姬昌主编.写作学高级教程[M].武汉大学出版社,2004.

[2]董小玉主编.现代写作教程[M].高等教育出版社,2008.

[3]路德庆主编.普通写作学教程[M].高等教育出版社,2010.

[4]江小川主编.写作[M].高等教育出版社,1994.

[5]陈果安著.现代写作学引论[M].中南大学出版社,2008.

[6]张杰著.大学写作概论[M].武汉大学出版社,1997.

[7]张会恩主编.写作学基础[M].湖南师范大学出版社,1993.

[8]陈家生主编.写作[M].高等教育出版社,1997.

[9]邬乾湖主编.当代写作教程[M].高等教育出版社,2009.

[10]陈果安编著.文学写作教程[M].中南大学出版社,2012.

[11]尹相如主编.写作教程[M].高等教育出版社,2004.

[12]张佐帮主编.现代写作学[M].云南教育出版社,1990.

[13]马正平等著.写的智慧[M].西南师范大学出版社,1995.

[14]裴显生主编.写作学新稿[M].江苏教育出版社,1996.

[15]童庆炳主编.文艺理论教程[M].高等教育出版社,2004.

[16]童庆炳等主编.文艺心理学程教[M].高等教育出版社,2001.

[17]刘锡庆著.基础写作学[M].中央广播电视大学出版社,1985.

[18]段建军等著.写作思维学导论[M].中国科学出版社,2004.

[19]王光祖主编.写作[M].华东师范大学出版社,1999.

[20]尉天骄主编.基础写作教程[M].高等教育出版社,2005.

[21]刘海涛等主编.写作学新教程[M].南京大学出版社,2002.

[22]徐中玉主编.应用文写作[M].高等教育出版社,2007.

[23]杨金忠主编.应用文写作[M].高等教育出版社,2014.

[24]方延明主编.新闻写作教程[M].高等教育出版社,2005.

[25]陈子典等主编.应用写作教程[M].暨南大学出版社,2006.

[26]陈果安等编著.实用写作教程[M].中南大学出版社,1012.

[27]夏海波著.公文写作与处理[M].北京大学出版社,2013.

[28]张文英主编.新编应用文写作教程[M].南开大学出版社,2010.

[29]张耀辉主编.简明应用文写作[M].高等教育出版社,2009.

[30]余国瑞等主编.实用写作[M].高等教育出版社,2002.

[31]李振辉主编.应用文写作[M].清华大学出版社,2005.

[32]赵国俊编著.公文写作与处理[M].中国人民大学出版社,2011.

[33]孙春旻.赵文彤编.文秘写作[M].西北大学出版社,2002.

[34]裴显生等主编.应用写作[M].高等教育出版社,2005.

[35]王健主编.文书学[M].中国人民大学出版社,2011.

[36]洪威雷主编.事务文书写作[M].北京师范大学出版社,2007.

［37］余苊等编著.文秘写作［M］.浙江大学出版社，2001.

［38］谈青主编.实用文书写作进阶［M］.高等教育出版社，2012.

［39］朱伯石主编.现代写作学［M］.人民日报出版社，1986.

［40］马正平编著.高等写作学教程系列［M］.中国人民大学出版社，2003.

［41］段轩如等主编.写作学教程［M］.中国人民大学出版社，2008.

［42］王锡渭主编.新编大学写作教程［M］.北京大学出版社，2011.

［43］孙绍振著.文学性讲演录［M］.广西师范大学出版社，2006.

［44］杨匡汉著.中国新诗学［M］.人民出版社，2005.

［45］蓝鸿文主编.专业采访报道学［M］.中国人民大学出版社，2003.

［46］刘海贵等主编.新闻采访写作新编［M］.复旦大学出版社，2005.

［47］刘明华主编.新闻写作教程［M］.中国人民大学出版社，2006.

［48］钱理群主编.20世纪中国文学名著诗歌卷［M］.广西教育出版社，1998.

［49］陈果安等编著.中文专业论文写作概论［M］.中南大学出版社，2012.

［50］曾方荣著.反思与重构——20世纪90年代诗歌的批评［M］.湖北人民出版社，2007.

图书在版编目（ＣＩＰ）数据

现代写作学教程／曾方荣,郭虹主编.－－长沙：中南大学出版社，
2014.8

ISBN 978 － 7 － 5487 － 1171 － 1

Ⅰ.现…Ⅱ.①曾…②虹…Ⅲ.写作学－教材　　Ⅳ.H05

中国版本图书馆 CIP 数据核字(2014)第 194204 号

现代写作学教程

曾方荣　郭　虹　主编

□责任编辑	陈　澍　彭辉丽
□责任印制	易红卫
□出版发行	中南大学出版社

社址：长沙市麓山南路　　　　　邮编：410083

发行科电话：0731 － 88876770　　传真：0731 － 88710482

□印　　装　长沙印通印刷有限公司

□开　　本　787×1092　1/16　□印张 17 □字数 421 千字
□版　　次　2014 年 8 月第 1 版　　□2018 年 7 月第 4 次印刷
□书　　号　ISBN 978 － 7 － 5487 － 1171 － 1
□定　　价　38.00 元

图书出现印装问题，请与经销商调换